财经类专业“十四五”规划教材 · 工作手册式教材



# 业财一体信息化应用

刘东辉　刘龙峰 ◎ 主　编
王芷一　胡曦月　张耀文 ◎ 副主编

立信会计出版社

**图书在版编目(CIP)数据**

业财一体信息化应用 / 刘东辉,刘龙峰主编. —上海：立信会计出版社，2023.6
ISBN 978-7-5429-7358-0

Ⅰ.①业… Ⅱ.①刘… ②刘… Ⅲ.①会计信息—财务管理系统—教材 Ⅳ.①F232

中国国家版本馆 CIP 数据核字(2023)第 112872 号

策划编辑　王斯龙
责任编辑　王斯龙
助理编辑　郑文婧
美术编辑　吴博闻

**业财一体信息化应用**
YECAI YITI XINXIHUA YINGYONG

| | | | |
|---|---|---|---|
| 出版发行 | 立信会计出版社 | | |
| 地　　址 | 上海市中山西路 2230 号 | 邮政编码 | 200235 |
| 电　　话 | (021)64411389 | 传　　真 | (021)64411325 |
| 网　　址 | www.lixinaph.com | 电子邮箱 | lixinaph2019@126.com |
| 网上书店 | http://lixin.jd.com | | http://lxkjcbs.tmall.com |
| 经　　销 | 各地新华书店 | | |
| 印　　刷 | 常熟市人民印刷有限公司 | | |
| 开　　本 | 787 毫米×1092 毫米 | 1/16 | |
| 印　　张 | 18.75 | | |
| 字　　数 | 430 千字 | | |
| 版　　次 | 2023 年 6 月第 1 版 | | |
| 印　　次 | 2023 年 6 月第 1 次 | | |
| 书　　号 | ISBN 978-7-5429-7358-0/F | | |
| 定　　价 | 49.00 元 | | |

# 前言

preface

本教材以《企业会计准则》为依据，依托用友 U8 及新道“业财一体信息化应用”职业技能等级鉴定平台，以会计处理过程为主线，结合企业典型的采购、销售、库存等实际业务，以工作手册的形式概括各工作领域共性，详细讲解业财一体信息化系统的操作步骤。本教材共划分 5 个工作领域，以 21 个典型工作任务的操作步骤为核心内容，便于教师采用任务驱动教学方法。

本教材贯彻落实党的二十大精神，以培养高素质的技能型人才为目标，突出人才培养的职业特色，重视教学过程的实践性，突出技能训练，着力培养学生的应用能力，训练学生对于业财一体信息化系统的熟练操作，确保学生符合职业岗位需求，有效提升学生的职业能力。

本教材顺应行业发展趋势，实现课证有效融通。对接“业财一体信息化应用”职业技能等级证书，将教学重点与职业技能等级证书考证内容相结合，有利于提高学生的考证合格率，促进提升专业教学质量。

本教材体例设计新颖实用。工作领域开篇概括本工作领域的典型业务内容和流程，每一个工作任务设置【任务情境】和【任务向导】，将学生带入工作场景，每个工作任务设计了【思政驿站】，将思政元素融入教学过程中，促进课程思政有效开展。每个工作任务分解为若干子任务，有【任务要求】和【操作步骤】，一步步引导学生完成操作，同时以二维码提供配套的操作视频辅助教学。在难度较大或容易出错的操作内容后设计了【特别提示】。

本教材倡导学生勇于创新探索，培养学生严谨求实的良好品质，在教会学生以不同业务角色在业财一体信息化系统中进行操作的同时，帮助学生认知现代商业社会环境下的业务内容，关注业务与财务流程设计。

本教材为校企合作共同编写。刘东辉、刘龙峰担任主编，王芷一、胡曦月、张耀文担任副主编。具体分工为：胡曦月编写工作领域1，张耀文编写工作领域2，刘龙峰编写工作领域3，刘东辉编写工作领域4，王芷一编写工作领域5。刘东辉对全书进行总撰，新道科技股份有限公司眭召强全程参与编写并对本教材的体例设计提出宝贵意见。

本教材的学习目标体现需求导向，学习内容体现工作任务导向，教材使用体现学生本位，既适合作为高职院校大数据与会计等专业的“会计信息化”“业财一体化”“业财一体信息化应用”等课程的教材，也可作为业财一体信息化应用职业技能等级证书的考前培训教材。

由于编者能力所限，本书可能存在不足之处，敬请专家、读者批评指正以利不断完善。

编者

2023年6月

Contents 目录


导语 …… 1

工作领域 1　账套创建与管理 …… 3

工作任务 1　账套创建 …… 4

工作任务 2　基础信息设置 …… 17

工作任务 3　业务参数设置 …… 43

工作任务 4　业务流程设置 …… 74

工作领域 2　期初数据维护 …… 87

工作任务 5　财务期初数据维护 …… 88

工作任务 6　业务期初数据维护 …… 101

工作任务 7　业财期初数据稽核 …… 108

工作领域 3　财务岗位操作 …… 117

工作任务 8　总账业务处理 …… 118

工作任务 9　应收应付业务处理 …… 137

工作任务 10　固定资产业务处理 …… 157

工作任务 11　网上银行业务处理 …… 176

工作任务 12　网上报销业务处理 …… 182

工作任务 13　薪资管理业务处理 …… 191

**工作领域 4　业务岗位操作** …… 201

工作任务 14　合同业务处理 …… 202

工作任务 15　采购业务处理 …… 212

工作任务 16　销售业务处理 …… 233

工作任务 17　库存及存货业务处理 …… 254

工作任务 18　售后服务业务处理 …… 262

**工作领域 5　期末业财岗位操作** …… 269

工作任务 19　期末业务模块操作 …… 270

工作任务 20　期末财务岗位处理 …… 277

工作任务 21　报表编制与生成 …… 285

# 导　语

## 一、业财一体信息化的概念

业财一体信息化，也称业财一体化、业财融合，是指借助信息技术手段，综合管理业务与财务，促进企业的各项业务流程、管理流程与财务流程的统一化发展，实现企业对业务的有效管控，强化财务管理工作的科学性，为企业制定切实可行的管理策略提供有效依据，推动企业的稳定运行和发展。

在过去很长一段时间，企业运用的是业务工作与财务工作分割管理的模式，财务工作侧重于会计核算和成本控制等方面。业务和财务作为企业的两大核心部门，如同企业的“左膀右臂”，但两者在专业领域上的鸿沟，往往会导致“业务不理解财务，财务不理解业务”现象的发生。由于业务和财务在局部利益上的不统一，如业务部门希望通过促销降价等营销活动来达成销售目标，但财务部门因其增加了企业成本而不赞同开展此类营销活动，导致了两者“大战略一致，但小目标常常有分歧”。由于信息的不透明，财务部门无法了解更多业务细节；分析业务指标时，财务部门也无法洞悉业务运转的底层逻辑，给出行之有效的管理办法。业财一体信息化基于互联网信息平台，利用信息技术将企业业务流程、管理流程、财务流程有效融合在一起，使它们能够起到互相制衡和约束的作用。

在数字化转型浪潮下，新兴信息技术在企业经营管理中不断得到应用，财务的职能从事务型财务转向了战略型财务，越来越多的企业开始推行业财一体信息化。业财一体信息化已成为企业财务管理转型的大趋势。

## 二、业财一体信息化系统的内容

在企业的业财一体信息化系统中，基于业务事件驱动的企业内部业务数据自动向财务系统传送，财务人员可以更好地发挥其管控、监督职能，促进企业业务规范管理，推进企业内部管理不断优化，支撑企业发展。业财一体信息化将企业的业务流程、财务会计流程和管理流程三大主要流程进行融合，达到业财数据一体的目标。由于业务种类繁多，业务系统很难像财务系统一样有一个标准化的运行过程，即便是同样的业务，不同的公司也会因为上下游情境不同、流程执行不同，导致业务系统的实现方式不同，因而业财一体信息化也没有完全相同的实现模式，只能对业财一体信息化系统的基本功能进行框架描述。

业财一体化信息系统的功能结构包括两大部分：业务系统和财务系统。每部分由若干子系统组成，业财一体信息化系统除了集成固定资产管理、采购管理、销售管理、存货管理等财务管理功能，也包含成本控制等管理会计功能及人力资源管理等管理功能。

业务系统即进行业务管理的信息系统，如合同管理系统、供应链管理系统（或采购管理系统、销售管理系统）等。财务系统是财会人员进行财务工作的操作系统，以实现替代或帮助其完成核心财务工作目标，通常包括新建账套、初始化设置、凭证录入/生成/审核、自动生成账簿、期末自动结转损益、生成会计报表等功能。

在下面的学习中，我们将按初始建账、业务过程、期末处理的时间轴线，区分业务系统、财务系统的不同岗位角色，进行实际操作训练，深入理解业财一体信息化系统。

## 三、业财一体信息化的实现

实现业财一体信息化就要建立这样一个企业信息化系统，基于“管控前移、流程融合、信息共享”的理念，通过科学的管理手段对企业的业务、财务管理流程进行重建，逐步实现企业管理的流程化、规范化、科学化。企业在设计和优化管理流程时，企业信息化系统要充分利用 IT 技术手段，实现信息的一次处理与共享使用，做到数据不落地，使财务管控贯穿于经济业务的全过程，最终实现企业的全过程闭环管理目标，提升工作效率、提高企业管理水平。企业信息化系统的建立基于销售、生产、采购、投资、筹资等业务事件驱动的财务信息处理流程，使企业经营中的业务流程、财务会计流程、管理流程紧密结合，使业务和财务融合。

业财一体信息化使业务与财务有机衔接，确保企业财务管理的真实性和有效性，极大地提高了业务、财务的工作效率，缓解财务工作控制和效率之间的矛盾，把财务人员从原来机械化的工作中解放出来，同时也对财务人员提出了更高的要求。财务人员不再简单地接收单据并从事日常的财务记账工作，而要跟踪和优化业务流程，把财务管理工作往前端移，事后监督转变为事前、事中管控。管理层可以随时查看业务和财务数据，提升决策效率，使公司在激烈的市场竞争中立于不败之地。实现业财一体信息化的企业，系统将公司各类业务和财务系统打通，实现记账自动化，业务数据自动生成财务(凭证)信息，提高信息录入效率，降低差错率，增强业务、财务分析和管控能力。由此，可能产生新的岗位，如管理会计、财务 BP 岗位等。例如，一个管理会计，可以通过分析账簿和报表，及时发现生产环节的成本问题，与车间主任及班组长讨论采购策略、标准消耗，领用流程、管控方法和节约方案，指导业务改进。

在数字化和信息化管理时期，业财一体信息化能很好地消除信息孤岛，使企业更充分地利用信息科学决策，规避风险，从宏观角度全面利用企业的资金资源，以实现企业价值最大化。

# 工作领域1

# 账套创建与管理

业财一体信息化系统的业务流程实施是企业全面实施信息化管理的第一个步骤。实施人员需要对企业现有的业务流程及参数进行梳理、分析、补充和优化，并将优化后的业务流程和相关参数固化在信息化系统中，以规范企业业务执行，加强内部管控。

该工作领域的具体工作内容如下：

(1) 账套创建。根据案例企业的基本信息，增加用户并创建账套。企业实施信息化，业务财务的处理都需要由手工方式转为信息化方式。由谁对哪些业务进行哪些操作需要在系统中进行界定，这种界定就是在系统中根据本公司的岗位与人员设置角色、用户，并进行功能权限、数据权限与金额权限的配置。

(2) 基础信息设置。根据案例企业的实际情况，对其基本的人员信息、客商信息、存货信息、财务信息及业务信息进行梳理并在系统中进行初始设置。

(3) 业务参数设置。在企业实际工作中，对于同一业务应用场景或业务流程等，不同的企业有不同的要求、控制方法和处理方式，信息化系统中可以通过设置不同的变量来满足企业不同的要求，这些变量一般称为参数或选项。企业需要在系统上线之初收集整理各业务部门的需求，根据不同的需求在系统中设定参数或选项。

(4) 业务流程设置。梳理案例企业的不同采购类型的采购流程、不同销售类型的销售流程，确定对外付款事项的审批流程、需要预警的重要信息，以及配置预警通知。

思政驿站

# 工作任务 1　账套创建

## 任务情境

北京星月电器销售有限公司是一家经营电器批发的商贸公司，是广东星月电器销售有限公司的全资子公司，主要负责星月电器在全国的销售推广。

**1. 企业基本信息**①

企业名称：北京星月电器销售有限公司

企业简称：北京星月

企业负责人：刘星

企业注册地址：北京市朝阳区建国路 36 号

企业经营范围：电风扇、空调、电暖气、加湿器、空气净化器、冰箱、冰柜、工业制冷设备的销售及其售后服务等

企业注册登记日期：2017 年 1 月

办公地址：北京市朝阳区建国路 36 号

邮政编码：110045

电话：010-62553318

基本户开户银行：中国工商银行北京朝阳支行

基本户开户银行账号：1100229999888896666

纳税人识别号：91110000600001663T

国税缴纳：国家税务总局北京市朝阳区税务局

**2. 企业组织架构**

北京星月电器销售有限公司的组织架构设置，如图 1-1 所示。

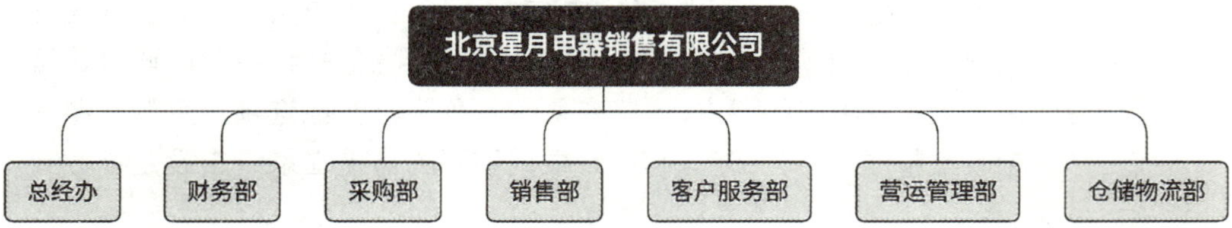


图 1-1　企业组织架构

**3. 主要商品种类**

案例企业主要销售的商品为电风扇、电暖气、加湿器、空气净化器、冰箱、冰柜、空调。

**4. 企业会计政策**

（1）会计制度。案例企业执行《企业会计准则》和《企业会计制度》及其补充规定。

① 本教材涉及的企业信息（如银行账号等）均已做脱敏处理。

(2) 会计年度。案例企业会计年度采用公历年度，即每年自 1 月 1 日起至 12 月 31 日止。

(3) 营业周期。案例企业以 12 个月作为一个营业周期，并以其作为资产和负债的流动性划分标准。

(4) 记账本位币。案例企业记账本位币为人民币。

(5) 记账基础和计价原则。案例企业采用借贷记账法，以权责发生制为记账基础，以历史成本为计价原则。

(6) 收入确认原则。案例企业在履行了合同中的履约义务，即在客户取得相关商品或服务的控制权时，按照分摊至该项履约义务的交易价格确认收入。

(7) 税项。案例企业主要适用的税种和税率如下：

增值税：按应纳税收入的 13%计算销项税，并按扣除当期允许抵扣的进项税后的差额缴纳增值税。

所得税：按应纳税所得额的 25%计算缴纳。

附加税：增值附加税，通常包括城市维护建设税，税率为 7%；教育费附加，税率为 3%；地方教育附加，税率为 2%。

**5. 企业实施 ERP 需求**

案例企业决定在 2023 年 3 月 1 日启用业财一体信息化平台对公司的资金流、信息流、物流进行信息化管理，集成业务数据、财务数据，实现业财一体信息化管理。

启用的模块：总账、销售管理、采购管理、存货管理、库存管理、应收管理、应付管理、固定资产、薪资管理、网上报销、网上银行、合同管理、售后服务、发票管理。

## 任务向导

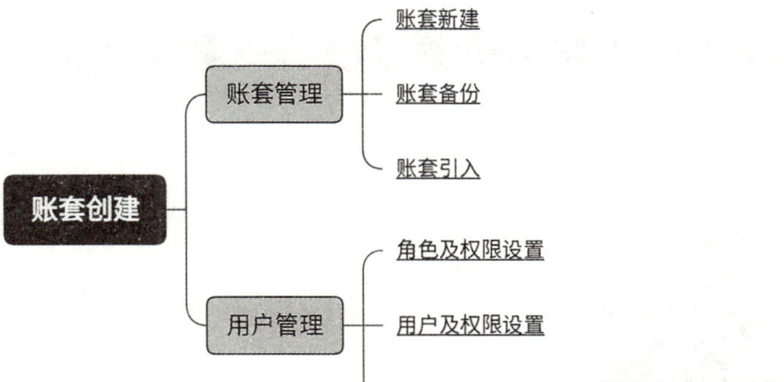


# 任务 1.1　账套管理

## 任务要求

(1) 北京星月电器销售有限公司系统管理员 Admin 在 2023 年 3 月 1 日建账，所需信息如下：

账套号：001

账套名称：北京星月电器销售有限公司

地址：北京市朝阳区建国路 36 号

邮政编码：110045

电话及传真：010-62553318

税号：91110000600001663T

法人代表：刘星

启用日期：2023 年 3 月 1 日

企业类型：商业企业

行业性质：2007 年新会计准则科目

按行业性质预置科目

基础信息：存货有分类、客户有分类、供应商有分类、有外币核算

编码方案：科目编码 4-2-2-2、存货分类编码 2-2，其他采用系统默认

启用系统：总账、应收款管理、发票管理、应付款管理、固定资产、网上报销、网上银行、合同管理、销售管理、采购管理、库存管理、存货核算、售后服务、薪资管理模块

(2) 2023 年 3 月 1 日，北京星月电器销售有限公司系统管理员 Admin 输出【[001]北京星月电器销售有限公司】账套至【E:\业财一体信息化应用账套\20230301】文件夹中保存。

(3) 2022 年 3 月 1 日，北京星月电器销售有限公司系统管理员 Admin 将【[001]北京星月电器销售有限公司】账套引入至【E:\业财一体信息化应用账套\20230301】文件夹中。

操作视频

## 操作步骤

### 1. 账套新建

(1) 打开系统管理，点击【系统】—【注册】，以系统管理员 Admin 身份登录系统管理，执行【账套】—【建立】命令，打开【创建账套】对话框，在【建账方式】设置页面勾选【新建空白账套】复选框，如图 1-2 所示，单击【下一步】按钮。

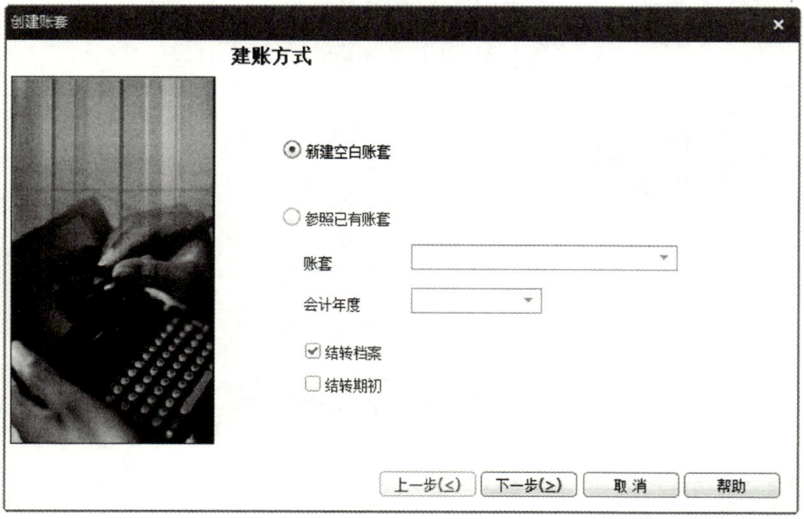


图 1-2 【建账方式】设置页面

(2) 在【账套信息】设置页面中，输入账套信息，【账套号】为“001”，【账套名称】为“北京星月电器销售有限公司”，【启用会计期】为“2023 年 3 月”，如图 1-3 所示。

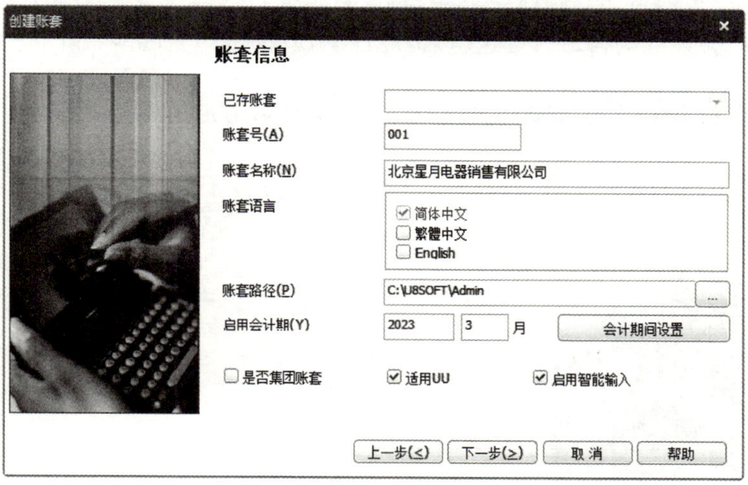


图 1-3　【账套信息】设置页面

(3) 单击【下一步】按钮，打开【单位信息】设置页面，依次输入单位名称、单位简称、单位地址等信息，如图 1-4 所示。单位信息中，以蓝色字体标识的是必须录入的信息(以下同)。

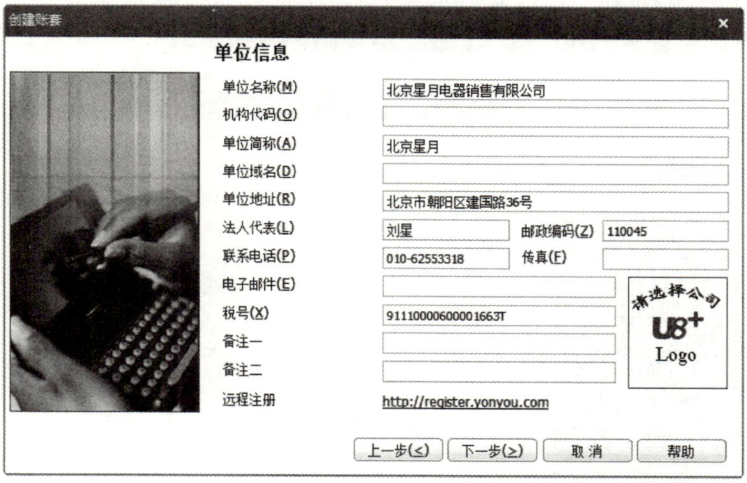


图 1-4　【单位信息】设置页面

**特别提示**

◇ 账套号是账套的唯一标识，可以自行设置 3 位数字，但账套号不得重复，账套号设置后不允许修改。

◇ 账套名称是账套的另一种标识方法，账套名称可以自行设置，可以由账套主管在修改账套功能中进行修改。

◇ 系统默认的账套路径是用友 U8 的安装路径，可以进行修改。

◇ 建立账套时系统会将启用会计期自动默认为系统日期，应注意根据所给资料进行修改，否则将会影响到企业的系统初始化及日常业务处理等内容的操作。

(4) 单击【下一步】按钮,打开【核算类型】设置页面,选择【企业类型】为“商业”,【行业性质】为“2007 年新会计准则科目”,勾选【按行业性质预置科目】复选框,如图 1-5 所示。

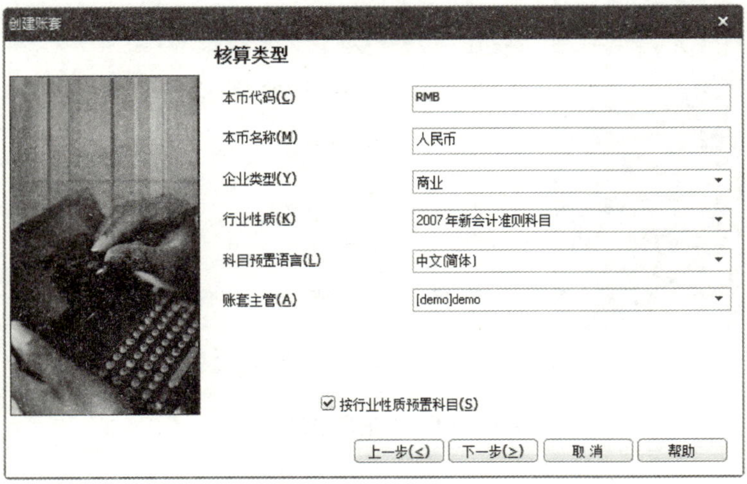


图 1-5 【核算类型】设置页面

(5) 单击【下一步】按钮,打开【基础信息】设置页面,勾选【存货是否分类】【客户是否分类】【供应商是否分类】【有无外币核算】复选框,如图 1-6 所示。

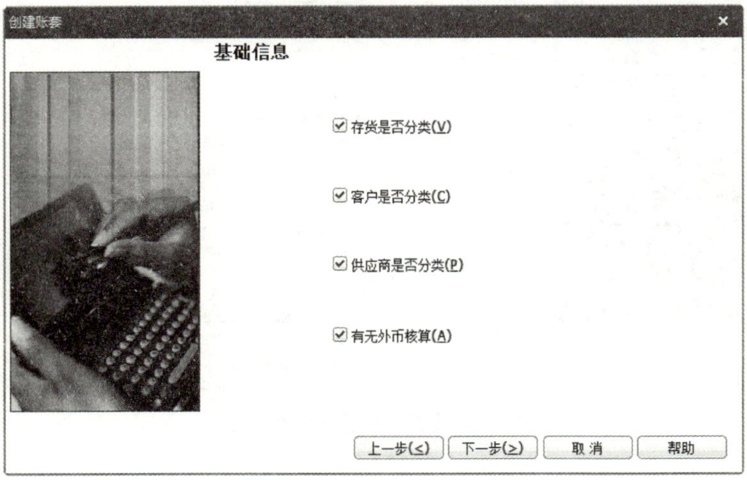


图 1-6 【基础信息】设置页面

**特别提示**

◇ 行业性质将决定系统预置科目的内容,必须正确选择,系统会根据所选择的行业性质自动添加国家规定的一级科目。

◇ 若账套基本信息设置错误,可以由账套主管在修改账套功能中进行修改。

(6) 单击【下一步】按钮,打开【开始】对话框,如图 1-7 所示。

(7) 单击【完成】按钮,系统弹出“可以创建账套了么?”提示框,单击【是】按钮。

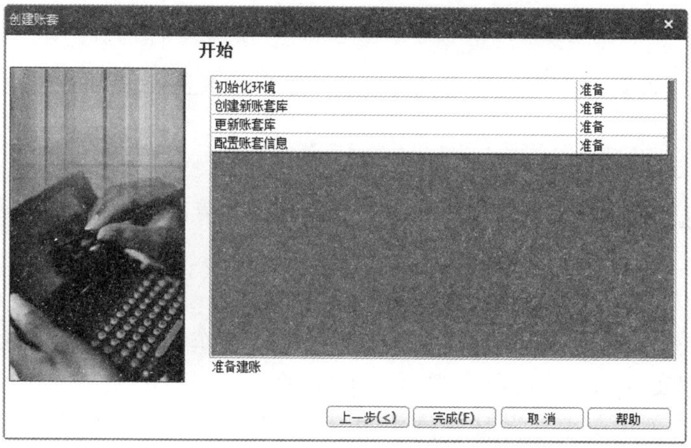


图 1-7　【开始】对话框

(8) 系统自动进行创建账套的工作，建账需要一段时间，请耐心等候。建账完成后，自动打开【编码方案】对话框，按照账套资料修改分类编码方案，如图 1-8 所示。

(9) 单击【确定】按钮，再单击【取消】按钮，进入【数据精度】对话框，如图 1-9 所示。

(10) 默认系统预置的数据精度设置，单击【取消】按钮，系统提示“[001]建账成功”。

(11) 单击【是】按钮，打开【系统启用】对话框，依次启用【总账】【应收款管理】【发票管理】【应付款管理】【固定资产】【网上报销】【网上银行】【合同管理】【销售管理】【采购管理】【库存管理】【存货核算】【售后服务】【薪资管理】，启用日期均为 2023 年 3 月 1 日，如图 1-10 所示。

图 1-8　【编码方案】对话框

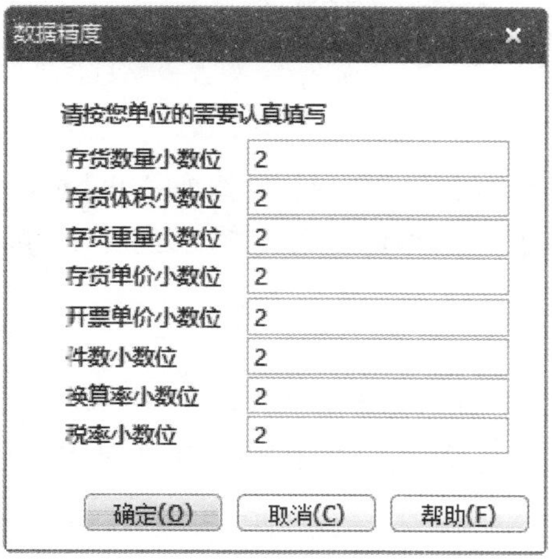


图 1-9　【数据精度】对话框

图 1-10　【系统启用】对话框

**特别提示**

◇ 如果选择单击【否】按钮，则先结束建账过程，之后可在企业应用平台中的【基础信息】中进行系统启用。

(12) 单击【退出】按钮，结束建账过程，系统提示“请进入企业应用平台进行业务操作！”，单击【确定】按钮，再单击【退出】按钮，账套创建成功。

**2. 账套备份**

为防止数据丢失，须定期进行账套备份，可在每日工作结束时将账套备份到磁盘中，备份的文件夹可根据实际需要(如时间、单位名称等)命名。

(1) 学员在 E 盘中新建“业财一体信息化应用账套”文件夹，并在该文件夹中新建“20230301”文件夹。

**特别提示**

◇ 新建账套文件夹时，应尽量避免和系统默认存储路径重复。

(2) 在【系统管理】中执行【账套】—【输出】命令，打开【账套输出】对话框。单击【账套号】栏的下拉按钮，选择【[001]北京星月电器销售有限公司】，【输出文件位置】选择【E:\业财一体信息化应用账套\20230301】，如图 1-11 所示。

(3) 单击【确认】按钮，系统进行账套数据输出，完成后，系统提示“输出成功”，单击【确定】按钮返回。

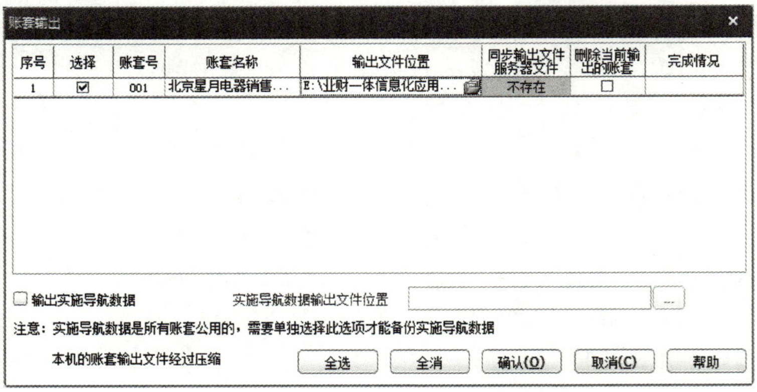


**图 1-11 【账套输出】对话框**

**特别提示**

◇ 利用“账套输出”功能还可以进行“删除账套”的操作，具体方法是在【账套输出】对话框中勾选【删除当前输出的账套】复选框，单击【确认】按钮，当输出完成后，系统提示“真要删除该账套吗？”，单击【是】按钮，即删除该账套。

◇ 只有系统管理员 Admin 有权进行“账套输出”。

◇ 正在使用的账套可以进行“账套输出”而不允许进行“删除账套”。

◇ 备份账套时应先建立一个备份账套的文件夹，以便将备份数据存放在目标文件夹中。

◇ 系统管理员 Admin 也可以设置自动备份计划。

**3. 账套引入**

备份的账套可根据需要随时引入系统。

(1) 系统管理员 Admin 登录【系统管理】。

(2) 执行【账套】—【引入】命令，打开【请选择账套备份文件】对话框，选择引入目录为【E:\业财一体信息化应用账套\20230301】，单击【确定】按钮，如图 1-12 所示。

(3) 引入账套需要一定的时间，请耐心等候，引入完成后，系统提示“引入成功!”，单击【确定】按钮。

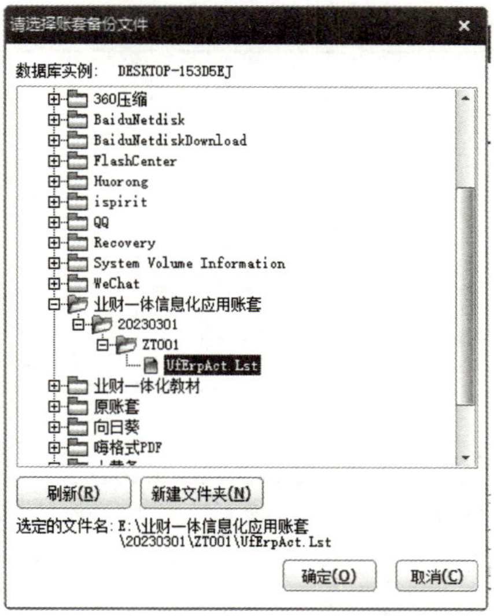


**图 1-12　【请选择账套备份文件】对话框**

## 任务 1.2　用户管理

### 任务要求

根据北京星月电器销售有限公司的组织架构和人员档案信息，规划角色、用户及其所属权限，在业财一体信息化平台系统管理模块中进行用户管理。

(1) 需设置的角色及权限信息，如表 1-1 所示。

**表 1-1　角色及权限设置**

| 角色编码 | 角色 | 权限 |
| --- | --- | --- |
| 101 | 总经理 | 账套主管的所有权限 |
| 102 | 副总经理 | 账套主管的所有权限 |
| 103 | 财务经理 | 基本信息、财务会计、薪资管理 |
| 104 | 资金经理 | 总账、网上银行、出纳管理 |
| 105 | 财务会计 | 总账、存货核算、薪资管理 |
| 106 | 出纳员 | 应收款管理(收款处理、票据管理、凭证处理)、应付款管理(付款处理、票据管理、凭证处理)、网上银行、出纳管理 |
| 107 | 往来经理 | 总账、应收款管理、应付款管理 |
| 108 | 应付会计 | 总账、应付款管理、合同管理(付款申请) |
| 109 | 应收会计 | 总账、应收款管理 |
| 110 | 资产经理 | 总账、固定资产 |
| 111 | 资产会计 | 总账、固定资产 |
| 112 | 税务会计 | 总账、发票管理 |
| 113 | 采购经理 | 采购管理 |
| 114 | 采购专员 | 除供应商资格审批、供应商供货审批外的其他采购管理权限 |
| 115 | 销售经理 | 销售管理 |

（续表）

| 角色编码 | 角色 | 权限 |
|---|---|---|
| 116 | 销售专员 | 销售管理 |
| 117 | 客服经理 | 基本信息、售后服务 |
| 118 | 客服专员 | 售后服务 |
| 119 | 市场经理 | 合同管理、售前分析 |
| 120 | 仓储经理 | 基本信息、库存管理、销售管理(销售发货) |

(2) 需设置的用户及角色信息，如表 1-2 所示。

**表 1-2　用户及角色设置**

| 用户编码 | 用户 | 所属角色 | 所属部门 | 用户编码 | 用户 | 所属角色 | 所属部门 |
|---|---|---|---|---|---|---|---|
| A01 | 刘　星 | 总经理 | 总经办 | F05 | 刘　源 | 往来经理 | 财务部 |
| A02 | 王　涛 | 副总经理 | 总经办 | F06 | 李　奇 | 应付会计 | 财务部 |
| F01 | 胡　晓 | 财务经理 | 财务部 | F07 | 刘　佳 | 应收会计 | 财务部 |
| F02 | 张　扬 | 资金经理 | 财务部 | F08 | 张　姗 | 资产经理 | 财务部 |
| F03 | 王芝芝 | 财务会计 | 财务部 | F09 | 胡　林 | 资产会计 | 财务部 |
| F04 | 谢　芳 | 出纳员 | 财务部 | F10 | 王　力 | 税务会计 | 财务部 |
| C01 | 张茜茜 | 采购经理 | 采购部 | X05 | 张　强 | 销售专员 | 销售部 |
| C02 | 黄　鑫 | 采购专员 | 采购部 | K01 | 魏　来 | 客服经理 | 客户服务部 |
| X01 | 谭　林 | 销售经理 | 销售部 | K02 | 邓俊元 | 客服专员 | 客户服务部 |
| X02 | 赵宇鑫 | 销售专员 | 销售部 | K03 | 唐　丽 | 客服专员 | 客户服务部 |
| X03 | 张　超 | 销售专员 | 销售部 | M01 | 陈柏林 | 市场经理 | 营运管理部 |
| X04 | 贺杰禹 | 销售专员 | 销售部 | W01 | 王　俊 | 仓储经理 | 仓储物流部 |

(3) 有关数据及金额权限控制的具体规定如下：

① 往来经理刘源拥有对应付会计李奇、应收会计刘佳所填制的凭证进行查询、删改、审核、弃审、撤销等权限。

② 往来经理刘源拥有对 100 000 元以下的经济业务制单的权限，应收会计刘佳、应付会计李奇拥有对 50 000 元以下的经济业务制单的权限。

要求：

(1) 系统管理员 Admin 进行角色设置及权限设置。

(2) 系统管理员 Admin 增加用户并进行权限设置。

(3) 总经理刘星进行数据权限控制设置、金额权限控制设置。

操作视频

## 操作步骤

### 1. 角色及权限设置

(1) 新增角色，系统管理员 Admin 进入【系统管理】—【权限】—【角色】。单击【增加】按钮，按照案例资料中的角色进行角色新增，输入角色编码和角色名称，如图 1-13 所示。单击右下方的【确定】按钮，按照案例资料完成所有角色新增。

(2) 为角色分配权限，系统管理员 Admin 进入【系统管理】—【权限】—【操作员权限】，选

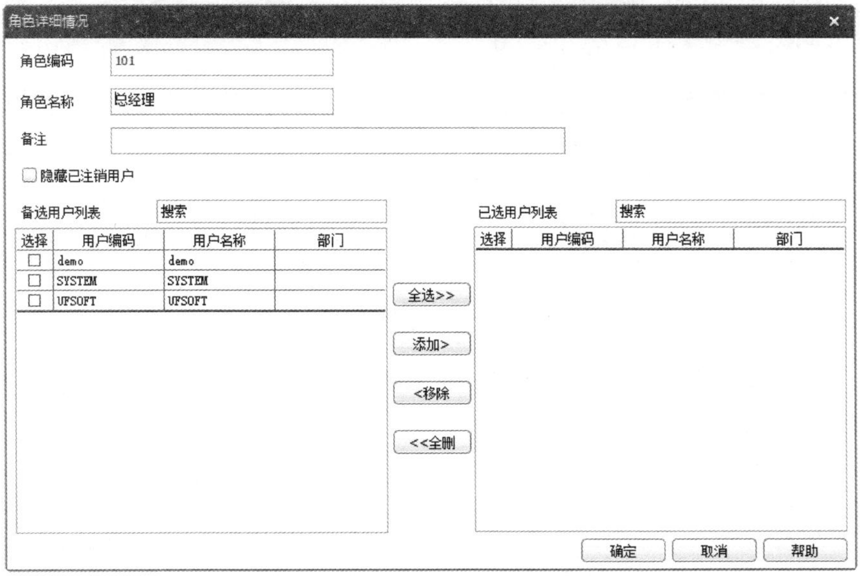


图 1-13　【角色详细情况】页面

择角色，单击【修改】按钮，在右侧权限树状图中选择对应的权限，如图 1-14 所示。

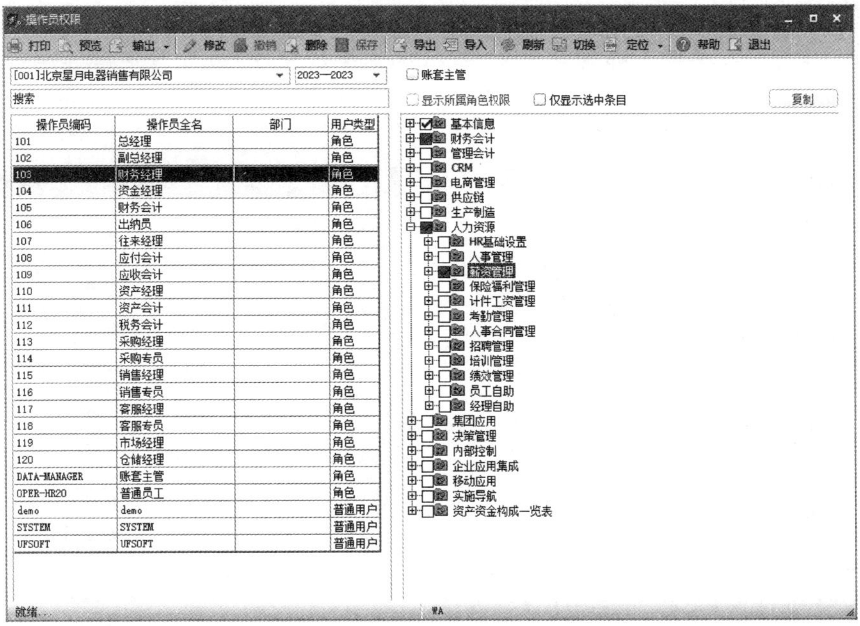


图 1-14　【操作员权限】页面

(3) 单击【保存】按钮，权限设置完成。

**2. 用户及权限设置**

(1) 进入【系统管理】—【权限】—【用户】，单击【增加】按钮，按照案例资料输入用户信息，如图 1-15 所示。

(2) 在下方的【所属角色】中勾选角色，勾选完成后，用户自动拥有该角色的全部权限，

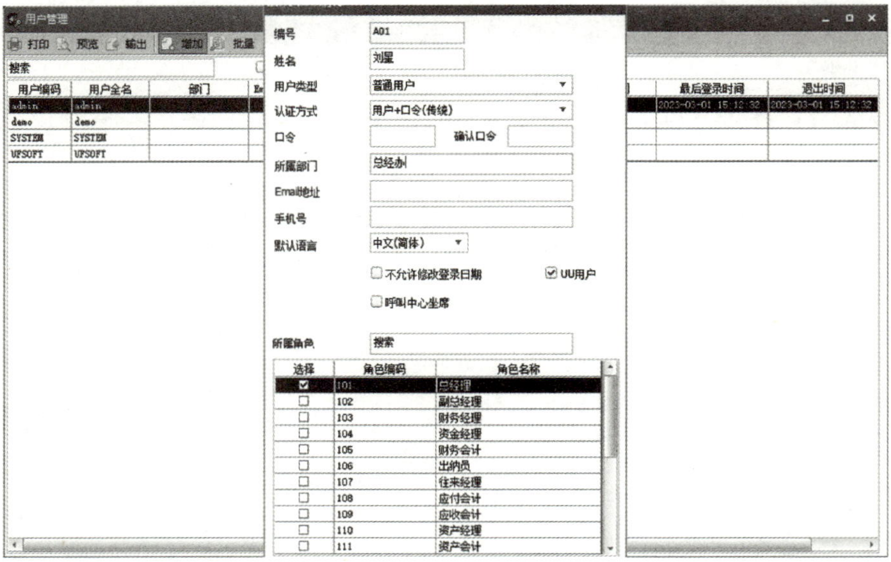


图 1-15 【用户新增】页面

无须在权限中设置该用户的权限。

**特别提示**

在实际工作中，为保证系统数据安全，必须设置用户口令，用户登录企业应用平台时可自行修改口令。

### 3. 数据权限控制设置及金额权限控制设置

（1）数据权限控制设置。总经理刘星进入【U8企业应用平台】—【业务导航】—【系统服务】—【权限】—【数据权限控制设置】，在弹出的界面上勾选【用户】复选框，如图 1-16 所示。

（2）数据权限分配。总经理刘星进入【U8企业应用平台】—【业务导航】—【系统服务】—【权限】—【数据权限分配】，选中用户“刘源”，单击【授权】按钮，在弹出的【记录权限设置】窗口中，选择【业务对象】下拉菜单中的【用户】，如图 1-17 所示。

（3）通过单击【左】【右】按钮，将“李奇”和“刘佳”添加至【可用】列表中，如图 1-18 所示。

（4）单击【保存】按钮，弹出“保存成功，重新登录门户，此配置才能生效！”提示框，单击【确定】按钮。

（5）金额权限分配。总经理刘星进入【U8

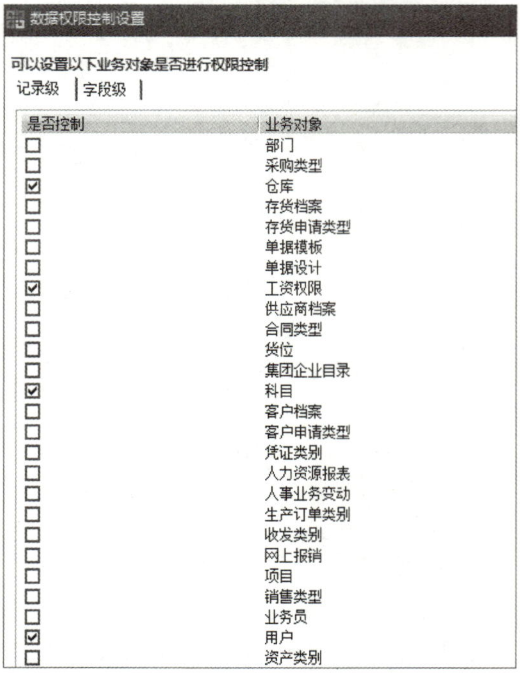


图 1-16 【数据权限控制设置】页面

图 1-17　【数据权限分配】页面

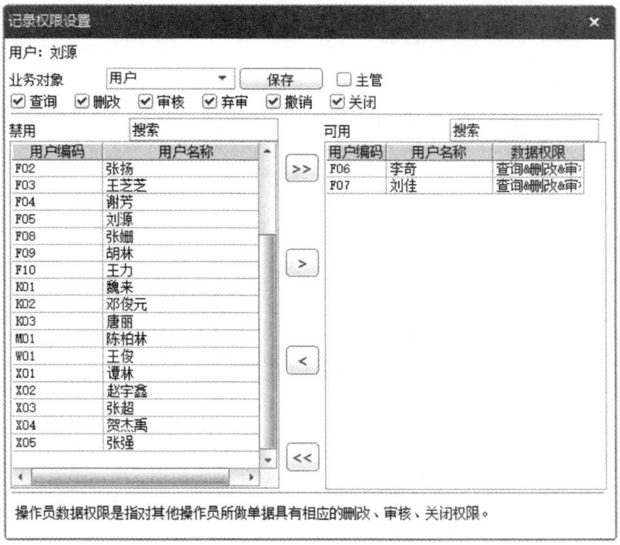


图 1-18　【记录权限设置】页面

企业应用平台】—【业务导航】—【系统服务】—【权限】—【金额权限设置】，单击【增加】按钮，设置用户和对应的级别，如图 1-19 所示。

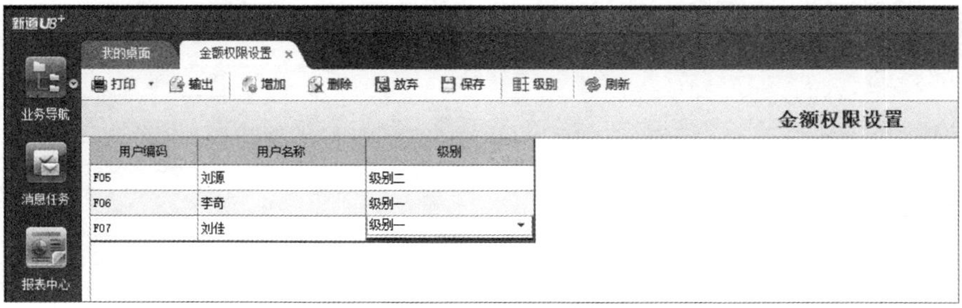


图 1-19　【金额权限设置】页面

(6) 单击【级别】选项,进入【金额级别设置】界面,单击【增加】按钮,【科目编码】输入“1122”,【级别一】输入“50000”,【级别二】输入“100000”,如图 1-20 所示,单击【保存】按钮。

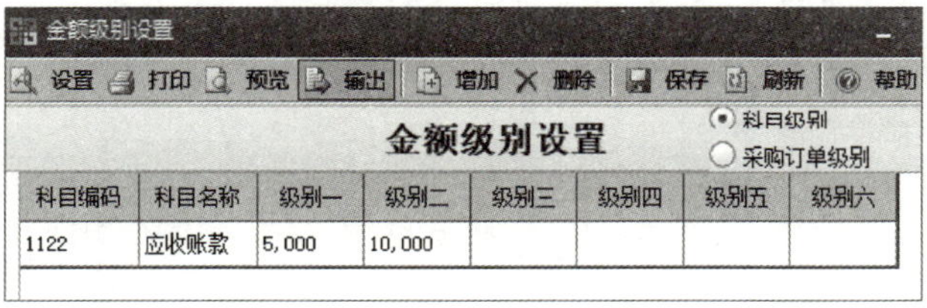


图 1-20 【金额级别设置】页面

(7) 总经理刘星进入【U8 企业应用平台】—【业务导航】—【财务会计】—【总账】—【设置】—【选项】,在【权限】页签中单击【编辑】按钮,勾选【操作员进行金额权限控制】复选框,如图 1-21 所示,单击【确定】按钮。

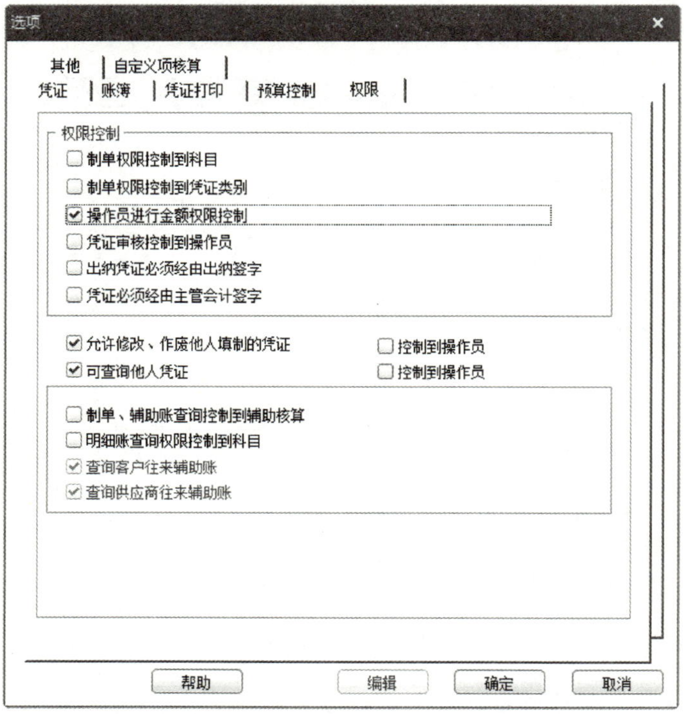


图 1-21 【总账】—【选项】设置页面

## 工作反思

获得的经验:________________________________

注意的事项:________________________________

思政驿站

# 工作任务 2　基础信息设置

## 任务情景

2023 年 3 月 1 日，北京星月电器销售有限公司副总经理王涛根据公司的组织架构及企业相关信息在业财一体信息化平台上设置机构人员档案、客商信息、存货信息、财务信息、收付结算信息及业务信息。

## 任务向导

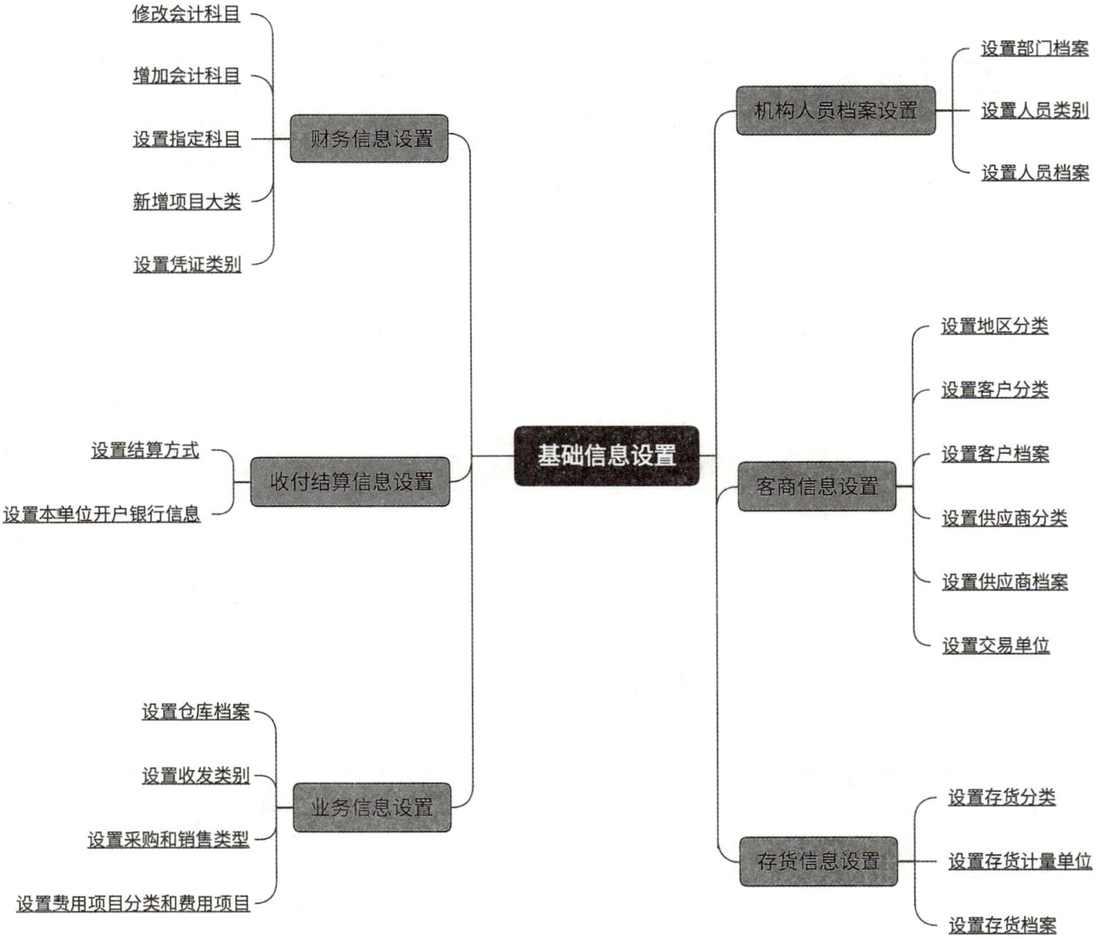

## 任务 2.1 机构人员档案设置

### 任务要求

2023 年 3 月 1 日，北京星月电器销售有限公司的机构人员模块需要设置如下信息：

（1）部门档案信息，如表 1-3 所示。

**表 1-3 部门档案**

| 部门编码 | 部门名称 | 部门编码 | 部门名称 |
|---|---|---|---|
| 1 | 总经办 | 5 | 客户服务部 |
| 2 | 财务部 | 6 | 营运管理部 |
| 3 | 采购部 | 7 | 仓储物流部 |
| 4 | 销售部 | | |

（2）人员类别信息，如表 1-4 所示。

**表 1-4 人员类别**

| 一级档案编码 | 一级档案名称 | 二级档案编码 | 二级档案名称 |
|---|---|---|---|
| 101 | 正式工 | 10101 | 高级管理人员 |
| 101 | 正式工 | 10102 | 财务人员 |
| 101 | 正式工 | 10103 | 销售人员 |
| 101 | 正式工 | 10104 | 服务人员 |
| 101 | 正式工 | 10105 | 营运管理人员 |
| 101 | 正式工 | 10106 | 采购人员 |
| 101 | 正式工 | 10107 | 仓储管理人员 |
| 102 | 合同工 | 10201 | 长期工 |
| 102 | 合同工 | 10202 | 短期工 |
| 103 | 实习生 | 10301 | 暑假工 |
| 103 | 实习生 | 10302 | 小时工 |

（3）人员档案信息，如表 1-5 所示。

**表 1-5 人员档案**

| 序号 | 人员编码 | 姓名 | 部门名称 | 雇佣状态 | 人员类别 | 性别 | 是否业务员 | 是否操作员 |
|---|---|---|---|---|---|---|---|---|
| 1 | 01 | 刘 星 | 总经办 | 在职 | 高级管理人员 | 男 | 是 | 是 |
| 2 | 02 | 王 涛 | 总经办 | 在职 | 高级管理人员 | 男 | 是 | 是 |
| 3 | 03 | 胡 晓 | 财务部 | 在职 | 财务人员 | 男 | 是 | 是 |

（续表）

| 序号 | 人员编码 | 姓名 | 部门名称 | 雇佣状态 | 人员类别 | 性别 | 是否业务员 | 是否操作员 |
|---|---|---|---|---|---|---|---|---|
| 4 | 04 | 张　扬 | 财务部 | 在职 | 财务人员 | 男 | 是 | 是 |
| 5 | 05 | 王芝芝 | 财务部 | 在职 | 财务人员 | 女 | 是 | 是 |
| 6 | 06 | 谢　芳 | 财务部 | 在职 | 财务人员 | 女 | 是 | 是 |
| 7 | 07 | 刘　源 | 财务部 | 在职 | 财务人员 | 男 | 是 | 是 |
| 8 | 08 | 李　奇 | 财务部 | 在职 | 财务人员 | 女 | 是 | 是 |
| 9 | 09 | 刘　佳 | 财务部 | 在职 | 财务人员 | 女 | 是 | 是 |
| 10 | 10 | 张　姗 | 财务部 | 在职 | 财务人员 | 女 | 是 | 是 |
| 11 | 11 | 胡　林 | 财务部 | 在职 | 财务人员 | 女 | 是 | 是 |
| 12 | 12 | 王　力 | 财务部 | 在职 | 财务人员 | 女 | 是 | 是 |
| 13 | 13 | 张茜茜 | 采购部 | 在职 | 采购人员 | 女 | 是 | 是 |
| 14 | 14 | 黄　鑫 | 采购部 | 在职 | 采购人员 | 男 | 是 | 是 |
| 15 | 15 | 杨　昭 | 采购部 | 在职 | 采购人员 | 女 | 是 | 否 |
| 16 | 16 | 刘　松 | 采购部 | 在职 | 采购人员 | 男 | 是 | 否 |
| 17 | 17 | 谭　林 | 销售部 | 在职 | 销售人员 | 女 | 是 | 是 |
| 18 | 18 | 赵宇鑫 | 销售部 | 在职 | 销售人员 | 女 | 是 | 是 |
| 19 | 19 | 张　超 | 销售部 | 在职 | 销售人员 | 女 | 是 | 是 |
| 20 | 20 | 贺杰禹 | 销售部 | 在职 | 销售人员 | 女 | 是 | 是 |
| 21 | 21 | 张　强 | 销售部 | 在职 | 销售人员 | 女 | 是 | 是 |
| 22 | 22 | 黄雅玲 | 销售部 | 在职 | 销售人员 | 女 | 是 | 否 |
| 23 | 23 | 宋　超 | 销售部 | 在职 | 销售人员 | 女 | 是 | 否 |
| 24 | 24 | 李　诚 | 销售部 | 在职 | 销售人员 | 男 | 是 | 否 |
| 25 | 25 | 魏　来 | 客户服务部 | 在职 | 服务人员 | 男 | 是 | 是 |
| 26 | 26 | 唐　丽 | 客户服务部 | 在职 | 服务人员 | 男 | 是 | 是 |
| 27 | 27 | 邓俊元 | 客户服务部 | 在职 | 服务人员 | 女 | 是 | 是 |
| 28 | 28 | 陈柏林 | 营运管理部 | 在职 | 营运管理人员 | 女 | 是 | 是 |
| 29 | 29 | 崔光磊 | 营运管理部 | 在职 | 营运管理人员 | 男 | 是 | 否 |
| 30 | 30 | 王　俊 | 仓储物流部 | 在职 | 仓储管理人员 | 男 | 是 | 是 |
| 31 | 31 | 刘静梅 | 仓储物流部 | 在职 | 仓储管理人员 | 女 | 是 | 否 |
| 32 | 45 | 艾立英 | 销售部 | 在职 | 销售人员 | 女 | 是 | 否 |
| 33 | 48 | 霍春伟 | 销售部 | 在职 | 销售人员 | 女 | 是 | 否 |

要求：副总经理王涛在业财一体信息化平台中进行机构人员设置。

操作视频

## 操作步骤

### 1. 设置部门档案

（1）副总经理王涛进入【U8企业应用平台】—【业务导航】—【基础设置】—【基础档案】—【机构人员】—【部门档案】，打开【部门档案】窗口。

（2）单击【增加】按钮，录入【部门编码】为“1”、【部门名称】为“总经办”，如图1-22所示。

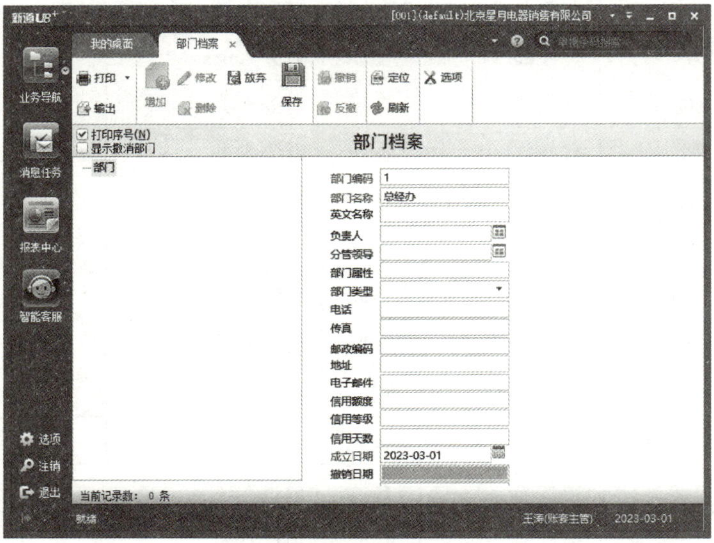


图1-22 【部门档案】窗口

（3）单击【保存】按钮，以此方法，依次录入其他部门档案，操作结果如图1-23所示。

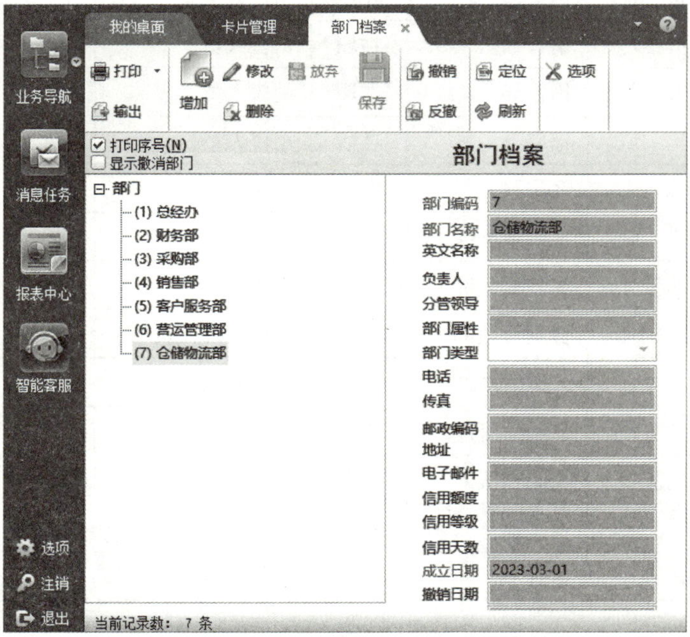


图1-23 【部门档案】操作结果页面

**特别提示**

◇ 部门编码必须符合在分类编码中定义的编码规则。

◇ 由于此时还未设置【人员档案】，部门中的【负责人】暂时不能设置，如果需要设置，必须在完成【人员档案】设置后，再回到【部门档案】中修改【负责人】信息。

**2. 设置人员类别**

(1) 在【基础设置】选项卡中，执行【基础档案】—【机构人员】—【人员类别】命令，打开【人员类别】窗口。

(2) 选择"正式工"类别，单击【增加】按钮，根据案例资料在"正式工"下增加"高级管理人员"类别，如图1-24所示。

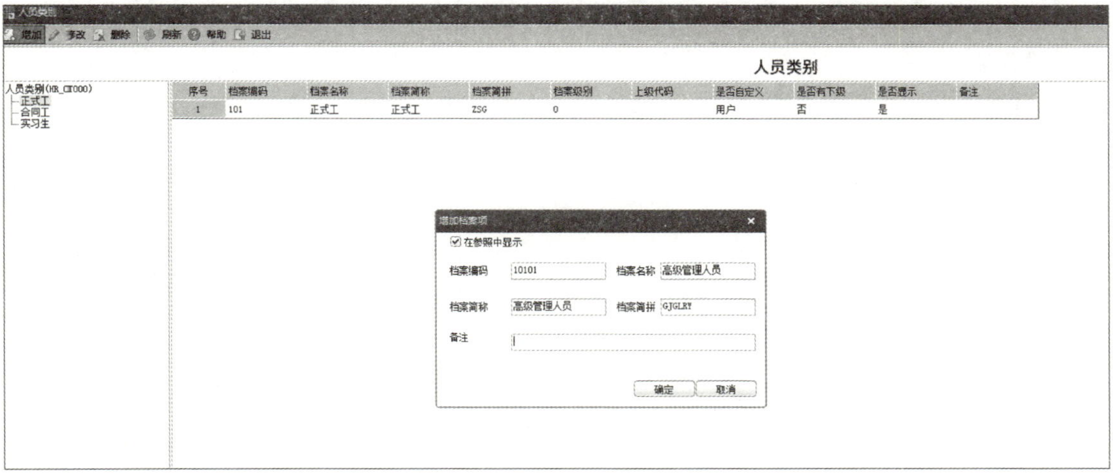


图1-24　【增加档案项】对话框

(3) 以此方法，依次增加其他人员类别，如图1-25所示。

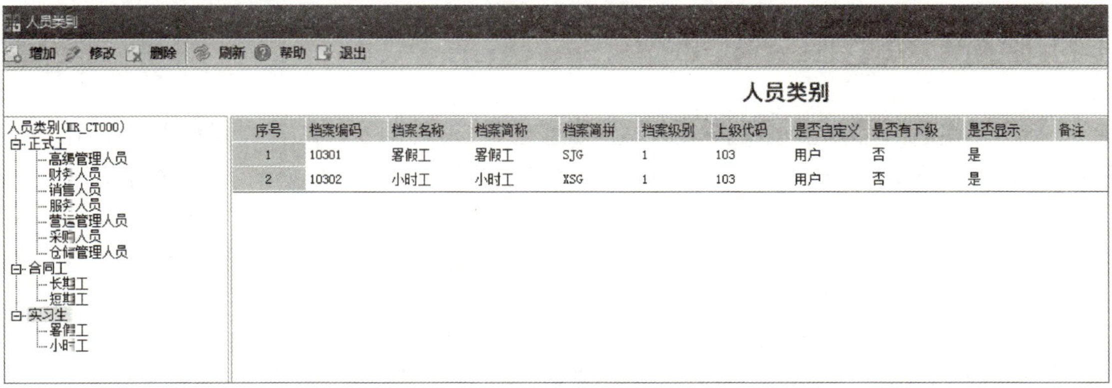


图1-25　【人员类别】窗口

**特别提示**

◇ 人员类别与工资费用的分配、分摊有关，工资费用的分配及分摊是薪资管理系统的一项重要功能。人员类别设置的目的是为工资分摊生成凭证设置相应的入账科目做准备，可以按不同的入账科目需要设置不同的人员类别。

◇ 人员类别是人员档案中的必选项目，需要在人员档案建立之前设置。

◇ 人员类别名称可以修改，但已使用的人员类别名称不能删除。

### 3. 设置人员档案

（1）在【基础设置】选项卡中，执行【基础档案】—【机构人员】—【人员档案】命令，打开【人员列表】窗口。

（2）执行【部门分类】—【总经办】命令，单击【增加】按钮，根据案例资料输入人员信息，如图 1-26 所示。

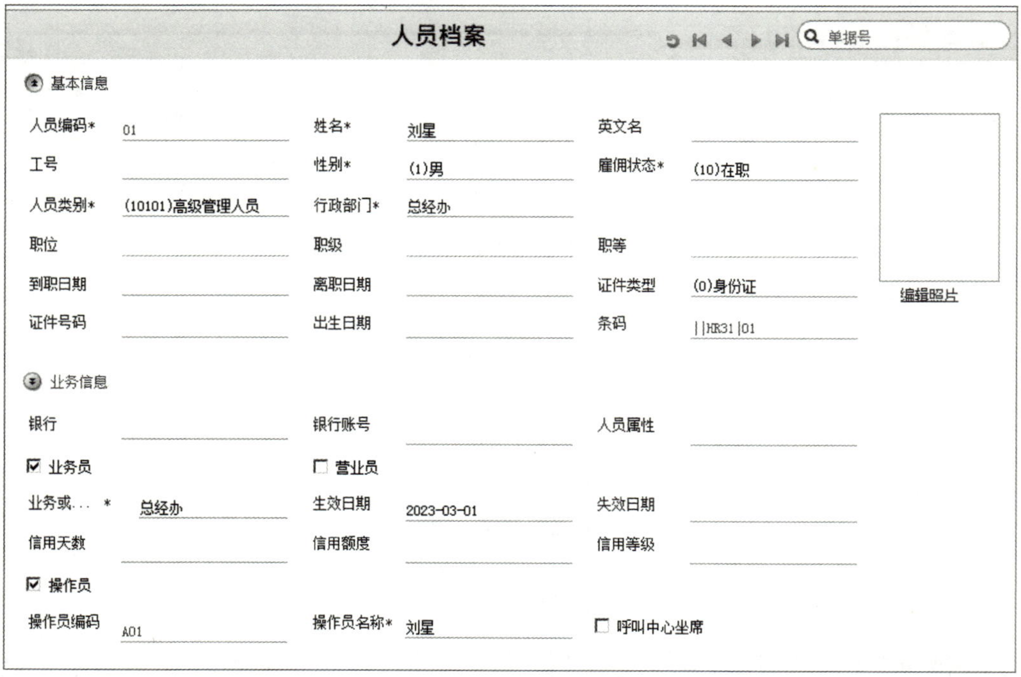


**图 1-26 【人员档案】页面**

（3）单击【保存】按钮，系统弹出“人员信息已改，是否同步修改操作员的相关信息？”提示框，选择【是】按钮。以此方法，依次录入其他人员档案，操作结果如图 1-27 所示。

**特别提示**

◇ 此处的人员档案应该包括企业所有员工。

◇ 人员编码必须是唯一的，行政部门只能是末级部门。

◇ 如果该员工需要在其他档案或者其他单据的【业务员】项目中被参照，需要选中【是否业务员】选项。

◇ 勾选【操作员】后，必须在系统中勾选【操作员名称】，不得使用系统默认信息。

◇ 完成一个任务后，可以及时进行账套备份。

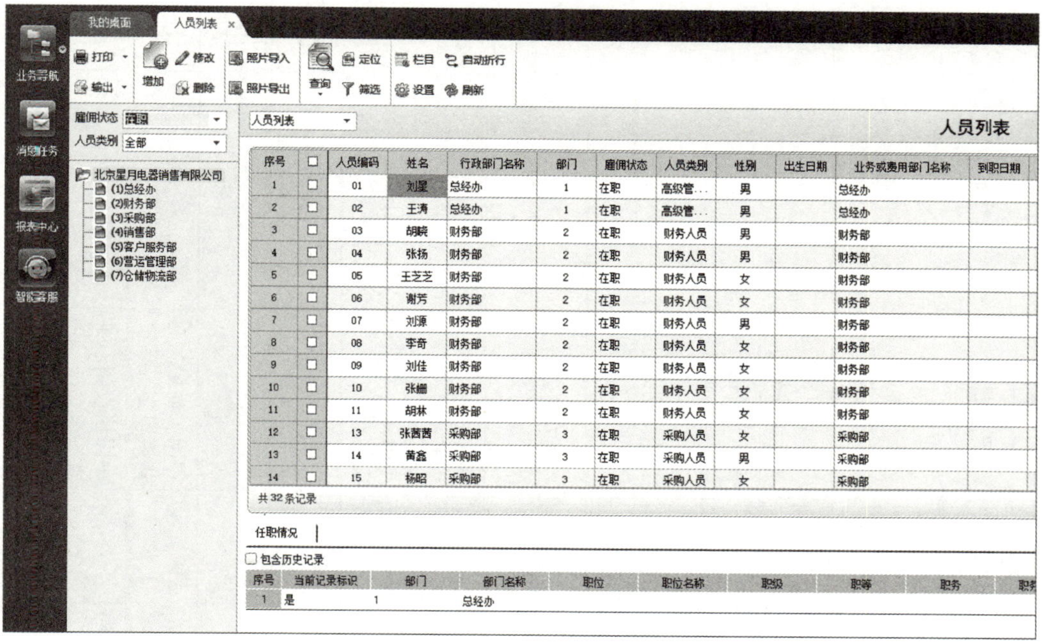

图 1-27　【人员列表】页面

## 任务 2.2　客商信息设置

### 任务要求

2023 年 3 月 1 日，北京星月电器销售有限公司的客商信息模块需要设置如下信息。

（1）地区分类信息，如表 1-6 所示。

表 1-6　地区分类信息

| 地区分类编码 | 地区名称 | 地区分类编码 | 地区名称 |
|---|---|---|---|
| 01 | 北京 | 05 | 郑州 |
| 02 | 上海 | 06 | 昆明 |
| 03 | 广州 | 07 | 其他 |
| 04 | 深圳 | | |

（2）客户分类信息，如表 1-7 所示。

表 1-7　客户分类信息

| 客户分类编码 | 客户分类名称 | 客户分类编码 | 客户分类名称 |
|---|---|---|---|
| 01 | 代销客户 | 03 | 零散客户 |
| 02 | 经销客户 | | |

（3）客户档案信息，如表 1-8 所示。

（4）供应商分类信息，如表 1-9 所示。

（5）供应商档案信息，如表 1-10 所示。

表 1-8　客户档案信息

| 客户分类编码 | 客户分类名称 | 客户编码 | 客户名称 | 客户简称 | 税号 | 电话 | 地址 | 是否允限销控制 | 开户银行 | 银行账号 | 默认值 |
|---|---|---|---|---|---|---|---|---|---|---|---|
| 01 | 代销客户 | 01 | 北京易初莲花连锁超市有限公司 | 易初莲花 | 9111000071786958XX | 010-65575353 | 北京市朝阳区朝阳路太平庄 176 号 | 否 | 华夏银行北京灯市口支行 | 53986434839312637 | 是 |
| 01 | 代销客户 | 02 | 沃尔玛（中国）投资有限公司 | 沃尔玛 | 914403007109368585 | 0755-21512288 | 深圳市福田区农林路 69 号深国投广场二号楼 | 否 | 中国工商银行深圳市红围支行 | 4000021219200065217 | 是 |
| 01 | 代销客户 | 03 | 北京家乐福商业有限公司 | 家乐福 | 911100007000003739A | 010-51909588 | 北京市丰台区方庄芳城园二区 15 号 | 否 | 中国工商银行方庄支行营业部 | 0200053809024207280 | 是 |
| 01 | 代销客户 | 04 | 无锡当当网信息技术有限公司 | 当当 | 91320213560341655Y | 0510-85309091 | 无锡市新区硕放镇经一路 8 号 | 否 | 中国农业银行无锡硕放支行 | 57635101040013624 | 是 |
| 01 | 代销客户 | 05 | 北京京东叁佰陆拾度电子商务有限公司 | 京东 360° | 9111030266052765XB | 010-86065500 | 北京市北京经济技术开发区科创十一街 18 号 C 座 2 层 222 室 | 否 | 中国农业银行亦庄开发区支行 | 51134332839312637 | 是 |
| 02 | 经销客户 | 06 | 北京海威电器销售有限公司 | 海威 | 110111742787648 | 010-87784934 | 北京市大兴林内街 211 号 | 否 | 中国工商银行北京大兴支行 | 6210157757456218000 | 是 |
| 02 | 经销客户 | 07 | 北京明瑞电器有限公司 | 明瑞 | 11060000573042839K | 010-83784956 | 北京市中关村创业产业园内 | 否 | 中国银行北京朝阳支行 | 283749052884 | 是 |
| 02 | 经销客户 | 08 | 北京大通电器有限公司 | 大通 | 11055238173048500Y | 010-83784988 | 北京市海淀区兴海街 435 号 | 否 | 中国建设银行北京海淀支行 | 62290872653920400000 | 是 |
| 02 | 经销客户 | 09 | 北京沃华电器销售有限公司 | 沃华 | 11066238173048500L | 010-93784956 | 北京市延庆区兴顺街 28 号 | 否 | 中国建设银行延庆兴顺支行 | 62290872653920477218 | 是 |
| 02 | 经销客户 | 10 | 北京星逸电器销售有限公司 | 星逸 | 11067238173049898J | 010-93784955 | 北京市延庆区方源街道 429 号 | 否 | 中国工商银行延庆兴顺支行 | 6253091002299998888 | 是 |
| 02 | 经销客户 | 11 | 北京天源电器有限公司 | 天源 | 11088238173048534F | 010-83755557 | 北京市海淀区成府路 768 号 | 否 | 中国建设银行北京海淀支行 | 62220166001024026100 | 是 |
| 03 | 零散客户 | 12 | 零散客户 | 零散客户 | 注：零散客户是指企业比较零散的客户，它是一个公共客户，不是单一客户。勾选允限销控制 | | | | | | |

表 1-9　供应商分类信息

| 供应商分类编码 | 供应商分类名称 | 供应商分类编码 | 供应商分类名称 | 供应商分类编码 | 供应商分类名称 |
|---|---|---|---|---|---|
| 01 | 产品供应商 | 07 | 办公用品供应商 | 13 | 物业供应商 |
| 02 | 配送供应商 | 08 | 房屋租赁供应商 | 14 | 包装物供应商 |
| 03 | 差旅供应商 | 09 | 劳保用品供应商 | 15 | 其他供应商 |
| 04 | 促销品供应商 | 10 | 审计供应商 | 16 | 受托代销供应商 |
| 05 | 快递服务供应商 | 11 | 修理供应商 | 17 | 代管供应商 |
| 06 | 广告供应商 | 12 | 劳务供应商 | | |

表 1-10　供应商档案信息

| 供应商分类编码 | 供应商分类名称 | 供应商编码 | 供应商名称 | 供应商简称 | 纳税人登记号 | 电话 | 地址 | 开户银行 | 银行账号 | 是否服务 |
|---|---|---|---|---|---|---|---|---|---|---|
| 01 | 产品供应商 | 01 | 广东星月电器销售有限公司 | 广东星月 | 91440778878363648213 | 0755-36377633 | 广东省深圳市东凤镇美和穗工业园西区 128 号 | 中国工商银行深圳罗湖支行 | 4234232100153680000 | 否 |
| 02 | 配送供应商 | 02 | 北京环京物流有限公司 | 北京环京 | 961101475489423587 | 010-55231019 | 北京市南马路 33 号 | 中国工商银行北京南马支行 | 6221969918167086072 | 否 |
| 03 | 差旅供应商 | 03 | 北京速 8 酒店管理有限公司 | 北京速 8 | 110109012530394000 | 010-62900219 | 北京市海淀区丰豪东路 20 号 | 中国建设银行北京海淀支行 | 62220800223003985264 | 否 |
| 17 | 代管供应商 | 04 | 北京小峰电器制造有限公司 | 北京小峰 | 91110009009009877F | 010-56786677 | 北京市丰台区丰清路 88 号 | 中国工商银行北京丰生支行 | 6221968999999450008 | 是 |
| 16 | 受托代销供应商 | 05 | 山东海贝电器制造有限公司 | 海贝电器 | 91370200163562688G | 0932-88956778 | 山东省青岛市高科技工业园海昌路 | 中国工商银行青岛海昌路支行 | 6221968819167086765 | 否 |
| 06 | 广告供应商 | 06 | 北京大众传媒广告有限公司 | 大众传媒 | 110147548942378587 | 010-21484563 | 北京市劳动街一段六号 | 中国工商银行北京劳动支行 | 5235672100155230019 | 否 |
| 15 | 其他供应商 | 07 | 北京易初莲花连锁超市有限公司 | 易初莲花 | 110307590105945637 | 010-38635866 | 北京市西城区北滨河路 56 号 | 中国工商银行北京西支行 | 5247684130165480005 | 否 |
| 11 | 修理供应商 | 11 | 北京海信修理有限公司 | 北京海信 | 110108554880396345 | 010-62934590 | 北京市海淀区学院路 36 号 | 中国工商银行北京海淀支行 | 5234232100153980003 | 否 |
| 15 | 其他供应商 | 15 | 北京家乐福商业有限公司 | 家乐福 | 110106590105945635 | 010-69545863 | 北京市朝阳区望京街 33 号 | 中国工商银行北京朝阳支行 | 5263684120169250001 | 否 |
| 07 | 办公用品供应商 | 18 | 北京市雪人文具有限公司 | 雪人文具 | 110019994321016987 | 010-87765635 | 北京市东山路 189 号 | 中国工商银行北京东山支行 | 5235672100165230002 | 否 |

(6) 交易单位信息，如表 1-11 所示。

**表 1-11　交易单位信息**

| 交易单位编码 | 交易单位名称 | 交易单位简称 | 所属分类 | 开户银行 | 银行账号 | 对应供应商编码 |
|---|---|---|---|---|---|---|
| 01 | 广东星月电器销售有限公司 | 广东星月 | 供应商 | 中国工商银行深圳罗湖支行 | 4234232100153680000 | 01 |

要求：副总经理王涛在业财一体信息化平台中进行客商信息设置。

操作视频

## 操作步骤

### 1. 设置地区分类

副总经理王涛进入【U8 企业应用平台】—【业务导航】—【基础设置】—【基础档案】—【客商信息】—【地区分类】，打开【地区分类】窗口，单击【增加】按钮，按照案例资料依次输入地区分类信息，操作结果如图 1-28 所示。

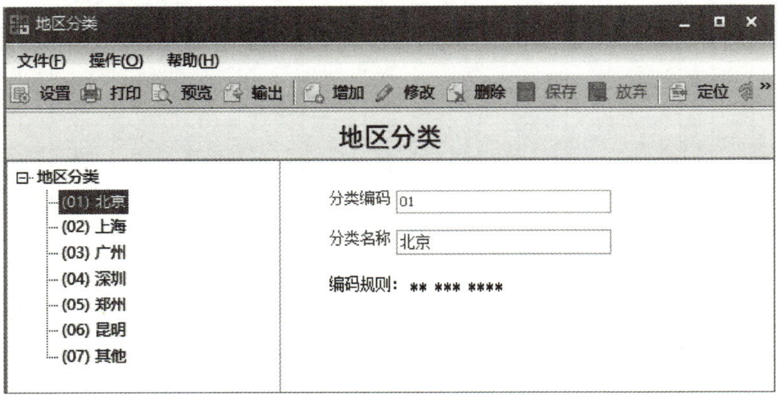


图 1-28　【地区分类】窗口

### 2. 设置客户分类

在【基础设置】选项卡中，执行【基础档案】—【客商信息】—【客户分类】命令，打开【客户分类】窗口，单击【增加】按钮，按照案例资料依次输入客户分类信息，操作结果如图 1-29 所示。

图 1-29　【客户分类】窗口

### 3. 设置客户档案

（1）在【基础设置】选项卡中，执行【基础档案】—【客商信息】—【客户档案】命令，打开【客户档案】窗口，窗口分为左右两部分，左窗口显示已经设置的【客户分类】，选中某一客户分类，则在右窗口显示该分类下所有的客户列表。

（2）单击【增加】按钮，打开【增加客户档案】窗口。该窗口中共包括 6 个选项卡，即【基本】【联系】【信用】【其他】【附件】【照片】，用于对客户不同的属性分别归类记录，按照案例资料依次输入客户信息。

（3）单击表头中的【银行】按钮，系统弹出【客户银行档案】窗口，点击【增加】按钮，将案例资料中的开户银行及账号信息输入上述窗口中，其中【所属银行】和【默认值】是参照录入的，操作结果如图 1-30 所示。

**图 1-30　【客户档案】窗口**

### 4. 设置供应商分类

在【基础设置】选项卡中，执行【基础档案】—【客商信息】—【供应商分类】命令，打开【供应商分类】窗口，按照案例资料输入供应商分类信息，操作结果如图 1-31 所示。

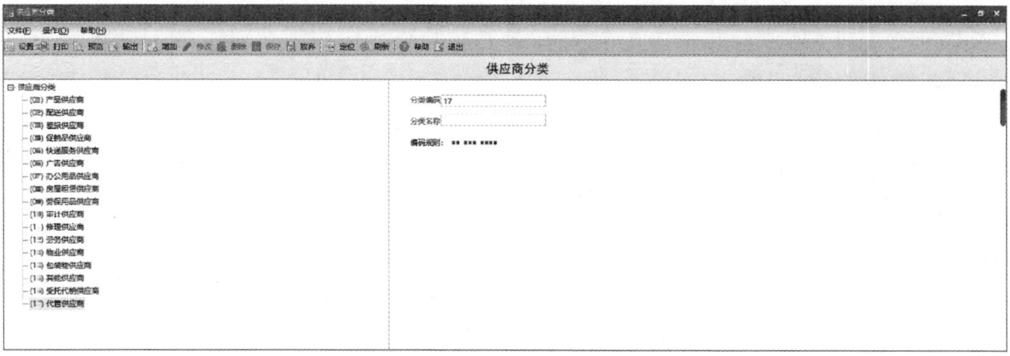


**图 1-31　【供应商分类】窗口**

### 5. 设置供应商档案

（1）在【基础设置】选项卡中，执行【基础档案】—【客商信息】—【供应商档案】命令，打开

【供应商档案】窗口，窗口分为左右两部分，左窗口显示已经设置的供应商分类，选中某一供应商分类，在右窗口显示该分类下所有的供应商列表。

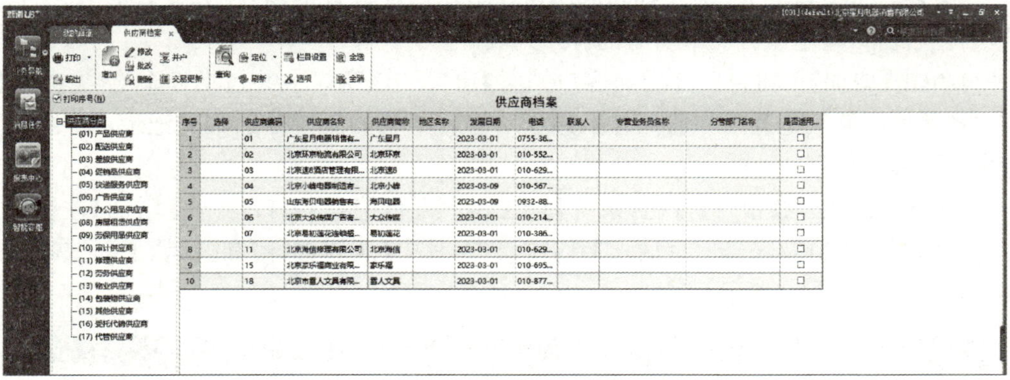


图 1-32 【供应商档案】窗口

(2) 单击【增加】按钮，打开【供应商档案】窗口，按照案例资料输入供应商档案信息，操作结果如图 1-32 所示。

**6. 设置交易单位**

(1) 在【基础设置】选项卡中，执行【基础档案】—【客商信息】—【交易单位】命令，打开【交易单位】窗口，窗口分为左右两部分，左窗口选中供应商，单击【增加】按钮，按案例资料输入交易单位信息，操作结果如图 1-33 所示。

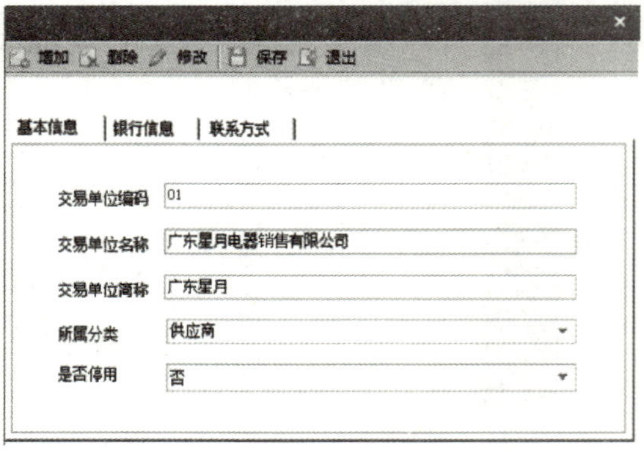


图 1-33 【交易单位】窗口

## 任务 2.3 存货信息设置

### 任务要求

2023 年 3 月 1 日，北京星月电器销售有限公司的存货模块需要设置如下信息。

(1) 存货分类信息，如表 1-12 所示。

表 1-12 存货分类信息

| 存货分类编码 | 存货分类名称 | 存货分类编码 | 存货分类名称 |
| --- | --- | --- | --- |
| 01 | 加湿器 | 06 | 冰柜 |
| 02 | 电风扇 | 07 | 受托代销商品 |
| 03 | 电暖气 | 08 | 代管商品 |
| 04 | 空气净化器 | 09 | 办公用品 |
| 05 | 冰箱 | 10 | 劳务类 |

(2) 存货计量单位信息，如表 1-13 所示。

表 1-13　存货计量单位信息

| 计量单位组编码 | 计量单位组名称 | 计量单位组类别 | 计量单位编码 | 计量单位名称 |
|---|---|---|---|---|
| 01 | 自然单位 | 无换算率 | 101 | 台 |
| 01 | 自然单位 | 无换算率 | 102 | 包 |
| 01 | 自然单位 | 无换算率 | 103 | 件 |
| 01 | 自然单位 | 无换算率 | 104 | 无 |

(3) 存货档案信息，如表 1-14 所示。

表 1-14　存货档案信息

| 存货分类编码 | 存货大类名称 | 存货编码 | 存货名称 | 主计量单位名称 | 税率 | 存货属性 | 主要供货单位名称 |
|---|---|---|---|---|---|---|---|
| 01 | 加湿器 | 0101 | 小熊迷你加湿器 | 台 | 13% | 内销、外销、采购 | — |
| 01 | 加湿器 | 0102 | 智能恒湿加湿器 | 台 | 13% | 内销、外销、采购 | — |
| 01 | 加湿器 | 0103 | 大容量上加水加湿器 | 台 | 13% | 内销、外销、采购 | — |
| 02 | 电风扇 | 0201 | 无叶风扇 | 台 | 13% | 内销、外销、采购 | — |
| 02 | 电风扇 | 0202 | 落地扇 | 台 | 13% | 内销、外销、采购 | — |
| 02 | 电风扇 | 0203 | 空气循环扇 | 台 | 13% | 内销、外销、采购 | — |
| 03 | 电暖气 | 0301 | 暖风机 | 台 | 13% | 内销、外销、采购 | — |
| 03 | 电暖气 | 0302 | 电暖气片 | 台 | 13% | 内销、外销、采购 | — |
| 04 | 空气净化器 | 0401 | 智能空气净化器 | 台 | 13% | 内销、外销、采购 | — |
| 04 | 空气净化器 | 0402 | 负离子空气净化器 | 台 | 13% | 内销、外销、采购 | — |
| 04 | 空气净化器 | 0403 | 母婴护理空气净化器 | 台 | 13% | 内销、外销、采购 | — |
| 05 | 冰箱 | 0501 | 500 升大容量十字对开冰箱 | 台 | 13% | 内销、外销、采购 | — |
| 05 | 冰箱 | 0502 | 258 升无霜三门冰箱 | 台 | 13% | 内销、外销、采购 | — |
| 05 | 冰箱 | 0503 | 655 升对开门冰箱 | 台 | 13% | 内销、外销、采购 | — |
| 06 | 冰柜 | 0601 | 102 升家用冰柜 | 台 | 13% | 内销、外销、采购 | — |
| 06 | 冰柜 | 0602 | 215 升双箱双温区冰柜 | 台 | 13% | 内销、外销、采购 | — |
| 06 | 冰柜 | 0603 | 305 升商用卧式冰柜 | 台 | 13% | 内销、外销、采购 | — |
| 07 | 受托代销商品 | 0701 | 海贝空调 | 台 | 13% | 内销、外销、采购 | 山东海贝电器有限公司 |
| 08 | 代管商品 | 0801 | 小峰空调 | 台 | 13% | 内销、采购 | 北京小峰电器制造有限公司 |
| 09 | 办公用品 | 0901 | A4 打印纸 | 包 | 13% | 采购 | — |
| 10 | 劳务类 | 1001 | 服务费 | 无 | 13% | 内销、外销、服务项目 | — |

要求：副总经理王涛在业财一体信息化平台中进行存货信息设置。

操作视频

## 操作步骤

### 1. 设置存货分类

副总经理王涛进入【U8 企业应用平台】—【业务导航】—【基础设置】—【基础档案】—【存货】—【存货分类】，打开【存货分类】窗口，单击【增加】按钮，按照案例资料依次输入存货分类信息，操作结果如图 1-34 所示。

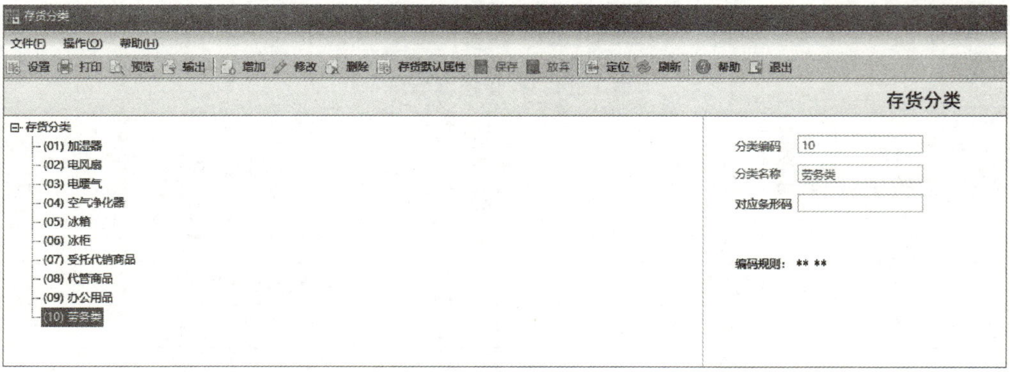


图 1-34 【存货分类】窗口

### 2. 设置存货计量单位

(1) 在【基础设置】选项卡中，执行【基础档案】—【存货】—【计量单位】命令，打开【计量单位】窗口，单击【分组】按钮，打开【计量单位组】窗口。

(2) 单击【增加】按钮，按照案例资料输入计量单位组的编码、名称和类别等信息，单击【保存】按钮，如图 1-35 所示。

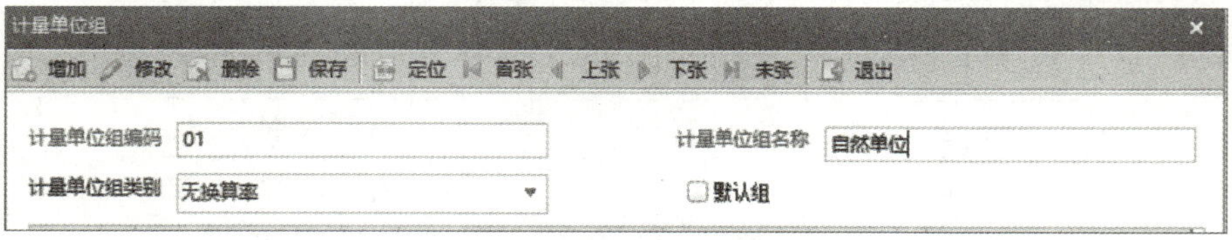


图 1-35 【计量单位组】窗口

(3) 单击【退出】按钮，再单击【单位】按钮，打开【计量单位】窗口。

(4) 单击【增加】按钮，按照案例资料依次输入计量单位编码和计量单位名称，单击【保存】按钮，操作结果如图 1-36 所示。

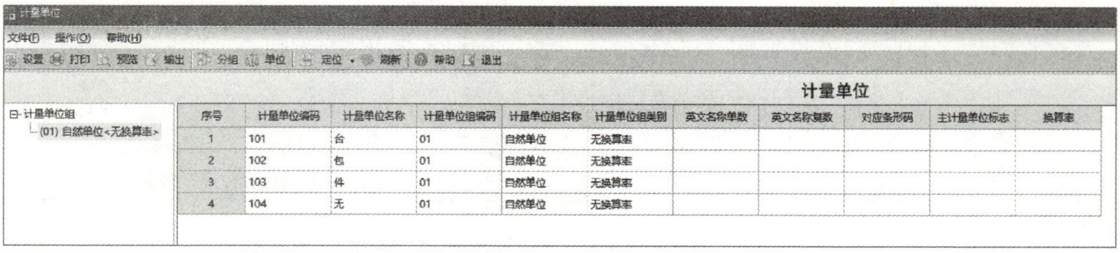


图 1-36 【计量单位】窗口

**特别提示**

◇ 在设置存货档案之前必须先在企业应用平台的【基础档案】中设置计量单位，否则存货档案中没有备选的计量单位，存货档案无法保存。

◇ 在设置计量单位时必须先设置计量单位分组，再设置各计量单位组中的计量单位。

◇ 计量单位组分为无换算率、固定换算率和浮动换算率三种类型，如果需要换算，一般将最小计量单位作为主计量单位。

◇ 计量单位可以根据需要随时增加。

### 3. 设置存货档案

(1) 副总经理王涛进入【U8 企业应用平台】—【业务导航】—【供应链】—【采购管理】—【设置】—【选项】，打开【采购系统选项】窗口，勾选【启用受托代销】复选框，单击【确定】按钮。

(2) 在【基础设置】选项卡中，执行【基础档案】—【存货】—【存货档案】命令，打开【存货档案】窗口，选中【(01)加湿器】存货分类，单击【增加】按钮，打开【增加存货档案】窗口，按照案例的资料填制“0101 小熊迷你加湿器”的存货档案【基本】选项卡，单击【保存】按钮，保存存货档案信息。

(3) 依次按照案例资料输入全部存货档案，操作结果如图 1-37 所示。

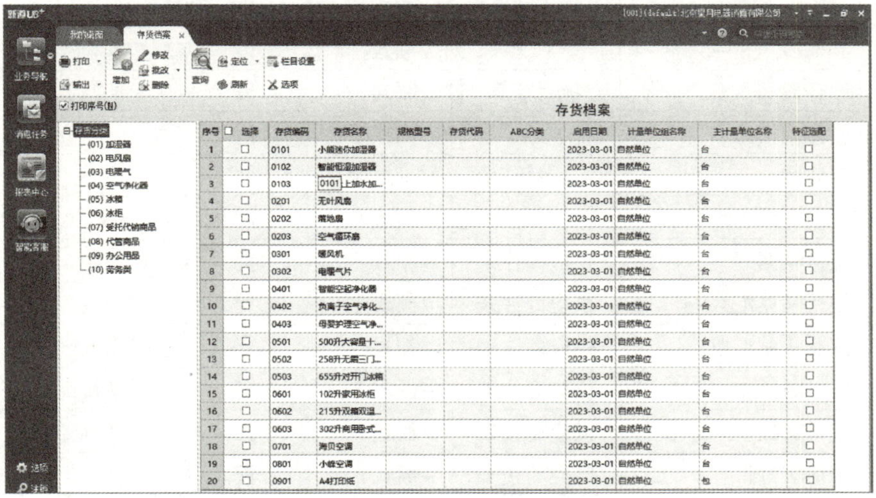


图 1-37　【存货档案】窗口

**特别提示**

◇ 存货档案中的存货属性必须选择正确，否则存货列表中将不会显示填制的相应单据。

## 任务 2.4　财务信息设置

**任务要求**

2023 年 3 月 1 日，北京星月电器销售有限公司的财务模块需要设置如下信息。

(1) 会计科目信息,如表 1-15 所示。

**表 1-15　会计科目信息**

| 科目编码 | 科目名称 | 辅助账类型 | 账页格式 | 余额方向 | 受控系统 | 银行账 | 日记账 |
|---|---|---|---|---|---|---|---|
| 1001 | 库存现金 | — | 金额式 | 借 | — | — | Y |
| 1002 | 银行存款 | — | 金额式 | 借 | — | Y | Y |
| 100201 | 工行存款 | — | 金额式 | 借 | — | Y | Y |
| 1012 | 其他货币资金 | — | 金额式 | 借 | — | Y | Y |
| 101201 | 支付宝 | — | 金额式 | 借 | — | Y | Y |
| 101202 | 存出投资款 | — | 金额式 | 借 | — | Y | Y |
| 1121 | 应收票据 | 客户往来 | 金额式 | 借 | 应收系统 | — | — |
| 112101 | 银行承兑汇票 | 客户往来 | 金额式 | 借 | 应收系统 | — | — |
| 112102 | 商业承兑汇票 | 客户往来 | 金额式 | 借 | 应收系统 | — | — |
| 1122 | 应收账款 | 客户往来 | 金额式 | 借 | 应收系统 | — | — |
| 1123 | 预付账款 | 供应商往来 | 金额式 | 借 | 应付系统 | — | — |
| 1221 | 其他应收款 | — | 金额式 | 借 | — | — | — |
| 122101 | 单位 | 客户往来 | 金额式 | 借 | — | — | — |
| 122102 | 个人 | 个人往来 | 金额式 | 借 | — | — | — |
| 122103 | 其他 | — | 金额式 | 借 | — | — | — |
| 1405 | 库存商品 | 项目核算 | 金额式 | 借 | — | — | — |
| 1409 | 受托代销商品 | — | 金额式 | 借 | — | — | — |
| 1410 | 包装物 | 计量单位“个” | 数量金额式 | 借 | — | — | — |
| 1462 | 合同资产 | — | 金额式 | 借 | — | — | — |
| 2201 | 应付票据 | 供应商往来 | 金额式 | 贷 | 应付系统 | — | — |
| 220101 | 银行承兑汇票 | 供应商往来 | 金额式 | 贷 | 应付系统 | — | — |
| 220102 | 商业承兑汇票 | 供应商往来 | 金额式 | 贷 | 应付系统 | — | — |
| 2202 | 应付账款 | 供应商往来 | 金额式 | 贷 | 应付系统 | — | — |
| 220201 | 应付货款 | 供应商往来 | 金额式 | 贷 | 应付系统 | — | — |
| 220202 | 暂估应付款 | 供应商往来 | 金额式 | 贷 | — | — | — |
| 2203 | 预收账款 | — | 金额式 | 贷 | — | — | — |
| 220301 | 货款 | 客户往来 | 金额式 | 贷 | 应收系统 | — | — |
| 220302 | 定金 | 客户往来 | 金额式 | 贷 | — | — | — |
| 220303 | 其他 | 客户往来 | 金额式 | 贷 | — | — | — |
| 2204 | 合同负债 | — | 金额式 | 贷 | — | — | — |
| 2211 | 应付职工薪酬 | — | 金额式 | 贷 | — | — | — |
| 221101 | 工资 | — | 金额式 | 贷 | — | — | — |
| 221102 | 职工福利 | — | 金额式 | 贷 | — | — | — |
| 221103 | 社会保险费 | — | 金额式 | 贷 | — | — | — |
| 221104 | 住房公积金 | — | 金额式 | 贷 | — | — | — |

（续表）

| 科目编码 | 科目名称 | 辅助账类型 | 账页格式 | 余额方向 | 受控系统 | 银行账 | 日记账 |
|---|---|---|---|---|---|---|---|
| 221105 | 工会经费 | — | 金额式 | 贷 | — | — | — |
| 221106 | 职工教育经费 | — | 金额式 | 贷 | — | — | — |
| 221107 | 住房补贴 | — | 金额式 | 贷 | — | — | — |
| 221108 | 其他 | — | 金额式 | 贷 | — | — | — |
| 2221 | 应交税费 | — | 金额式 | 贷 | — | — | — |
| 222101 | 应交增值税 | — | 金额式 | 贷 | — | — | — |
| 22210101 | 销项税额 | — | 金额式 | 贷 | — | — | — |
| 22210102 | 进项税额 | — | 金额式 | 贷 | — | — | — |
| 22210103 | 进项税额转出 | — | 金额式 | 贷 | — | — | — |
| 22210104 | 转出未交增值税 | — | 金额式 | 贷 | — | — | — |
| 222102 | 未交增值税 | — | 金额式 | 贷 | — | — | — |
| 222103 | 应交所得税 | — | 金额式 | 贷 | — | — | — |
| 222104 | 应交城市维护建设税 | — | 金额式 | 贷 | — | — | — |
| 222105 | 应交教育费附加 | — | 金额式 | 贷 | — | — | — |
| 222106 | 应交地方教育附加 | — | 金额式 | 贷 | — | — | — |
| 222108 | 应交房产税 | — | 金额式 | 贷 | — | — | — |
| 222109 | 应交土地使用税 | — | 金额式 | 贷 | — | — | — |
| 222110 | 应交个人所得税 | — | 金额式 | 贷 | — | — | — |
| 222111 | 其他 | — | 金额式 | 贷 | — | — | — |
| 2241 | 其他应付款 | — | 金额式 | 贷 | — | — | — |
| 224101 | 单位 | 供应商往来 | 金额式 | 贷 | — | — | — |
| 224102 | 个人 | 个人往来 | 金额式 | 贷 | — | — | — |
| 224103 | 其他 | — | 金额式 | 贷 | — | — | — |
| 4101 | 盈余公积 | — | 金额式 | 贷 | — | — | — |
| 410101 | 法定盈余公积 | — | 金额式 | 贷 | — | — | — |
| 410102 | 任意盈余公积 | — | 金额式 | 贷 | — | — | — |
| 4104 | 利润分配 | — | 金额式 | 贷 | — | — | — |
| 410401 | 未分配利润 | — | 金额式 | 贷 | — | — | — |
| 410402 | 提取法定盈余公积 | — | 金额式 | 贷 | — | — | — |
| 410403 | 提取任意盈余公积 | — | 金额式 | 贷 | — | — | — |
| 6601 | 销售费用 | — | 金额式 | 支出 | — | — | — |
| 660101 | 职工薪酬 | 部门核算 | 金额式 | 支出 | — | — | — |
| 660102 | 折旧费 | 部门核算 | 金额式 | 支出 | — | — | — |
| 660103 | 修理费 | 部门核算 | 金额式 | 支出 | — | — | — |
| 660104 | 租赁费 | 部门核算 | 金额式 | 支出 | — | — | — |
| 660105 | 水费 | 部门核算 | 金额式 | 支出 | — | — | — |

（续表）

| 科目编码 | 科目名称 | 辅助账类型 | 账页格式 | 余额方向 | 受控系统 | 银行账 | 日记账 |
| --- | --- | --- | --- | --- | --- | --- | --- |
| 660106 | 电费 | 部门核算 | 金额式 | 支出 | — | — | — |
| 660107 | 取暖费 | 部门核算 | 金额式 | 支出 | — | — | — |
| 660108 | 办公费 | 部门核算 | 金额式 | 支出 | — | — | — |
| 660109 | 差旅费 | 部门核算 | 金额式 | 支出 | — | — | — |
| 660110 | 会议费 | 部门核算 | 金额式 | 支出 | — | — | — |
| 660111 | 通信费 | 部门核算 | 金额式 | 支出 | — | — | — |
| 660112 | 印刷费 | 部门核算 | 金额式 | 支出 | — | — | — |
| 660113 | 销货运杂费 | 部门核算 | 金额式 | 支出 | — | — | — |
| 660114 | 广告费 | 部门核算 | 金额式 | 支出 | — | — | — |
| 660115 | 促销费 | 部门核算 | 金额式 | 支出 | — | — | — |
| 660116 | 培训费 | 部门核算 | 金额式 | 支出 | — | — | — |
| 660117 | 业务招待费 | 部门核算 | 金额式 | 支出 | — | — | — |
| 660118 | 其他 | 部门核算 | 金额式 | 支出 | — | — | — |
| 6602 | 管理费用 | — | 金额式 | 支出 | — | — | — |
| 660201 | 职工薪酬 | 部门核算 | 金额式 | 支出 | — | — | — |
| 660202 | 折旧费 | 部门核算 | 金额式 | 支出 | — | — | — |
| 660203 | 修理费 | 部门核算 | 金额式 | 支出 | — | — | — |
| 660204 | 租赁费 | 部门核算 | 金额式 | 支出 | — | — | — |
| 660205 | 水费 | 部门核算 | 金额式 | 支出 | — | — | — |
| 660206 | 电费 | 部门核算 | 金额式 | 支出 | — | — | — |
| 660207 | 取暖费 | 部门核算 | 金额式 | 支出 | — | — | — |
| 660208 | 办公费 | 部门核算 | 金额式 | 支出 | — | — | — |
| 660209 | 差旅费 | 部门核算 | 金额式 | 支出 | — | — | — |
| 660210 | 会议费 | 部门核算 | 金额式 | 支出 | — | — | — |
| 660211 | 通信费 | 部门核算 | 金额式 | 支出 | — | — | — |
| 660212 | 印刷费 | 部门核算 | 金额式 | 支出 | — | — | — |
| 660213 | 图书资料费 | 部门核算 | 金额式 | 支出 | — | — | — |
| 660214 | 业务招待费 | 部门核算 | 金额式 | 支出 | — | — | — |
| 660215 | 车辆使用费 | 部门核算 | 金额式 | 支出 | — | — | — |
| 660216 | 无形资产摊销 | 部门核算 | 金额式 | 支出 | — | — | — |
| 660217 | 审计费 | 部门核算 | 金额式 | 支出 | — | — | — |
| 660218 | 咨询费 | 部门核算 | 金额式 | 支出 | — | — | — |
| 660219 | 警卫消防费 | 部门核算 | 金额式 | 支出 | — | — | — |
| 660220 | 环境卫生费 | 部门核算 | 金额式 | 支出 | — | — | — |
| 660221 | 行政性收费 | 部门核算 | 金额式 | 支出 | — | — | — |
| 660222 | 培训费 | 部门核算 | 金额式 | 支出 | — | — | — |

（续表）

| 科目编码 | 科目名称 | 辅助账类型 | 账页格式 | 余额方向 | 受控系统 | 银行账 | 日记账 |
|---|---|---|---|---|---|---|---|
| 660223 | 物业管理费 | 部门核算 | 金额式 | 支出 | — | — | — |
| 660225 | 其他 | 部门核算 | 金额式 | 支出 | — | — | — |
| 6603 | 财务费用 | — | 金额式 | 支出 | — | — | — |
| 660301 | 利息支出 | — | 金额式 | 支出 | — | — | — |
| 660302 | 利息收入 | — | 金额式 | 支出 | — | — | — |
| 660303 | 其他费用 | — | 金额式 | 支出 | — | — | — |
| 660304 | 工本费 | — | 金额式 | 支出 | — | — | — |
| 660305 | 现金折扣 | — | 金额式 | 支出 | — | — | — |
| 6702 | 信用减值损失 | — | 金额式 | 收入 | — | — | — |

(2) 指定“库存现金”为现金科目、“银行存款”为银行科目。

(3) 在项目设置中新增项目大类“存货核算”，指定“库存商品”为存货核算科目。

(4) 凭证类别设置为“记账凭证”。

要求：副总经理王涛在业财一体信息化平台中进行财务信息设置。

操作视频

## 操作步骤

### 1. 修改会计科目

(1) 副总经理王涛进入【U8企业应用平台】—【业务导航】—【基础设置】—【基础档案】—【财务】—【会计科目】，打开【会计科目】窗口。

(2) 双击【1001 库存现金】，单击【修改】按钮，打开【会计科目_修改】对话框。单击【修改】按钮，勾选【日记账】复选框，如图1-38所示。

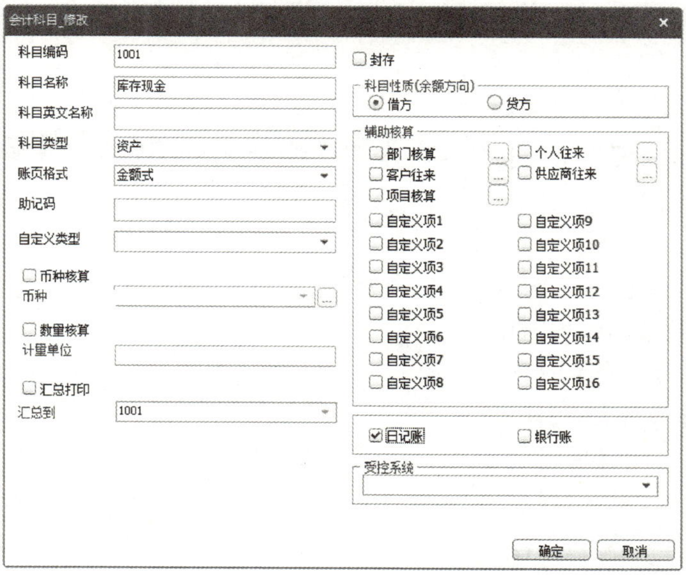


图1-38 【会计科目_修改】对话框

（3）单击【确定】按钮，以此方法依次修改其他科目。

**2. 增加会计科目**

（1）在【基础设置】选项卡中，执行【基础档案】—【财务】—【会计科目】命令，打开【会计科目】窗口，单击【增加】按钮，打开【新增会计科目】对话框，【科目编码】输入“100201”，【科目名称】输入“工行存款”，勾选【日记账】【银行账】复选框，如图 1-39 所示。

**图 1-39 【新增会计科目】对话框**

（2）单击【确定】按钮，以此方法依次增加会计科目。

**3. 设置指定科目**

（1）在【基础设置】选项卡中，执行【基础档案】—【财务】—【会计科目】命令，打开【会计科目】窗口。

（2）打开【指定科目】对话框，如图 1-40 所示，选择【现金科目】为“1001”，【银行科目】为“1002”，单击【确定】按钮。

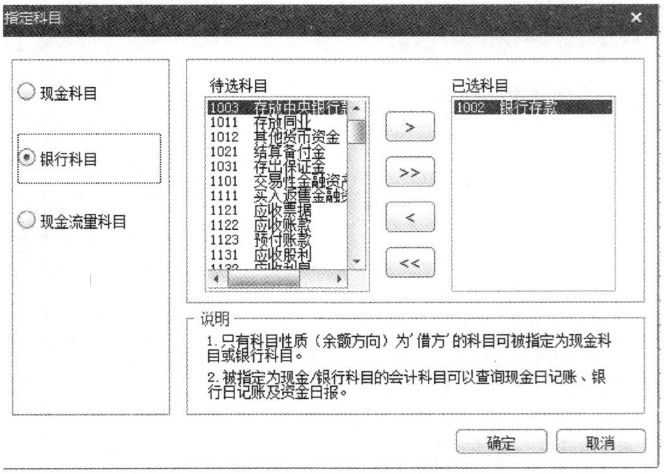


**图 1-40 【指定科目】对话框**

**4. 新增项目大类**

（1）在【基础设置】选项卡中，执行【基础档案】—【财务】—【项目大类】命令，打开【项目大类】窗口，单击【增加】按钮，打开【项目大类定义_增加】对话框，录入【新项目大类名称】为“存货核算”，选择【使用存货目录定义项目】，单击【完成】按钮，如图 1-41 所示。

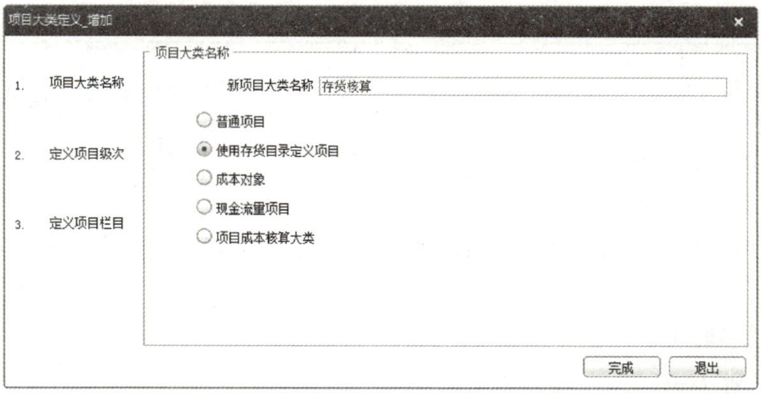


图 1-41　【项目大类定义_增加】对话框

（2）单击【项目大类】栏的下三角按钮，选择【存货核算】项目大类，单击【核算科目】选项卡，单击【》】按钮，将"1405 库存商品"从【待选科目】栏移至【已选科目】列表，单击【保存】按钮，如图 1-42 所示。

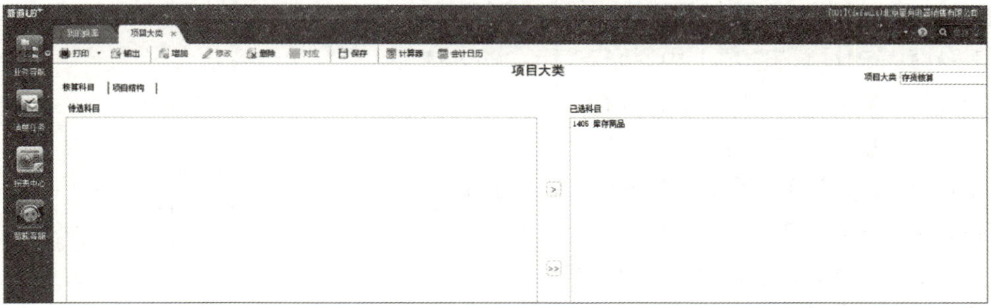


图 1-42　【项目大类】窗口

**5. 设置凭证类别**

在【基础设置】选项卡中，执行【基础档案】—【财务】—【凭证类别】命令，打开【凭证类别预置】对话框，在【凭证类别预置】对话框中，选中【记账凭证】选项，单击【确定】按钮。

## 任务 2.5　收付结算信息设置

### 任务要求

2023 年 3 月 1 日，北京星月电器销售有限公司的收付结算模块需要设置信息，如表 1-16、表 1-17 所示。

表 1-16　结算方式信息

| 结算方式编码 | 结算方式名称 | 结算方式编码 | 结算方式名称 |
|---|---|---|---|
| 1 | 现金 | 5 | 支付宝 |
| 2 | 转账支票 | 6 | 其他 |
| 3 | 现金支票 | 7 | 银行承兑汇票 |
| 4 | 网银转账 | 8 | 商业承兑汇票 |

表 1-17　本单位开户银行信息

| 编码 | 银行账号 | 账户名称 | 币种 | 开户银行 | 所属银行编码 | 所属银行名称 |
|---|---|---|---|---|---|---|
| 01 | 1100229999888896666 | 北京星月电器销售有限公司 | 人民币 | 中国工商银行北京朝阳支行 | 01 | 中国工商银行 |

要求：副总经理王涛在业财一体信息化平台中进行结算方式信息设置。

操作视频

## 操作步骤

**1. 设置结算方式**

副总经理王涛进入【U8 企业应用平台】—【业务导航】—【基础设置】—【基础档案】—【收付结算】—【结算方式】，打开【结算方式】窗口，单击【增加】按钮，按照案例资料输入结算方式，操作结果如图 1-43 所示。

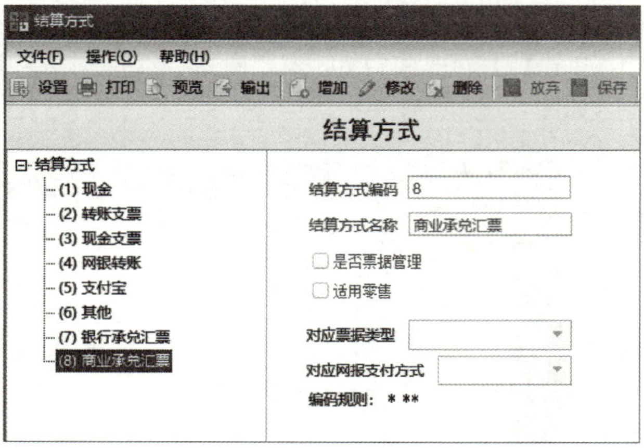


图 1-43　【结算方式】窗口

**2. 设置本单位开户银行信息**

（1）在【基础设置】选项卡中，执行【基础档案】—【收付结算】—【银行档案】命令，打开【银行档案】窗口，选中“01 中国工商银行”，单击【修改】按钮，打开【修改银行档案】窗口。

（2）取消勾选【企业账户规则】栏【定长】复选框，单击【保存】按钮，如图 1-44 所示。

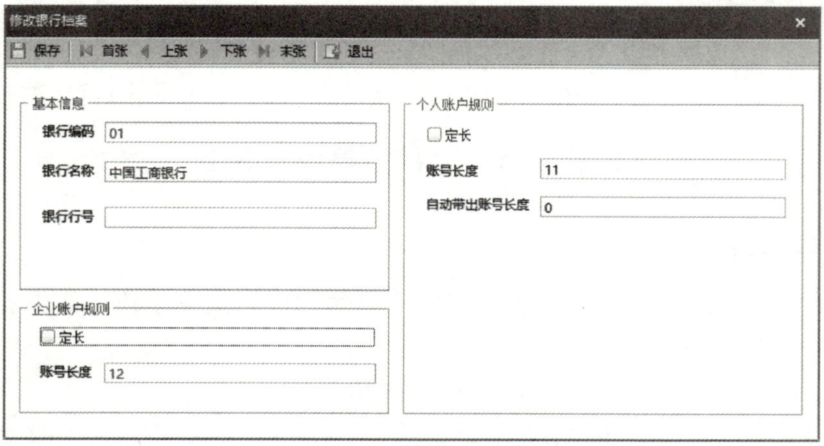


图 1-44　【修改银行档案】窗口

（3）在【基础设置】选项卡中，执行【基础档案】—【收付结算】—【本单位开户银行】命令，打开【本单位开户银行】窗口，按照案例资料输入开户银行信息，操作结果如图 1-45 所示。

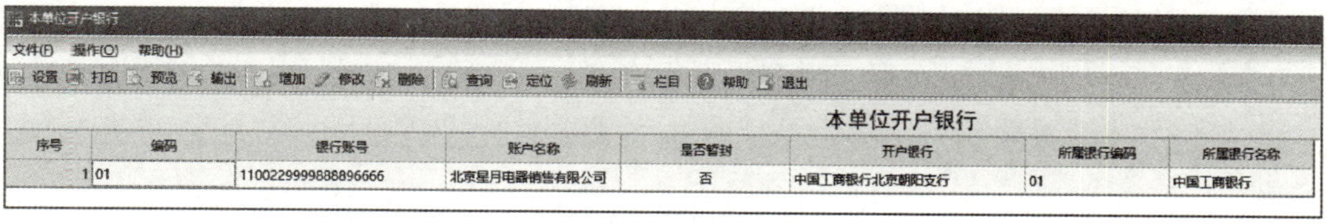


图 1-45 【本单位开户银行】窗口

## 任务 2.6　业务信息设置

### 任务要求

2023 年 3 月 1 日，北京星月电器销售有限公司的业务模块需要设置信息，如表 1-18 至表 1-22 所示。

表 1-18　仓库档案信息

| 仓库编码 | 仓库名称 | 计价方式 | 属性 |
| --- | --- | --- | --- |
| 01 | 商品仓 | 全月平均法 | — |
| 02 | 专卖店仓 | 全月平均法 | — |
| 03 | 代管仓 | 全月平均法 | 代管仓 |
| 04 | 办公用品仓 | 全月平均法 | — |
| 05 | 配件仓 | 全月平均法 | — |
| 06 | 残次品仓 | 全月平均法 | — |

表 1-19　收发类别信息

| 收发类别编码 | 收发类别名称 | 收发标志 | 收发类别编码 | 收发类别名称 | 收发标志 |
| --- | --- | --- | --- | --- | --- |
| 1 | 入库 | 收 | 2 | 出库 | 发 |
| 11 | 采购入库 | 收 | 21 | 销售出库 | 发 |
| 12 | 盘盈入库 | 收 | 22 | 受托代销出库 | 发 |
| 13 | 受托代销入库 | 收 | 23 | 盘亏出库 | 发 |

表 1-20　采购类型信息

| 采购类型编码 | 采购类型名称 | 入库类别 |
| --- | --- | --- |
| 01 | 正常采购 | 采购入库 |
| 02 | 受托代销 | 采购入库 |

表 1-21　销售类型信息

| 销售类型编码 | 销售类型名称 | 出库类别 |
| --- | --- | --- |
| 01 | 正常销售 | 销售出库 |
| 02 | 委托代销 | 受托代销出库 |
| 03 | 批发 | 销售出库 |
| 04 | 代销 | 受托代销出库 |

表 1-22　费用项目分类及费用项目信息

| 分类编码 | 分类名称 | 费用项目编码 | 费用项目名称 | 方向 |
|---|---|---|---|---|
| 1 | 代垫费用 | 11 | 运费 | 支出 |
| 2 | 销售支出 | — | — | — |
| 3 | 办公费 | 31 | 会议费 | 支出 |
| | | 32 | 交通费 | 支出 |
| | | 33 | 印刷费 | 支出 |
| 4 | 福利费 | — | — | — |

要求：副总经理王涛在业财一体信息化平台中进行业务信息设置。

操作视频

## 操作步骤

### 1. 设置仓库档案

(1) 副总经理王涛进入【U8 企业应用平台】—【业务导航】—【基础设置】—【基础档案】—【业务】—【仓库档案】，打开【增加仓库档案】窗口。

(2) 单击【增加】按钮，按照案例资料设置企业仓库档案信息，如图 1-46 所示。

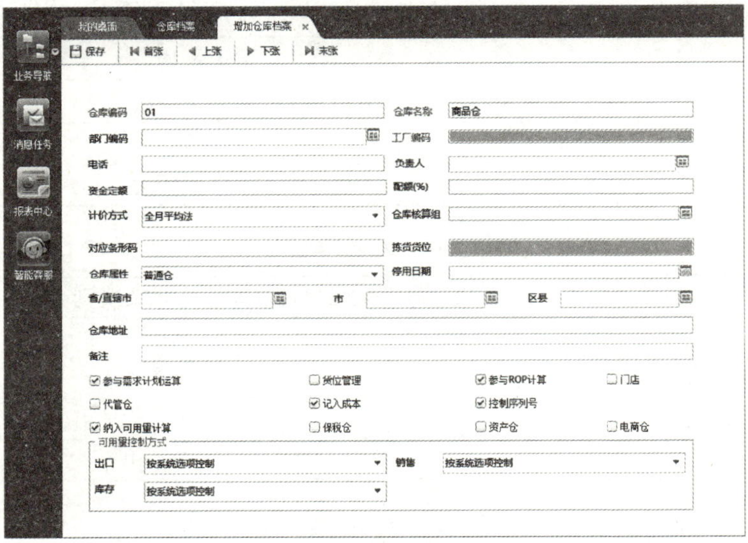


图 1-46　【增加仓库档案】窗口

(3) 录入所有仓库档案，操作结果如图 1-47 所示。

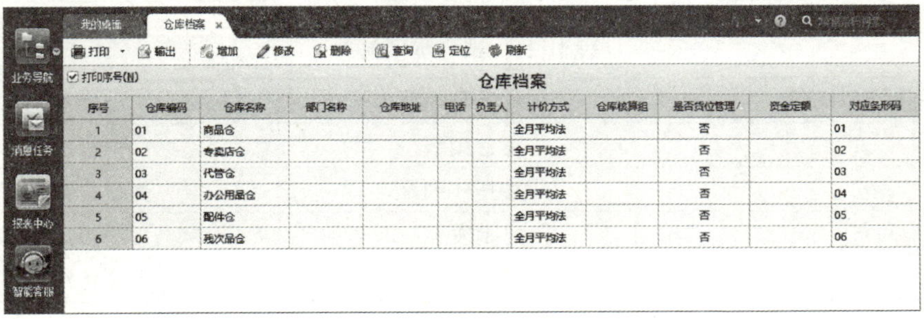


图 1-47　【仓库档案】窗口

**特别提示**

◇ 每个仓库必须选择一种计价方式。

◇ 存货"小峰空调"需设置"默认仓库"为【代管仓】。

### 2. 设置收发类别

在【基础设置】选项卡中，执行【基础档案】—【业务】—【收发类别】命令，打开【收发类别】窗口，单击【增加】按钮，按照案例资料输入收发类别信息，操作结果如图 1-48 所示。

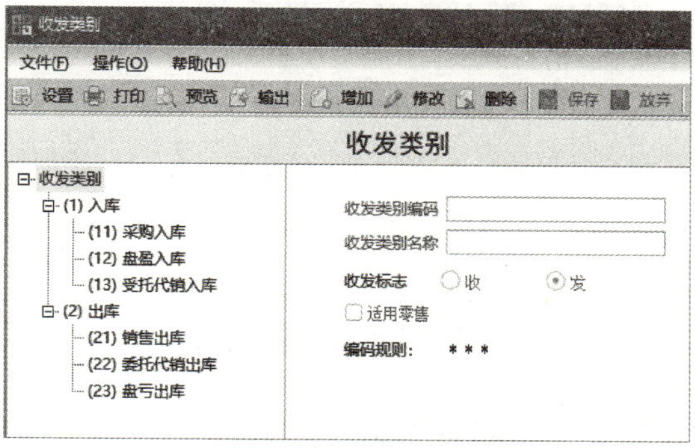


图 1-48　【收发类别】窗口

### 3. 设置采购和销售类型

(1) 在【基础设置】选项卡中，执行【基础档案】—【业务】—【采购类型】命令，打开【采购类型】窗口，按照案例资料输入采购类型信息，操作结果如图 1-49 所示。

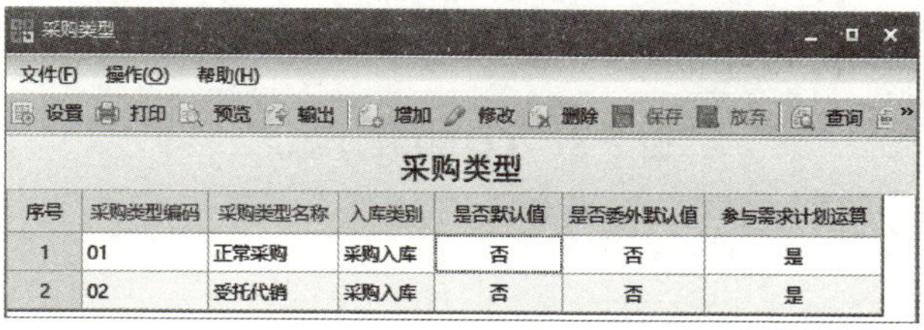


| 序号 | 采购类型编码 | 采购类型名称 | 入库类别 | 是否默认值 | 是否委外默认值 | 参与需求计划运算 |
|---|---|---|---|---|---|---|
| 1 | 01 | 正常采购 | 采购入库 | 否 | 否 | 是 |
| 2 | 02 | 受托代销 | 采购入库 | 否 | 否 | 是 |

图 1-49　【采购类型】窗口

(2) 在【基础设置】选项卡中，执行【基础档案】—【业务】—【销售类型】命令，打开【销售类型】窗口，按照案例资料输入销售类型信息，操作结果如图 1-50 所示。

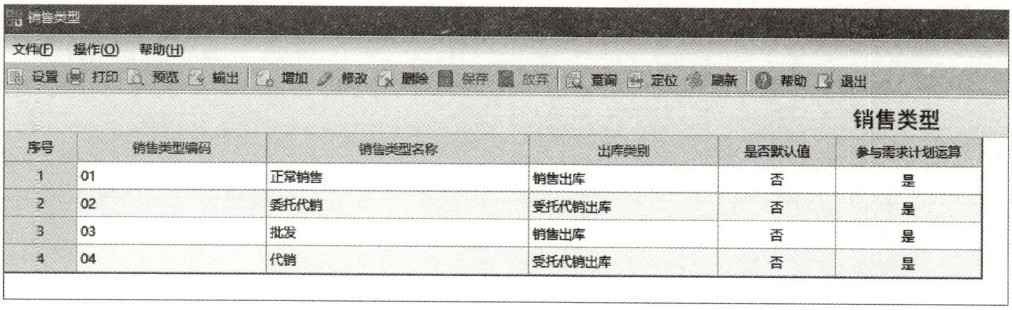


| 序号 | 销售类型编码 | 销售类型名称 | 出库类别 | 是否默认值 | 参与需求计划运算 |
|---|---|---|---|---|---|
| 1 | 01 | 正常销售 | 销售出库 | 否 | 是 |
| 2 | 02 | 委托代销 | 委托代销出库 | 否 | 是 |
| 3 | 03 | 批发 | 销售出库 | 否 | 是 |
| 4 | 04 | 代销 | 委托代销出库 | 否 | 是 |

图 1-50　【销售类型】窗口

#### 4. 设置费用项目分类和费用项目

(1) 在【基础设置】选项卡中，执行【基础档案】—【业务】—【费用项目分类】命令，打开【费用项目分类】窗口，单击【增加】按钮，按照案例资料录入费用项目分类编码和分类名称，单击【保存】按钮，操作结果如图 1-51 所示。

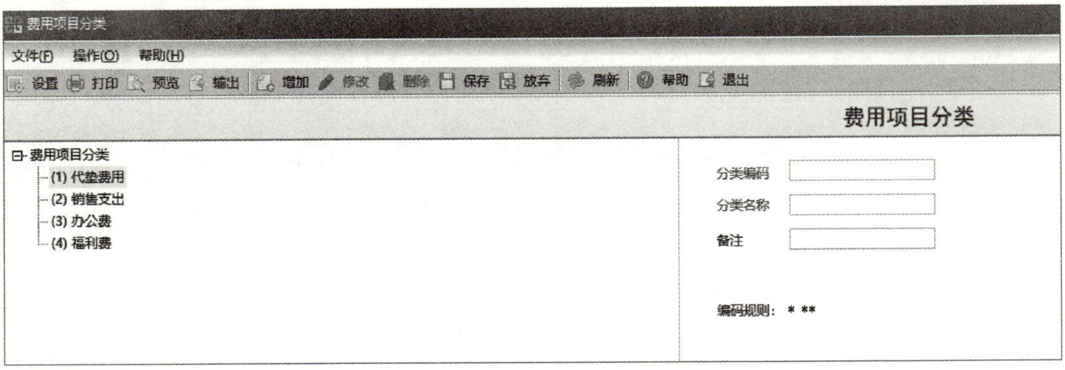


图 1-51 【费用项目分类】窗口

(2) 在【基础设置】选项卡中，执行【基础档案】—【业务】—【费用项目】命令，打开【费用项目】窗口，单击【增加】按钮，按照案例资料录入费用项目信息，单击【保存】按钮，操作结果如图 1-52 所示。

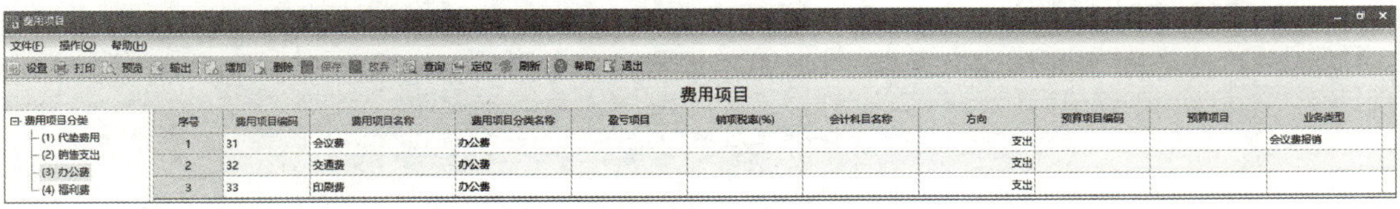


| 序号 | 费用项目编码 | 费用项目名称 | 费用项目分类名称 | 盈亏项目 | 销项税率(%) | 会计科目名称 | 方向 | 预算项目编码 | 预算项目 | 业务类型 |
|---|---|---|---|---|---|---|---|---|---|---|
| 1 | 31 | 会议费 | 办公费 | | | | 支出 | | | 会议费报销 |
| 2 | 32 | 交通费 | 办公费 | | | | 支出 | | | |
| 3 | 33 | 印刷费 | 办公费 | | | | 支出 | | | |

图 1-52 【费用项目】窗口

**特别提示**

◇ 应先建立费用项目分类，再添加费用项目。

**工作反思**

获得的经验：______________________________

______________________________

______________________________

注意的事项：______________________________

______________________________

______________________________

思政驿站

# 工作任务 3　业务参数设置

## 任务情境

北京星月电器销售有限公司在业财一体信息化平台上已经成功启用总账、销售管理、采购管理、存货管理、库存管理、应收管理、应付管理、固定资产、薪资管理、网上报销、网上银行、合同管理、售后服务、发票管理模块。各模块均于 2023 年 3 月 1 日启用。

财务经理胡晓带领内部信息化实施团队开始逐一和各部门的业务主管沟通各模块的参数设置，并将沟通后确认的结果在业财一体信息化平台上进行配置。

## 任务向导

## 任务 3.1 总账参数设置

### 任务要求

北京星月电器销售有限公司有关总账凭证和账务处理的规定如下：

(1) 凭证填制时允许插入当前日期之前的凭证。

(2) 资金和往来类科目的金额出现赤字时，凭证不允许保存。

(3) 允许手工输入应收应付受控科目的凭证。

(4) 记账凭证不允许手工编号，一律由系统自动编号。

要求：财务会计王芝芝在业财一体信息化平台总账模块进行参数设置。

操作视频

### 操作步骤

(1) 财务会计王芝芝进入【U8 企业应用平台】—【业务导航】—【基础设置】—【业务参数】—【财务会计】—【总账】，打开【选项】窗口，单击【编辑】按钮，按照案例要求设置相关选项，取消勾选【制单序时控制】复选框，【赤字控制方式】选择【提示】，勾选【可以使用应收受控科目】和【可以使用应付受控科目】复选框，其他选项默认，如图 1-53 所示。

(2) 单击【确定】按钮，保存设置好的参数。

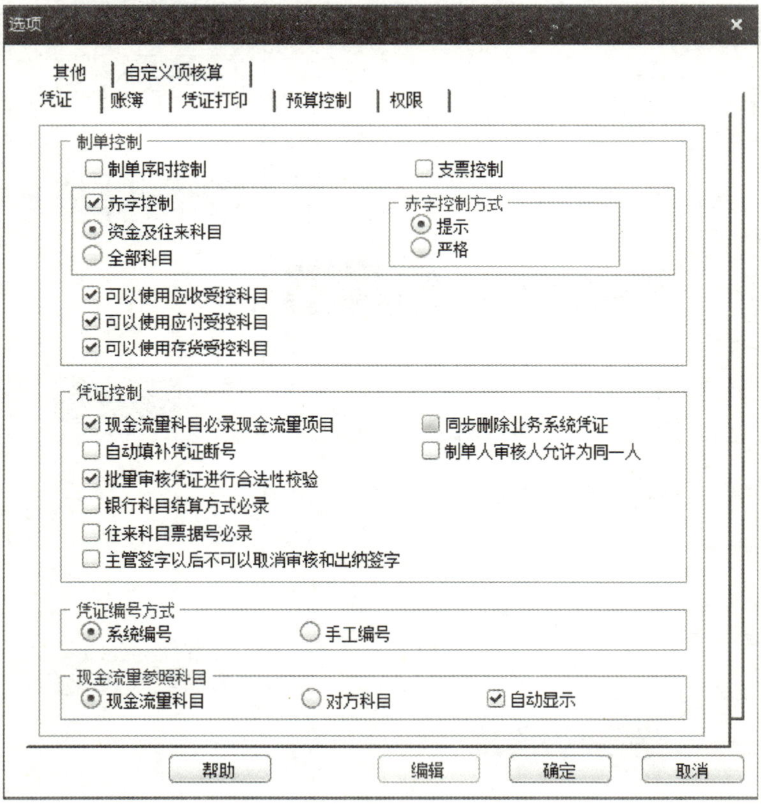


图 1-53 【总账】—【选项】窗口

## 任务 3.2　应收应付初始化设置

### 任务要求

北京星月电器销售有限公司关于应收应付款管理的设置要求如下。

**1. 应收款管理初始参数**

(1) 账套参数设置：坏账处理方式选择“应收余额百分比法”，受控科目制单方式选择“明细到单据”，取消“控制操作员权限”。

(2) 基本科目设置：应收科目—1122、销售收入科目—6001、税金科目—22210101、银行承兑科目—112101、商业承兑科目—112102、票据费用科目—660303。

(3) 结算方式科目设置：现金—1001、转账支票—100201、现金支票—100201、网银转账—100201、支付宝—101201。

(4) 坏账准备设置：提取比例为 0.5%，期初余额为 0，科目为 1231，对方科目为 6702。

**2. 应付款管理初始参数**

(1) 账套参数设置：“自动计算现金折扣”，受控科目制单方式选择“明细到单据”，取消“控制操作员权限”。

(2) 基本科目设置：应付科目—220201、采购科目—1405、税金科目—22210102、银行承兑科目—220101、商业承兑科目—220102。

(3) 结算方式科目设置：现金—1001、转账支票—100201、现金支票—100201、网银转账—100201、支付宝—101201。

要求：往来经理刘源在业财一体信息化平台应收应付管理模块中完成坏账处理方式、应收应付科目设置等参数配置。

### 操作步骤

操作视频

**1. 应收款管理的期初设置**

(1) 往来经理刘源进入【U8 企业应用平台】—【业务导航】—【财务会计】—【应收款管理】—【设置】—【选项】，打开【账套参数设置】窗口，单击【编辑】按钮，将【坏账处理方式】改为“应收余额百分比法”；单击【权限与预警】页签，取消勾选【控制操作员权限】；单击【凭证】页签，选择【受控科目制单方式】为“明细到单据”，如图 1-54 所示，单击【确定】按钮。

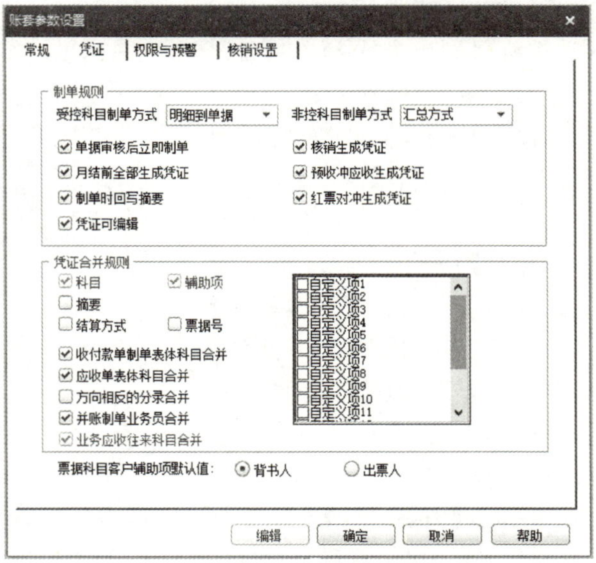


图 1-54 【账套参数设置】窗口

(2) 在【财务会计】选项卡中，执行【应收款管理】—【设置】—【科目设置】—【基本科目】命令，打开【应收基本科目】窗口，单击【增行】按钮，按照案例资料中的要求，将科目一一对应设置，操作结果如图 1-55 所示。

(3) 在【财务会计】选项卡中，执行【应收款管理】—【设置】—【科目设置】—【结算科目】命令，打开【应收结算科目】窗口，单击【增行】按钮，按照案例资料中的要求，将结算方式与科目一一对应设置，操作结果如图 1-56 所示。

图 1-55 【应收基本科目】窗口

图 1-56 【应收结算科目】窗口

(4) 在【财务会计】选项卡中，执行【应收款管理】—【设置】—【初始设置】命令，打开【初始设置】窗口，单击【坏账准备设置】按钮，按照案例资料中的要求输入提取比率和借贷方科目，单击【确定】按钮。

**2. 应付款管理的期初设置**

(1) 往来经理刘源进入【U8企业应用平台】—【业务导航】—【财务会计】—【应付款管理】—【设置】—【选项】，打开【账套参数设置】窗口，单击【编辑】按钮，单击【常规】页签，勾选【自动计算现金折扣】；单击【凭证】页签，选择【受控科目制单方式】为"明细到单据"，如图 1-57 所示；单击【权限与预警】页签，取消勾选【控制操作员权限】，单击【确定】按钮。

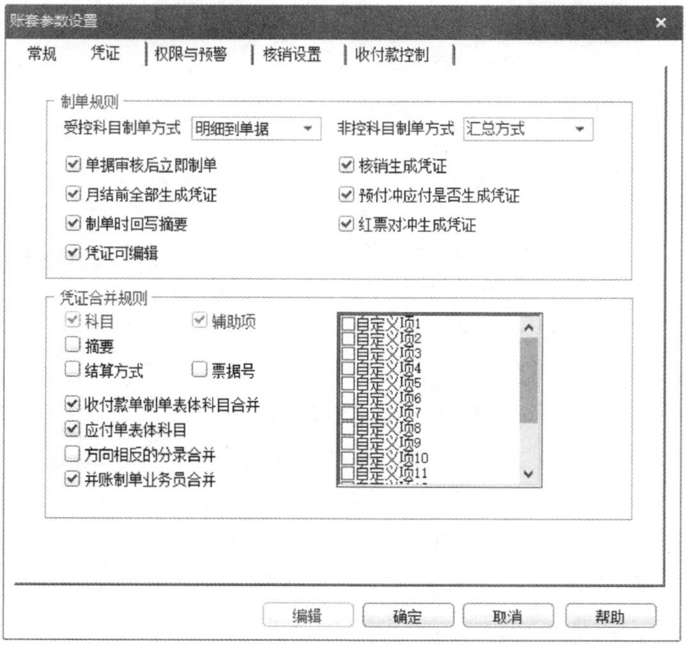


图 1-57 【账套参数设置】窗口

(2) 在【财务会计】选项卡中，执行【应付款管理】—【设置】—【科目设置】—【基本科目】命令，打开【应付基本科目】窗口，单击【增行】按钮，按照案例资料中的要求，将科目一一对应设置，操作结果如图 1-58 所示。

(3) 在【财务会计】选项卡中，执行【应付款管理】—【设置】—【科目设置】—【结算科目】命令，打开【应付结算科目】窗口，单击【增行】按钮，按照案例资料中的要求，将结算方式与科目一一对应设置，操作结果如图 1-59 所示。

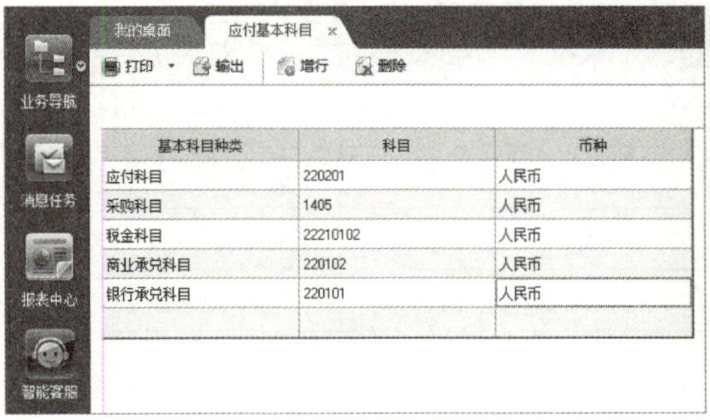


图 1-58　【应付基本科目】窗口

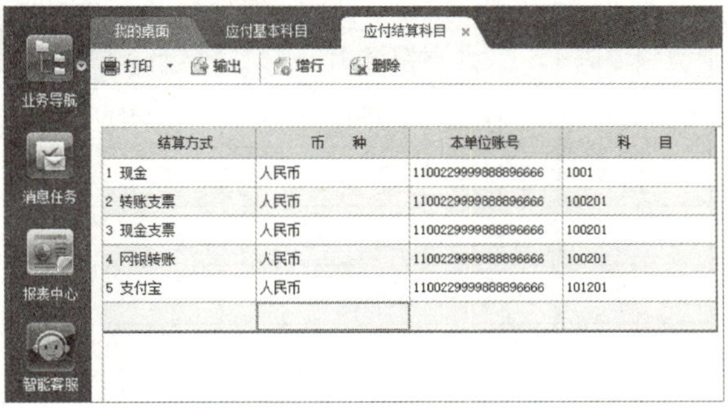


图 1-59　【应付结算科目】窗口

## 任务 3.3　固定资产初始化设置

### 任务要求

北京星月电器销售有限公司的固定资产初始化的资料如下。

(1) 固定资产启用参数设置，如表 1-23 所示。

表 1-23　固定资产启用参数设置

| 控制参数 | 参数设置 |
| --- | --- |
| 约定与说明 | 同意 |
| 启用月份 | 2023 年 3 月 |
| 折旧信息 | 本账套计提折旧<br>折旧方法：平均年限法(二)<br>折旧汇总分配周期：1 个月<br>当(月初已计提月份＝可使用月份－1)时，将剩余折旧全部提足 |
| 编码方式 | 资产类别编码方式：2112<br>固定资产编码方式：按“类别编码＋部门编码＋序号”自动编码<br>卡片序号长度：3 |
| 财务接口 | 要求与财务系统进行对账；固定资产对账科目为“1601 固定资产”，累计折旧对账科目为“1602 累计折旧”；在对账不平情况下允许固定资产月末结账 |

(2) 各部门资产折旧的入账科目，如表 1-24 所示。

表 1-24　固定资产折旧入账科目

| 部门 | 对应折旧科目 | 部门 | 对应折旧科目 |
| --- | --- | --- | --- |
| 总经办 | 660202 管理费用—折旧费 | 客户服务部 | 660102 销售费用—折旧费 |
| 财务部 | 660202 管理费用—折旧费 | 营运管理部 | 660202 管理费用—折旧费 |
| 采购部 | 660202 管理费用—折旧费 | 仓储物流部 | 660202 管理费用—折旧费 |
| 销售部 | 660102 销售费用—折旧费 | | |

(3) 固定资产类别，如表 1-25 所示。

表 1-25 固定资产类别

| 类别编码 | 类别名称 | 使用年限 | 净残值率 | 单位 | 计提属性 | 折旧方法 |
|---|---|---|---|---|---|---|
| 01 | 计算机及电子设备 | 3 年 | 0 | 台 | 正常计提 | 平均年限法(二) |
| 02 | 家具用具 | 5 年 | 3% | 台 | 正常计提 | 平均年限法(二) |
| 03 | 运输设备 | 10 年 | 5% | 辆 | 正常计提 | 工作量法 |
| 04 | 其他办公设备 | 5 年 | 0 | 台 | 正常计提 | 平均年限法(二) |

(4) 固定资产增减方式对应入账科目,如表 1-26 所示。

表 1-26 固定资产增减方式对应入账科目

| 项目 | 增减方式 | 对应入账科目 |
|---|---|---|
| 增加方式 | 直接购入 | 100201 工行存款 |
| | 捐赠 | 6301 营业外收入 |
| | 盘盈 | 6901 以前年度损益调整 |
| 减少方式 | 出售 | 1606 固定资产清理 |
| | 盘亏 | 1606 固定资产清理 |
| | 报废 | 1606 固定资产清理 |
| | 毁损 | 1606 固定资产清理 |

要求:资产经理张姗在业财一体信息化平台固定资产模块中完成固定资产模块启用、资产类别、固定资产折旧科目、折旧方法设置、增减方式设置等初始化设置。

操作视频

## 操作步骤

### 1. 固定资产模块启用设置

第一次使用固定资产模块,需要先启用固定资产模块,配置资产管理相关的参数。

资产经理张姗进入【U8 企业应用平台】—【业务导航】—【财务会计】—【固定资产】—【设置】—【选项】,打开【初始化账套向导】窗口,按照案例资料设置启用参数,操作结果如图 1-60所示。

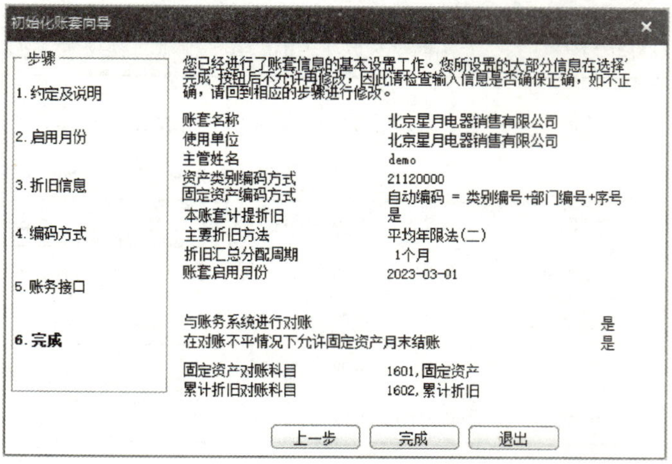


图 1-60 【初始化账套向导】窗口

### 2. 固定资产折旧科目设置

(1) 资产经理张姗进入【U8 企业应用平台】—【业务导航】—【财务会计】—【固定资产】—【设置】—【部门对应折旧科目】,选择部门,单击【修改】按钮,按照案例资料设置各个部门对应的折旧科目,操作结果如图 1-61 所示。

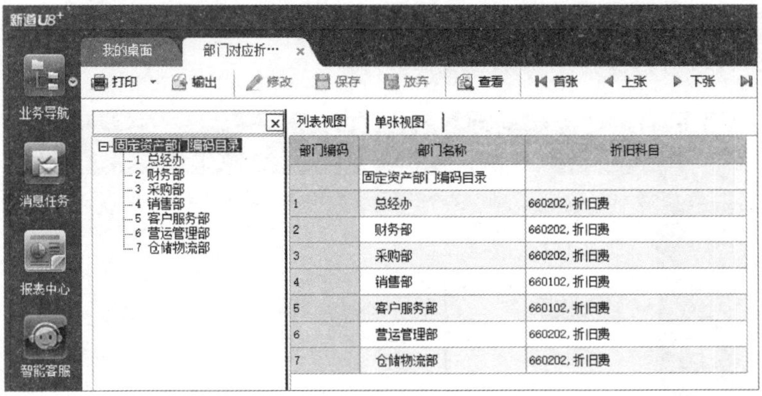

图 1-61　【部门对应折旧科目】窗口

(2) 设置完成,单击【保存】按钮。

**3. 资产类别设置**

(1) 资产经理张姗进入【U8 企业应用平台】—【业务导航】—【财务会计】—【固定资产】—【设置】—【资产类别】,单击【增加】按钮,按照案例资料设置固定资产类别,操作结果如图 1-62 所示。

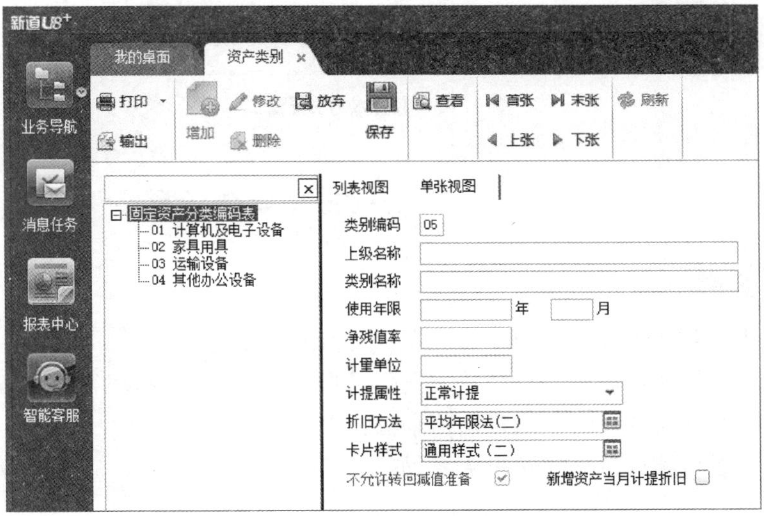

图 1-62　【资产类别】窗口

(2) 设置完成,单击【保存】按钮。

**4. 折旧方法设置**

案例企业的折旧方法没有要求特别的设置,按系统默认设置即可,无须配置。进入【U8 企业应用平台】—【业务导航】—【财务会计】—【固定资产】—【设置】—【折旧方法】,系统已经预置了常见的折旧方法及其计算公式。

**5. 增减方式设置**

资产经理张姗进入【U8 企业应用平台】—【业务导航】—【财务会计】—【固定资产】—【设置】—【增减方式】,选中【直接购入】所在行,单击【修改】按钮,执行【增减方式】—【单张视图】

命令，选择【对应入账科目】为“100201”，单击【保存】按钮，以此方法，按照案例资料设置其他增减方式对应入账科目，操作结果如图 1-63 所示。

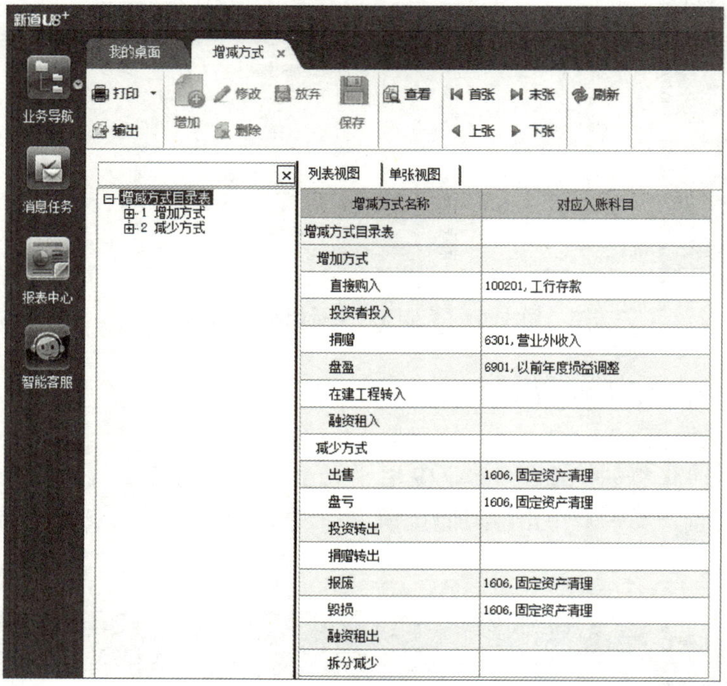


**图 1-63 【增减方式】窗口**

## 任务 3.4 网上银行初始化设置

### 任务要求

北京星月电器销售有限公司网上银行的初始化设置如下。

(1) 公司所有款项均通过基本存款户支付，开户行：中国工商银行北京朝阳支行；银行账号：110022999988889666；该账户当前余额：3 000 000 元。

(2) 业务类型与结算方式的对应关系，如表 1-27 所示。

**表 1-27 业务类型与结算方式的对应关系**

| 业务种类 | 对应结算方式 | 业务种类 | 对应结算方式 |
|---|---|---|---|
| 汇兑 | 银行承兑汇票 | 委托收款 | 转账支票 |
| 托收承付 | 转账支票 | 资金汇划 | 网银转账 |

(3) 出纳员的权限：制单，制单支付金额的权限为 50 000 元以下。

(4) 资金经理的权限：查询、制单与审核，制单支付金额的权限为 50 000～100 000 元，审核金额为 100 000 元以下。

要求：财务经理胡晓在业财一体信息化平台网上银行模块中完成银行账号、业务种类、操作员管理等网上银行初始化配置工作，以便在使用网上银行模块时能准确、快速地完成支付业务。

操作视频

## 操作步骤

### 1. 银行账号设置

（1）财务经理胡晓进入【U8 企业应用平台】—【业务导航】—【财务会计】—【网上银行】—【设置】—【银行账号】，打开【修改银行账号】窗口。

（2）单击【修改】按钮，录入【当前余额】为“3000000.00”，如图 1-64 所示。

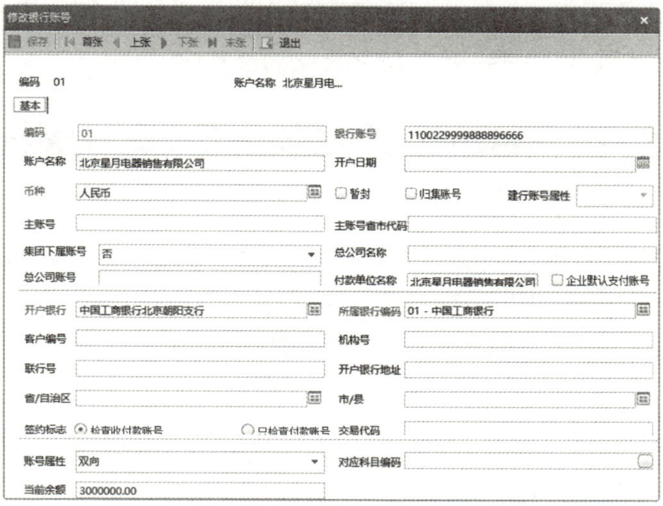


图 1-64　【修改银行账号】窗口

（3）单击【保存】按钮，完成设置。

### 2. 业务种类对应的结算方式设置

（1）财务经理胡晓进入【U8 企业应用平台】—【业务导航】—【财务会计】—【网上银行】—【设置】—【业务种类】，打开【业务种类】窗口。

（2）将业务种类中的汇兑、托收承付、委托收款、资金汇划对应的结算方式分别设置为“银行承兑汇票”“转账支票”“转账支票”“网银转账”，设置完成后单击【保存】按钮，如图 1-65 所示。

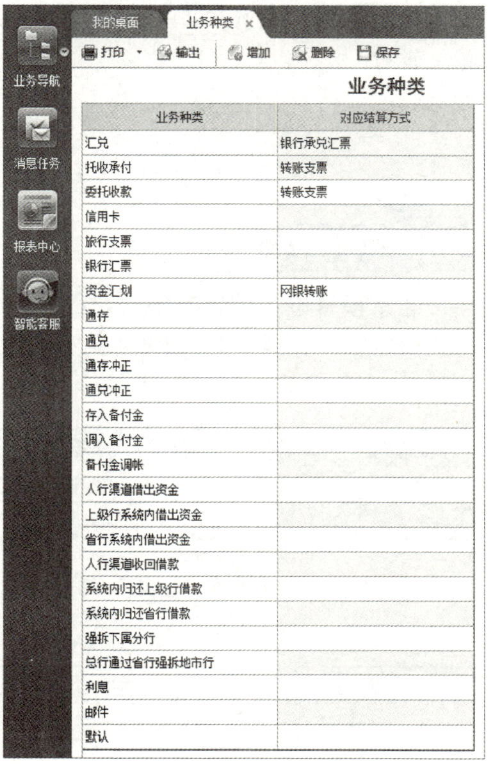


图 1-65　【业务种类】窗口

### 3. 操作员权限设置

（1）财务经理胡晓进入【U8 企业应用平台】—【业务导航】—【财务会计】—【网上银行】—【设置】—【操作员管理】，打开【操作员管理】窗口。

（2）【操作员】选择出纳“[F04]谢芳”，【制单支付】列双击显示为“Y”，【制单支付金额】设为“50000.00”，如图 1-66 所示，单击【保存】按钮。

（3）【操作员】选择资金经理“[F02]张扬”，【查询】列、【制单支付】列和【审核】列均双击显示为“Y”,【制单支付金额】设为“100000.00”,【审核金额】设为“100000.00”,如图 1-67 所示,单击【保存】按钮。

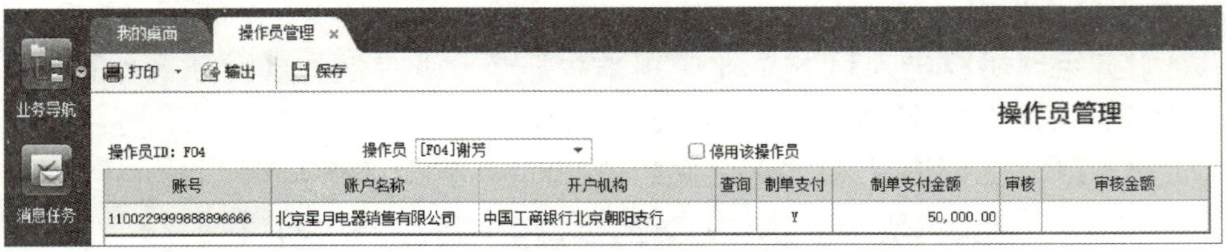


图 1-66 【操作员管理】设置页面 1

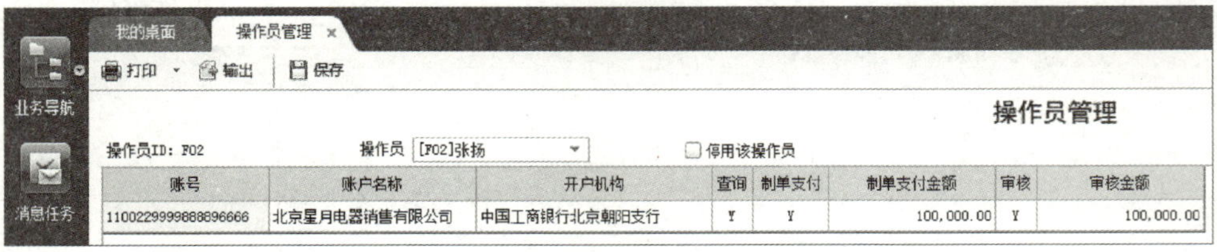


图 1-67 【操作员管理】设置页面 2

**特别提示**

◇ 操作员必须有“网上银行”权限。

◇ 如果无法显示操作员,说明该账套的操作员都没有“网上银行”权限进入人员档案,修改出纳“谢芳”与资金经理“张扬”,勾选【操作员】选项,再进入系统管理端,为其赋予“网上银行”权限。

## 任务 3.5 网上报销基础信息设置

### 任务要求

北京星月电器销售有限公司的费用报销模块需要设置的基础信息如下。

(1) 业务类型设置,如表 1-28 所示。

表 1-28 业务类型设置

| 编码 | 名称 | 单据类型 | 编码 | 名称 | 单据类型 |
| --- | --- | --- | --- | --- | --- |
| 1001 | 费用申请 | 费用申请 | 1003 | 会议费报销 | 费用报销 |
| 1002 | 员工日常借款 | 借款 | 1004 | 归还借款 | 还款 |

(2) 地区级别设置,如表 1-29 所示。

表 1-29 地区级别设置

| 编码 | 地区级别 | 地区 |
| --- | --- | --- |
| 01 | 一线城市 | 北京、上海、广州、深圳 |
| 02 | 省会城市 | 郑州、昆明 |
| 03 | 其他 | 其他 |

(3) 交通工具设置，如表 1-30 所示。

**表 1-30　交通工具设置**

| 编码 | 名称 | 编码 | 名称 |
| --- | --- | --- | --- |
| 001 | 飞机 | 003 | 动车 |
| 002 | 高铁 | 004 | 汽车 |

(4) 设置休息日：

① 设置周六、周日为正常公休日。

② 设置 5 月 1 日、10 月 1 日为法定节假日。

(5) 设置报销标准：

标准名称：会议费报销标准

费用项目：会议费

天数计算方式：天数计算公式

总经办的金额上限为 10 000 元，10 000 元以内全额报销。

要求：财务经理胡晓在业财一体信息化平台网上报销模块中完成业务类型、地区级别、交通工具、休息日、报销标准等报销基础信息设置，以便企业对借款、报销、还款业务流程及标准进行管理。

## 操作步骤

### 1. 业务类型设置

(1) 财务经理胡晓进入【U8 企业应用平台】—【业务导航】—【财务会计】—【网上报销】—【基础设置】—【业务类型】，打开【业务类型】窗口，单击左侧的【费用申请】栏，单击【增加】按钮，进入【费用申请】增加页面。输入编码、名称，选择显示模板和打印模板，勾选【允许借款】单选框，如图 1-68 所示，依次单击【保存】【发布】按钮。

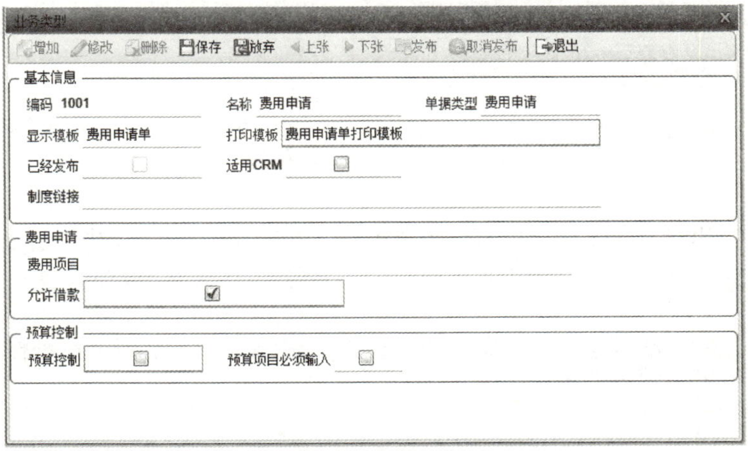


**图 1-68　【业务类型】—【费用申请】增加页面**

(2) 单击左侧的【借款】栏，单击【增加】按钮，进入【员工日常借款】设置页面。输入【编码】【名称】，选择【显示模板】和【打印模板】，如图 1-69 所示，依次单击【保存】【发布】按钮。

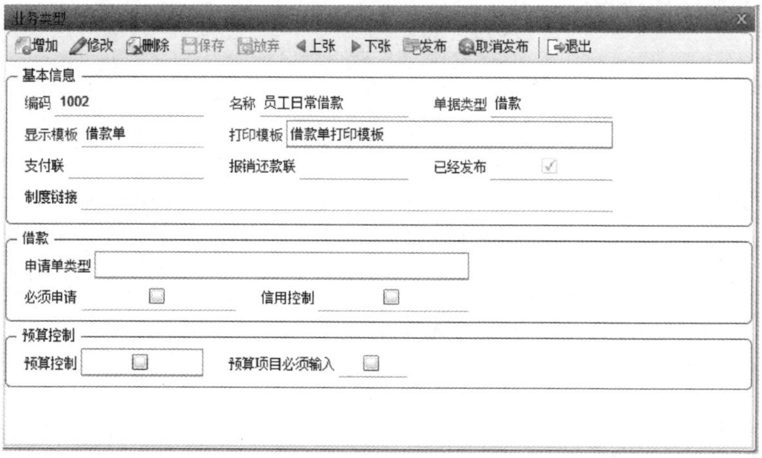


图 1-69 【业务类型】—【员工日常借款】设置页面

(3) 单击左侧的【费用报销】栏，单击【增加】按钮，进入【会议费报销】设置页面。输入【编码】【名称】，选择【显示模板】和【打印模板】，选择【费用项目】为“会议费”，如图 1-70 所示，依次单击【保存】【发布】按钮。

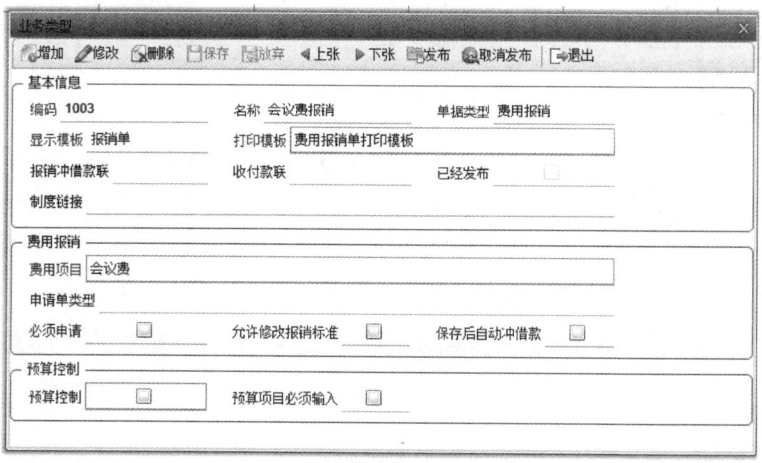


图 1-70 【业务类型】—【会议费报销】设置页面

(4) 单击左侧的【还款】栏，单击【增加】按钮，进入【归还借款】设置页面。输入【编码】【名称】，选择【显示模板】和【打印模板】，如图 1-71 所示，依次单击【保存】【发布】按钮。

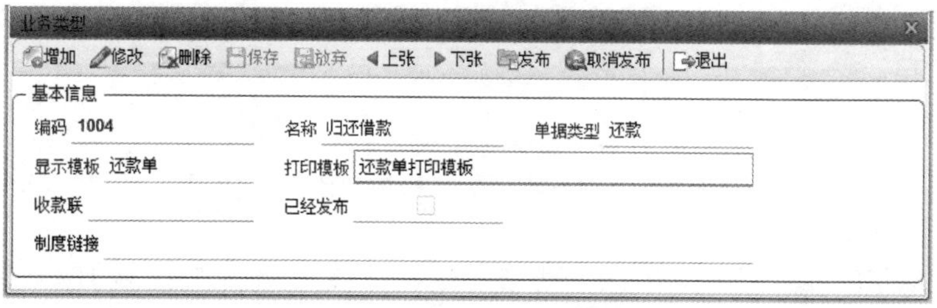


图 1-71 【业务类型】—【归还借款】设置页面

**2. 地区级别设置**

（1）财务经理胡晓进入【U8 企业应用平台】—【业务导航】—【财务会计】—【网上报销】—【基础设置】—【选项】，单击【编码级次】页签，单击【修改】按钮，输入【地区级别编码级次为】“2”，如图 1-72 所示。单击【保存】按钮，保存设置。

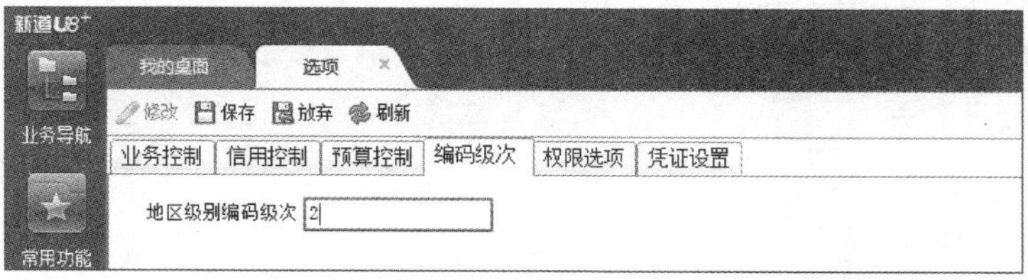


**图 1-72　【地区级别编码级次】设置页面**

（2）在【财务会计】选项卡中，执行【网上报销】—【基础设置】—【地区级别】命令，进入【地区级别】设置页面，单击【增加】按钮，在表头录入【编码】为“01”、【名称】为“一线城市”，单击下方的【增行】按钮，参照案例资料中的地区类别档案，选中一线城市对应的城市，如图 1-73 所示。

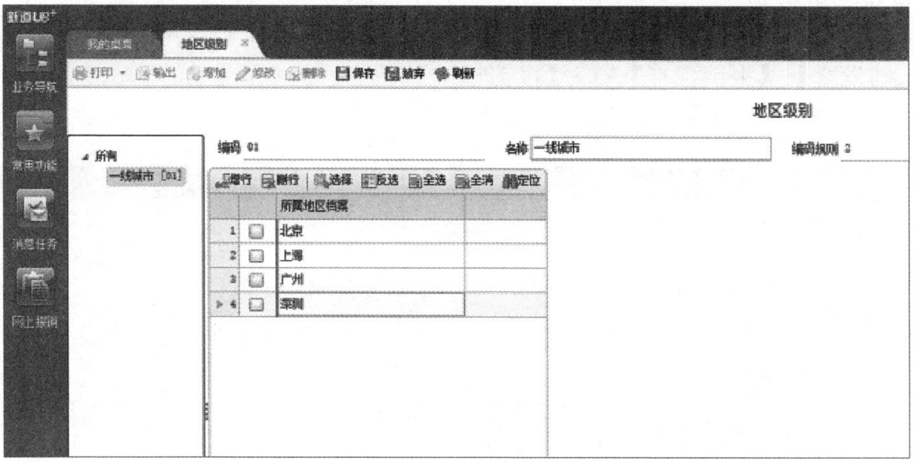


**图 1-73　【地区级别】设置页面**

（3）单击【保存】按钮。重复以上步骤，将省会城市和其他设置保存。

**3. 交通工具设置**

（1）财务经理胡晓进入【U8 企业应用平台】—【业务导航】—【财务会计】—【网上报销】—【基础设置】—【交通工具】，打开【交通工具】设置页面，单击【增行】按钮，输入案例资料中的交通工具信息，操作结束如图 1-74 所示。

（2）单击【保存】按钮，保存设置。

**图 1-74　【交通工具】设置页面**

**4. 休息日设置**

(1) 财务经理胡晓进入【U8 企业应用平台】—【业务导航】—【财务会计】—【网上报销】—【基础设置】—【休息日】，打开【休息日】设置页面，单击【增加】按钮，输入【方案编号】【方案名称】，按照案例要求设置【正常公休】和【法定节假日】，操作结果如图 1-75 所示。

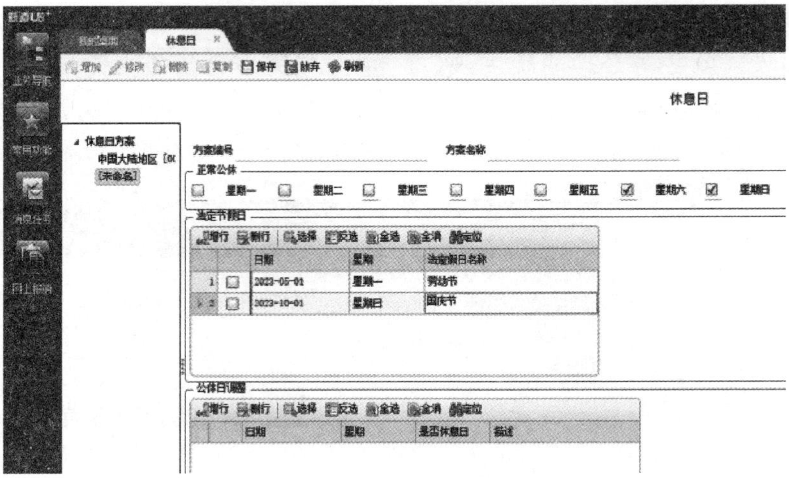


图 1-75 【休息日】设置页面

(3) 单击【保存】按钮，将设置保存。

**5. 报销标准设置**

(1) 财务经理胡晓进入【U8 企业应用平台】—【业务导航】—【财务会计】—【网上报销】—【基础设置】—【报销标准】，打开【报销标准】设置页面，点击【增加】按钮，输入【标准名称】【天数计算公式】，单击【标准影响部门】页签，【影响部门】选择“总经办”，如图 1-76 所示。

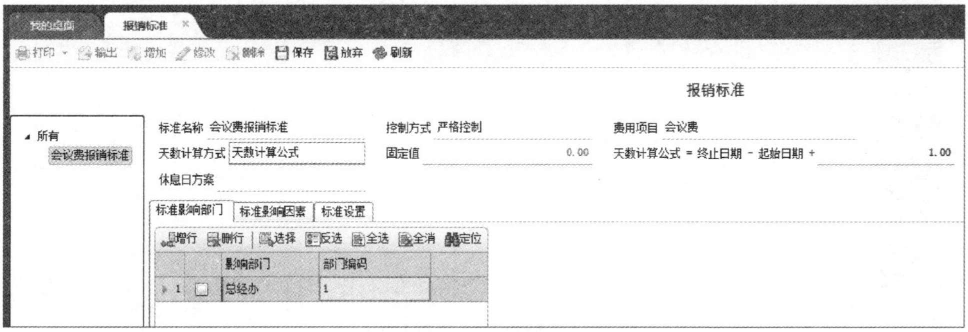


图 1-76 【报销标准】—【标准影响部门】设置页面

(3) 单击【标准影响因素】页签，点击【增行】按钮，【影响因素】选择“金额级别”，如图 1-77 所示。

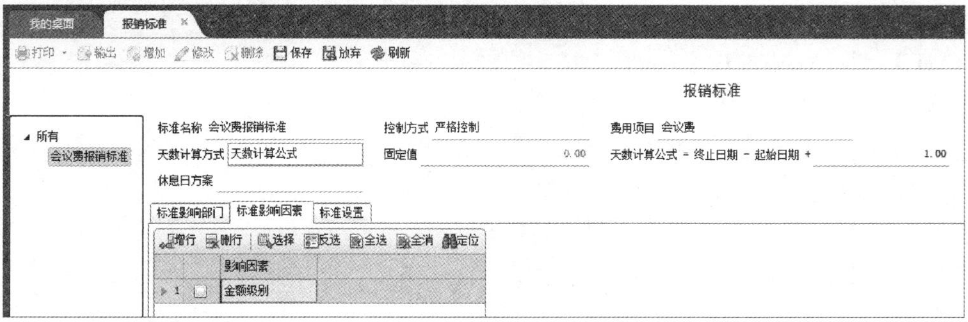


图 1-77 【报销标准】—【标准影响因素】设置页面

(4) 单击【标准设置】页签，点击【增行】按钮，金额上限为“10000.00”，报销比率为“100%”，如图 1-78 所示。

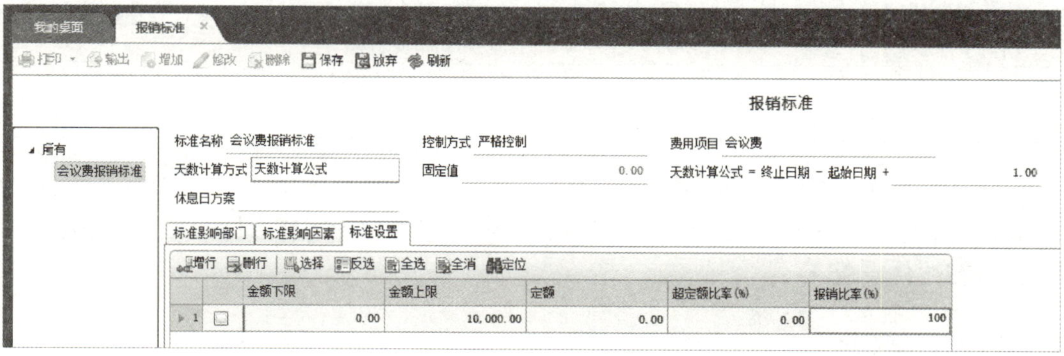


图 1-78　【报销标准】—【标准设置】设置页面

(5) 单击【保存】按钮，保存以上设置。

**特别提示**

◇ 业务类型保存后，需要单击【发布】按钮。

◇ 地区级别中若无法参照地区档案，说明基础档案中地区档案未设置，需要进入【基础设置】—【基础档案】—【客商档案】—【地区分类】中进行设置。

## 任务 3.6　合同管理初始化设置

### 任务要求

北京星月电器销售有限公司合同管理的具体规定如下。

(1) 合同分组设置：01 购销合同、02 劳务合同。

(2) 合同类型设置，如表 1-31 所示。

表 1-31　合同类型设置

| 类型编码 | 类型名称 | 合同性质 | 类型编码 | 类型名称 | 合同性质 |
|---|---|---|---|---|---|
| 01 | 销售合同 | 销售类合同 | 04 | 受托代销合同 | 采购类合同 |
| 02 | 委托代销合同 | 销售类合同 | 05 | 广告合同 | 应付类合同 |
| 03 | 采购合同 | 采购类合同 | 06 | 物流合同 | 应付类合同 |

(3) 合同阶段设置，如表 1-32 所示。

表 1-32　合同阶段设置

| 合同阶段编码 | 阶段名称 |
|---|---|
| 01 | 第一阶段 |
| 02 | 第二阶段 |

(4) 合同阶段组设置，如表 1-33 所示。

**表 1-33　合同阶段组设置**

| 阶段组编码 | 001 | 阶段组名称 | 分期收款 |
| --- | --- | --- | --- |
| 合同阶段编码 | 阶段名称 | | |
| 01 | 第一阶段 | | |
| 02 | 第二阶段 | | |

(5) 合同执行选项设置：启用合同执行单。

要求：市场经理陈柏林在业财一体信息化平台合同管理中完成合同分组、合同类型、合同阶段等初始化设置。

操作视频

## 操作步骤

### 1. 合同分组设置

(1) 市场经理陈柏林进入【U8 企业应用平台】—【业务导航】—【供应链】—【合同管理】—【设置】—【合同分组】，打开【合同分组】设置页面，单击【增加】按钮，输入合同分组档案，如图 1-79 所示。

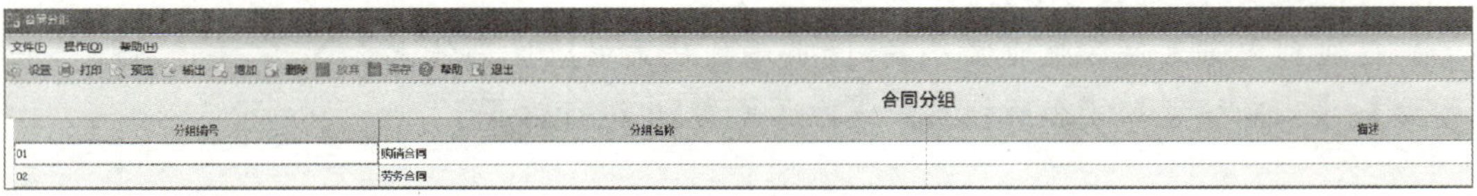


**图 1-79　【合同分组】设置页面**

(2) 单击【保存】按钮，保存设置。

### 2. 合同类型设置

(1) 市场经理陈柏林进入【U8 企业应用平台】—【业务导航】—【供应链】—【合同管理】—【设置】—【合同类型】—【合同类型设置】，打开【合同类型设置】窗口，单击【增加】按钮，依次输入案例资料中的合同类型信息，操作结果如图 1-80 所示。

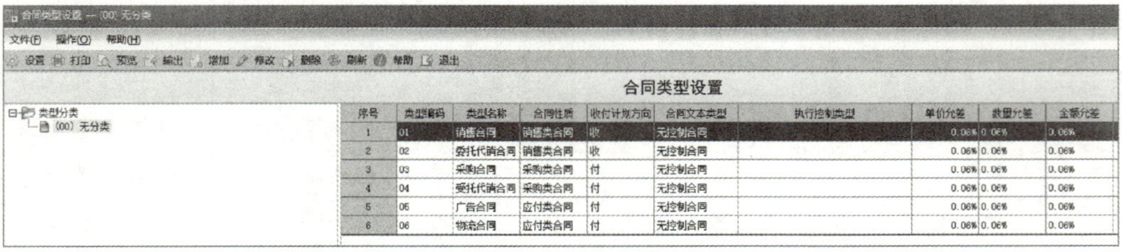


**图 1-80　【合同类型设置】窗口**

(2) 单击【保存】按钮，保存设置。

### 3. 合同阶段设置

(1) 市场经理陈柏林进入【U8 企业应用平台】—【业务导航】—【供应链】—【合同管理】—【设置】—【合同阶段】—【阶段设置】，打开【合同阶段】窗口，单击【增加】按钮，输入案例资料中的合同阶段信息，操作结果如图 1-81 所示。

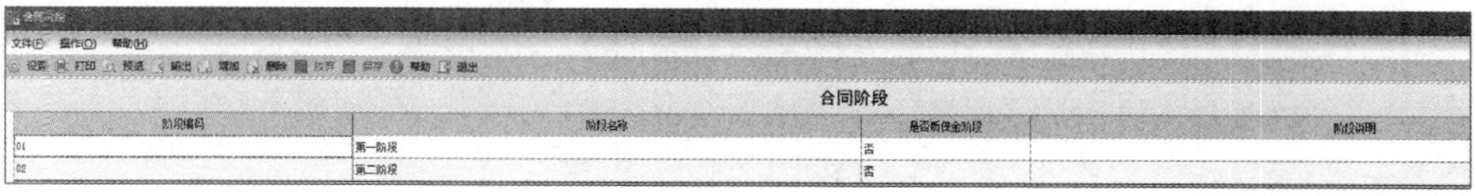


图 1-81　【合同阶段】窗口

（2）单击【保存】按钮，保存设置。

**4. 合同阶段组设置**

（1）市场经理陈柏林进入【U8 企业应用平台】—【业务导航】—【供应链】—【合同管理】—【设置】—【合同阶段】—【阶段组设置】，打开【阶段组设置】窗口，单击【增加】按钮，输入案例资料中的合同阶段组信息，操作结果如图 1-82 所示。

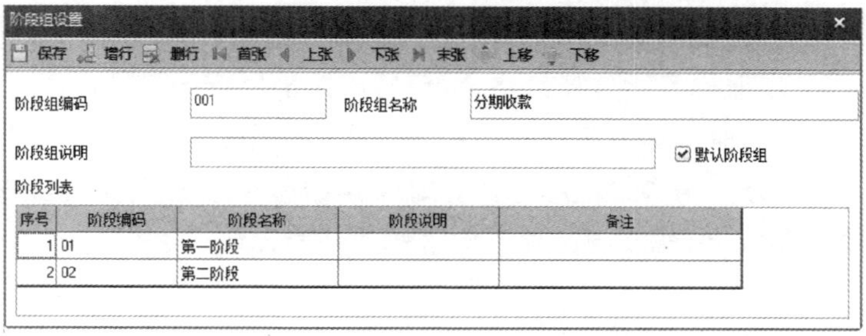


图 1-82　【阶段组设置】窗口

（2）单击【保存】按钮，保存设置。

**5. 合同执行选项设置**

市场经理陈柏林进入【U8 企业应用平台】—【业务导航】—【供应链】—【合同管理】—【设置】—【选项】，打开【合同选项设置】窗口，单击【业务设置】页签，单击【编辑】按钮，勾选【启用合同执行单】复选框，如图 1-83 所示。

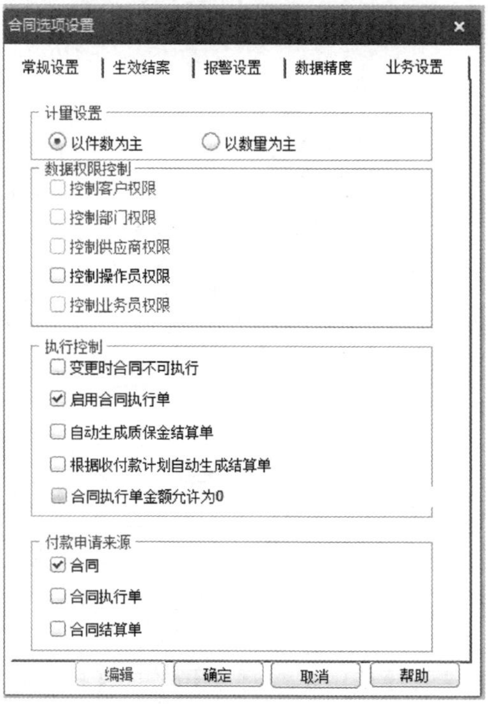


图 1-83　【合同选项设置】窗口

# 任务3.7 销售管理初始化设置

## 任务要求

北京星月电器销售有限公司的销售管理期初设置信息如下：

(1) 销售参数：

① 有零售业务、委托代销业务、分期收款业务、直运销售业务。

② 普通销售业务不必有销售订单。

③ 按信用额度控制客户信用。

④ 取价方式选择价格政策，使用批量打折。

(2) 对于零散客户只销售加湿器类商品。

要求：销售经理谭林在业财一体信息化平台销售管理模块中进行业务控制设置、信用度控制设置、允限销设置等销售业务初始化设置。

操作视频

## 操作步骤

**1. 销售参数设置**

(1) 销售经理谭林进入【U8企业应用平台】—【业务导航】—【供应链】—【销售管理】—【设置】—【选项】，打开【销售选项】窗口，单击【业务控制】页签，按照案例要求，勾选【有零售日报业务】【有委托代销业务】【有分期收款业务】【有直运销售业务】复选框，如图1-84所示。

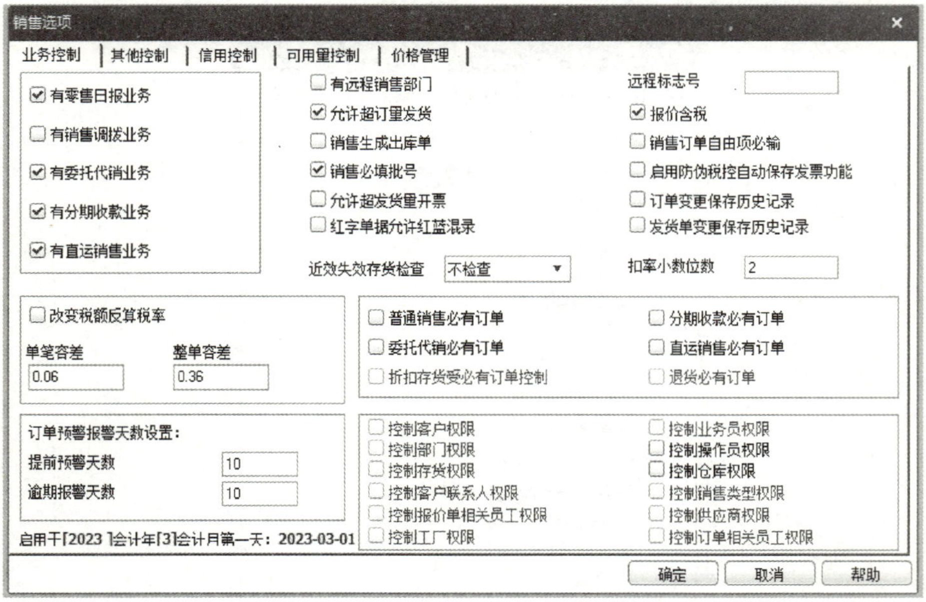


图1-84 【销售选项】—【业务控制】窗口

(2) 单击【信用控制】页签，在【信用控制对象】中勾选【控制客户信用】复选框；在【信用控制纬度】中选择“只控制信用额度”，如图1-85所示。

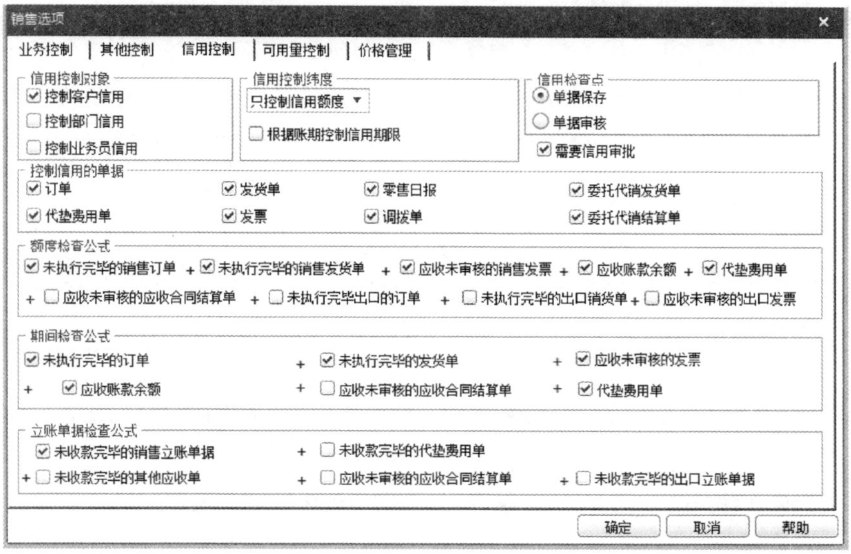


图 1-85　【销售选项】—【信用控制】页签

(3) 单击【价格管理】页签,【取价方式】勾选【价格政策】单选框;【价格参照过滤设置】勾选【使用批量打折】单选框;其余选项按系统默认,如图 1-86 所示。

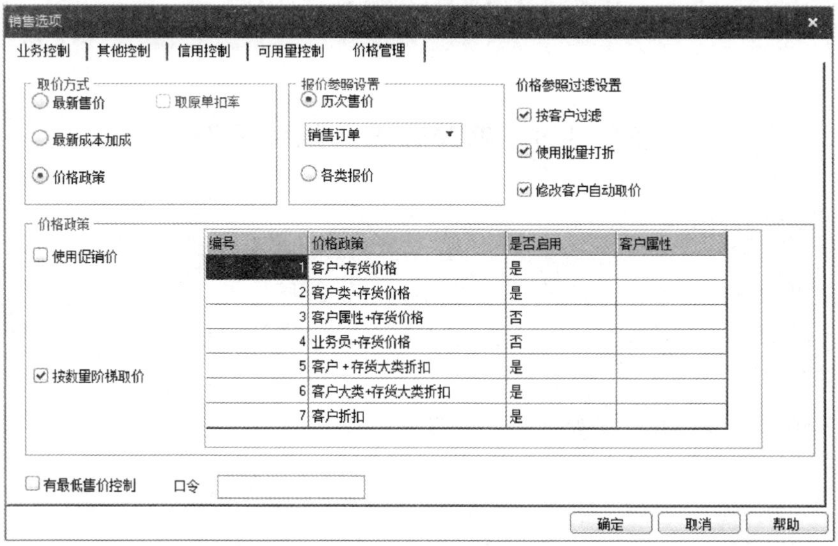


图 1-86　【销售选项】—【价格管理】页签

(4) 单击【确定】按钮,保存设置。

**2. 允限销设置**

(1) 销售经理谭林进入【U8 企业应用平台】—【业务导航】—【供应链】—【销售管理】—【设置】—【允限销设置】,打开【允限销设置】窗口,单击【增加】按钮,打开【批量增加】对话框,在【客户】页签中,将零散客户中的"零散客户"选入,如图 1-87 所示。

(2) 单击【存货】页签,将存货类别"加湿器"下的商品选入,如图 1-88 所示。

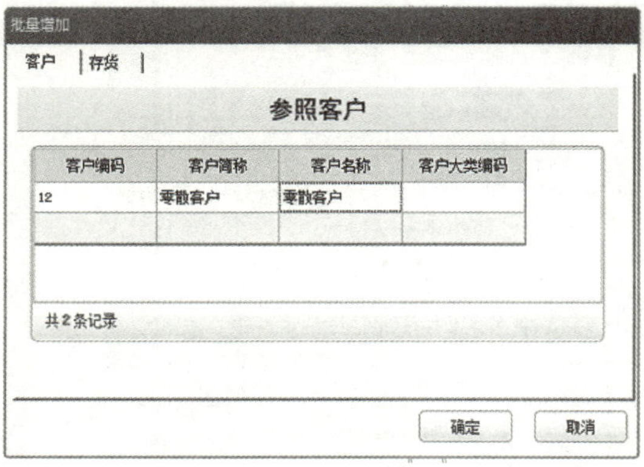


图 1-87 【批量增加】—【参照客户】页签

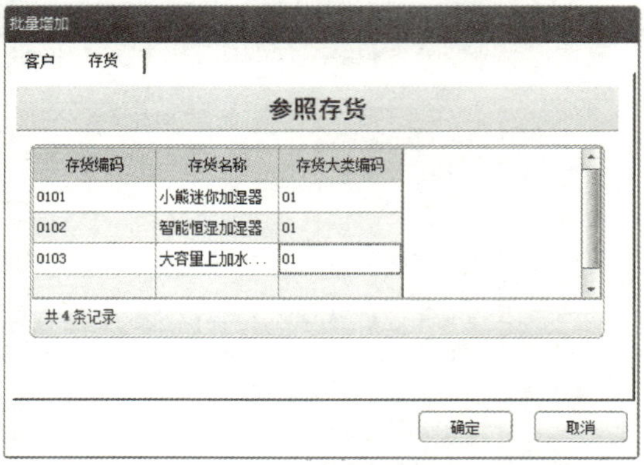


图 1-88 【批量增加】—【参照存货】页签

(4) 单击【确定】按钮,允限销设置完毕,如图 1-89 所示。

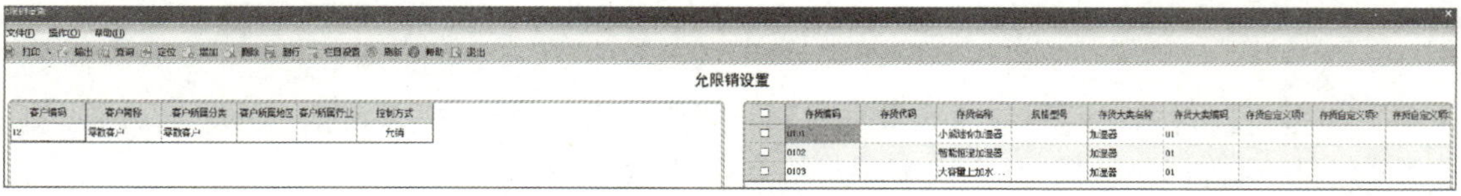


图 1-89 【允限销设置】完成页面

## 任务 3.8 采购管理初始化设置

### 任务要求

北京星月电器销售有限公司的采购管理期初设置信息如下:

受托代销业务必有订单,允许超订单到货及入库,允许超计划订货,启用受托代销业务、代管业务、询价业务。

要求:采购经理张茜茜在业财一体信息化平台采购管理模块中进行采购业务及权限控制的初始化设置。

操作视频

### 操作步骤

(1) 采购经理张茜茜进入【U8 企业应用平台】—【业务导航】—【供应链】—【采购管理】—【设置】—【选项】,打开【采购系统选项】窗口,单击【业务及权限控制】页签,勾选【受托代销业务必有订单】【允许超订单到货及入库】【允许超计划订货】【启用受托代销】【启用代管业务】【启用询价业务】复选框,取消勾选【普通业务必有订单】复选框,如图 1-90 所示。

(2) 单击【确定】按钮,保存设置好的参数。

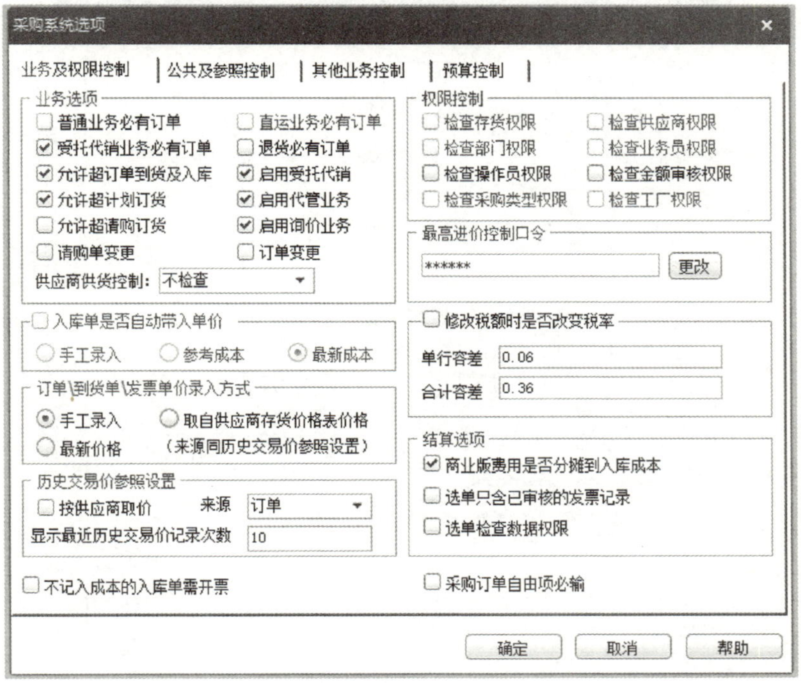


图 1-90　【采购系统选项】窗口

## 任务 3.9　库存管理初始化设置

### 任务要求

北京星月电器销售有限公司的库存管理期初设置信息如下：

(1) 设置库存参数通用设置为“有借入借出业务，有形态转换业务，有委托代销业务，有受托代销业务”；专用设置为“按仓库控制最高最低库存量”“借出借用单审核自动出库”，可用量检查设置为“商品出入库时检查库存可用量，已到货和在检未入库的货物数量纳入库存可用量的计算”。

(2) 设置代管消耗规则为“其他出库单”。

要求：仓储经理王俊在业财一体信息化平台库存管理模块中完成库存业务设置、库存业务校验设置、可用量控制设置等库存业务初始化设置。

### 操作步骤

操作视频

**1. 库存参数设置**

(1) 仓储经理王俊进入【U8 企业应用平台】—【业务导航】—【供应链】—【库存管理】—【设置】—【选项】，打开【库存管理选项】窗口，单击【通用设置】页签，勾选【有无借入借出业务】【有无形态转换业务】【有无委托代销业务】【有无受托代销业务】复选框，如图 1-91 所示。

(2) 单击【专用设置】页签，勾选【按仓库控制最高最低库存量】【借出借用单审核自动出库】复选框，如图 1-92 所示。

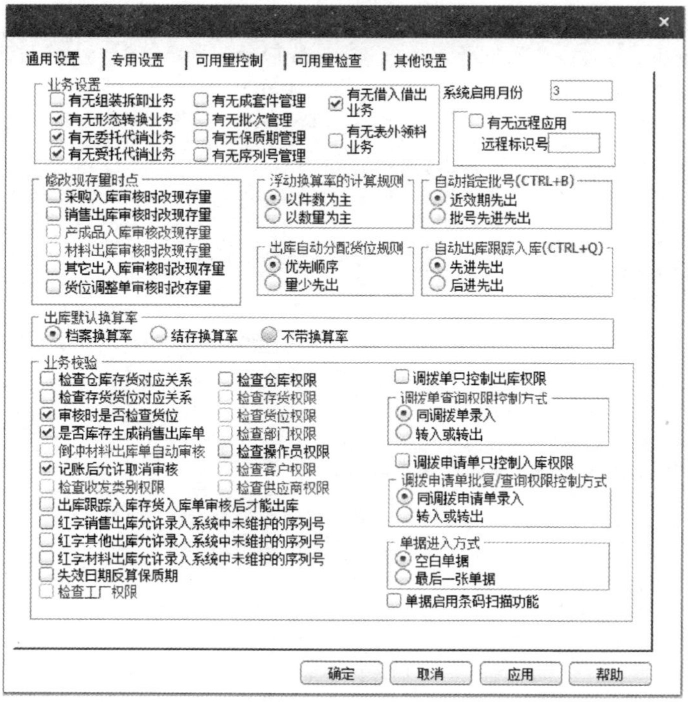


图 1-91 【库存管理选项】—【通用设置】页签

图 1-92 【库存管理选项】—【专用设置】页签

(3) 单击【可用量检查】页签，勾选【出入库是否检查可用量】复选框，【预计入库量】勾选【到货/在检量】复选框，如图 1-93 所示。

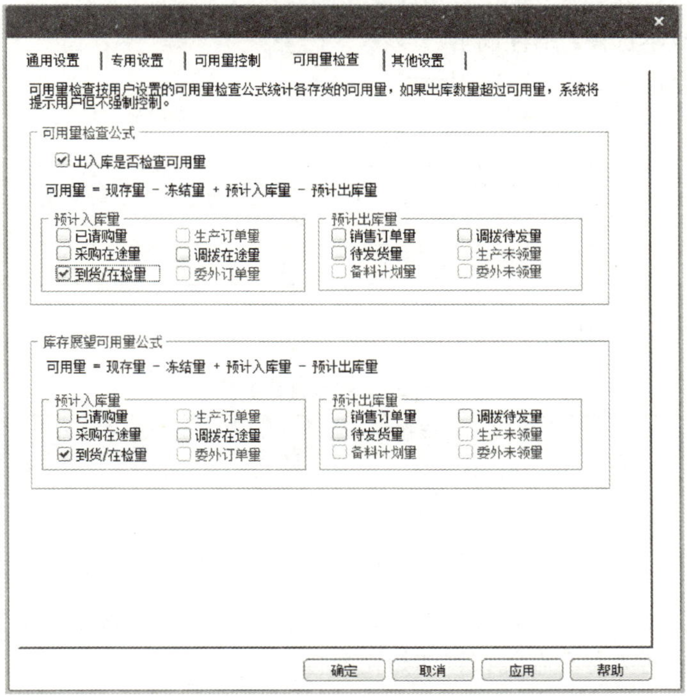


图 1-93　【库存管理选项】—【可用量检查】页签

（4）单击【确定】按钮，保存参数设置。

**2. 代管消耗规则设置**

仓储经理王俊进入【U8 企业应用平台】—【业务导航】—【供应链】—【库存管理】—【设置】—【代管消耗规则】，打开【代管消耗规则】窗口，点击【增加】按钮，选择【单据类型】为“其他出库单”，【红蓝标识】为“蓝字”，单击【保存】按钮，如图 1-94 所示。

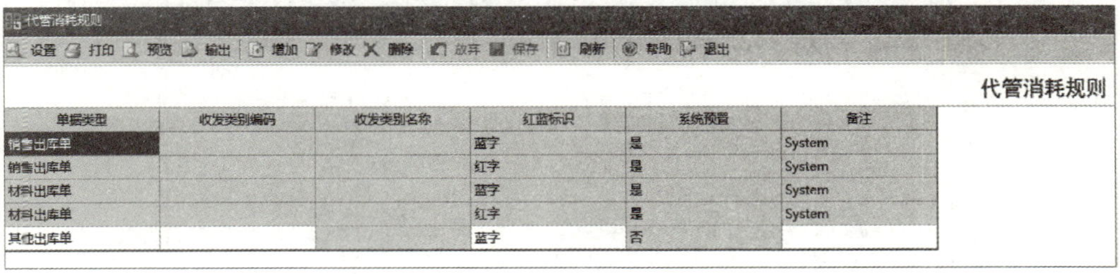


图 1-94　【代管消耗规则】窗口

## 任务 3.10　存货核算初始化设置

### 任务要求

北京星月电器销售有限公司的存货管理期初设置信息如下：

（1）货到票未到的采购暂估处理：等收到发票，做红字回冲单回冲暂估凭证，并按照发票金额自动生成采购入账记账凭证。

（2）销售成本核算方式：按销售出库单核算。

（3）入库单成本选择：结存成本。

（4）存货科目设置，如表 1-34 所示。

**表 1-34　存货科目设置**

| 仓库编码 | 仓库名称 | 存货科目 | 委托代销发出商品科目 |
|---|---|---|---|
| 01 | 商品仓 | 1405 库存商品 | 1406 发出商品 |
| 02 | 专卖店仓 | 1405 库存商品 | 1406 发出商品 |

（5）对方科目设置，如表 1-35 所示。

**表 1-35　对方科目设置**

| 收发类别 | 对方科目 | 暂估科目 |
|---|---|---|
| 11 采购入库 | 1402 在途物资 | 220202 应付账款——暂估应付款 |
| 21 销售出库 | 6401 主营业务成本 | |
| 23 盘亏出库 | 1901 待处理财产损溢 | |

要求：财务会计王芝芝在业财一体信息化平台存货核算模块中完成成本核算方式、暂估方式、存货科目、对方科目存货核算初始化配置。

操作视频

## 操作步骤

**1. 存货参数设置**

（1）财务会计王芝芝进入【U8 企业应用平台】—【业务导航】—【供应链】—【存货核算】—【设置】—【选项】，打开【选项录入】窗口，单击【核算方式】页签，单击【编辑】按钮，【暂估方式】选择【单到回冲】，【销售成本核算方式】选择【按销售出库单核算】，【入库单成本选择】为【结存成本】，如图 1-95 所示。

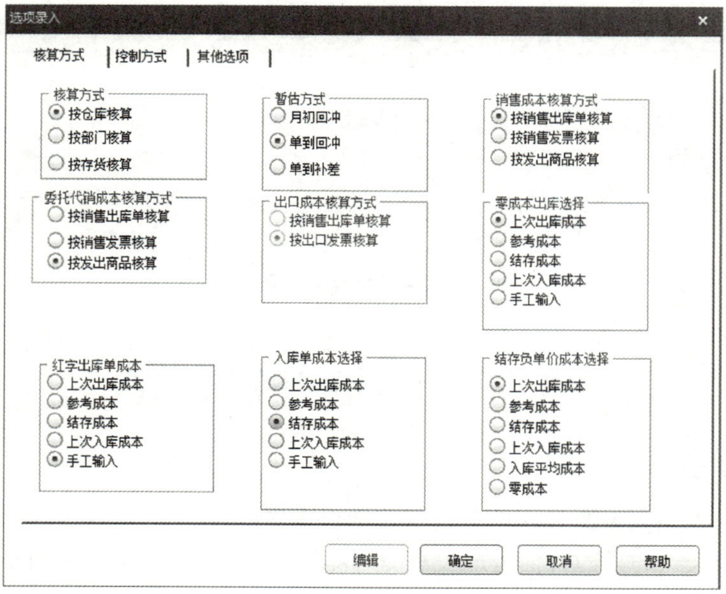


图 1-95　【选项录入】—【核算方式】页签

（2）单击【确定】按钮，保存设置好的参数。

**2. 存货科目设置**

（1）财务会计王芝芝进入【U8 企业应用平台】—【业务导航】—【供应链】—【存货核算】—【设置】—【存货科目】，打开【存货科目】窗口，单击【增行】按钮，按照案例资料设置仓库名称及存货科目，操作结果如图 1-96 所示。

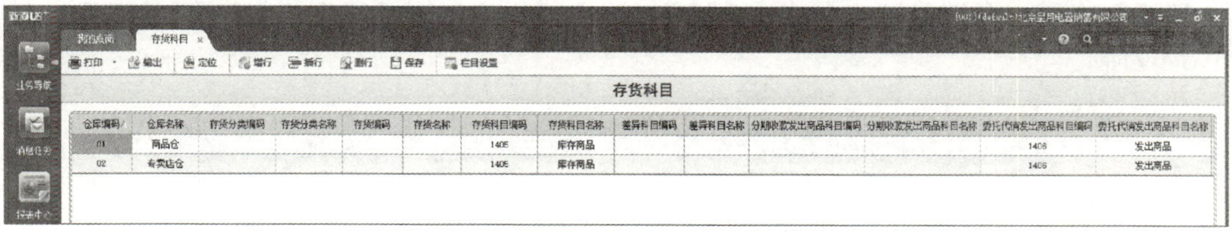


**图 1-96　【存货科目】窗口**

（2）单击【保存】按钮，将设置好的信息保存。

**3. 对方科目设置**

（1）财务会计王芝芝进入【U8 企业应用平台】—【业务导航】—【供应链】—【存货核算】—【设置】—【对方科目】，打开【对方科目】窗口，单击【增行】按钮，按照案例资料设置收发类别对应的对方科目，操作结果如图 1-97 所示。

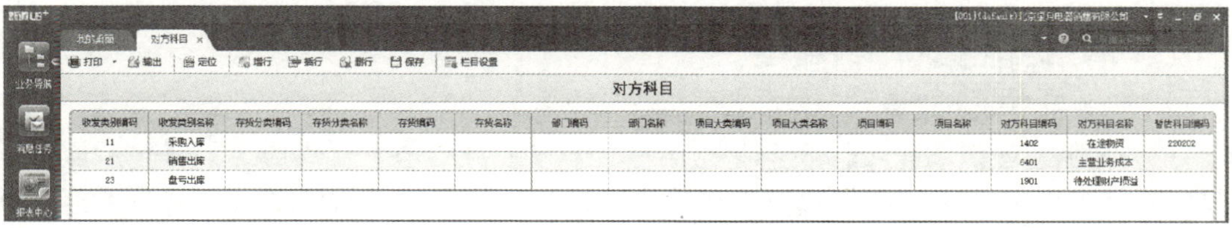


**图 1-97　【对方科目】窗口**

（2）单击【保存】按钮，将设置好的信息保存。

## 任务 3.11　售后服务初始化设置

### 任务要求

北京星月电器销售有限公司的售后服务期初设置信息如下：

（1）售后服务投诉处理设置预警，预警提醒天数为 1 天。

（2）售后服务的对象：01 企业用户、02 零散用户。

（3）服务用户档案：企业用户增加 1 个服务用户（01 北京易初莲花连锁超市有限公司）、零散用户增加 1 个服务用户（12 零散客户）。

（4）服务类型设置：01 上门安装、02 上门维修、03 以旧换新、04 售后咨询。

（5）服务协议类型：01 按年收费、02 按次收费。

要求：客服经理魏来在业财一体信息化平台售后服务模块中完成售后服务初始化设置。

操作视频

## 操作步骤

### 1. 售后服务参数设置

（1）客服经理魏来进入【U8企业应用平台】—【业务导航】—【供应链】—【售后服务】—【设置】—【选项】，打开【售后服务选项】窗口，将【投诉提醒天数】和【投诉处理提醒天数】均设为“1”，【个人用户】处勾选【支持个人用户】复选框，【用户对应结算客户】选择“零散客户”，如图1-98所示。

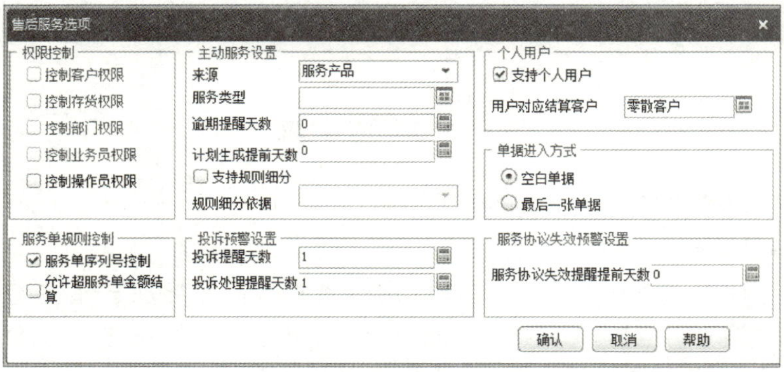


图1-98 【售后服务选项】窗口

（2）单击【确认】按钮，保存设置。

### 2. 服务用户分类设置

（1）客服经理魏来进入【U8企业应用平台】—【业务导航】—【供应链】—【售后服务】—【设置】—【服务用户分类】，打开【服务用户分类】窗口，单击【增加】按钮，输入【类别编码】和【类别名称】，操作结果如图1-99所示。

图1-99 【服务用户分类】窗口

（2）单击【保存】按钮，保存设置。

### 3. 服务用户档案设置

（1）客服经理魏来进入【U8企业应用平台】—【业务导航】—【供应链】—【售后服务】—【服务用户】—【服务用户档案】，打开【服务用户档案】窗口，【服务用户分类】选中“企业用户”，单击【增加】按钮，加入“01 北京易初莲花连锁超市有限公司”，单击【保存】按钮。

（2）【服务用户分类】选中“零散用户”，单击【增加】按钮，加入“12 零散用户”，单击【保存】按钮，如图1-100所示。

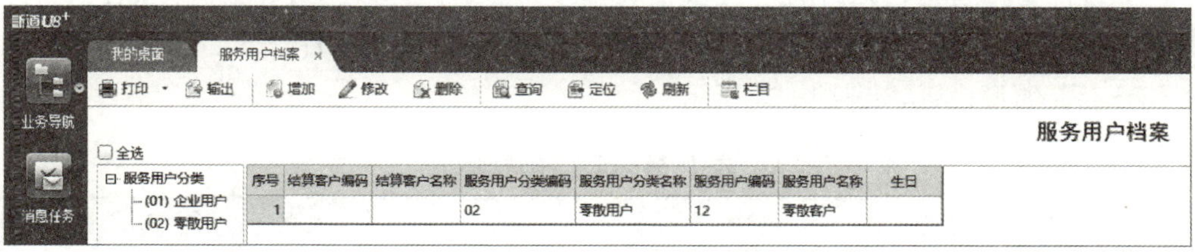


图 1-100 【服务用户档案】窗口

### 4. 服务类型设置

(1) 客服经理魏来进入【U8 企业应用平台】—【业务导航】—【供应链】—【售后服务】—【设置】—【服务类型】,打开【服务类型】窗口,单击【增加】按钮,根据案例资料的售后服务类型进行设置,操作结果如图 1-101 所示。

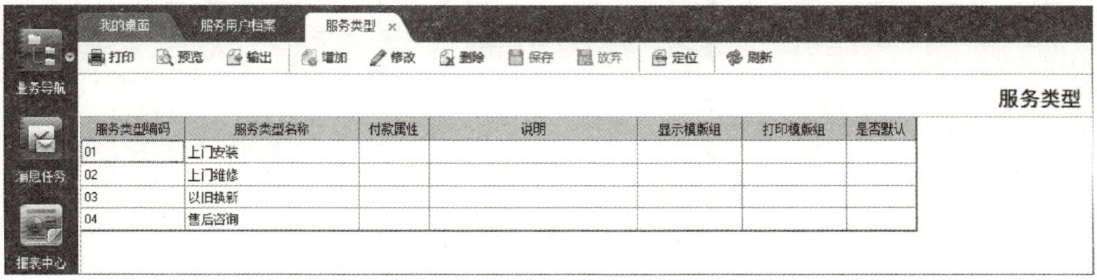


图 1-101 【服务类型】窗口

(2) 单击【保存】按钮,保存设置。

### 5. 服务协议类型设置

(1) 客服经理魏来进入【U8 企业应用平台】—【业务导航】—【供应链】—【售后服务】—【设置】—【服务协议类型】,打开【服务协议类型】窗口,单击【增加】按钮,根据案例资料的服务协议类型进行设置,操作结果如图 1-102 所示。

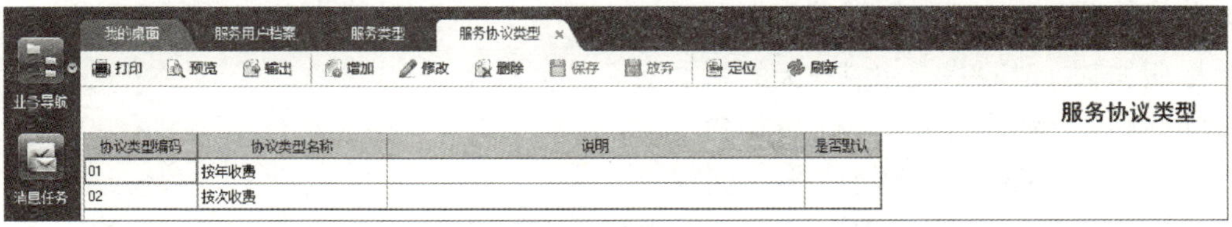


图 1-102 【服务协议类型】窗口

(2) 单击【保存】按钮,保存设置。

## 任务 3.12 薪资管理初始化设置

### 任务要求

北京星月电器销售有限公司的薪酬期初数据如下:

(1) 薪资管理权限控制设置:取消工资权限控制。

(2) 薪资管理参数：公司的工资类别为单个，所有工资类别都月结后才能进行薪资查询，从工资中代扣个人所得税，不存在扣零设置，税款所属期为下月。

(3) 工资项目设置，如表 1-36 所示。

**表 1-36　工资项目设置**

| 工资项目 | 类型 | 长度 | 小数 | 增减项 |
|---|---|---|---|---|
| 基本工资 | 数字 | 8 | 2 | 增项 |
| 岗位工资 | 数字 | 8 | 2 | 增项 |
| 奖金 | 数字 | 8 | 2 | 增项 |
| 事假天数 | 数字 | 8 | 2 | 其他 |
| 事假扣款 | 数字 | 8 | 2 | 减项 |
| 病假天数 | 数字 | 8 | 2 | 其他 |
| 病假扣款 | 数字 | 8 | 2 | 减项 |
| 养老保险 | 数字 | 8 | 2 | 减项 |
| 医疗保险 | 数字 | 8 | 2 | 减项 |
| 失业保险 | 数字 | 8 | 2 | 减项 |
| 工伤保险 | 数字 | 8 | 2 | 减项 |
| 住房公积金 | 数字 | 8 | 2 | 减项 |
| 大病医疗 | 数字 | 8 | 2 | 减项 |
| 计税工资 | 数字 | 8 | 2 | 其他 |
| 四险一金计提基数 | 数字 | 8 | 2 | 其他 |
| 工资分配基数 | 数字 | 8 | 2 | 其他 |

(4) 所有人员档案导入薪资管理模块。

(5) 工资项目的计算公式：

岗位工资：如果人员类别是“高级管理人员”的人员，其岗位工资是 2 000 元；如果是其他各类人员，其岗位工资为 1 000 元。

事假扣款：请假一天扣减一天的基本工资。

病假扣款：病假日的基本工资均扣发 30%。

四险一金计提基数：基本工资＋岗位工资。

工资分配基数：基本工资＋岗位工资＋奖金＋年终奖－事假扣款－病假扣款。

计税工资：基本工资＋岗位工资＋奖金＋年终奖－养老保险－医疗保险－失业保险－住房公积金－子女教育－继续教育－大病医疗－住房贷款利息－住房租金－老人赡养费－事假扣款－病假扣款。

养老保险(个人)：四险一金计提基数×8%。

医疗保险(个人)：四险一金计提基数×2%。

失业保险(个人)：四险一金计提基数×0.2%。

住房公积金(个人)：四险一金计提基数×10%。

(6) 个人所得税税率及起征点按 2019 年 1 月 1 日实施的《关于修改〈中华人民共和国个

人所得税法〉的决定》修改执行。

要求：财务经理胡晓在业财一体信息化平台薪资福利模块中进行工资项目、工资计算公式、工资分摊、个人所得税税率等初始化设置。

## 操作步骤

操作视频

### 1. 薪资管理权限控制设置

副总经理王涛进入【U8 企业应用平台】—【业务导航】—【系统服务】—【权限】—【数据权限控制设置】，取消勾选【工资权限】，如图 1-103 所示，点击【确定】按钮。

### 2. 薪资管理模块启用

（1）财务经理胡晓进入【U8 企业应用平台】—【业务导航】—【人力资源】—【薪资管理】—【设置】—【选项】，打开【薪资启用】—【建立工资表】窗口，工资类别设为【单个】，如图 1-104 所示。

（2）点击【下一步】按钮，根据案例要求设置其他启用参数，如图 1-105 所示。

（3）单击【确定】按钮，设置完成，启用薪资管理模块。

### 3. 工资项目设置

（1）财务经理胡晓进入【U8 企业应用平台】—【业务导航】—【人力资源】—【薪资管理】—【工资项目设置】，单击【增加】按钮，按照案例要求进行工资项目的设置，操作结果如图 1-106 所示。

（3）单击【确定】按钮，保存工资项目。

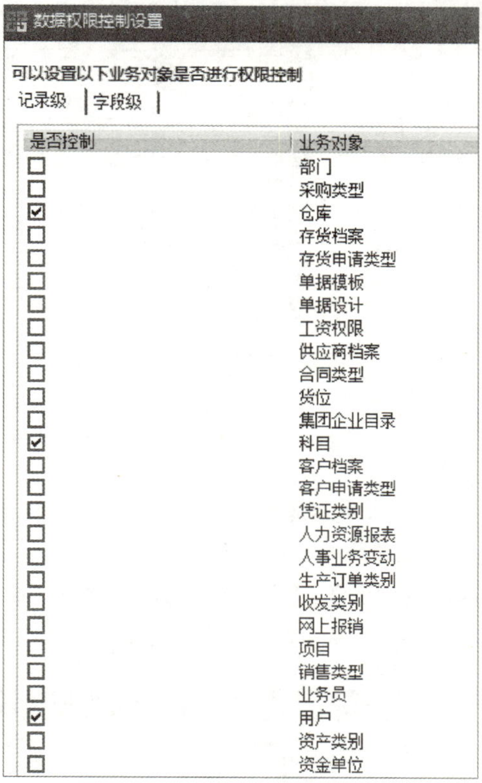


图 1-103　【数据权限控制】页面

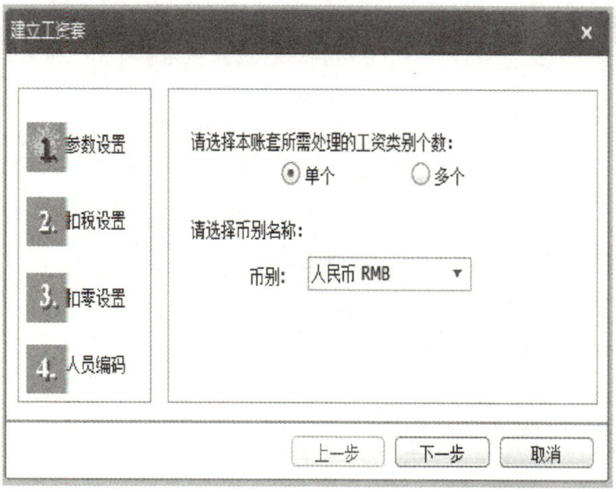


图 1-104　【建立工资表】窗口

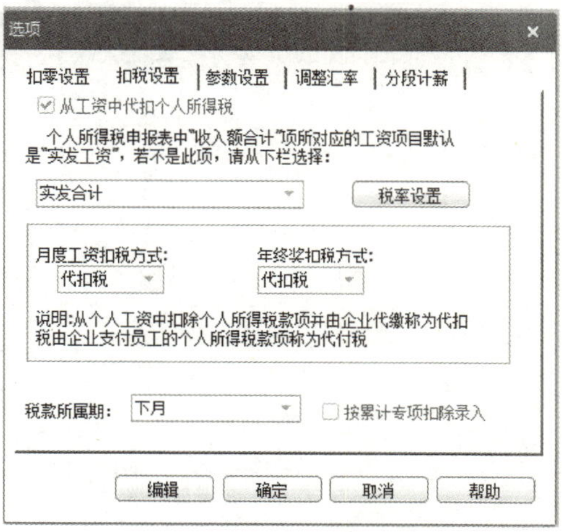


图 1-105　启用参数设置

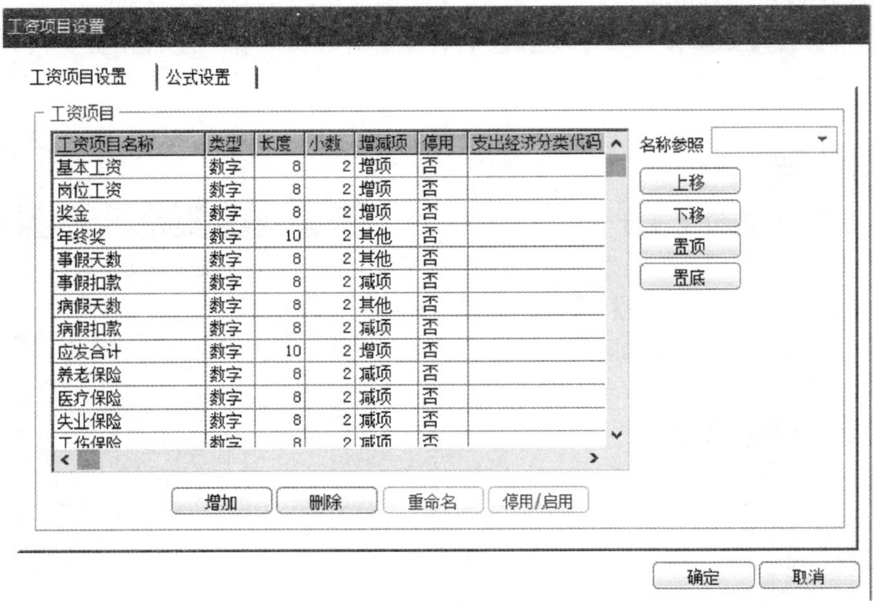


**图 1-106 【工资项目设置】页面**

### 4. 人员档案批增

（1）财务经理胡晓进入【U8 企业应用平台】—【业务导航】—【人力资源】—【薪资管理】—【设置】—【人员档案】，进入【人员档案】页面，单击【批增】按钮，选择所有部门，单击【查询】按钮，打开【人员批量增加】页面，如图 1-107 所示。

**图 1-107 【人员批量增加】页面**

（2）单击【确定】按钮，操作结果如图 1-108 所示。

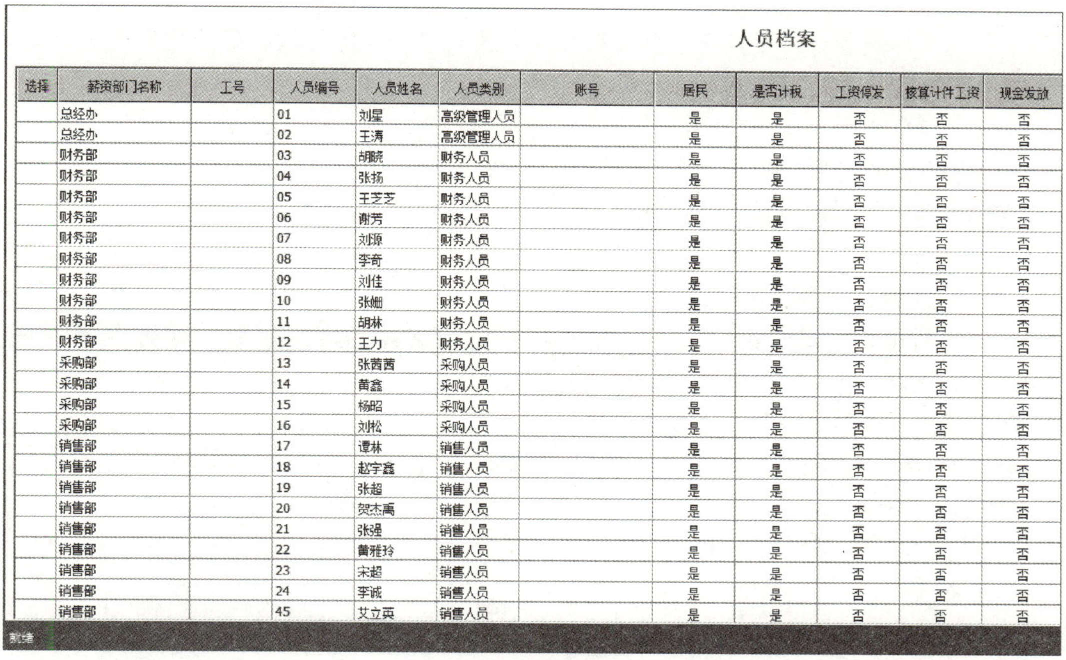

人员档案

| 选择 | 薪资部门名称 | 工号 | 人员编号 | 人员姓名 | 人员类别 | 账号 | 居民 | 是否计税 | 工资停发 | 核算计件工资 | 现金发放 |
|---|---|---|---|---|---|---|---|---|---|---|---|
| | 总经办 | | 01 | 刘星 | 高级管理人员 | | 是 | 是 | 否 | 否 | 否 |
| | 总经办 | | 02 | 王涛 | 高级管理人员 | | 是 | 是 | 否 | 否 | 否 |
| | 财务部 | | 03 | 胡晓 | 财务人员 | | 是 | 是 | 否 | 否 | 否 |
| | 财务部 | | 04 | 张扬 | 财务人员 | | 是 | 是 | 否 | 否 | 否 |
| | 财务部 | | 05 | 王芝芝 | 财务人员 | | 是 | 是 | 否 | 否 | 否 |
| | 财务部 | | 06 | 谢芳 | 财务人员 | | 是 | 是 | 否 | 否 | 否 |
| | 财务部 | | 07 | 刘源 | 财务人员 | | 是 | 是 | 否 | 否 | 否 |
| | 财务部 | | 08 | 李奇 | 财务人员 | | 是 | 是 | 否 | 否 | 否 |
| | 财务部 | | 09 | 刘佳 | 财务人员 | | 是 | 是 | 否 | 否 | 否 |
| | 财务部 | | 10 | 张姗 | 财务人员 | | 是 | 是 | 否 | 否 | 否 |
| | 财务部 | | 11 | 胡林 | 财务人员 | | 是 | 是 | 否 | 否 | 否 |
| | 财务部 | | 12 | 王力 | 财务人员 | | 是 | 是 | 否 | 否 | 否 |
| | 采购部 | | 13 | 张茜茜 | 采购人员 | | 是 | 是 | 否 | 否 | 否 |
| | 采购部 | | 14 | 黄鑫 | 采购人员 | | 是 | 是 | 否 | 否 | 否 |
| | 采购部 | | 15 | 杨昭 | 采购人员 | | 是 | 是 | 否 | 否 | 否 |
| | 采购部 | | 16 | 刘松 | 采购人员 | | 是 | 是 | 否 | 否 | 否 |
| | 销售部 | | 17 | 谭林 | 销售人员 | | 是 | 是 | 否 | 否 | 否 |
| | 销售部 | | 18 | 赵宇鑫 | 销售人员 | | 是 | 是 | 否 | 否 | 否 |
| | 销售部 | | 19 | 张超 | 销售人员 | | 是 | 是 | 否 | 否 | 否 |
| | 销售部 | | 20 | 贺杰禹 | 销售人员 | | 是 | 是 | 否 | 否 | 否 |
| | 销售部 | | 21 | 张强 | 销售人员 | | 是 | 是 | 否 | 否 | 否 |
| | 销售部 | | 22 | 黄雅玲 | 销售人员 | | 是 | 是 | 否 | 否 | 否 |
| | 销售部 | | 23 | 宋超 | 销售人员 | | 是 | 是 | 否 | 否 | 否 |
| | 销售部 | | 24 | 李诚 | 销售人员 | | 是 | 是 | 否 | 否 | 否 |
| | 销售部 | | 45 | 艾立英 | 销售人员 | | 是 | 是 | 否 | 否 | 否 |

就绪

图 1-108 【人员档案】页面

**5. 工资计算公式设置**

(1) 财务经理胡晓进入【U8 企业应用平台】—【业务导航】—【人力资源】—【薪资管理】—【工资项目设置】，单击【公式设置】页签，打开【工资项目设置】窗口，如图 1-109 所示。

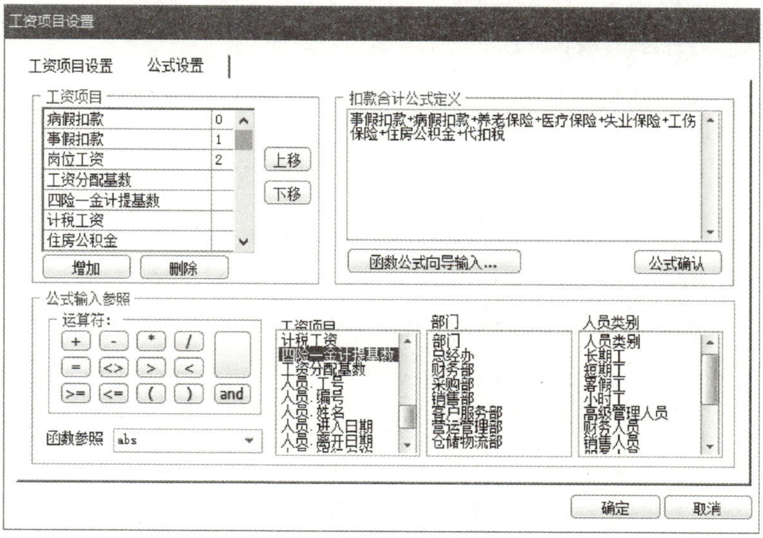


图 1-109 【工资项目设置】窗口

(2) 单击【增加】按钮，按照案例要求，在【公式设置】区依次对岗位工资、事假扣款和病假扣款项目的计算公式进行设置：

“岗位工资”公式为“IFF(人员类别=高级管理人员，2000，1000)”。

“事假扣款”公式为“基本工资/21.75 * 事假天数”。

“病假扣款”公式为“基本工资/21.75 * 病假天数 * 0.3”。

“四险一金计提基数”公式为“基本工资+岗位工资”。

“工资分配基数”公式为“基本工资+岗位工资+奖金+年终奖-事假扣款-病假扣款”。

“计税工资”公式为“基本工资＋岗位工资＋奖金＋年终奖－养老保险－医疗保险－失业保险－住房公积金－子女教育－继续教育－大病医疗－住房贷款利息－住房租金－老人赡养费－事假扣款－病假扣款”。

“养老保险”公式为“四险一金计提基数＊0.08”。

“医疗保险”公式为“四险一金计提基数＊0.02”。

“失业保险”公式为“四险一金计提基数＊0.002”。

“住房公积金”公式为“四险一金计提基数＊0.1”。

(3) 单击【确定】按钮，保存设置。

**6. 个人所得税税率设置**

财务经理胡晓进入【U8企业应用平台】—【业务导航】—【人力资源】—【薪资管理】—【设置】—【选项】，打开【选项设置】窗口，执行【扣税设置】—【税率设置】命令，按照2019年最新个人所得税扣税基数及税率设置，操作结果如图1-110所示，单击【确定】按钮。

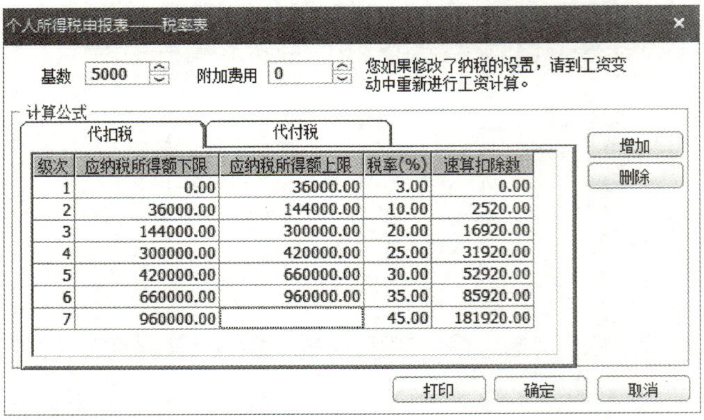


| 级次 | 应纳税所得额下限 | 应纳税所得额上限 | 税率(%) | 速算扣除数 |
|---|---|---|---|---|
| 1 | 0.00 | 36000.00 | 3.00 | 0.00 |
| 2 | 36000.00 | 144000.00 | 10.00 | 2520.00 |
| 3 | 144000.00 | 300000.00 | 20.00 | 16920.00 |
| 4 | 300000.00 | 420000.00 | 25.00 | 31920.00 |
| 5 | 420000.00 | 660000.00 | 30.00 | 52920.00 |
| 6 | 660000.00 | 960000.00 | 35.00 | 85920.00 |
| 7 | 960000.00 | | 45.00 | 181920.00 |

**图1-110 【个人所得税申报表——税率表】页面**

### 工作反思

获得的经验：________________________________________

________________________________________

________________________________________

注意的事项：________________________________________

________________________________________

________________________________________

思政驿站

## 工作任务4 业务流程设置

### 任务情境

2023年3月1日，北京星月电器销售有限公司在业财一体信息化平台上已经建账成功，副总经理王涛带领的内部信息化实施团队开始与业务部门主管就业务流程、工作流、单据、预警与通知任务设置等流程配置内容进行逐项确认，并将确认的结果在业财一体信息化平台上进行配置。

## 任务向导

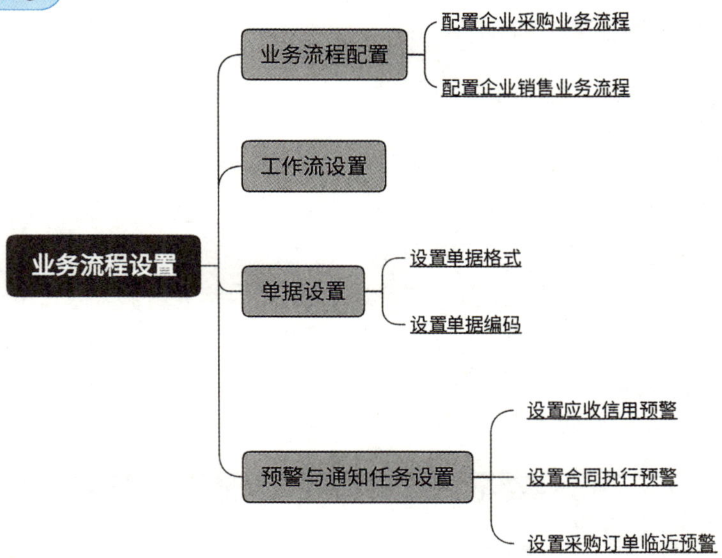


## 任务 4.1　业务流程配置

### 任务要求

北京星月电器销售有限公司的采购流程和销售流程分别要求如下。

**1. 采购流程**

(1) 普通商品采购流程要求：

① 采购流程以请购单为起点，订单按请购单生成。

② 到货单按订单生成，入库单按到货单生成。

③ 采购退货参照到货单办理退货。

④ 采购发票按订单开票。

(2) 受托代销流程要求：

① 可以手工直接录入到货单。

② 入库单按到货单生成。

**2. 销售流程**

(1) 普通销售(批发)流程要求：

① 销售流程以销售订单为起点，订单可以同时满足手工录入、按合同生成和按报价单生成。

② 按订单发货，发货单直接生成销售出库单。

③ 销售退货按发货单办理退货。

④ 发票来源：按发/退货单蓝票，按发/退货单红票开票。销售发票也可手工录入。

(2) 委托代销流程要求：

① 可以手工录入订单。

② 发货单可以参照订单生成，也可以手工直接录入。

③ 入库单按到货单生成。

④ 发票来源：按发/退货单蓝票、按发/退货单红票开票。

要求：副总经理王涛在业财一体信息化平台上配置商品采购与受托代销的采购流程，普通销售(批发)和委托代销的销售流程。

操作视频

## 操作步骤

### 1. 配置企业采购业务流程

(1) 副总经理王涛进入【U8 企业应用平台】—【业务导航】—【基础设置】—【业务流程配置】—【采购业务流程】，打开【采购业务流程】窗口。

(2) 单击【增加】按钮，【业务类型】选择“普通采购”，【采购类型】选择“正常采购”，【请购】栏勾选【必有请购】复选框，【请购来源】勾选【手工输入】复选框，【订货来源】勾选【按请购单订货】复选框，【到货来源】勾选【按订单到货】复选框，【退货来源】勾选【按到货单退货】复选框，【入库来源】勾选【按到货单入库】复选框，【开票来源】勾选【按订单开票】复选框，设置如图 1-111 所示。

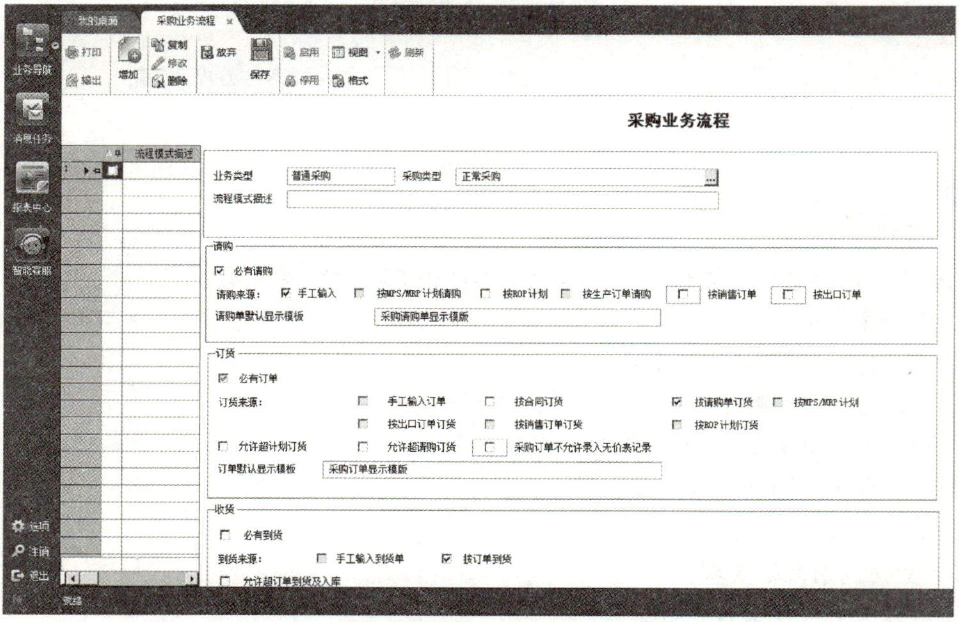


图 1-111 【采购业务流程】—【正常采购】设置页面

(3) 单击【保存】按钮，保存设置。

(4) 单击【增加】按钮，【业务类型】选择“普通采购”，【采购类型】选择“受托代销”，【到货来源】勾选【手工输入到货单】复选框，入库来源勾选【按到货单入库】复选框，其余按系统默认，如图 1-112 所示。

(5) 单击【保存】按钮，保存设置。

**特别提示**

◇ 设置采购业务流程时，要先看懂、理解企业的采购流程，再按需设置。

◇ 设置采购业务流程时，采购类型为必填项，应先在基础档案中设置完成。

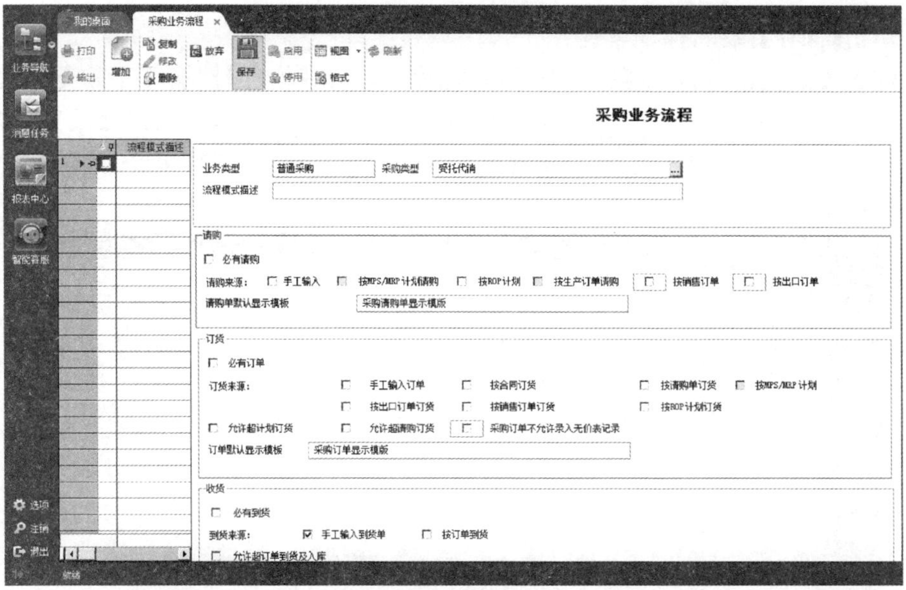

图 1-112　【采购业务流程】—【受托代销】设置页面

**2. 配置企业销售业务流程**

(1) 副总经理王涛进入【U8 企业应用平台】—【业务导航】—【基础设置】—【业务流程配置】—【销售业务流程】，打开【销售业务流程】窗口。

(2) 单击【增加】按钮，【业务类型】选择“普通销售”，【销售类型】选择“批发”，【订货】栏勾选【必有订单】复选框，【订单来源】勾选【手工输入订单】【按合同订货】【按报价单订货】复选框，【发货来源】勾选【按订单发货】复选框，【发货】栏勾选【销售生成出库单】复选框，【退货来源】勾选【按发货单退货】复选框，【开票来源】勾选【按发/退货单开蓝】【按发/退货单开红】复选框，如图 1-113 所示。

图 1-113　【销售业务流程】—【普通销售(批发)】设置页面

(3) 单击【保存】按钮,保存设置。

(4) 配置委托代销流程,在【销售业务流程】窗口,单击【增加】按钮,【业务类型】选择“委托代销”,【销售类型】选择“代销”,【订单来源】勾选【手工输入订单】复选框,【发货来源】勾选【手工输入发货单】【按订单发货】复选框,【开票来源】勾选【按发/退货单开蓝】【按发/退货单开红】复选框,其余按系统默认,如图 1-114 所示。

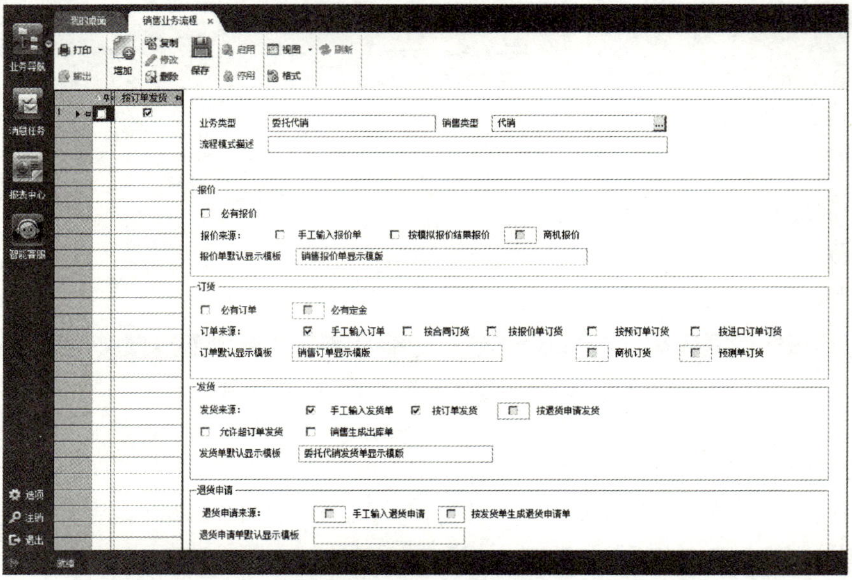

图 1-114 【销售业务流程】—【委托代销】设置页面

(5) 单击【保存】按钮,保存设置。

**特别提示**

◇ 设置销售业务流程时,要先看懂、理解企业的销售流程,再按需设置。

◇ 设置销售业务流程时,销售类型为必填项,应先在基础档案中设置完成。

## 任务 4.2 工作流设置

### 任务要求

北京星月电器销售有限公司的付款申请单审批流程,如图 1-115 所示。

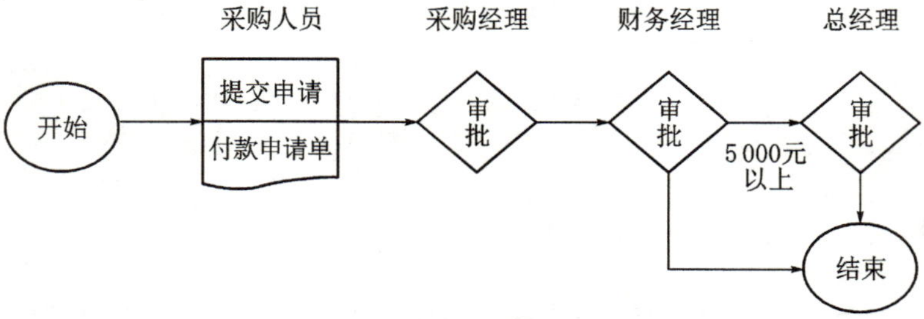


图 1-115 付款申请单审批流程

要求：副总经理王涛在业财一体信息化平台上配置完成付款申请单审批流程。

操作视频

## 操作步骤

(1) 副总经理王涛进入【U8 企业应用平台】—【业务导航】—【基础设置】—【工作流设置】—【工作流设计器】，打开【工作流设计器】新增页面，如图 1-116 所示。

(2) 单击【新建】按钮，打开【新建流程模型】窗口，执行【财务会计】—【应付管理】—【应付付款申请单】命令，如图 1-117 所示。

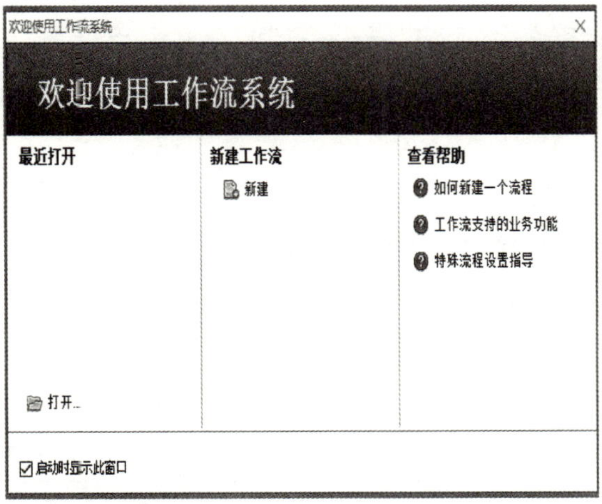


图 1-116 【工作流设计器】新增页面

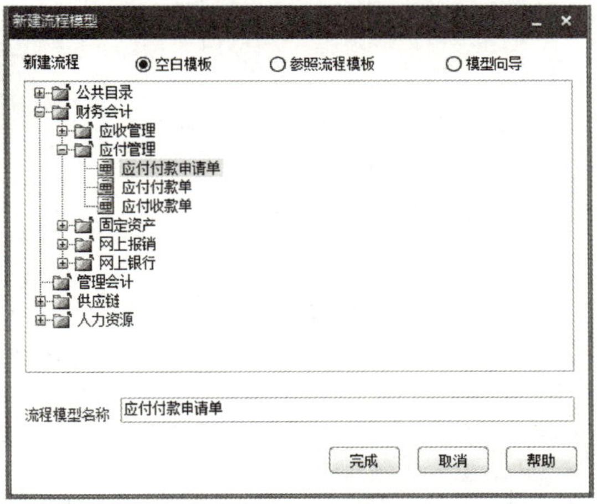


图 1-117 【新建流程模型】设置页面

(3) 单击【完成】按钮，进入流程图设计界面，选中左侧节点下的【审批节点】，拖曳到页面中间【开始节点】下方，如图 1-118 所示。在右侧的【名称】框中输入“采购经理审批”，单击【审核人】按钮，选择“张茜茜”，单击【确定】按钮。

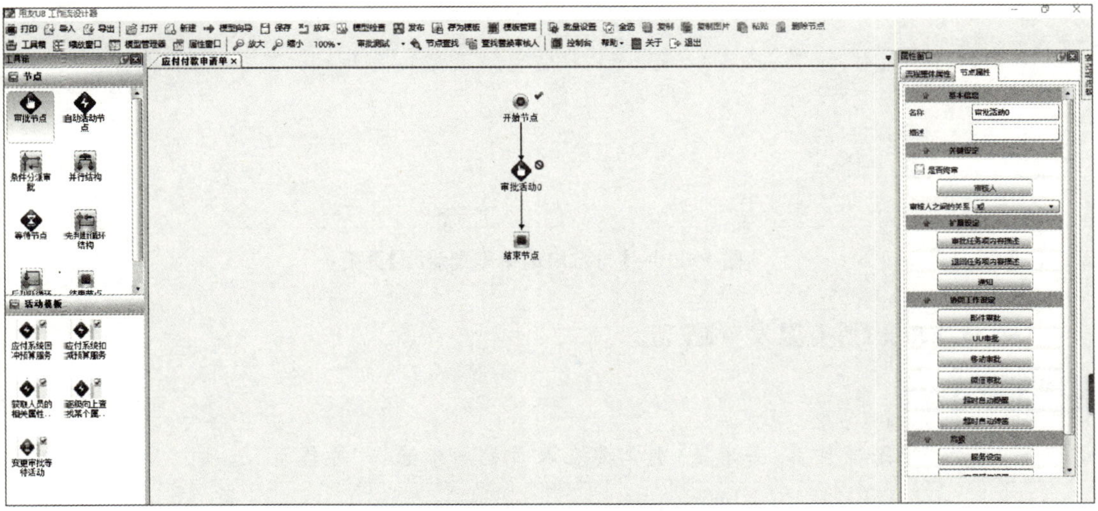


图 1-118 【审批节点】页面

(4) 选中左侧节点下的【审批节点】拖曳到页面中间【采购经理审批】下方，在右侧的【描述】框中输入“财务经理审批”，单击【审核人】按钮，选择“胡晓”，单击【确定】按钮。

(5) 选中【条件分派审批】拖曳到页面中间【财务经理审批节点】下方，点击【条件】节点，在右侧【名称】框中输入“大于等于5000”，单击【条件】按钮，进入【条件设置】窗口，审批金额选择“大于等于”，值选择“5000”。其中条件默认是多行，需要将多余的行删除，才能确定成功，如图1-119所示，单击【确定】按钮。

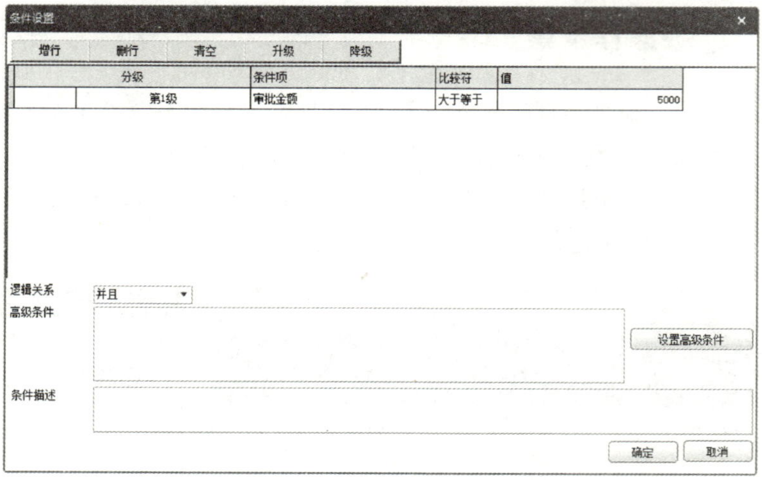


图 1-119 【条件分派审批】页面

(6) 将总经理的审批节点加入条件节点【大于等于5000】下方，勾选【是否终审】，单击【审核人】按钮，选择“刘星”，单击【确定】按钮，如图1-120所示。

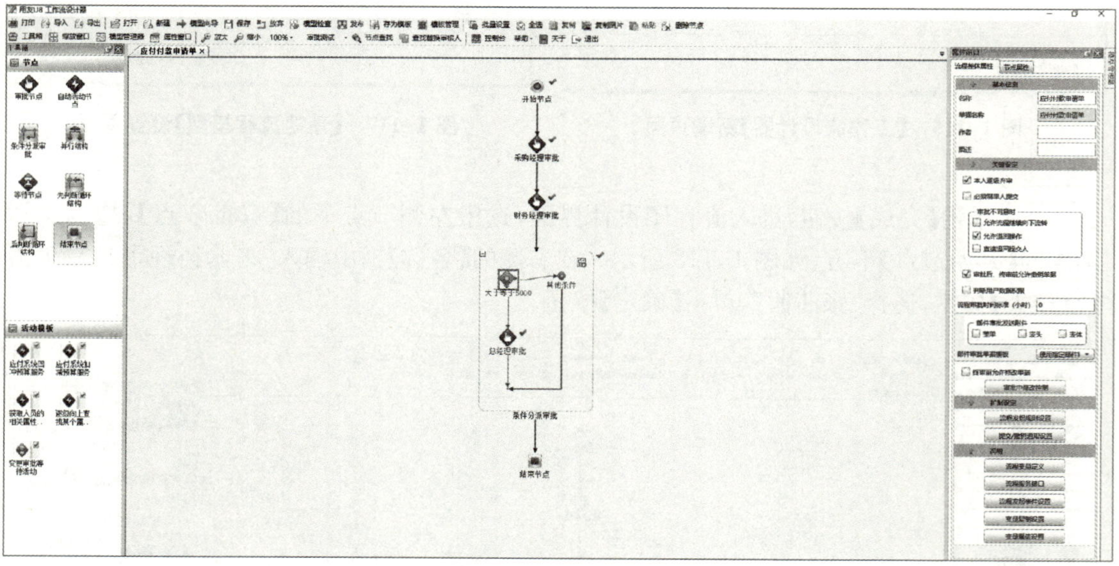


图 1-120 【付款申请单审批流程】页面

(8) 依次单击【保存】【发布】按钮。

**特别提示**

◇ 审批人必须是操作员，若不是，则需要在人员档案中选择“操作员”选项。

# 任务 4.3　单据设置

## 任务要求

北京星月电器销售有限公司的单据设置模块要求如下：

(1) 单据格式设置要求如下：

① 增加销售订单【定金累计实收原币金额】【必有定金】【定金比例(%)】【定金原币金额】等表头信息。

② 合同概要表头项目勾选【启用阶段】和【合同阶段组】复选框。

③ 合同执行单表头项目勾选【合同阶段】复选框。

(2) 单据编码设置。采购订单、采购专用发票和销售专用发票为完全手工编号。

要求：副总经理王涛在业财一体信息化平台上配置完成付款申请单审批流程。

## 操作步骤

操作视频

### 1. 设置单据格式

(1) 副总经理王涛进入【U8 企业应用平台】—【业务导航】—【基础设置】—【单据设置】—【单据格式设置】，打开【单据格式设置】窗口，如图 1-121 所示。

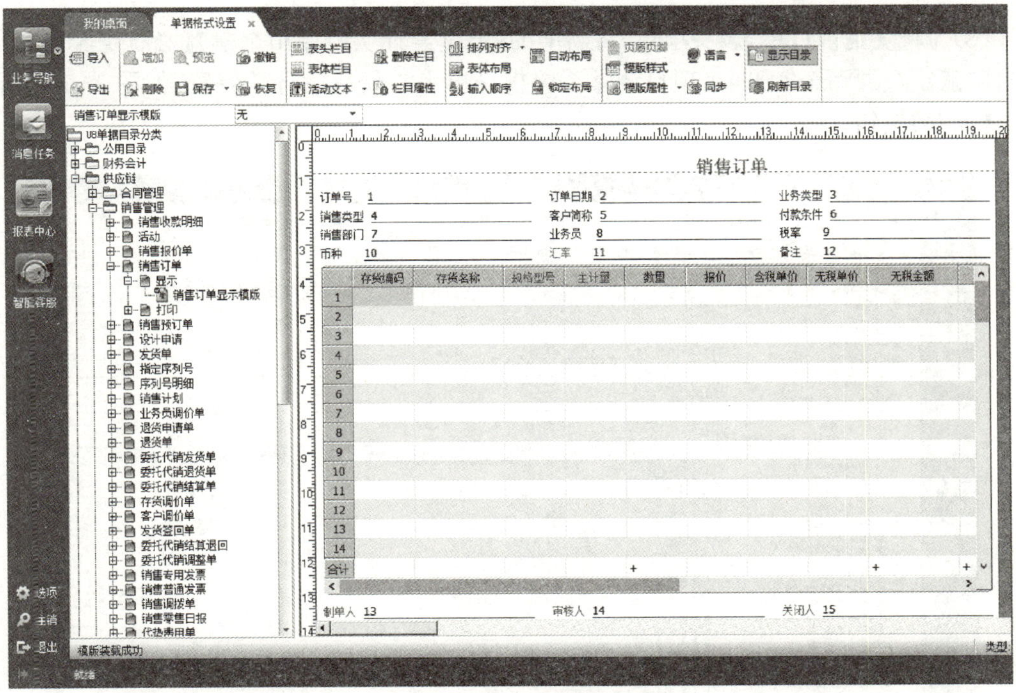


图 1-121　【单据格式设置】页面

(2) 单击【表头栏目】按钮，进入【表头】页面，勾选【定金累计实收原币金额】【必有定金】【定金比例(%)】【定金原币金额】四个项目，单击【确定】按钮，如图 1-122 所示。

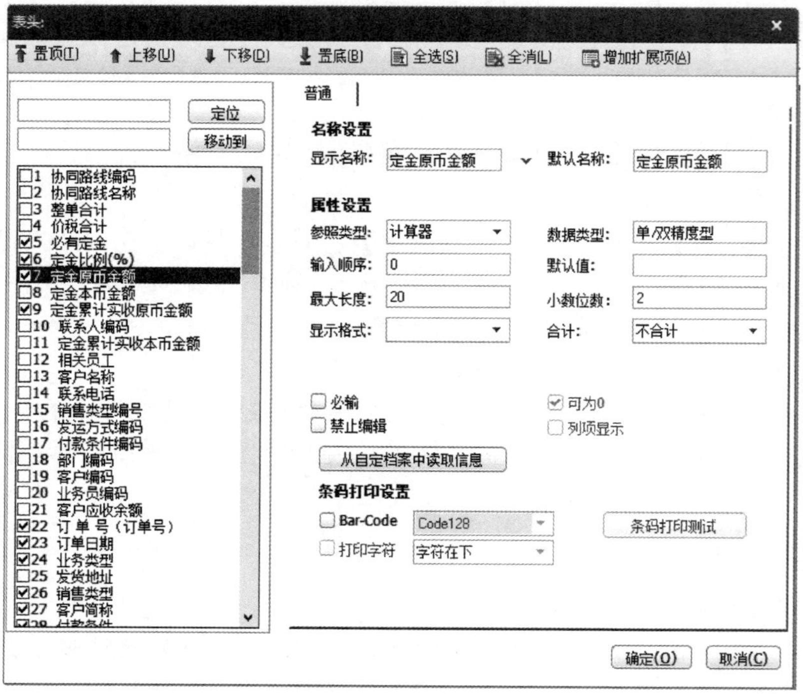

图 1-122 【表头】页面

(3) 调整【销售订单】表头项目,将新增的【定金累计实收原币金额】【必有定金】【定金比例(%)】【定金原币金额】四个项目调整至销售订单表头最后一行的位置,如图 1-123 所示,单击【保存】按钮。

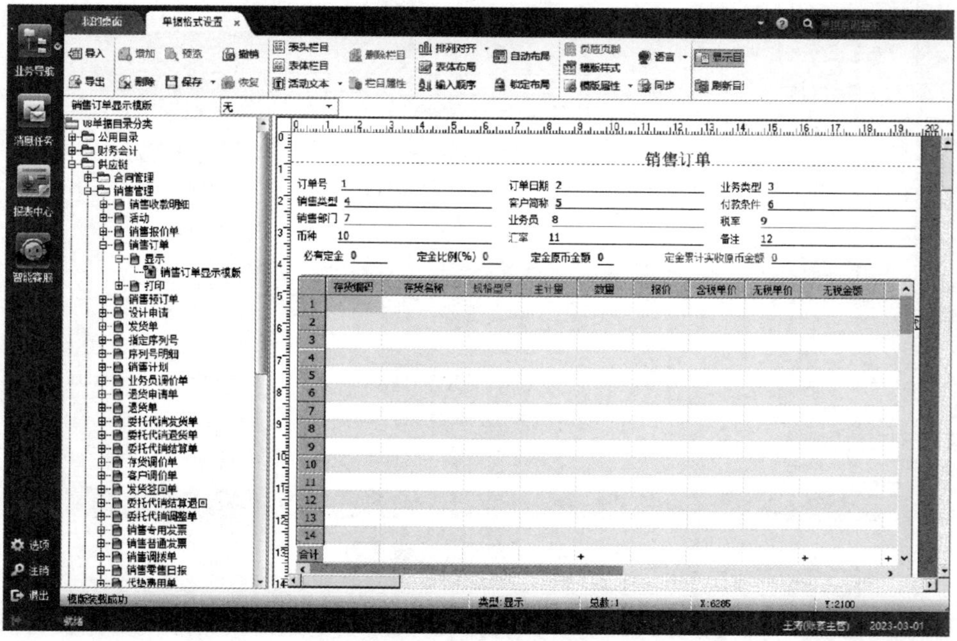

图 1-123 【销售订单】页面

（4）在【基础设置】选项卡中，执行【单据设置】—【单据格式设置】—【合同概要】命令，在【表头】窗口勾选【启用阶段】和【合同阶段组】复选框，单击【确定】按钮，如图 1-124 所示，单击【保存】按钮。

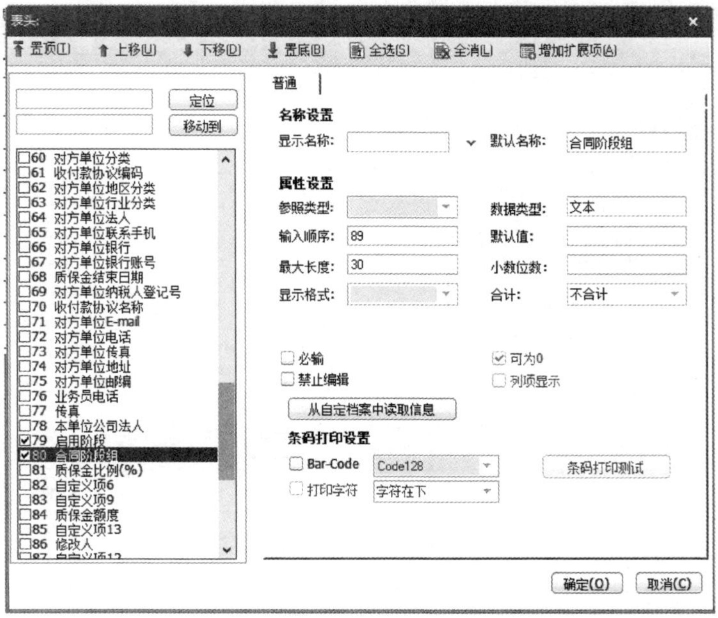

图 1-124 【表头】页面

（5）在【基础设置】选项卡中，执行【单据设置】—【单据格式设置】—【合同执行单】命令，在【表头】窗口勾选【合同阶段】复选框，单击【确定】按钮，如图 1-125 所示，单击【保存】命令。

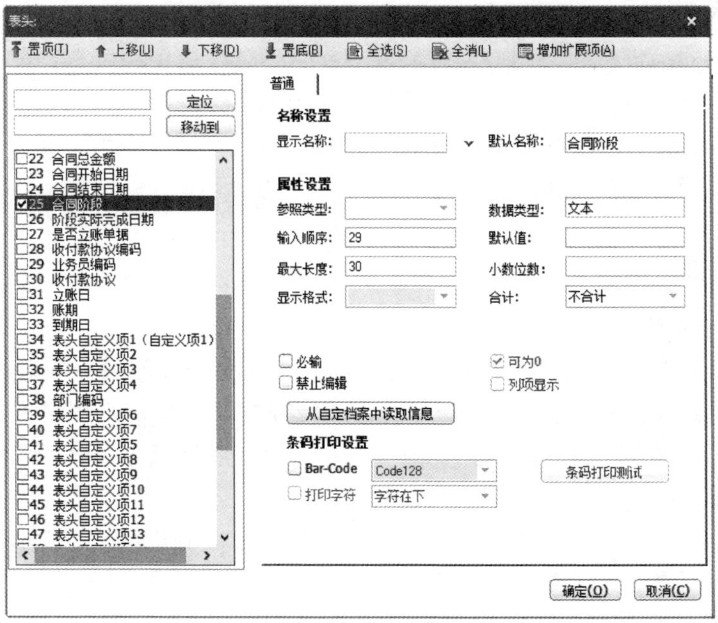

图 1-125 【表头】页面

**2. 设置单据编码**

（1）副总经理王涛进入【U8 企业应用平台】—【业务导航】—【基础设置】—【单据设置】—【单据编号设置】，打开【单据编号设置】窗口，选择【单据类型】—【采购管理】—【采购订单】，单击【修改】按钮，勾选【完全手工编号】复选框，如图 1-126 所示。

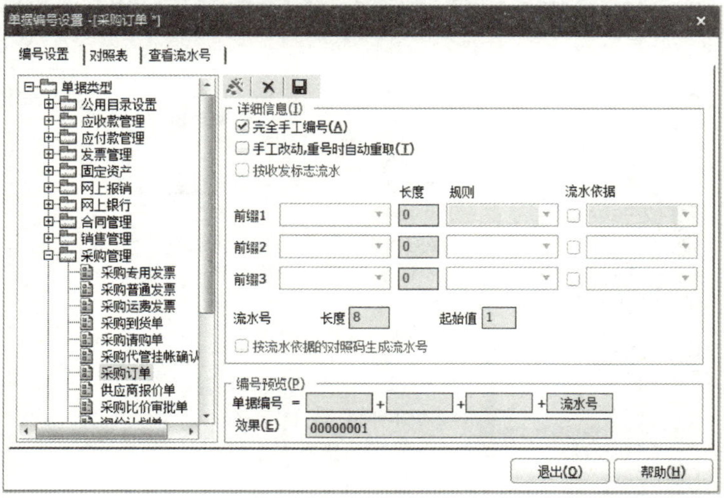


**图 1-126 【单据编号设置】窗口**

（2）依次单击【保存】【退出】按钮。

（3）参照以上步骤设置【采购专用发票】和【销售专用发票】为完全手工编号。

## 任务 4.4 预警与通知任务设置

### 任务要求

北京星月电器销售有限公司的财务制度规定：对应收信用额度、合同执行情况、采购订单临近执行设置预警，每周预警一次，预警信息通知该业务的所有相关人员。

要求：副总经理王涛在业财一体信息化平台上配置应收信用预警、合同执行预警、采购订单临近执行预警与通知任务。

操作视频

### 操作步骤

**1. 设置应收信用预警**

（1）副总经理王涛进入【U8 企业应用平台】—【业务导航】—【基础设置】—【预警与通知】—【预警定时任务】，执行【预警源】—【应收款管理】—【应收信用预警】命令，单击【增加】按钮，在【任务源】页签中，设置【预警名称】为“应收信用预警”，【账套】【执行人】为系统默认，如图 1-127 所示。

（2）在【计划】页签中，设置【执行频率】为“每周一次”，如图 1-128 所示。

（3）单击【确定】按钮，【应收信用预警】任务设置完毕。

**2. 设置合同执行预警**

（1）副总经理王涛进入【U8 企业应用平台】—【业务导航】—【基础设置】—【预警与通

知】—【预警和定时任务】,执行【预警源】—【合同管理】—【合同执行预警】命令,单击【增加】按钮,在【任务源】页签中,设置【预警名称】为“合同执行预警”,【账套】【执行人】为系统默认,如图1-129所示。

(2)在【计划】页签中,设置【执行频率】为“每周一次”,如图1-130所示。

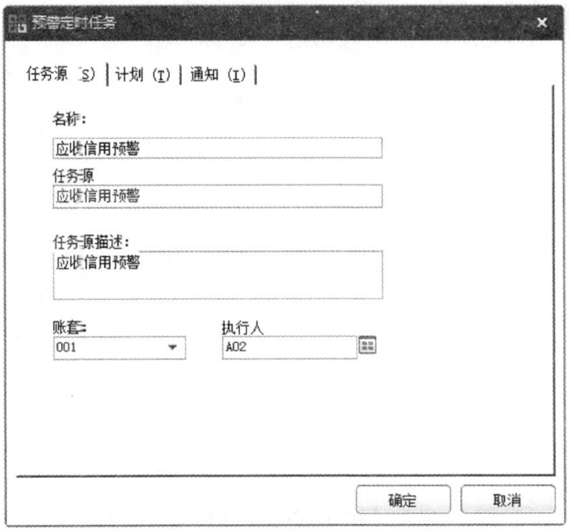


图1-127 【预警定时任务】—【应收信用预警】页面

图1-128 【预警定时任务】—【计划】页面

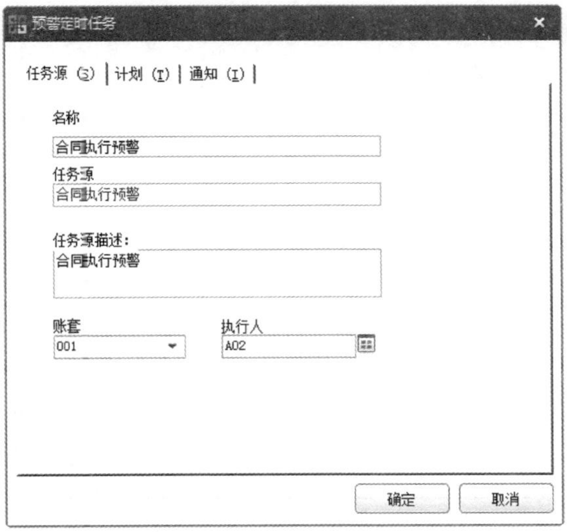


图1-129 【预警定时任务】—【合同执行预警】页面

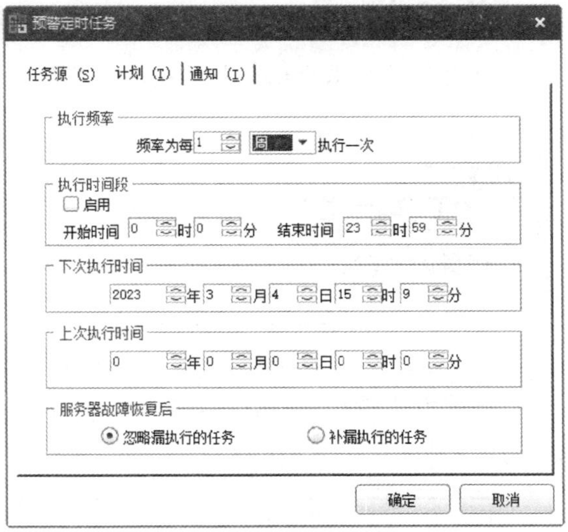


图1-130 【预警定时任务】—【计划】页面

(3)单击【确定】按钮,完成【合同执行预警】任务设置。

**3. 设置采购订单临近预警**

(1)副总经理王涛进入【U8企业应用平台】—【业务导航】—【基础设置】—【预警与通知】—【预警和定时任务】,执行【预警源】—【采购管理】—【采购订单临近预警】命令,单击【增加】按钮,在【任务源】页签中,设置【预警名称】为“采购订单临近预警”,【账套】【执行人】为系统默认，如图 1-131 所示。

（2）在【计划】页签中，设置【执行频率】为“每周一次”，如图 1-132 所示。

（3）单击【确定】按钮，完成【采购订单临近预警】任务设置。

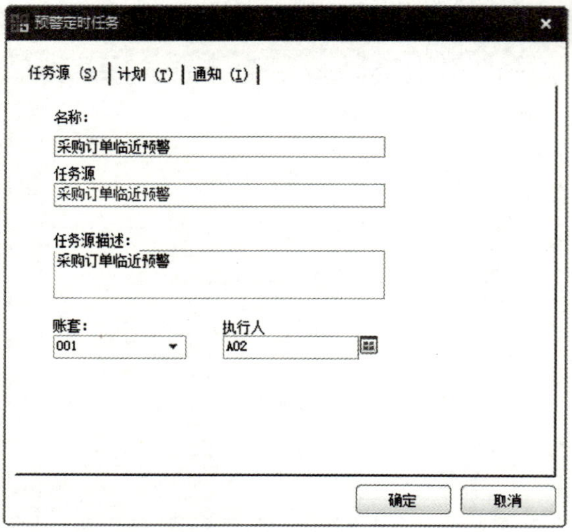


图 1-131 【预警定时任务】—【采购订单临近预警】页面

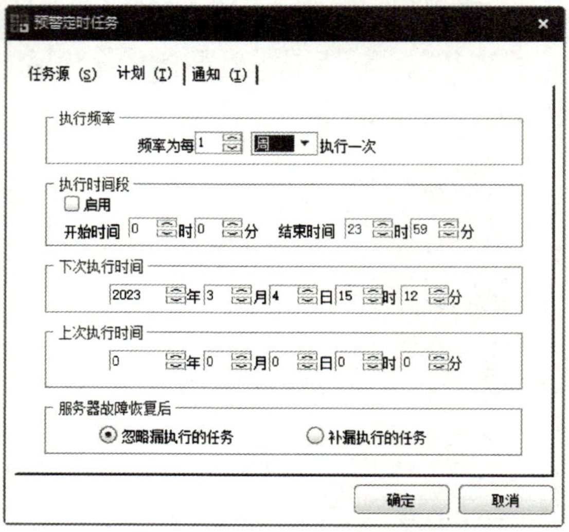


图 1-132 【预警定时任务】—【计划】页面

**特别提示**

◇ 预警设置处需要结合相关模块的参数设置和相关档案设置才能实现相关预警。

## 工作反思

获得的经验：________________________________________

________________________________________

注意的事项：________________________________________

________________________________________

________________________________________

# 工作领域2

# 期初数据维护

业财一体信息化平台期初数据维护是企业实施信息化的第二个步骤。期初数据是指企业实施信息化之前的账务系统的上月结余数据、仓库库存数据、现有资产信息、未收回的应收账款、未支付的应付账款、未走完流程的采购数据、销售数据、费用报销数据、未执行完毕的合同数据等。

该工作领域的具体工作内容为：

(1) 财务期初数据维护。主要是对总账期初余额、客户应收款、供应商应付款、现有固定资产台账、员工借款报销等数据的收集与整理，并将整理后的数据在业财一体信息化平台的总账模块、应收款管理模块、应付款管理模块、网上报销模块中进行期初数据录入或导入。

(2) 业务期初数据维护。业务的期初数据主要包括系统上线之前已签订未执行的合同信息、已入库未进行发票结算的商品采购信息、各仓库的现有库存信息等。将这些信息在业财一体信息化平台合同模块、采购管理模块、库存管理模块、存货管理模块中进行期初数据录入或导入。

(3) 业财期初数据稽核。数据稽核主要是检查数据的完整性和一致性。主要是对录入的期初数据信息进行检查与账实核对，确保录入的数据完整、准确，数据之间勾稽关系正确，总账余额数据与各业务模块的期初数据对账平衡。

思政驿站

# 工作任务5　财务期初数据维护

## 任务情境

北京星月电器销售有限公司2023年3月1日启用业财一体信息化平台，财务部门负责新账套的建立与完善。3月1日，已经完成账套的初始化，现进行期初数据维护。财务会计王芝芝已经完成截止到2023年2月28日的总账、应收、应付及员工借款报销等数据的收集与整理，需要将整理后的数据在业财一体信息化平台总账模块、应收款管理模块、应付款管理模块、网上报销模块中进行期初数据录入或导入，并确保数据准确。

## 任务向导

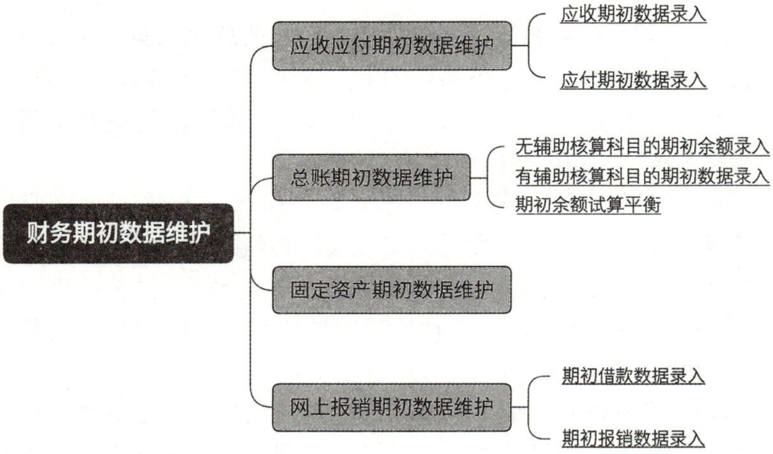


## 任务5.1　应收应付期初数据维护

### 任务要求

北京星月电器销售有限公司截止到2023年2月28日应收应付有关数据如下：

（1）尚未核销的应收账款数据，如表2-1所示。

**表2-1　尚未核销应收账款一览表**　　金额单位：元

| 单据日期 | 客户 | 摘要 | 币种 | 方向 | 本币金额 |
|---|---|---|---|---|---|
| 20220801 | 北京易初莲花连锁超市有限公司 | 销售专员赵宇鑫销售大容量加水加湿器1 000台，发票号01937725 | 人民币 | 借 | 265 444.00 |
| 20220705 | 沃尔玛（中国）投资有限公司 | 销售专员赵宇鑫销售暖风机400台，发票号01937712 | 人民币 | 借 | 159 570.00 |

（续表）

| 单据日期 | 客户 | 摘要 | 币种 | 方向 | 本币金额 |
|---|---|---|---|---|---|
| 20220630 | 北京家乐福商业有限公司 | 销售专员张超销售智能空气净化器 55 台，发票号 01937693 | 人民币 | 借 | 134 384.00 |
| 20220802 | 无锡当当网信息技术有限公司 | 销售专员赵宇鑫销售暖风机 270 台，发票号 01937732 | 人民币 | 借 | 110 362.00 |
| 20220820 | 北京京东叁佰陆拾度电子商务有限公司 | 销售专员张超销售无叶风扇 600 台，发票号 01937762 | 人民币 | 借 | 193 284.00 |
| 合计 | | | 人民币 | 借 | 863 044.00 |

（2）尚未核销的应付账款数据，如表 2-2 所示。

**表 2-2　尚未核销应付账款一览表**　　金额单位：元

| 单据日期 | 供应商 | 摘要 | 币种 | 方向 | 本币金额 |
|---|---|---|---|---|---|
| 20220704 | 北京易初莲花连锁超市有限公司 | 采购专员黄鑫采购打印纸 2 000 包，发票号 09735549 | 人民币 | 贷 | 66 450.00 |
| 20220702 | 北京环京物流有限公司 | 采购专员黄鑫采购运输服务，发票号 01453572 | 人民币 | 贷 | 232 000.00 |
| 20220803 | 北京大众传媒广告有限公司 | 采购专员黄鑫采购广告服务，发票号 09461324 | 人民币 | 贷 | 249 800.00 |
| 20220801 | 广东星月电器销售有限公司 | 采购专员黄鑫采购小熊迷你加湿器 1 130 台，采购大容量加水加湿器 1 000 台，发票号 01837721 | 人民币 | 贷 | 314 320.00 |
| 合计 | | | 人民币 | 贷 | 862 570.00 |

要求：副总经理王涛在业财一体信息化平台上维护应收应付期初明细数据。

## 操作步骤

操作视频

### 1. 应收期初数据录入

（1）副总经理王涛进入【U8 企业应用平台】—【业务导航】—【财务会计】—【应收款管理】—【期初余额】，打开【期初余额】—【查询】窗口，点击【确定】按钮，进入【应收期初余额】录入界面，单击【增加】按钮，弹出【单据类别】对话框，如图 2-1 所示。

（2）在【单据类别】选项框中，【单据名称】选择“应收单”，【单据类型】选择“其他应收单”，【方向】为“正向”，单击【确定】按钮，进入【期初单据录入】界面。

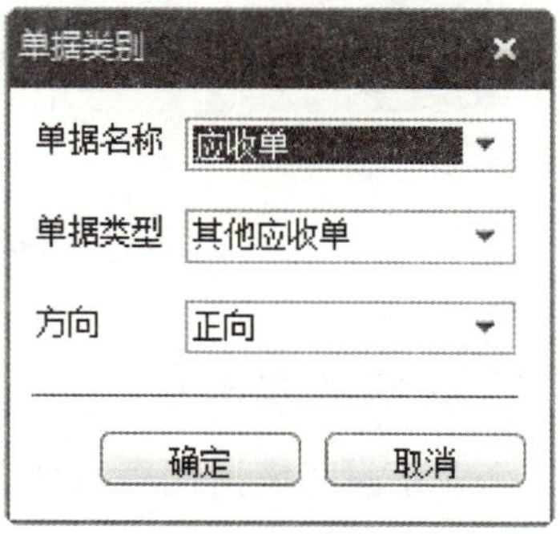


**图 2-1　【应收期初余额】页面**

(3) 在【应收单】录入界面,单击【增加】按钮,根据案例资料,逐条输入应收账款期初信息,如图 2-2 所示。

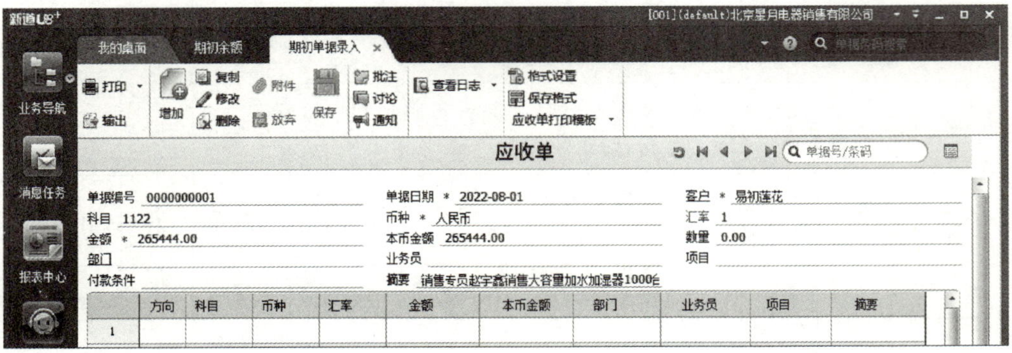

图 2-2 【应收单】录入页面

**2. 应付期初数据录入**

(1) 副总经理王涛进入【U8 企业应用平台】—【业务导航】—【财务会计】—【应付款管理】—【期初余额】,执行【期初余额】—【查询】命令,点击【确定】按钮,进入【应付期初余额】录入界面,单击【增加】按钮,弹出【单据类别】对话框。

(2) 在【单据类别】选项框中,【单据名称】选择"应付单",【单据类型】选择"其他应付单",【方向】为"正向",如图 2-3 所示,单击【确定】按钮,进入【期初单据录入】界面。

(3) 在【应付单】录入界面,单击【增加】按钮,根据案例资料,逐条输入应付账款期初信息,如图 2-4 所示。

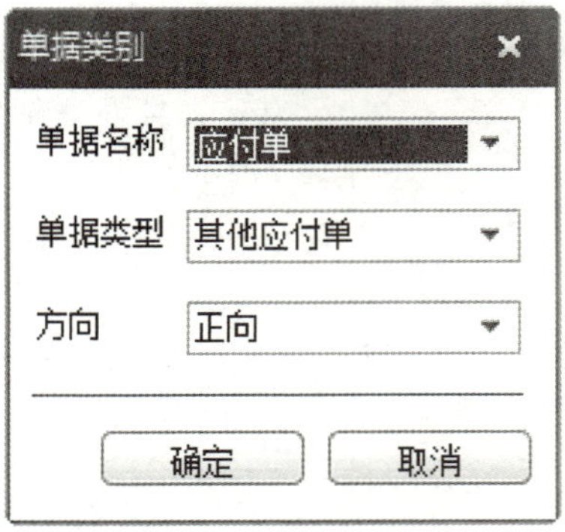

图 2-3 【应付期初余额】页面

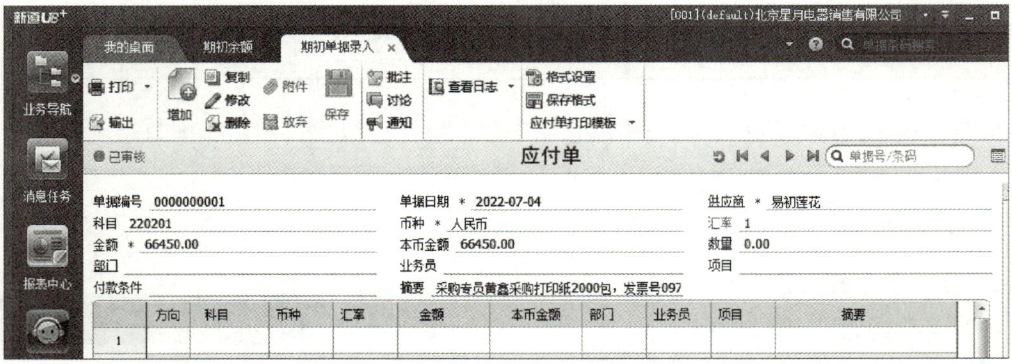

图 2-4 【应付单】录入页面

## 任务 5.2　总账期初数据维护

### 任务要求

北京星月电器销售有限公司 2023 年 3 月建账时总账的期初数据资料,如表 2-3 至表 2-7所示。

表 2-3　总账期初余额表　　　　金额单位：元

| 科目编码 | 科目名称 | 期初余额 | |
|---|---|---|---|
| | | 借方 | 贷方 |
| 1001 | 库存现金 | 100 000.00 | 0.00 |
| 1002 | 银行存款 | 6 540 600.00 | 0.00 |
| 100201 | 　工行存款 | 6 540 600.00 | 0.00 |
| 1122 | 应收账款 | 863 044.00 | 0.00 |
| 1221 | 其他应收款 | 10 000.00 | 0.00 |
| 122102 | 　个人 | 10 000.00 | 0.00 |
| 1405 | 库存商品 | 13 502 775.00 | 0.00 |
| 1601 | 固定资产 | 3 248 435.68 | 0.00 |
| 1602 | 累计折旧 | 0.00 | 575 975.59 |
| 1701 | 无形资产 | 1 420 000.00 | 0.00 |
| 1702 | 累计摊销 | 0.00 | 615 333.34 |
| 2202 | 应付账款 | 0.00 | 1 092 570.00 |
| 220231 | 　应付货款 | 0.00 | 862 570.00 |
| 220232 | 　应付暂估款 | 0.00 | 230 000.00 |
| 2203 | 预收账款 | 0.00 | 0.00 |
| 2211 | 应付职工薪酬 | 0.00 | 941 104.50 |
| 221101 | 　工资 | 0.00 | 774 941.30 |
| 221103 | 　社会保险费 | 0.00 | 121 655.20 |
| 221104 | 　住房公积金 | 0.00 | 44 508.00 |
| 2221 | 应交税费 | 0.00 | 360 121.63 |
| 222101 | 　应交增值税 | 0.00 | 0.00 |
| 22210101 | 　　进项税额 | 0.00 | 0.00 |
| 22210102 | 　　销项税额 | 0.00 | 0.00 |
| 222102 | 　未交增值税 | 0.00 | 313 308.84 |
| 222104 | 　应交城市维护建设税 | 0.00 | 21 931.62 |
| 222105 | 　应交教育费附加 | 0.00 | 9 399.27 |
| 222106 | 　应交地方教育费附加 | 0.00 | 6 266.17 |
| 222110 | 　应交个人所得税 | 0.00 | 9 215.73 |
| 2241 | 其他应付款 | 0.00 | 10 000.00 |
| 224103 | 　个人 | 0.00 | 10 000.00 |

（续表）

| 科目编码 | 科目名称 | 期初余额 | |
|---|---|---|---|
| | | 借方 | 贷方 |
| 2501 | 长期借款 | 0.00 | 2 000 000.00 |
| 4001 | 实收资本 | 0.00 | 10 000 000.00 |
| 4103 | 本年利润 | 0.00 | 3 786 000.16 |
| 4104 | 利润分配 | 0.00 | 6 303 749.46 |
| 410406 | 未分配利润 | 0.00 | 6 303 749.46 |

**表 2-4　其他应收款——个人期初明细表**　　金额单位：元

| 日期 | 部门 | 个人 | 摘要 | 金额 |
|---|---|---|---|---|
| 20230205 | 总经办 | 王涛 | 出差借款 | 10 000.00 |

**表 2-5　其他应付款——个人期初明细表**　　金额单位：元

| 日期 | 部门 | 个人 | 摘要 | 金额 |
|---|---|---|---|---|
| 20230210 | 营运管理部 | 陈柏林 | 报销会议费 | 10 000.00 |

**表 2-6　库存商品期初明细表**　　金额单位：元

| 存货分类 | 存货名称 | 单位 | 数量 | 单价 | 金额 |
|---|---|---|---|---|---|
| 加湿器 | 小熊迷你加湿器 | 台 | 15 000 | 78.51 | 1 177 650.00 |
| | 智能恒湿加湿器 | 台 | 10 000 | 122.06 | 1 220 600.00 |
| | 大容量上加水加湿器 | 台 | 10 000 | 189.43 | 1 894 300.00 |
| 电风扇 | 无叶风扇 | 台 | 3 000 | 222.83 | 668 490.00 |
| 电暖气 | 暖风机 | 台 | 5 000 | 297.101 | 1 485 505.00 |
| 空气净化器 | 智能空气净化器 | 台 | 2 000 | 1 856.905 | 3 713 810.00 |
| 代管商品 | 小峰空调 | 台 | 1 000 | 3 342.42 | 3 342 420.00 |
| 合计 | | | | | 13 502 775.00 |

**表 2-7　应付账款——暂估应付款明细表**　　金额单位：元

| 单据日期 | 供应商 | 摘要 | 币种 | 方向 | 本币金额 |
|---|---|---|---|---|---|
| 20230201 | 广东星月电器销售有限公司 | 应付暂估款 | 人民币 | 贷 | 230 000.00 |

要求：资金经理张扬在业财一体信息化平台总账模块中准确录入明细账、辅助账等总账期初数据。

操作视频

## 操作步骤

### 1. 无辅助核算科目的期初余额录入

资金经理张扬进入【U8 企业应用平台】—【业务导航】—【财务会计】—【总账】—【期初】—【期初余额】，按照案例资料的数据输入不带辅助核算的科目的期初余额，操作结果如图 2-5 所示。

| 科目编码 | 科目名称 | 方向 | 币别/计量 | 年初余额 | 累计借方 | 累计贷方 | 期初余额 |
|---|---|---|---|---|---|---|---|
| 1001 | 库存现金 | 借 | | 100,000.00 | | | 100,000.00 |
| 1002 | 银行存款 | 借 | | 6,540,600.00 | | | 6,540,600.00 |
| 100201 | 工行存款 | 借 | | 6,540,600.00 | | | 6,540,600.00 |
| 1003 | 存放中央银行款项 | 借 | | | | | |
| 1011 | 存放同业 | 借 | | | | | |
| 1012 | 其他货币资金 | 借 | | | | | |
| 101201 | 支付宝 | 借 | | | | | |
| 101202 | 存出投资款 | 借 | | | | | |
| 1021 | 结算备付金 | 借 | | | | | |
| 1031 | 存出保证金 | 借 | | | | | |
| 1101 | 交易性金融资产 | 借 | | | | | |
| 1111 | 买入返售金融资产 | 借 | | | | | |
| 1121 | 应收票据 | 借 | | | | | |
| 112101 | 银行承兑汇票 | 借 | | | | | |
| 112102 | 商业承兑汇票 | 借 | | | | | |
| 1122 | 应收账款 | 借 | | 863,044.00 | | | 863,044.00 |
| 1123 | 预付账款 | 借 | | | | | |
| 1131 | 应收股利 | 借 | | | | | |
| 1132 | 应收利息 | 借 | | | | | |
| 1201 | 应收代位追偿款 | 借 | | | | | |
| 1211 | 应收分保账款 | 借 | | | | | |
| 1212 | 应收分保合同准备金 | 借 | | | | | |
| 1221 | 其他应收款 | 借 | | 10,000.00 | | | 10,000.00 |
| 122101 | 单位 | 借 | | | | | |
| 122102 | 个人 | 借 | | 10,000.00 | | | 10,000.00 |
| 122103 | 其他 | 借 | | | | | |
| 1231 | 坏账准备 | 贷 | | | | | |
| 1301 | 贴现资产 | 借 | | | | | |
| 1302 | 拆出资金 | 借 | | | | | |
| 1303 | 贷款 | 借 | | | | | |
| 1304 | 贷款损失准备 | 贷 | | | | | |
| 1311 | 代理兑付证券 | 借 | | | | | |
| 1321 | 代理业务资产 | 借 | | | | | |
| 1401 | 材料采购 | 借 | | | | | |
| 1402 | 在途物资 | 借 | | | | | |
| 1403 | 原材料 | 借 | | | | | |

图 2-5 【期初余额】录入页面

### 2. 有辅助核算科目的期初余额录入

(1) 直接引入。如录入“应收账款”期初余额，需双击【应收账款】科目所在行的期初余额栏，单击【往来明细】，在【期初往来明细】界面单击【引入收付期初】按钮，将案例企业中的数据引入，弹出提示框“确定要引入期初吗?”，点击【是】按钮，弹出提示框“是否加载数据?”，点击【是】按钮，操作结果如图 2-6 所示。引入完毕后，单击【汇总到辅助明细】按钮。根据此方法，录入【应付账款—应付货款】的期初余额。

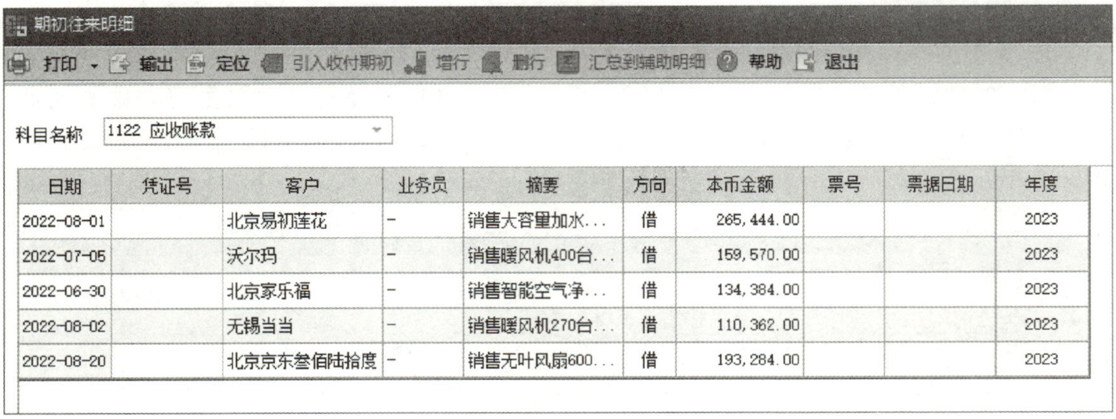


| 日期 | 凭证号 | 客户 | 业务员 | 摘要 | 方向 | 本币金额 | 票号 | 票据日期 | 年度 |
|---|---|---|---|---|---|---|---|---|---|
| 2022-08-01 | | 北京易初莲花 | – | 销售大容量加水... | 借 | 265,444.00 | | | 2023 |
| 2022-07-05 | | 沃尔玛 | – | 销售暖风机400台... | 借 | 159,570.00 | | | 2023 |
| 2022-06-30 | | 北京家乐福 | – | 销售智能空气净... | 借 | 134,384.00 | | | 2023 |
| 2022-08-02 | | 无锡当当 | – | 销售暖风机270台... | 借 | 110,362.00 | | | 2023 |
| 2022-08-20 | | 北京京东叁佰陆拾度 | – | 销售无叶风扇600... | 借 | 193,284.00 | | | 2023 |

图 2-6 【期初往来明细】页面

（2）直接录入。如录入“其他应收账款—个人”期初余额，需双击【其他应收账款—个人】科目所在行的期初余额栏，单击【往来明细】，点击【增行】按钮，根据案例资料的明细表录入相关信息，点击【汇总到辅助明细】按钮。根据此方法，录入【其他应付款—个人】【应付账款—暂估应付款】【库存商品】的期初余额。

**3. 期初余额试算平衡**

录入所有余额后，单击【试算】按钮，可查看【期初余额试算平衡表】页面；也可单击【对账】按钮，检查总账、明细账、辅助账的期初余额是否一致，操作结果如图 2-7 所示。

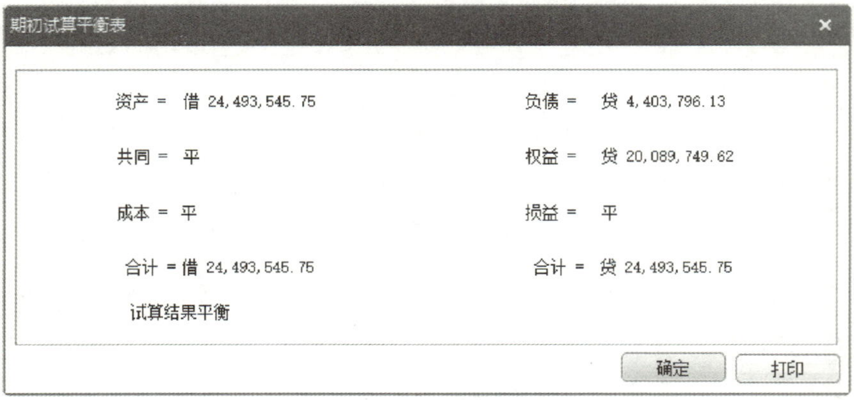


图 2-7 【期初试算平衡表】页面

## 任务 5.3 固定资产期初数据维护

### 任务要求

北京星月电器销售有限公司截至 2023 年 3 月初购入的固定资产信息，如表 2-8 所示。

要求：资产会计胡林在业财一体信息化平台上完成固定资产期初数据维护工作。

表 2-8 固定资产期初台账

金额单位：元

| 卡片编号 | 固定资产名称 | 类别名称 | 使用部门 | 增加方式 | 使用状况 | 开始使用日期 | 使用年限（月） | 原值 | 累计折旧 | 累计工作量 | 净残值率 | 折旧方法 | 工作总量 | 净残值 |
|---|---|---|---|---|---|---|---|---|---|---|---|---|---|---|
| 00001 | 打印机 | 计算机及电子设备 | 总经办 | 直接购入 | 在用 | 2022.11.02 | 36 | 2 050.00 | 170.83 | 0 | — | 平均年限法(二) | 0 | 0.00 |
| 00002 | 复印一体机 | 计算机及电子设备 | 总经办 | 直接购入 | 在用 | 2022.11.02 | 36 | 2 850.00 | 237.50 | 0 | — | 平均年限法(二) | 0 | 0.00 |
| 00003 | 惠普打印机 | 计算机及电子设备 | 总经办 | 直接购入 | 在用 | 2022.12.02 | 36 | 6 000.00 | 333.33 | 0 | — | 平均年限法(二) | 0 | 0.00 |
| 00004 | 惠普激光打印机 | 计算机及电子设备 | 财务部 | 直接购入 | 在用 | 2023.01.01 | 36 | 1 241.00 | 34.47 | 0 | — | 平均年限法(二) | 0 | 0.00 |
| 00005 | 苹果笔记本 | 计算机及电子设备 | 采购部 | 直接购入 | 在用 | 2021.11.07 | 36 | 6 641.03 | 2 767.10 | 0 | — | 平均年限法(二) | 0 | 0.00 |
| 00006 | 平板电脑 | 计算机及电子设备 | 财务部 | 直接购入 | 在用 | 2021.11.07 | 36 | 5 576.00 | 2 323.33 | 0 | — | 平均年限法(二) | 0 | 0.00 |
| 00007 | 三星 Galaxy | 计算机及电子设备 | 财务部 | 直接购入 | 在用 | 2021.11.07 | 36 | 2 135.04 | 889.60 | 0 | — | 平均年限法(二) | 0 | 0.00 |
| 00008 | 苹果第 4 代 iPadmd | 计算机及电子设备 | 财务部 | 直接购入 | 在用 | 2021.11.07 | 36 | 2 117.95 | 882.48 | 0 | — | 平均年限法(二) | 0 | 0.00 |
| 00009 | 戴尔台式机 | 计算机及电子设备 | 财务部 | 直接购入 | 在用 | 2021.12.07 | 36 | 3 247.02 | 1 262.73 | 0 | — | 平均年限法(二) | 0 | 0.00 |
| 00010 | 65 寸液晶电脑一体机 | 计算机及电子设备 | 营运管理部 | 直接购入 | 在用 | 2022.05.06 | 36 | 19 743.59 | 4 935.90 | 0 | — | 平均年限法(二) | 0 | 0.00 |
| 00011 | 65 寸触摸屏电脑一体机 | 计算机及电子设备 | 营运管理部 | 直接购入 | 在用 | 2022.05.06 | 36 | 21 905.98 | 5 476.50 | 0 | — | 平均年限法(二) | 0 | 0.00 |
| 00012 | 平板电脑 | 计算机及电子设备 | 营运管理部 | 直接购入 | 在用 | 2022.05.06 | 36 | 2 632.48 | 658.12 | 0 | — | 平均年限法(二) | 0 | 0.00 |
| 00013 | 联想服务器 | 计算机及电子设备 | 财务部 | 直接购入 | 在用 | 2022.05.06 | 36 | 32 478.63 | 8 119.66 | 0 | — | 平均年限法(二) | 0 | 0.00 |
| 00014 | 联想服务器 | 计算机及电子设备 | 财务部 | 直接购入 | 在用 | 2022.05.06 | 36 | 32 478.63 | 8 119.66 | 0 | — | 平均年限法(二) | 0 | 0.00 |
| 00015 | 联想电脑 | 计算机及电子设备 | 采购部 | 直接购入 | 在用 | 2022.06.05 | 36 | 5 305.98 | 1 179.11 | 0 | — | 平均年限法(二) | 0 | 0.00 |

（续表）

| 卡片编号 | 固定资产名称 | 类别名称 | 使用部门 | 增加方式 | 使用状况 | 开始使用日期 | 使用年限（月） | 原值 | 累计折旧 | 累计工作量 | 净残值率 | 折旧方法 | 工作总量 | 净残值 |
|---|---|---|---|---|---|---|---|---|---|---|---|---|---|---|
| 00016 | 联想电脑 | 计算机及电子设备 | 仓储物流部 | 直接购入 | 在用 | 2022.06.05 | 36 | 5 305.98 | 1 179.11 | 0 | — | 平均年限法(二) | 0 | 0.00 |
| 00017 | 联想电脑 | 计算机及电子设备 | 营运管理部 | 直接购入 | 在用 | 2022.06.05 | 36 | 5 305.98 | 1 179.11 | 0 | — | 平均年限法(二) | 0 | 0.00 |
| 00018 | 联想电脑 | 计算机及电子设备 | 营运管理部 | 直接购入 | 在用 | 2022.06.05 | 36 | 5 305.99 | 1 179.11 | 0 | — | 平均年限法(二) | 0 | 0.00 |
| 00019 | 联想电脑 | 计算机及电子设备 | 营运管理部 | 直接购入 | 在用 | 2022.09.03 | 36 | 3 666.67 | 509.26 | 0 | — | 平均年限法(二) | 0 | 0.00 |
| 00020 | 苹果电脑 | 计算机及电子设备 | 销售部 | 直接购入 | 在用 | 2022.10.03 | 36 | 8 622.22 | 958.02 | 0 | — | 平均年限法(二) | 0 | 0.00 |
| 00021 | 苹果电脑 | 计算机及电子设备 | 销售部 | 直接购入 | 在用 | 2022.10.03 | 36 | 8 622.22 | 958.02 | 0 | — | 平均年限法(二) | 0 | 0.00 |
| 00022 | 联想服务器 | 计算机及电子设备 | 销售部 | 直接购入 | 在用 | 2022.10.03 | 36 | 32 478.56 | 3 608.73 | 0 | — | 平均年限法(二) | 0 | 0.00 |
| 00023 | 电脑 | 计算机及电子设备 | 销售部 | 直接购入 | 在用 | 2022.11.02 | 36 | 6 100.00 | 508.33 | 0 | — | 平均年限法(二) | 0 | 0.00 |
| 00024 | 台式电脑 | 计算机及电子设备 | 销售部 | 直接购入 | 在用 | 2022.11.02 | 36 | 3 300.00 | 275.00 | 0 | — | 平均年限法(二) | 0 | 0.00 |
| 00025 | 戴尔服务器 | 计算机及电子设备 | 销售部 | 直接购入 | 在用 | 2022.11.02 | 36 | 8 304.54 | 692.05 | 0 | — | 平均年限法(二) | 0 | 0.00 |
| 00026 | Apple iMac一体电脑 | 计算机及电子设备 | 营运管理部 | 直接购入 | 在用 | 2022.12.02 | 36 | 12 307.69 | 683.76 | 0 | — | 平均年限法(二) | 0 | 0.00 |
| 00027 | Apple iMac一体电脑 | 计算机及电子设备 | 营运管理部 | 直接购入 | 在用 | 2022.12.02 | 36 | 12 307.69 | 683.76 | 0 | — | 平均年限法(二) | 0 | 0.00 |
| 00028 | Apple iMac一体电脑 | 计算机及电子设备 | 营运管理部 | 直接购入 | 在用 | 2022.12.02 | 36 | 12 307.69 | 683.76 | 0 | — | 平均年限法(二) | 0 | 0.00 |
| 00029 | Apple iMac一体电脑 | 计算机及电子设备 | 销售部 | 直接购入 | 在用 | 2022.12.02 | 36 | 12 307.69 | 683.76 | 0 | — | 平均年限法(二) | 0 | 0.00 |
| 00030 | Apple iMac一体电脑 | 计算机及电子设备 | 销售部 | 直接购入 | 在用 | 2022.12.02 | 36 | 12 307.69 | 683.76 | 0 | — | 平均年限法(二) | 0 | 0.00 |

（续表）

| 卡片编号 | 固定资产名称 | 类别名称 | 使用部门 | 增加方式 | 使用状况 | 开始使用日期 | 使用年限（月） | 原值 | 累计折旧 | 累计工作量 | 净残值率 | 折旧方法 | 工作总量 | 净残值 |
|---|---|---|---|---|---|---|---|---|---|---|---|---|---|---|
| 00031 | 联想服务器 | 计算机及电子设备 | 销售部 | 直接购入 | 在用 | 2022.05.06 | 36 | 27 481.00 | 6 870.25 | 0 | — | 平均年限法(二) | 0 | 0.00 |
| 00032 | IBM 服务器 | 计算机及电子设备 | 客户服务部 | 直接购入 | 在用 | 2022.05.06 | 36 | 450 000.00 | 112 500.00 | 0 | — | 平均年限法(二) | 0 | 0.00 |
| 00033 | IBM 服务器 | 计算机及电子设备 | 销售部 | 直接购入 | 在用 | 2022.05.06 | 36 | 450 000.00 | 112 500.00 | 0 | — | 平均年限法(二) | 0 | 0.00 |
| 00034 | ThinkPad 个人电脑 | 计算机及电子设备 | 总经办 | 直接购入 | 在用 | 2022.05.06 | 36 | 6 837.61 | 1 709.40 | 0 | — | 平均年限法(二) | 0 | 0.00 |
| 00035 | ThinkPad 个人电脑 | 计算机及电子设备 | 总经办 | 直接购入 | 在用 | 2022.05.06 | 36 | 6 837.61 | 1 709.40 | 0 | — | 平均年限法(二) | 0 | 0.00 |
| 00036 | ThinkPad 个人电脑 | 计算机及电子设备 | 采购部 | 直接购入 | 在用 | 2022.05.06 | 36 | 6 837.61 | 1 709.40 | 0 | — | 平均年限法(二) | 0 | 0.00 |
| 00037 | ThinkPad 个人电脑 | 计算机及电子设备 | 销售部 | 直接购入 | 在用 | 2022.05.06 | 36 | 6 837.61 | 1 709.40 | 0 | — | 平均年限法(二) | 0 | 0.00 |
| 00038 | ThinkPad 个人电脑 | 计算机及电子设备 | 销售部 | 直接购入 | 在用 | 2022.05.06 | 36 | 6 837.61 | 1 709.40 | 0 | — | 平均年限法(二) | 0 | 0.00 |
| 00039 | ThinkPad 个人电脑 | 计算机及电子设备 | 客户服务部 | 直接购入 | 在用 | 2022.05.06 | 36 | 6 837.61 | 1 709.40 | 0 | — | 平均年限法(二) | 0 | 0.00 |
| 00040 | 投影仪 | 计算机及电子设备 | 营运管理部 | 直接购入 | 在用 | 2022.05.06 | 36 | 2 362.00 | 590.50 | 0 | — | 平均年限法(二) | 0 | 0.00 |
| 00041 | 传真机 | 计算机及电子设备 | 客户服务部 | 直接购入 | 在用 | 2022.06.05 | 36 | 899.00 | 199.78 | 0 | — | 平均年限法(二) | 0 | 0.00 |
| 00042 | 三人沙发 | 家具用具 | 总经办 | 直接购入 | 在用 | 2022.06.05 | 60 | 2 000.00 | 258.67 | 0 | 0.03 | 平均年限法(二) | 0 | 60.00 |
| 00043 | 班台 | 家具用具 | 总经办 | 直接购入 | 在用 | 2022.09.03 | 60 | 2 000.00 | 161.67 | 0 | 0.03 | 平均年限法(二) | 0 | 60.00 |
| 00044 | 组合桌二人位 | 家具用具 | 财务部 | 直接购入 | 在用 | 2022.09.03 | 60 | 1 900.00 | 153.58 | 0 | 0.03 | 平均年限法(二) | 0 | 57.00 |
| 00045 | 蝴蝶钢架 6 人位 | 家具用具 | 客户服务部 | 直接购入 | 在用 | 2022.11.02 | 60 | 2 307.69 | 111.92 | 0 | 0.03 | 平均年限法(二) | 0 | 69.23 |

（续表）

| 卡片编号 | 固定资产名称 | 类别名称 | 使用部门 | 增加方式 | 使用状况 | 开始使用日期 | 使用年限（月） | 原值 | 累计折旧 | 累计工作量 | 净残值率 | 折旧方法 | 工作总量 | 净残值 |
|---|---|---|---|---|---|---|---|---|---|---|---|---|---|---|
| 00046 | 办公桌椅 | 家具用具 | 财务部 | 直接购入 | 在用 | 2022.12.02 | 60 | 4 600.00 | 148.73 | 0 | 0.03 | 平均年限法（二） | 0 | 138.00 |
| 00047 | 办公桌椅 | 家具用具 | 财务部 | 直接购入 | 在用 | 2022.12.02 | 60 | 4 600.00 | 148.73 | 0 | 0.03 | 平均年限法（二） | 0 | 138.00 |
| 00048 | 米诺祺会议桌 | 家具用具 | 总经办 | 直接购入 | 在用 | 2022.12.02 | 60 | 1 680.00 | 54.32 | 0 | 0.03 | 平均年限法（二） | 0 | 50.40 |
| 00049 | 办公桌 | 家具用具 | 营运管理部 | 直接购入 | 在用 | 2022.12.02 | 60 | 2 800.00 | 90.53 | 0 | 0.03 | 平均年限法（二） | 0 | 84.00 |
| 00050 | 班台 | 家具用具 | 营运管理部 | 直接购入 | 在用 | 2023.02.26 | 60 | 5 614.59 | 0.00 | 0 | 0.03 | 平均年限法（二） | 0 | 168.44 |
| 00051 | 格力空调 | 其他办公设备 | 总经办 | 直接购入 | 在用 | 2020.01.16 | 60 | 13 699.00 | 8 447.72 | 0 | — | 平均年限法（二） | 0 | 0.00 |
| 00052 | 中央空调 | 其他办公设备 | 营运管理部 | 直接购入 | 在用 | 2022.05.06 | 60 | 170 512.82 | 25 576.92 | 0 | — | 平均年限法（二） | 0 | 0.00 |
| 00053 | 别克 GL8 商务车 | 运输设备 | 总经办 | 直接购入 | 在用 | 2021.09.08 | 120 | 419 999.98 | 13 300.02 | 20 000 | 0.05 | 工作量法 | 600 000.00 | 21 000.00 |
| 00054 | 运输卡车 | 运输设备 | 仓储物流部 | 直接购入 | 在用 | 2022.10.03 | 120 | 250 000.00 | 39 583.33 | 100 000 | 0.05 | 工作量法 | 600 000.00 | 12 500.00 |
| 00055 | 运输卡车 | 运输设备 | 仓储物流部 | 直接购入 | 在用 | 2022.10.03 | 120 | 250 000.00 | 39 583.33 | 100 000 | 0.05 | 工作量法 | 600 000.00 | 12 500.00 |
| 00056 | 运输卡车 | 运输设备 | 仓储物流部 | 直接购入 | 在用 | 2022.10.03 | 120 | 250 000.00 | 39 583.33 | 100 000 | 0.05 | 工作量法 | 600 000.00 | 12 500.00 |
| 00057 | 厢式货车 | 运输设备 | 仓储物流部 | 直接购入 | 在用 | 2022.10.03 | 120 | 300 000.00 | 57 000.00 | 120 000 | 0.05 | 工作量法 | 600 000.00 | 15 000.00 |
| 00058 | 厢式货车 | 运输设备 | 仓储物流部 | 直接购入 | 在用 | 2022.10.03 | 120 | 300 000.00 | 57 000.00 | 120 000 | 0.05 | 工作量法 | 600 000.00 | 15 000.00 |
| 合计：（共计卡片 58 张） | | | | | | | | 3 248 435.68 | 575 975.59 | 560 000 | — | — | 3 600 000.00 | 89 325.07 |

注：该表也可以参见“期初数据表——固定资产明细页签”。

操作视频

## 操作步骤

（1）资产会计胡林进入【U8 企业应用平台】—【业务导航】—【财务会计】—【固定资产】—【卡片】—【录入原始卡片】，打开【固定资产类别档案】窗口，如图 2-8 所示。

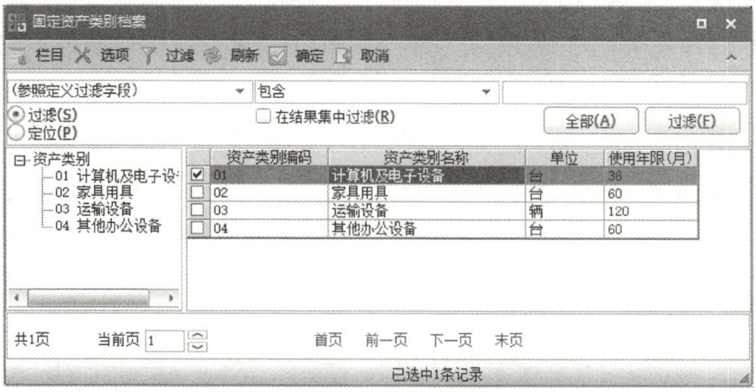


图 2-8　【固定资产类别档案】窗口

（2）选择第一项资产所属的资产类别，单击【确定】按钮，进入【固定资产卡片】窗口，如图 2-9 所示。

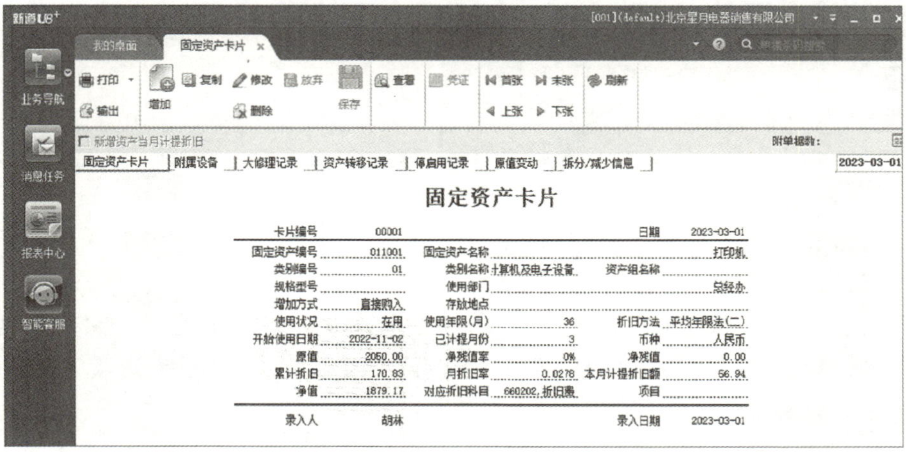


图 2-9　【固定资产卡片】窗口

（3）按照案例资料信息，逐一录入固定资产卡片信息。输入完成后，单击【保存】按钮。

# 任务 5.4　网上报销期初数据维护

## 任务要求

北京星月电器销售有限公司截至 2023 年 3 月建账时与网上报销相关的期初数据，如表 2-9、表 2-10 所示。

表 2-9　期初员工借款数据　　金额单位：元

| 日期 | 部门 | 个人 | 摘要 | 金额 |
|---|---|---|---|---|
| 20230205 | 总经办 | 王涛 | 出差借款 | 10 000.00 |

表 2-10　期初员工已报销但公司未付报销款数据　　金额单位：元

| 日期 | 部门 | 个人 | 摘要 | 金额 |
|---|---|---|---|---|
| 20230210 | 营运管理部 | 陈柏林 | 报销会议费 | 10 000.00 |

要求：副总经理王涛在业财一体信息化平台网上报销模块中准确录入期初数据。

## 操作步骤

### 1. 期初借款数据录入

（1）副总经理王涛进入【U8 企业应用平台】—【业务导航】—【财务会计】—【网上报销】—【期初余额】—【借款期初】，进入【借款期初】页面，单击【增加】按钮，按照案例资料录入借款单，如图 2-10 所示。

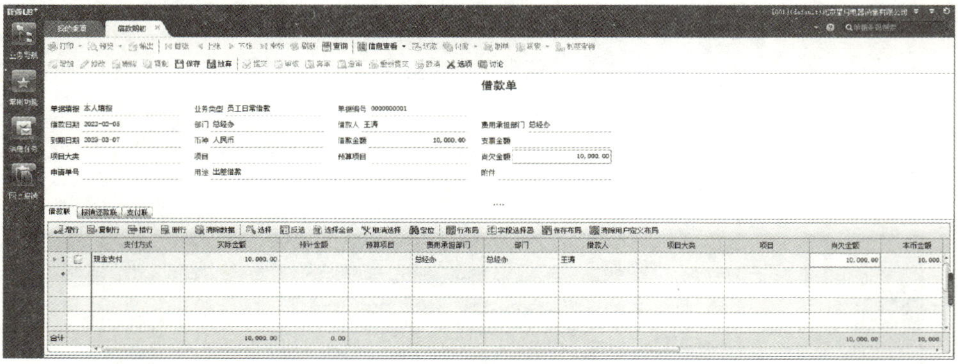

图 2-10　【借款期初】页面

（2）信息录入完毕后，单击【保存】按钮。

### 2. 期初报销数据录入

（1）副总经理王涛进入【U8 企业应用平台】—【业务导航】—【财务会计】—【网上报销】—【期初余额】—【报销期初】，进入【报销期初】页面，单击【增加】按钮，【单据填报】选择“代理他人”，其他信息按照案例资料录入报销单，如图 2-11 所示。

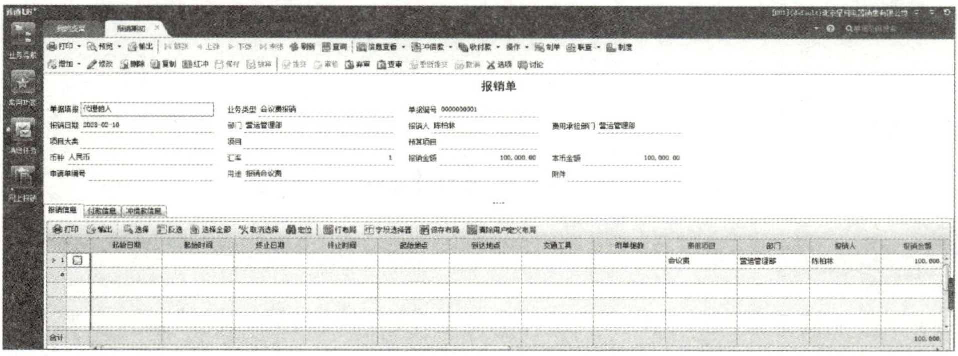

图 2-11　【报销期初】页面

(2) 信息录入完毕后，单击【保存】按钮。

### 工作反思

获得的经验：______________________________________________

______________________________________________

______________________________________________

注意的事项：______________________________________________

______________________________________________

______________________________________________

思政驿站

# 工作任务 6　业务期初数据维护

### 任务情境

北京星月电器销售有限公司的业务人员收集整理截至 2023 年 2 月 28 日已签订未执行的合同信息、已入库未进行发票结算的商品采购信息、各仓库的现有库存信息，设置为业财一体信息化平台合同模块、采购管理模块、库存管理模块、存货管理模块的期初数据，并在系统中维护上述数据。

### 任务向导

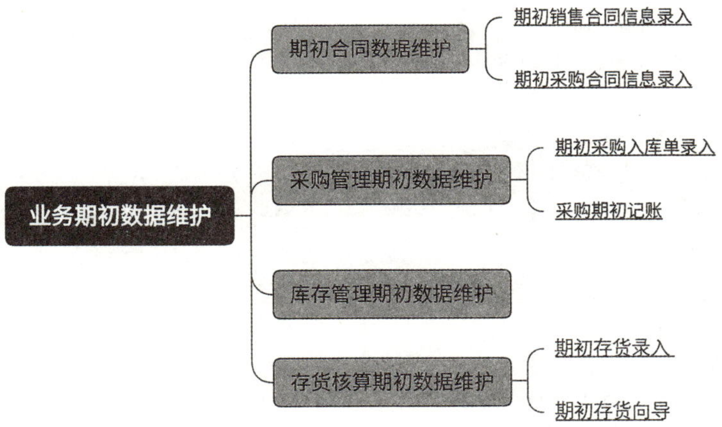


## 任务 6.1　期初合同数据维护

### 任务要求

北京星月电器销售有限公司截至 2023 年 2 月 28 日未执行合同信息如下：

(1) 已签订未执行的销售合同一份，合同内容如图 2-12 所示。

## 购销合同

合同编号：XS00001

卖方：北京星月电器销售有限公司　　　　买方：沃尔玛(中国)投资有限公司

为保护买卖双方的合法权益，买卖双方根据《中华人民共和国民法典》的有关规定，经友好协商，一致同意签订本合同并共同遵守：

1、货物名称、型号、数量、价格、合同总额　　　　金额单位：元

| 序号 | 货物名称 | 规格型号 | 单位 | 数量 | 单价（不含税） | 金额（不含税） | 税率 | 税额 |
|---|---|---|---|---|---|---|---|---|
| 1 | 小熊迷你加湿器 | | 台 | 1000 | 106.19 | 106 194.69 | 13% | 13 805.31 |
| 2 | 智能恒湿加湿器 | | 台 | 500 | 159.29 | 79 646.02 | | 10 353.98 |
| 3 | 大容量上加水加湿器 | | 台 | 300 | 212.39 | 63 716.81 | | 8 283.19 |
| 合计 | | | | | | ¥249 557.52 | | ¥32 442.48 |

2、合同总金额：人民币贰拾捌万贰仟元整（¥282,000.00）。

3、付款时间：2023年4月30日之前

4、发货时间：卖方于2023年3月15日（发货50%）、25日（发货50%）两次发出全部商品。

5、2023年4月30日前买方可以因商品质量问题退货。

6、发运方式：买方自提。

7、任何一方均不得修改本合同，如有修改须另行达成书面协议，否则本合同自动失效。

8、其他:本合同一式贰份，供需双方各执壹份。本合同自双方签字盖章后生效，至本合同全部条款执行完毕后失效。

供方（盖章）：　北京星月电器销售有限公司
电　　话：010-88625716
授权代表：倪恩岩
签订时间：2023年2月4日

需方（盖章）:沃尔玛(中国)投资有限公司
电　　话：010-85235411
授权代表：孙佳颖
签订时间：　2023年2月4日

图 2-12　购销合同

（2）已签订未执行的采购合同一份，合同内容如图 2-13 所示。

## 购销合同

合同编号：CG00001

卖方：广东星月电器销售有限公司　　　　买方：北京星月电器销售有限公司

为保护买卖双方的合法权益，买卖双方根据《中华人民共和国民法典》的有关规定，经友好协商，一致同意签订本合同并共同遵守：

1、货物名称、型号、数量、价格、合同总额　　　　金额单位：元

| 序号 | 货物名称 | 规格型号 | 单位 | 数量 | 单价（不含税） | 金额（不含税） | 税率 | 税额 |
|---|---|---|---|---|---|---|---|---|
| 1 | 无叶风扇 | | 台 | 1000 | 194.69 | 194 690.27 | 13% | 25 309.73 |
| 2 | 落地扇 | | 台 | 1000 | 159.29 | 159 292.04 | | 20 707.96 |
| 3 | 空气循环扇 | | 台 | 1000 | 230.09 | 230 088.50 | | 29 911.50 |
| 合计 | | | | | | ¥584 070.80 | | ¥75 929.20 |

2、合同总金额：人民币陆拾陆万元整（¥660 000.00）。

3、付款时间：2023年6月30日之前

4、发货时间：卖方于2023年3月15日（发货50%）、25日（发货50%）两次发出全部商品。

5、2023年4月30日前买方可以因商品质量问题退货。

6、发运方式：卖方送货至买方指定仓库。

7、任何一方均不得修改本合同，如有修改须另行达成书面协议，否则本合同自动失效。

8、其他:本合同一式贰份，供需双方各执壹份。本合同自双方签字盖章后生效，至本合同全部条款执行完毕后失效。

供方（盖章）：　广东星月电器销售有限公司
电　　话：020-34113366
授权代表：王嘉怡
签订时间：2023年2月16日

需方（盖章）:北京星月电器销售有限公司
电　　话：010-88625716
授权代表：张云
签订时间：　2023年2月16日

图 2-13　采购合同

要求：市场经理陈柏林在业财一体信息化平台上维护合同相关信息。

操作视频

## 操作步骤

### 1. 期初销售合同信息录入

(1) 市场经理陈柏林进入【U8 企业应用平台】—【业务导航】—【供应链】—【合同管理】—【合同期初】，选择“期初合同”，进入【期初合同】列表，单击【增加】按钮，在打开的【合同设置】对话框的【合同设置】处选择“销售合同”，如图 2-14 所示。

(2) 单击【确定】按钮，进入【合同工作台】—【期初合同】录入页面，按照案例资料中的销售合同信息录入，单击【保存】按钮，操作结果如图 2-15 所示。

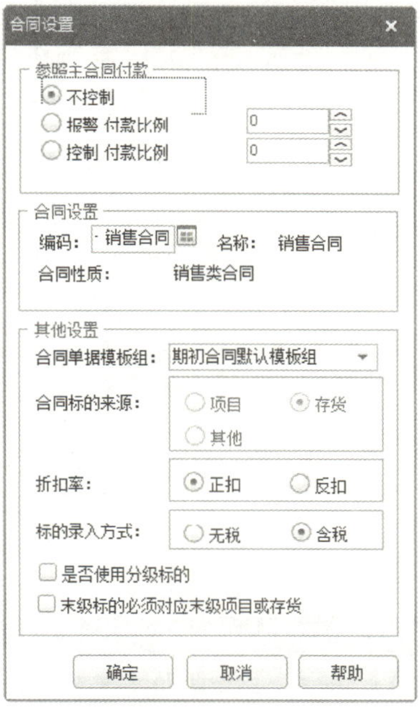


图 2-14 【合同设置】对话框

**特别提示**

◇ 由于标的录入方式系统默认为“含税”，在填写合同内容时须按含税单价录入，案例销售合同中商品含税单价小熊迷你加湿器为 120 元，智能恒湿加湿器为 180 元，大容量上加水加湿器为 240 元；采购合同中商品含税单价无叶风扇为 220 元，落地扇为 180 元，空气循环扇为 260 元。

◇ 如果将标的录入方式改为“无税”，则可按不含税单价直接录入。

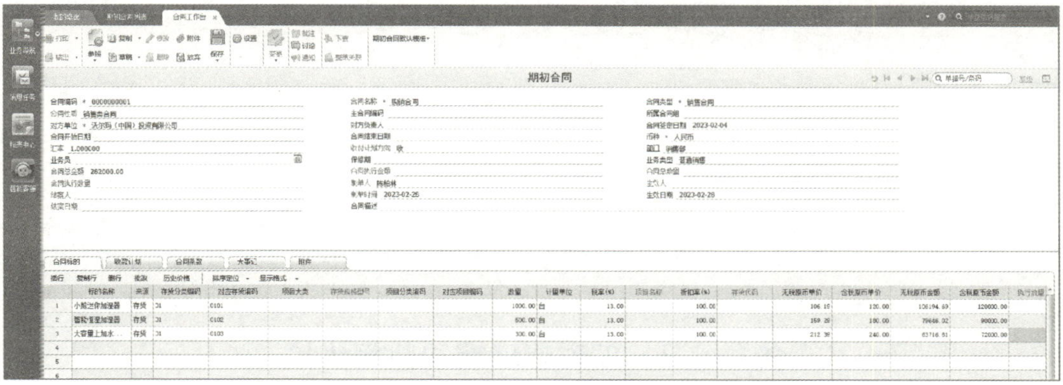


图 2-15 【期初合同】录入页面

### 2. 期初采购合同信息录入

(1) 市场经理陈柏林进入【U8 企业应用平台】—【业务导航】—【供应链】—【合同管理】—【合同期初】，选择“期初合同”，进入【期初合同】列表，单击【增加】按钮，在打开的【合同设置】对话框的【合同设置】处选择“采购合同”，如图 2-16 所示。

(2) 单击【确定】按钮，进入【合同工作台】—【期初合同】信息录入页面，按照案例资料中的采购合同信息录入，单击【保存】按钮，操作结果如图 2-17 所示。

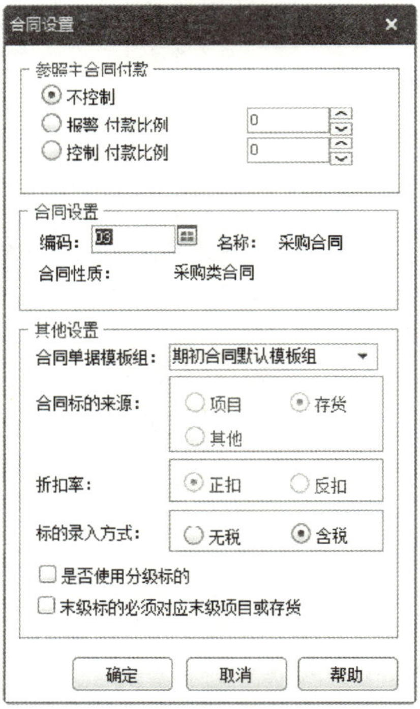


图 2-16 【合同设置】对话框

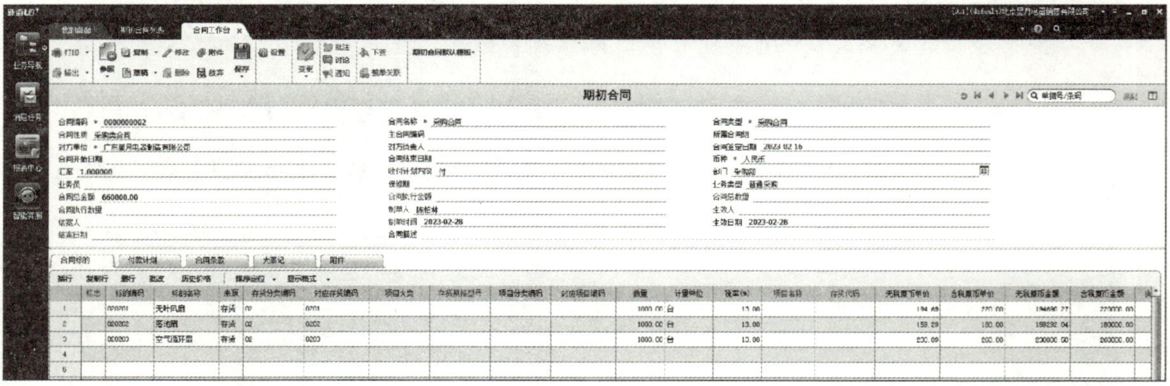


图 2-17 【期初合同】录入页面

## 任务 6.2 采购管理期初数据维护

### 任务要求

北京星月电器销售有限公司截至 2023 年 3 月建账时，有一笔货到票未到采购业务，货物已于 2023 年 2 月 1 日收入专卖店仓，并做暂估处理，暂估单价为 230 元/台。采购入库单如图 2-18 所示。

要求：副总经理王涛在业财一体信息化平台采购管理模块中准确录入期初采购入库单，并完成采购期初记账。

**采购入库单**

2023 年 2 月 01 日　　　　编号：000006

| 序号 | 名称 | 规格 | 单位 | 数量 | 供应商 |
|---|---|---|---|---|---|
| 1 | 无叶风扇 | | 台 | 1000 | 广东星月电器销售有限公司 |
| | | | | | |
| | | | | | |
| | | | | | |
| | | | | | |

第二联：财务部

制单：刘梅　　　　复核：王成

图 2-18　采购入库单

## 操作步骤

操作视频

**1. 期初采购入库单录入**

(1) 副总经理王涛进入【U8 企业应用平台】—【业务导航】—【供应链】—【采购管理】—【采账入库】，选择“采购入库单”，进入【期初采购入库单】录入页面。

(2) 单击【增加】按钮，按照案例资料录入采购入库单信息，如图 2-19 所示，输入完成后，单击【保存】按钮。

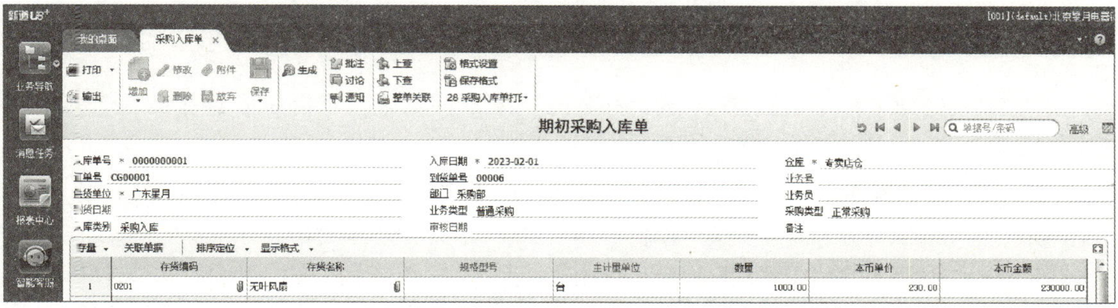


图 2-19　【期初采购入库单】录入页面

**2. 采购期初记账**

(1)【U8 企业应用平台】—【业务导航】—【供应链】—【采购管理】—【设置】，双击【采购期初记账】，弹出【期初记账】对话框，如图 2-20 所示。

(2) 单击【记账】按钮，采购期初记账完毕。采购期初记账完毕后方可进行本月采购业务的处理。

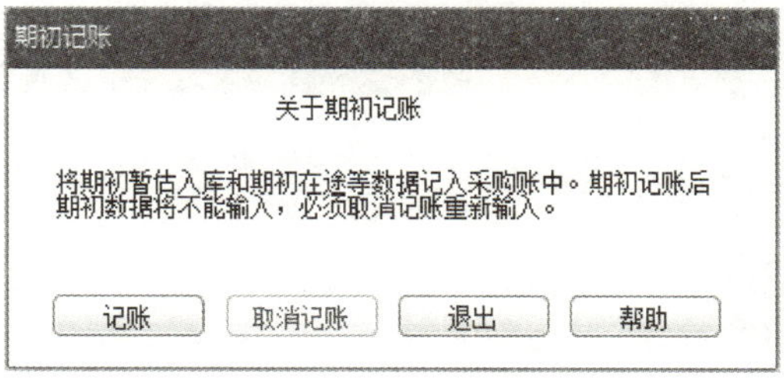


图 2-20　【期初记账】对话框

## 任务 6.3　库存管理期初数据维护

## 任务要求

北京星月电器销售有限公司截至 2023 年 2 月 28 日的商品库存情况，如表 2-11 所示。

**表 2-11　商品库存情况表**　　　　金额单位：元

| 仓库 | 存货分类 | 存货名称 | 单位 | 数量 | 单价 | 金额 |
|---|---|---|---|---|---|---|
| 商品仓 | 加湿器 | 小熊迷你加湿器 | 台 | 14 000 | 78.51 | 1 099 140.00 |
| | | 智能恒湿加湿器 | 台 | 9 000 | 122.06 | 1 098 540.00 |
| | | 大容量上加水加湿器 | 台 | 9 000 | 189.43 | 1 704 870.00 |
| | 电风扇 | 无叶风扇 | 台 | 2 500 | 222.83 | 557 075.00 |
| | 电暖气 | 暖风机 | 台 | 4 500 | 297.10 | 1 336 950.00 |
| | 空气净化器 | 智能空气净化器 | 台 | 1 500 | 1 856.90 | 2 785 350.00 |
| | 代管商品 | 小峰空调 | 台 | 1 000 | 3 342.42 | 3 342 420.00 |
| 专卖店仓 | 加湿器 | 小熊迷你加湿器 | 台 | 1 000 | 78.51 | 78 510.00 |
| | | 智能恒湿加湿器 | 台 | 1 000 | 122.06 | 122 060.00 |
| | | 大容量上加水加湿器 | 台 | 1 000 | 189.43 | 189 430.00 |
| | 电风扇 | 无叶风扇 | 台 | 500 | 222.82 | 111 410.00 |
| | 电暖气 | 暖风机 | 台 | 500 | 297.12 | 148 560.00 |
| | 空气净化器 | 智能空气净化器 | 台 | 500 | 1 856.92 | 928 460.00 |
| 代管仓 | 代管商品 | 小峰空调 | 台 | 1 000 | 3 342.42 | 3 342 420.00 |

要求：副总经理王涛在业财一体信息化平台库存管理模块中准确录入期初库存数据。

操作视频

## 操作步骤

（1）副总经理王涛进入【U8 企业应用平台】—【业务导航】—【供应链】—【库存管理】—【设置】，选择“期初结存”，打开【库存期初】录入页面。

（2）【仓库】选择“商品仓”，单击【修改】按钮，录入案例资料的商品仓存货信息，录入完毕后，依次单击【保存】【批审】按钮。以同样方法录入专卖店仓存货信息。

（3）输入代管仓的信息时，需要输入“供应商名称”。单击【格式设置】按钮，选择“表体栏目”，勾选表体项目中的【供应商名称】复选框，单击【确定】按钮，设置完成后录入代管商品对应的供应商档案，录入完毕后，依次单击【保存】【批审】按钮，操作结果如图 2-21 所示。

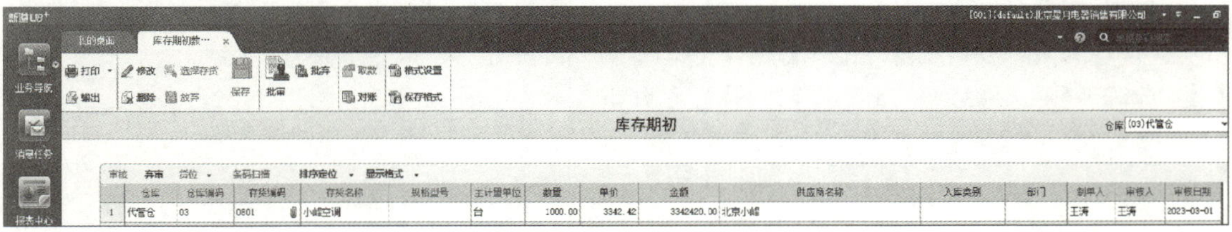


图 2-21　【库存期初】页面

## 任务 6.4　存货核算期初数据维护

## 任务要求

北京星月电器销售有限公司截至 2023 年 2 月 28 日的商品库存情况，如表 2-12 所示。

表 2-12　商品库存情况表　　金额单位：元

| 仓库 | 存货分类 | 存货名称 | 单位 | 数量 | 单价 | 金额 |
|---|---|---|---|---|---|---|
| 商品仓 | 加湿器 | 小熊迷你加湿器 | 台 | 14 000 | 78.51 | 1 099 140.00 |
| | | 智能恒湿加湿器 | 台 | 9 000 | 122.06 | 1 098 540.00 |
| | | 大容量上加水加湿器 | 台 | 9 000 | 189.43 | 1 704 870.00 |
| | 电风扇 | 无叶风扇 | 台 | 2 500 | 222.83 | 557 075.00 |
| | 电暖气 | 暖风机 | 台 | 4 500 | 297.10 | 1 336 950.00 |
| | 空气净化器 | 智能空气净化器 | 台 | 1 500 | 1 856.90 | 2 785 350.00 |
| | 代管商品 | 小峰空调 | 台 | 1 000 | 3 342.42 | 3 342 420.00 |
| 专卖店仓 | 加湿器 | 小熊迷你加湿器 | 台 | 1 000 | 78.51 | 78 510.00 |
| | | 智能恒湿加湿器 | 台 | 1 000 | 122.06 | 122 060.00 |
| | | 大容量上加水加湿器 | 台 | 1 000 | 189.43 | 189 430.00 |
| | 电风扇 | 无叶风扇 | 台 | 500 | 222.82 | 111 410.00 |
| | 电暖气 | 暖风机 | 台 | 500 | 297.12 | 148 560.00 |
| | 空气净化器 | 智能空气净化器 | 台 | 500 | 1 856.92 | 928 460.00 |
| 合计 | | | | | | 13 502 775.00 |

要求：财务会计王芝芝在业财一体信息化平台存货核算中维护期初存货数据。

## 操作步骤

操作视频

**1. 期初存货录入**

(1) 财务会计王芝芝进入【U8 企业应用平台】—【业务导航】—【供应链】—【存货核算】—【设置】，选择“期初余额”，进入【期初余额】录入界面。

(2) 选择【仓库】为“商品仓”，单击【取数】按钮，引入库存管理中商品仓的数据，如图 2-22 所示。

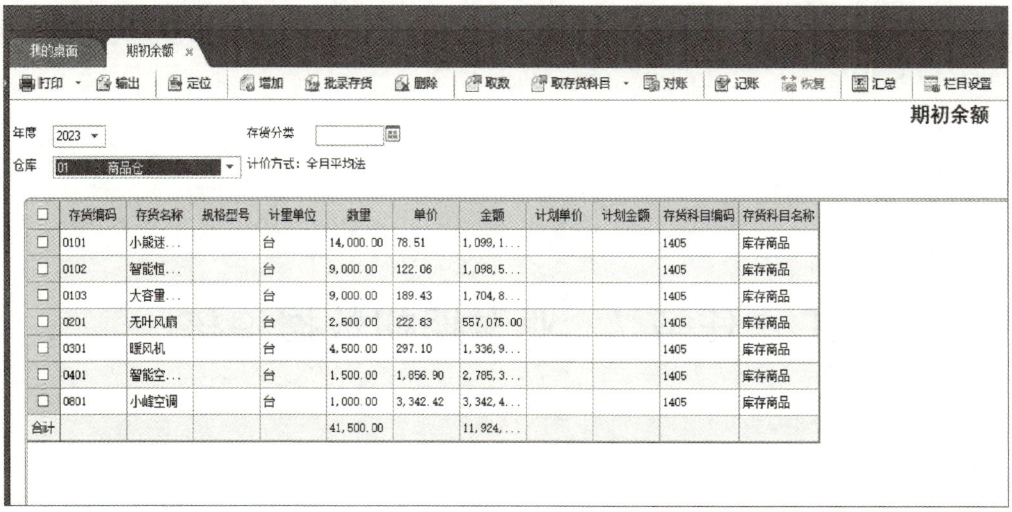


图 2-22　【期初余额】页面

(3)【仓库】选择“专卖店仓”，单击【取数】按钮，引入库存管理中专卖店仓的数据，如图 2-23 所示。

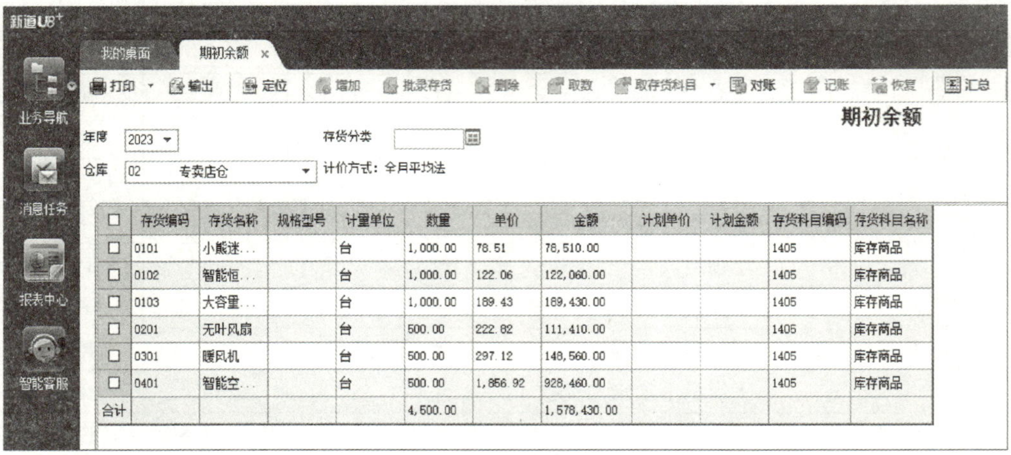


| 存货编码 | 存货名称 | 规格型号 | 计量单位 | 数量 | 单价 | 金额 | 计划单价 | 计划金额 | 存货科目编码 | 存货科目名称 |
|---|---|---|---|---|---|---|---|---|---|---|
| 0101 | 小熊迷... | | 台 | 1,000.00 | 78.51 | 78,510.00 | | | 1405 | 库存商品 |
| 0102 | 智能恒... | | 台 | 1,000.00 | 122.06 | 122,060.00 | | | 1405 | 库存商品 |
| 0103 | 大容量... | | 台 | 1,000.00 | 189.43 | 189,430.00 | | | 1405 | 库存商品 |
| 0201 | 无叶风扇 | | 台 | 500.00 | 222.82 | 111,410.00 | | | 1405 | 库存商品 |
| 0301 | 暖风机 | | 台 | 500.00 | 297.12 | 148,560.00 | | | 1405 | 库存商品 |
| 0401 | 智能空... | | 台 | 500.00 | 1,856.92 | 928,460.00 | | | 1405 | 库存商品 |
| 合计 | | | | 4,500.00 | | 1,578,430.00 | | | | |

图 2-23 【期初余额】取数页面

(4) 代管仓的商品所有权不归公司所有，无法存货核算期初数据中确认代管仓中的商品，需要分别执行【U8 企业应用平台】—【业务导航】—【供应链】—【存货核算】—【设置】—【期初分期收款发出商品】和【期初委托代销发出商品】命令，单击【取数】按钮。

**2. 期初存货现状**

财务会计王芝芝进入【U8 企业应用平台】—【业务导航】—【供应链】—【存货核算】—【设置】—【期初余额】，单击【记账】按钮，完成期初存货记账。

### 工作反思

获得的经验：________________________________

注意的事项：________________________________

思政驿站

## 工作任务 7　业财期初数据稽核

### 任务情境

北京星月电器销售有限公司的会计对收集整理的期初数据进行稽核，确认数据完整准确。财务部对固定资产、库存商品进行实地盘点，确保账实一致；对应收应付数据通过发送对账函分别与客户、供应商进行数据核对确认；对合同数据通过调取合同原件进行比对确认，并将系统中模块输入的期初数据进行相互对账，确保业务系统与财务系统期初数据的一致性。

## 任务向导

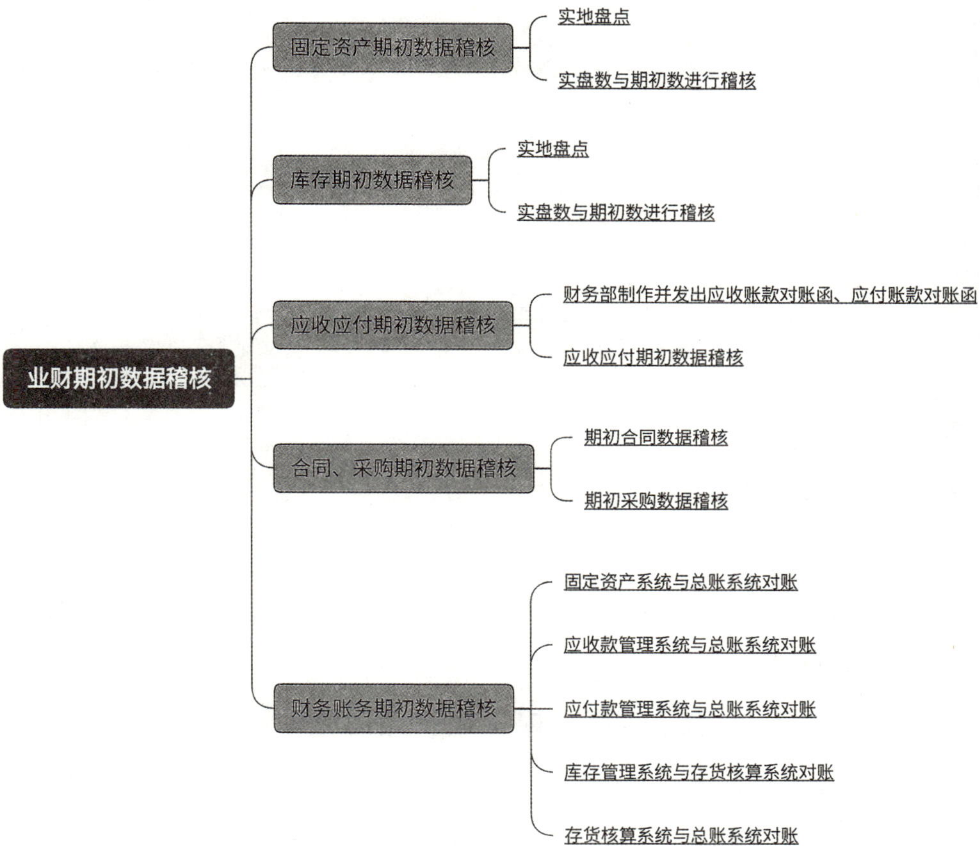


# 任务 7.1　固定资产期初数据稽核

## 任务要求

北京星月电器销售有限公司财务部规定，对公司的所有固定资产进行期初数据账面检查、实务盘点。

要求：资产经理张姗在业财一体信息化平台上进行固定资产期初数据稽核。

## 操作步骤

**1. 实地盘点**

资产会计胡林根据盘点计划准备盘点表，与各部门资产使用人一起进行资产实地盘点，登记盘点表，盘点结果由财务部、使用部门双方签字确认。

**2. 实盘数与期初数进行稽核**

(1) 资产经理张姗进入【U8 企业应用平台】—【业务导航】—【财务会计】—【固定资产】—【卡片管理】,按系统默认查询条件,单击【确定】按钮,进入【卡片管理】页面,如图 2-24 所示。

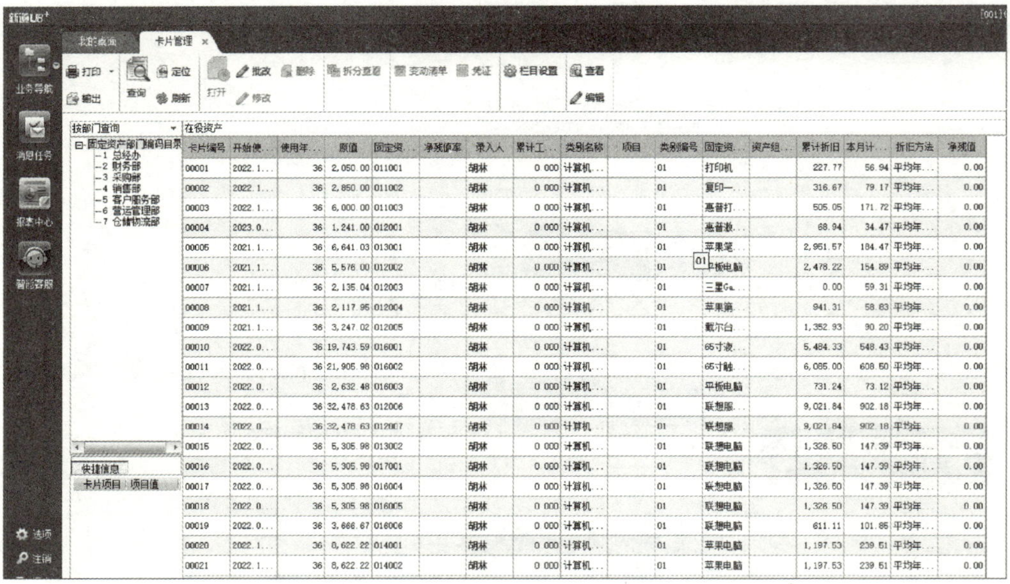


图 2-24 【卡片管理】页面

(2) 资产经理张姗将盘点数据与系统中录入的期初数据逐一进行数据稽核,若有不符,按盘点数调整期初数据。

## 任务 7.2 库存期初数据稽核

### 任务要求

北京星月电器销售有限公司财务部规定,对公司的所有库存的商品进行期初数据账面检查、实务盘点。

要求:资产经理张姗在业财一体信息化平台上进行库存期初数据稽核。

### 操作步骤

**1. 实地盘点**

资产会计胡林根据盘点计划准备盘点表,与仓储物流部的库房主管一起按仓库进行商品的实地盘点,登记盘点表,盘点结果由财务部、仓储物流部门双方签字确认。

**2. 实盘数与期初数进行稽核**

资产经理张姗进入【U8 企业应用平台】—【业务导航】—【供应链】—【库存管理】—【设置】,选择"期初结存",打开【库存期初】页面,将盘点数据与系统中录入的期初数据逐一进行数据稽核,若有不符,按盘点数调整期初数据。

## 任务 7.3　应收应付期初数据稽核

### 任务要求

北京星月电器销售有限公司财务部按规定对公司的所有应收账款、应付账款进行对账，向客户发送应收账款对账函，向供应商发送应付账款对账函。

要求：往来经理刘源在业财一体信息化平台上对应收应付业务期初数据进行数据稽核。

### 操作步骤

**1. 财务部制作并发出应收账款对账函、应付账款对账函**

(1) 应收会计刘佳根据应收账款明细账，为每位客户制作对账函，与客户确认收函地址，发出对账函，并在规定的时间收回对账函。

(2) 应付会计李奇根据应付账款明细账，为每位供应商制作对账函，与供应商确认收函地址，发出对账函，并在规定的时间收回对账函。

**2. 应收应付期初数据稽核**

(1) 往来经理刘源进入【U8 企业应用平台】—【业务导航】—【财务会计】—【应收款管理】—【应收款管理】—【期初余额】，打开【期初余额—查询】窗口，按系统默认查询条件，点击【确定】按钮，进入【应收余额明细表】界面，对账函数据与系统中录入的应收期初数据逐一进行数据稽核，若有不符，与客户进一步沟通确认，按照双方确认的应收账款数额调整应收期初数据。

(2) 往来经理刘源进入【U8 企业应用平台】—【业务导航】—【财务会计】—【应付款管理】—【期初余额】，打开【期初余额—查询】窗口，按系统默认查询条件，点击【确定】按钮，进入【应付期初余额明细表】界面，对账函数据与系统中录入的应付期初数据逐一进行数据稽核，若有不符，与供应商进一步沟通确认，按照双方确认的应付账款数额调整应付期初数据。

## 任务 7.4　合同、采购期初数据稽核

### 任务要求

北京星月电器销售有限公司财务部按规定对公司的购销合同数据调取合同原件、对采购入库期初数据调取入库单的仓库联进行核对。

要求：采购经理张茜茜在业财一体信息化平台上对合同业务、采购业务期初数据进行数据稽核。

### 操作步骤

**1. 期初合同数据稽核**

财务会计王芝芝调取合同原件，采购经理张茜茜进入【U8 企业应用平台】—【业务导航】—【供应链】—【合同管理】—【合同期初】，选择“期初合同”，进入【期初合同】列表，点击【查询】按钮，按系统默认查询条件，点击【确定】按钮，进入【期初合同列表】界面，根据合同原

件数据对系统内的合同期初数据逐一进行数据稽核，若有不符，根据合同原件数据调整系统内的合同期初数据。

**2. 期初采购数据稽核**

财务会计王芝芝调取仓储物流部的采购入库单第一联，采购经理张茜茜进入【U8 企业应用平台】—【业务导航】—【供应链】—【采购管理】—【采购入库】，选择“入库单列表”，进入【采购入库单列表】界面，点击【查询】按钮，按“采购入库单日期”作为日期查询条件，点击【确定】按钮，进入【采购入库单列表】界面，根据与仓储物流部核对无误后的数据对系统内的采购期初数据逐一进行数据稽核，若有不符，根据与仓储物流部核对无误后的数据调整系统内的采购期初数据。

## 任务 7.5 财务账务期初数据稽核

### 任务要求

北京星月电器销售有限公司在业财一体信息化平台上依据固定资产期初稽核结果、应收应付期初稽核结果、库存期初稽核结果、合同业务期初稽核结果、采购业务期初稽核结果，进行财务账务期初稽核。

要求：资产经理张姗、往来经理刘源、仓储经理王俊、财务会计王芝芝根据需要在业财一体信息化平台上进行财务账务期初稽核。

操作视频

### 操作步骤

**1. 固定资产系统与总账系统对账**

(1) 资产经理张姗进入【U8 企业应用平台】—【业务导航】—【财务会计】—【固定资产】—【资产对账】，双击【对账】，弹出【对账条件】页面，如图 2-25 所示。

(2) 选择对账期间，选中科目【1601 固定资产】和【1602 累计折旧】，单击【确定】按钮。

(3) 系统弹出【对账】结果页面，如图 2-26 所示。

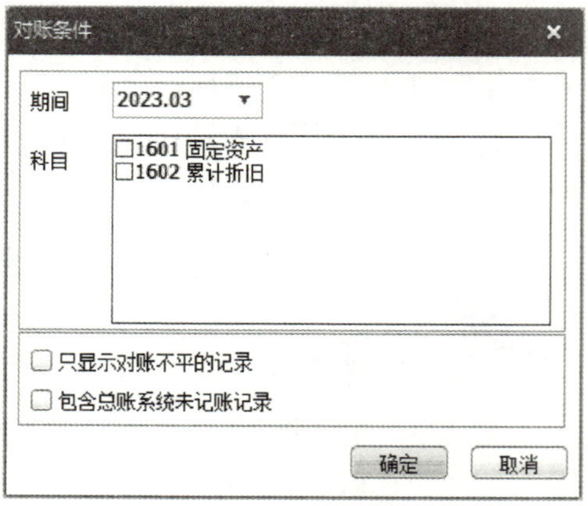


图 2-25 【对账条件】页面

**2. 应收款管理系统与总账系统对账**

(1) 往来经理刘源进入【U8 企业应用平台】—【业务导航】—【财务会计】—【应收款管理】—【期初余额】，双击【期初余额】，弹出【期初余额--查询】页面，如图 2-27 所示。

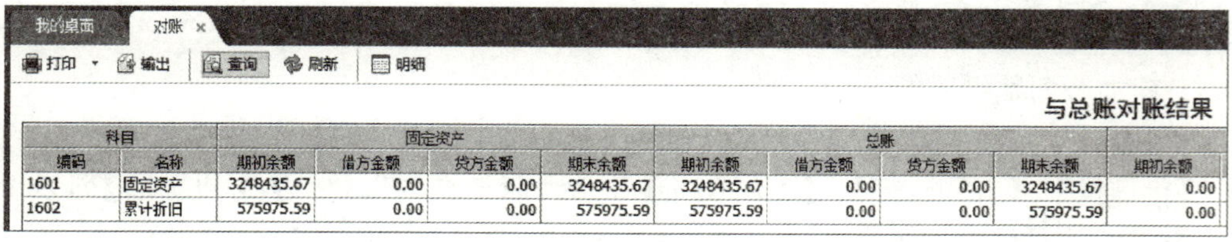


| 科目 | | 固定资产 | | | | 总账 | | | | |
|---|---|---|---|---|---|---|---|---|---|---|
| 编码 | 名称 | 期初余额 | 借方金额 | 贷方金额 | 期末余额 | 期初余额 | 借方金额 | 贷方金额 | 期末余额 | 期初余额 |
| 1601 | 固定资产 | 3248435.67 | 0.00 | 0.00 | 3248435.67 | 3248435.67 | 0.00 | 0.00 | 3248435.67 | 0.00 |
| 1602 | 累计折旧 | 575975.59 | 0.00 | 0.00 | 575975.59 | 575975.59 | 0.00 | 0.00 | 575975.59 | 0.00 |

图 2-26 【对账】结果页面

图 2-27 【期初余额--查询】页面

(2) 单击【确定】按钮,进入【期初余额】页面,如图 2-28 所示。

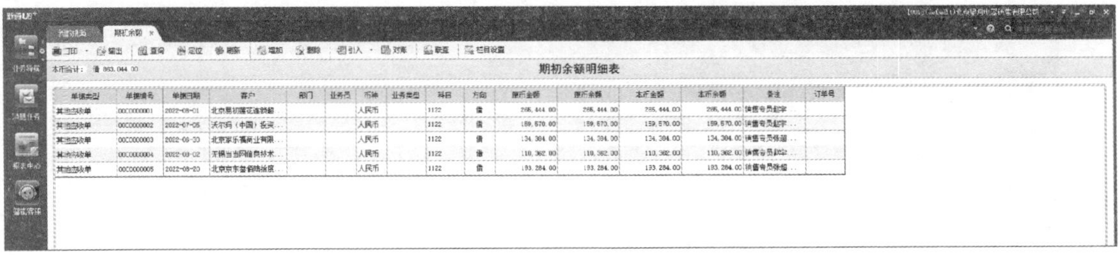


图 2-28 【期初余额】页面

(3) 单击【对账】按钮,弹出【期初对账】结果界面,如图 2-29 所示。

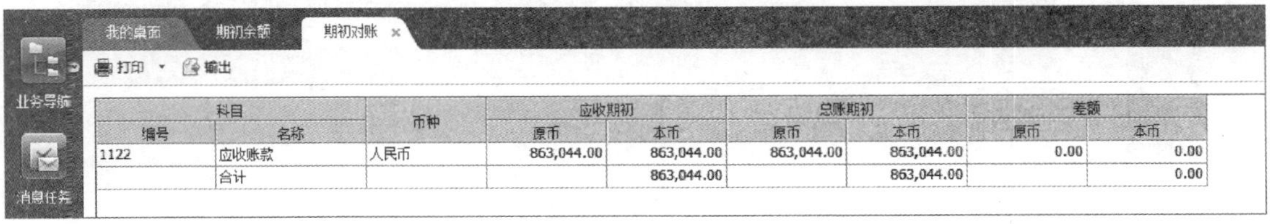


图 2-29 【期初对账】结果页面

(4) 如果对账不平,需要检查总账期初数据与应收期初数据,并进行调整使对账相符。

**3. 应付款管理系统与总账系统对账**

(1) 往来经理刘源进入【U8 企业应用平台】—【业务导航】—【财务会计】—【应付款管理】—【期初余额】,双击【期初余额】,弹出【期初余额--查询】界面,如图 2-30 所示。

图 2-30 【期初余额--查询】页面

(2) 单击【确定】按钮,进入【期初余额】页面,如图 2-31 所示。

期初余额明细表

| 单据类型 | 单据编号 | 单据日期 | 供应商 | 部门 | 业务员 | 币种 | 科目 | 方向 | 原币金额 | 原币余额 | 本币金额 | 本币余额 | 备注 | 订单号 | 业务类型 |
|---|---|---|---|---|---|---|---|---|---|---|---|---|---|---|---|
| 其他应付单 | 0000000001 | 2022-07-04 | 北京晟初莲花连锁超… | | | 人民币 | 220201 | 贷 | 66,450.00 | 66,450.00 | 66,450.00 | 66,450.00 | 采购专员黄鑫… | | |
| 其他应付单 | 0000000002 | 2022-07-02 | 北京环京物流有限公司 | | | 人民币 | 220201 | 贷 | 232,000.00 | 232,000.00 | 232,000.00 | 232,000.00 | 采购专员黄鑫… | | |
| 其他应付单 | 0000000003 | 2022-08-03 | 北京大众传媒广告有… | | | 人民币 | 220201 | 贷 | 249,800.00 | 249,800.00 | 249,800.00 | 249,800.00 | 采购专员黄鑫… | | |
| 其他应付单 | 0000000004 | 2022-08-01 | 广东星月电器制造有… | | | 人民币 | 220201 | 贷 | 314,320.00 | 314,320.00 | 314,320.00 | 314,320.00 | 采购专员黄鑫… | | |

图 2-31 【期初余额】页面

(3) 单击【对账】按钮,弹出【期初对账】结果界面,如图 2-32 所示。

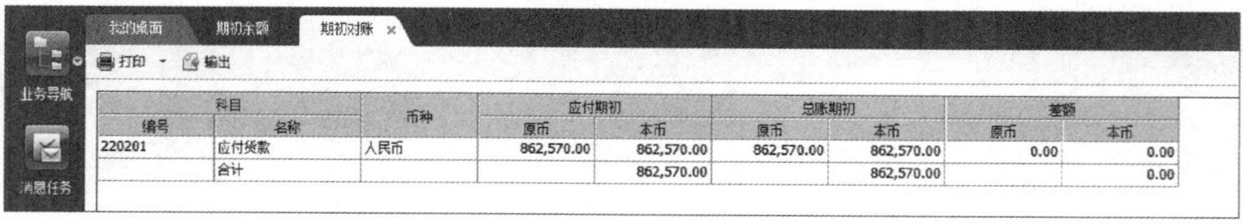


| 科目 | | 币种 | 应付期初 | | 总账期初 | | 差额 | |
|---|---|---|---|---|---|---|---|---|
| 编号 | 名称 | | 原币 | 本币 | 原币 | 本币 | 原币 | 本币 |
| 220201 | 应付账款 | 人民币 | 862,570.00 | 862,570.00 | 862,570.00 | 862,570.00 | 0.00 | 0.00 |
| | 合计 | | | 862,570.00 | | 862,570.00 | | 0.00 |

图 2-32 【期初对账】结果页面

(4) 如果对账不平,需要检查总账期初数据与应付期初数据,并进行调整使对账相符。

**4. 库存管理系统与存货核算系统对账**

(1) 仓储经理王俊进入【U8 企业应用平台】—【业务导航】—【供应链】—【库存管理】—【设置】,双击【期初结存】,进入【期初余额】页面。

(2) 单击【对账】按钮,【请选择仓库】栏选择“商品仓”,单击【确定】按钮,存货系统与库存系统进行数据核对，正常情况下系统会显示“对账成功！”，如图 2-33 所示。

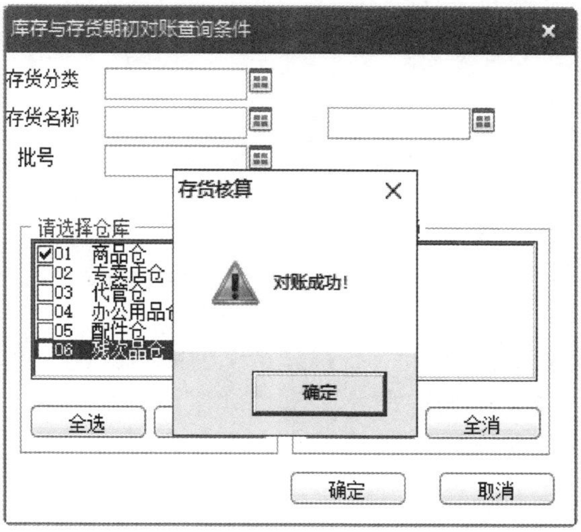


图 2-33 【库存与存货期初对账查询条件】页面

(3) 单击【对账】按钮，【请选择仓库】栏选择“专卖店仓”，单击【确定】按钮，对存货系统与库存系统进行数据核对，正常情况系统会弹出“对账成功！”提示框。

(4) 如果对账不平，需要检查库存期初数据与存货期初数据，并进行调整使对账相符。

**5. 存货核算系统与总账系统对账**

(1) 财务会计王芝芝进入【U8 企业应用平台】—【业务导航】—【供应链】—【存货核算】—【对账】—【存货核算与总账对账】，打开【查询条件】窗口，只显示对账设为“是”，即查询结果中只显示对账不平的记录行，如图 2-34 所示。

图 2-34 【查询条件】窗口

(2) 单击【确定】按钮,系统显示对账结果,如图 2-35 所示。

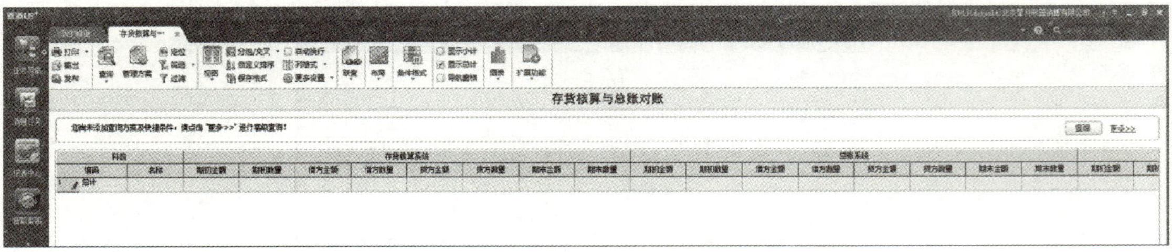


**图 2-35 【存货核算与总账对账】页面**

(3) 如果对账结果与总账系统和存货核算系统的期初数据一致,无对账不平的记录行,则完成对账;如果存在对账不平的记录行,则要查找原因,进行处理。

## 工作反思

获得的经验:______________________________

______________________________

______________________________

注意的事项:______________________________

______________________________

______________________________

# 工作领域3

# 财务岗位操作

业财一体信息化系统财务处理是企业实施信息化系统的核心功能之一，企业的应收确认、应付确认、资产管理、费用报销、薪资管理、凭证账表都在此领域进行处理。该领域任务既可独立处理，也可承接供应链各模块的业务数据，进行业财一一体全流程的处理。按照企业的业务处理逻辑，应该是先有供应链的业务数据，然后才是业务数据的财务处理。但是企业实施信息化时，一般会优先实施财务处理系统，然后再实施供应链各模块。本教材的内容安排遵从企业的实际实施顺序。

该工作领域的具体工作内容为：

(1) 总账业务处理。其主要工作是原始凭证审核，记账凭证填制、审核、记账、作废、红冲等处理，以及各类明细账、辅助账等的查询。

(2) 应收应付业务处理。其主要工作是对企业的往来账款进行综合管理，处理应收应付业务、票据业务、款项转账业务及坏账业务处理等。

(3) 固定资产业务处理。其主要工作是处理资产的增加、资产的变动、资产的减少、资产折旧计提以及资产的盘点。

(4) 网上银行业务处理。其主要是网上企业银行业务处理，包括网上支付、交易信息查询下载(银行对账单下载、银行账户余额、银行账户交易明细查询)等任务处理。

(5) 网上报销业务处理。其主要处理企业的费用申请立项，员工日常借款的管理以及信用控制、日常费用报销处理等。

(6) 薪资福利业务处理。其主要处理员工薪资的计算、银行代发、薪资计提等业务。

思政驿站

# 工作任务8 总账业务处理

## 任务情境

北京星月电器销售有限公司财务部处理本月会计凭证事项。

财务会计王芝芝收集整理各业务部门提交的原始单据，根据国家的相关法律法规和公司的财务制度对原始凭证进行审核，并根据审核无误的原始凭证填制记账凭证。

财务经理胡晓对记账凭证进行审核，对错误的凭证予以驳回，对审核无误的凭证进行记账。

财务会计王芝芝对未记账的错误凭证进行修改、作废处理，对已记账的错误凭证进行红冲处理。

财务部门依据管理层和业务部门的要求提供总账、明细账、往来明细账、部门辅助账、个人辅助账等账表，供管理层和业务部门做决策参考。

## 任务向导

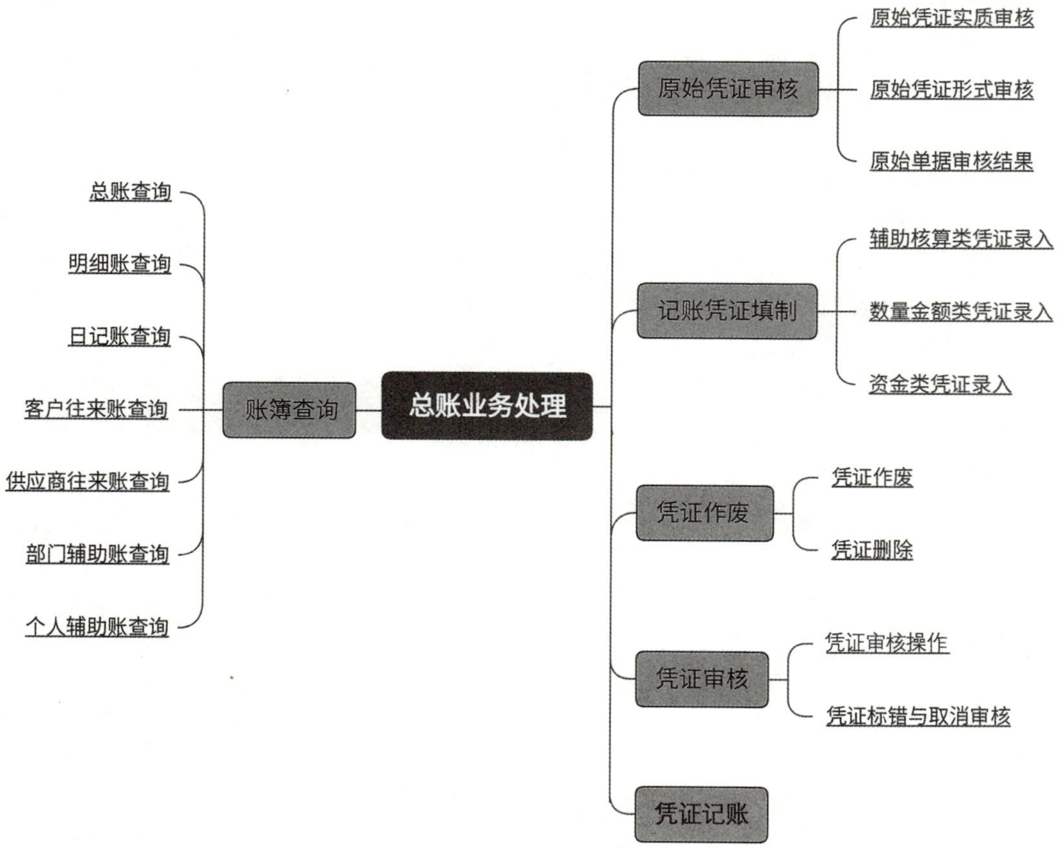

# 任务 8.1　原始凭证审核

## 任务要求

2023 年 3 月，北京星月电器销售有限公司的财务会计王芝芝收到如下业务的原始单据：

(1) 销售部张泉提交的招待客户的餐饮费发票，如图 3-1 所示。

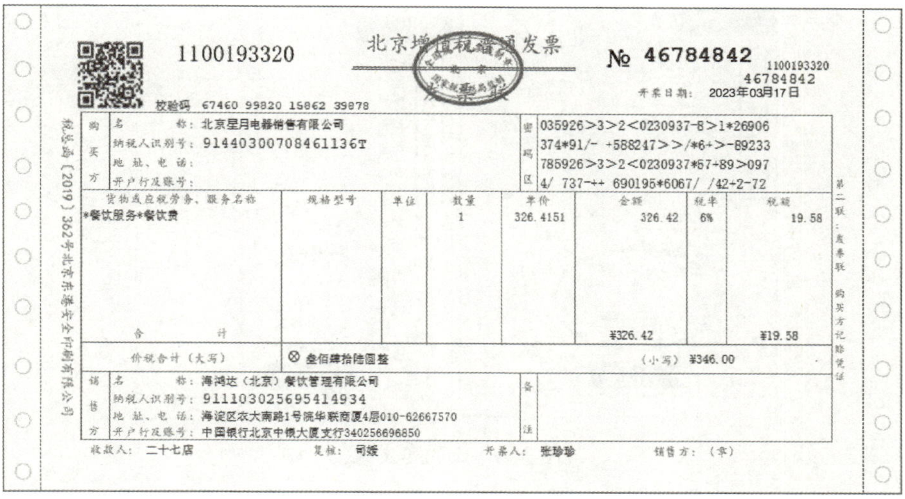


图 3-1　餐饮费发票

(2) 销售部张强提交的差旅费报销单、火车票、出租车发票，如图 3-2 至图 3-4 所示。

**差旅费报销单**

部门名称：渠道拓展部　　收款单位(人)：张远东　　单据编号：CLYX161116001256

费用承担部门：渠道拓展部　　联系电话：13522872894　　单据日期：2020/03/16

报销人员：张远东　　收款账号：6214280103292668　　收支项目：差旅费

报销金额小写：¥1,898.00　　报销金额大写：壹仟捌佰玖拾捌元整　　预算项目：营销专项

| 事由 | 出发时间地点 | 交通工具 | 长途费 | 往返交通费 | 补贴金额 | 报销金额合计 |
|---|---|---|---|---|---|---|
| 合同洽谈 | 2020.3.1北京出发 | 高铁 | 864 | 25 | 60 | ——— |
| 合同洽谈 | 2020.3.3成都出发 | 高铁 | 864 | 25 | 60 | 1898 |

制单人：张远东　　部门负责人：郭峰

会计：　　财务负责人：　　出纳：

图 3-2　差旅费报销单

图 3-3　火车票

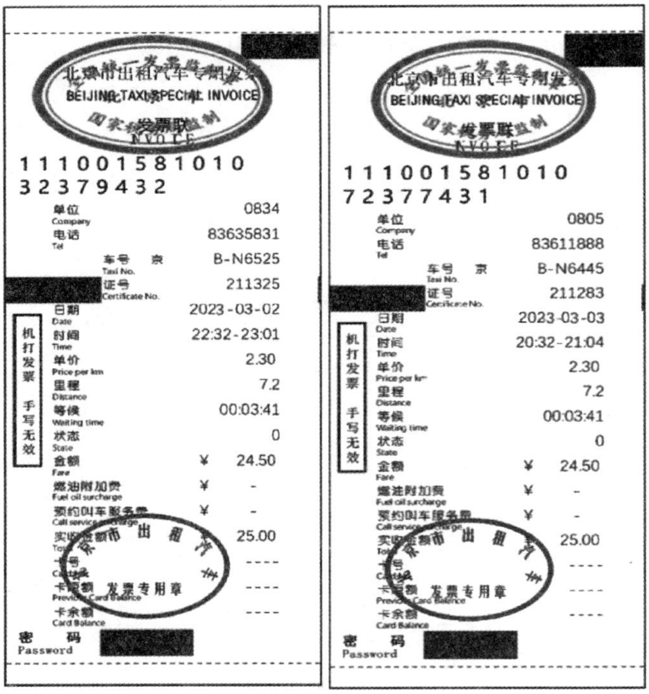
[redacted]
北京市出租汽车专用发票
BEIJING TAXI SPECIAL INVOICE
发票联
INVOICE
111001581010
32379432
单位 Company 0834
电话 Tel 83635831
车号 Taxi No. 京 B-N6525
[redacted]
证号 Certificate No. 211325
日期 Date 2023-03-02
时间 Time 22:32-23:01
单价 Price per km 2.30
里程 Distance 7.2
等候 Waiting time 00:03:41
状态 State 0
金额 Fare ¥ 24.50
燃油附加费 Fuel oil surcharge ¥ -
预约叫车服务费 Call service surcharge ¥ -
实收金额 Total 25.00
卡号 Card No. ----
卡原额 Previous Card Balance ----
卡余额 Card Balance ----
密码 Password [redacted]
机打发票 手写无效
北京市出租汽车 发票专用章

[redacted]
北京市出租汽车专用发票
BEIJING TAXI SPECIAL INVOICE
发票联
INVOICE
111001581010
72377431
单位 Company 0805
电话 Tel 83611888
车号 Taxi No. 京 B-N6445
[redacted]
证号 Certificate No. 211283
日期 Date 2023-03-03
时间 Time 20:32-21:04
单价 Price per km 2.30
里程 Distance 7.2
等候 Waiting time 00:03:41
状态 State 0
金额 Fare ¥ 24.50
燃油附加费 Fuel oil surcharge ¥ -
预约叫车服务费 Call service surcharge ¥ -
实收金额 Total 25.00
卡号 Card No. ----
卡原额 Previous Card Balance ----
卡余额 Card Balance ----
密码 Password [redacted]
机打发票 手写无效
北京市出租汽车 发票专用章

**图 3-4　出租车发票**

(3) 采购部单玉丹提交的物资采购的相关单据，如图 3-5 至图 3-7 所示。

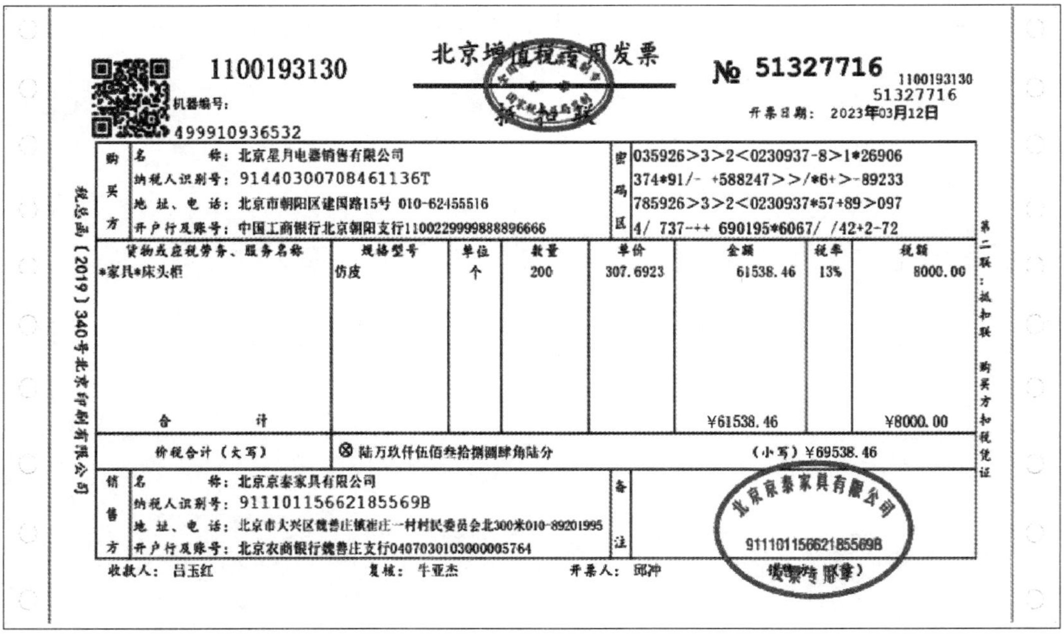
北京增值税专用发票
1100193130　　№ 51327716　1100193130 51327716
抵扣联
机器编号：499910936532
开票日期：2023年03月12日

| 购买方 | 名称：北京星月电器销售有限公司<br>纳税人识别号：91440300708461136T<br>地址、电话：北京市朝阳区建国路15号 010-62455516<br>开户行及账号：中国工商银行北京朝阳支行1100229999888896666 | 密码区 | 035926>3>2<0230937-8>1*26906<br>374*91/- +588247>>/*6+>-89233<br>785926>3>2<0230937*57+89>097<br>4/ 737-++ 690195*6067/ /42+2-72 |
|---|---|---|---|

| 货物或应税劳务、服务名称 | 规格型号 | 单位 | 数量 | 单价 | 金额 | 税率 | 税额 |
|---|---|---|---|---|---|---|---|
| *家具*床头柜 | 仿皮 | 个 | 200 | 307.6923 | 61538.46 | 13% | 8000.00 |
| 合计 | | | | | ¥61538.46 | | ¥8000.00 |
| 价税合计（大写） | ⊗陆万玖仟伍佰叁拾捌圆肆角陆分 | | | | （小写）¥69538.46 | | |

| 销售方 | 名称：北京京泰家具有限公司<br>纳税人识别号：91110115662185569B<br>地址、电话：北京市大兴区魏善庄镇崔庄一村村民委员会北300米010-89201995<br>开户行及账号：北京农商银行魏善庄支行0407030103000005764 | 备注 | 北京京泰家具有限公司 91110115662185569B 发票专用章 |
|---|---|---|---|

收款人：吕玉红　　复核：牛亚杰　　开票人：邱冲

税总函〔2019〕340号北京印刷有限公司

第二联：抵扣联 购买方扣税凭证

**图 3-5　增值税专用发票抵扣联**

要求：财务会计王芝芝依据相关法律法规及企业财务制度要求，审核原始凭证的真实性、合法性、合规性、及时性、准确性、完整性。

**北京增值税专用发票**

1100193130　　机器编号：499910936532

№ 51327716　　1100193130　51327716

开票日期：2023年03月12日

| | | | |
|---|---|---|---|
| 购买方 | 名　　称：北京星月电器销售有限公司<br>纳税人识别号：91440300708461136T<br>地 址、电 话：北京市朝阳区建国路15号 010-62455516<br>开户行及账号：中国工商银行北京朝阳支行1100229999888896666 | 密码区 | 035926>3>2<0230937-8>1*26906<br>374*91/- +588247>>/*6+>-89233<br>785926>3>2<0230937*57+89>097<br>4/ 737-++ 690195*6067/ /42+2-72 |

| 货物或应税劳务、服务名称 | 规格型号 | 单位 | 数量 | 单价 | 金额 | 税率 | 税额 |
|---|---|---|---|---|---|---|---|
| *家具*床头柜 | 仿皮 | 个 | 200 | 307.6923 | 61538.46 | 13% | 8000.00 |
| 合　　计 | | | | | ¥61538.46 | | ¥8000.00 |
| 价税合计（大写） | ⊗陆万玖仟伍佰叁拾捌圆肆角陆分 | | | | （小写）¥69538.46 | | |

| | | | |
|---|---|---|---|
| 销售方 | 名　　称：北京京泰家具有限公司<br>纳税人识别号：91110115662185569B<br>地 址、电 话：北京市大兴区魏善庄镇崔庄一村村民委员会北300米010-89201995<br>开户行及账号：北京农商银行魏善庄支行0407030103000005764 | 备注 | 北京京泰家具有限公司<br>91110115662185569B<br>发票专用章 |

收款人：吕玉红　　复核：牛亚杰　　开票人：邱冲

税总函〔2019〕340号北京印制有限公司

第三联：发票联　购买方记账凭证

图 3-6　增值税专用发票记账联

**入　库　单**

2083 年 03 月 12 日　　编号：1543258935

| 序号 | 名称 | 规格 | 单位 | 数量 | 单价 | 金额 | 供应商 |
|---|---|---|---|---|---|---|---|
| 1 | 床头柜 | 仿皮 | 个 | 180 | 307.96 | 55432.80 | 北京京泰家具有限公司 |
| | | | | | | | |
| | | | | | | | |
| | | | | | | | |
| | | | | | | | |
| | | | | | | | |
| | 合计 | | | | | 55432.80 | |

制单：封韩　　复核：王成

第三联：财务部

图 3-7　入库单

## 操作步骤

### 1. 原始凭证实质审核

原始凭证实质审核主要审核凭证的真实性、合法性、和合理性。

（1）审核原始凭证的真实性。审核原始凭证的基本内容（凭证的名称、接受凭证单位的名称、填制凭证的日期、经济业务的内容、金额、填制单位和填制人员及有关人员的印章和名称、凭证的附件和凭证的编号等）是否真实和正确。凡有下列情况之一者不能作为正确的会计凭证：未填写接受单位名称或名称不符；数量和金额计算不正确；有关责任人员未签名或未盖章；凭证联次不符；有污染、抹擦、刀刮和挖补等涂改痕迹。

（2）审核原始凭证的合法性。审核经济业务的发生是否符合政策、法规。凡有下列情况之一者不能作为合法的会计凭证：多计或少计收入、支出、费用、成本；擅自扩大开支范围，提高开支标准；不按国家规定的资金渠道和用途使用资金、挪用资金进行基本建设；巧立名目，虚报冒领，滥发奖金、津贴、加班费、防护用品、或实物，违反规定借出公款、公物；套取现金、签发空头支票；不按国家规定的标准、比例提取费用；私分公共财物和资金；擅自动用公款、公物请客送礼；不经有关单位批准，购买、自制属于国家控制购买的商品。

(3) 审核原始凭证的合理性。记录的内容是否符合业务活动的需要、是否符合有关的计划和预算等。

**2. 原始凭证形式审核**

原始凭证形式审核主要检查项目填写是否完整，计算是否准确，手续是否完备。

(1) 支票。主要审核支票种类是否正确，是否使用碳素墨水书写，支票内容、开户行名称、签发人账号、收款人是否正确，用途是否合理，大小写金额是否一致，存根与正本是否相符，签章是否齐全，不可更改的内容是否更改了，允许更改的内容更改后是否加盖印鉴等。

(2) 借款单。主要审核审批人是否签名，大小写金额是否一致，借款人是否签名等。

(3) 收据。主要审核交款人、款项内容是否正确，大小写金额是否一致，现金收讫章是否加盖等。

(4) 发票。主要审核是否印有税务局监制章，购货单位、商品或劳务名称、金额计算是否正确，大小写金额是否一致，供应单位发票专用章是否加盖等。

(5) 现金存款单。主要审核收款人、账号及开户行名称是否正确，大小写金额是否一致等。

(6) 转账进账单。主要审核收付款人、账号及开户行名称是否正确，进账单上的金额是否与支票一致，大小写金额是否一致等。

**3. 原始单据审核结果**

业务(1)：发票不合规，没有加盖销售方的发票专用章。

业务(2)：差旅费报销单上填写的出发时间、地点与出租车发票核对不一致。

业务(3)：发票信息与入库单信息不一致。

## 任务 8.2　记账凭证填制

### 任务要求

北京星月电器销售有限公司发生的相关经济业务如下(原始单据省略)：

(1) 2023 年 3 月 1 日，业务员张超向公司客户北京天源电器有限公司销售小熊迷你加湿器 1 000 台，含税单价为 120 元/台。货物和发票已经发运至客户(附单据 1 张)。

(2) 2023 年 3 月 1 日，财务部李奇从北京海信修理有限公司采购维修服务，采购含税价为 3 000 元，款项尚未支付(附单据 1 张)。

(3) 2023 年 3 月 1 日，从广东星月电器销售有限公司采购包装盒 10 000 个，采购含税单价为 13.8 元。货物和发票同时到达(附单据 2 张)。

(4) 2023 年 3 月 1 日，客户服务部唐丽报销招待公司客户餐费 330 元。已收到报销款现金 330 元(附单据 1 张)。

要求：财务会计王芝芝在业财一体信息化平台总账模块中依据原始凭证填制数量金额式记账凭证、项目辅助类记账凭证，并完成资金类科目现金流量的记录。

## 操作步骤

操作视频

**1. 辅助核算类凭证录入**

（1）财务会计王芝芝进入【U8 企业应用平台】—【业务导航】—【财务会计】—【总账】—【凭证】—【填制凭证】，进入【填制凭证】页面。

（2）单击【增加】按钮，选择【制单日期】为“2023 年 03 月 01 日”，输入【附单据数】为“1”，输入摘要为“销售商品”；借方科目“应收账款”，辅助核算项选择客户“北京天源电器有限公司”，借方金额为“120000.00”，按“Enter”键；贷方科目“主营业务收入”，贷方金额为“106194.69”，按“Enter”键；贷方科目为“应交税费/应交增值税/销项税额”，按“＝”键，系统自动填充第三行贷方金额，如图 3-8 所示。

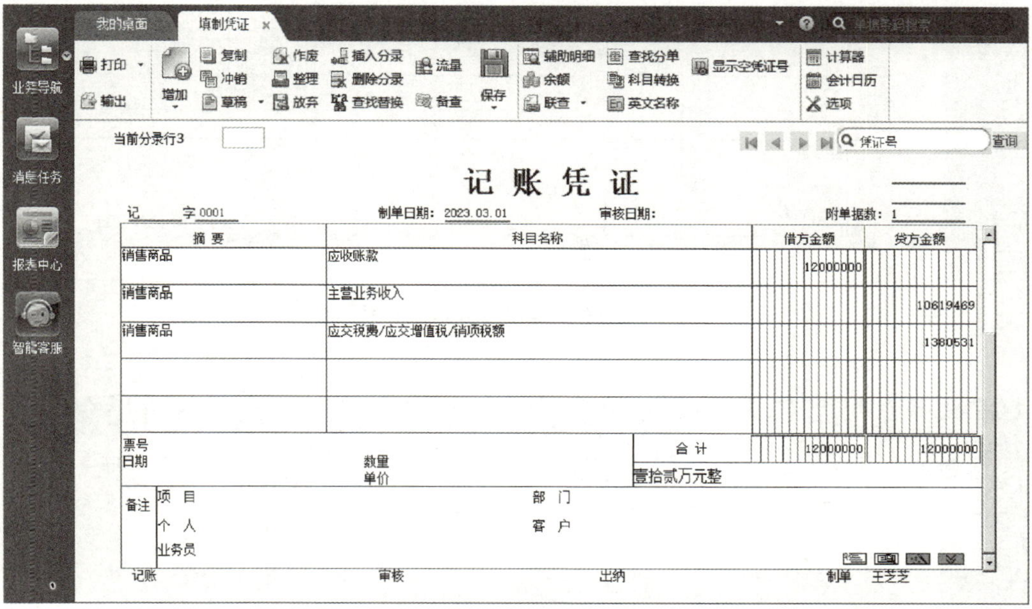


图 3-8　经济业务(1)【填制凭证】页面

（3）单击【保存】按钮，凭证保存成功。

（4）单击【增加】按钮，根据经济业务(2)继续新增凭证，输入【附单据数】为“1”，输入摘要为“采购维修服务”；借方科目“管理费用/修理费”，辅助核算项选择部门“财务部”，借方金额“3000.00”，按“Enter”键；贷方科目“应付账款/应付货款”，贷方金额“3000.00”，如图 3-9 所示。

**2. 数量金额类凭证录入**

（1）单击【增加】按钮，根据经济业务(3)继续新增凭证，输入【附单据数】为“2”，输入摘要为“采购包装物”；借方科目为“包装物”，数量为“10000.00”，单价为“12.212”（根据含税单价换算的不含税单价），金额自动计算；借方科目为“应交税费/应交增值税/进项税额”，借方金额为“15880.00”；贷方科目为“应付账款/应付货款”，辅助核算项选择供应商“广东星月电器制造有限公司”，按“＝”键，系统自动填充第三行贷方金额，如图 3-10 所示。

（2）单击【保存】按钮，凭证保存成功。

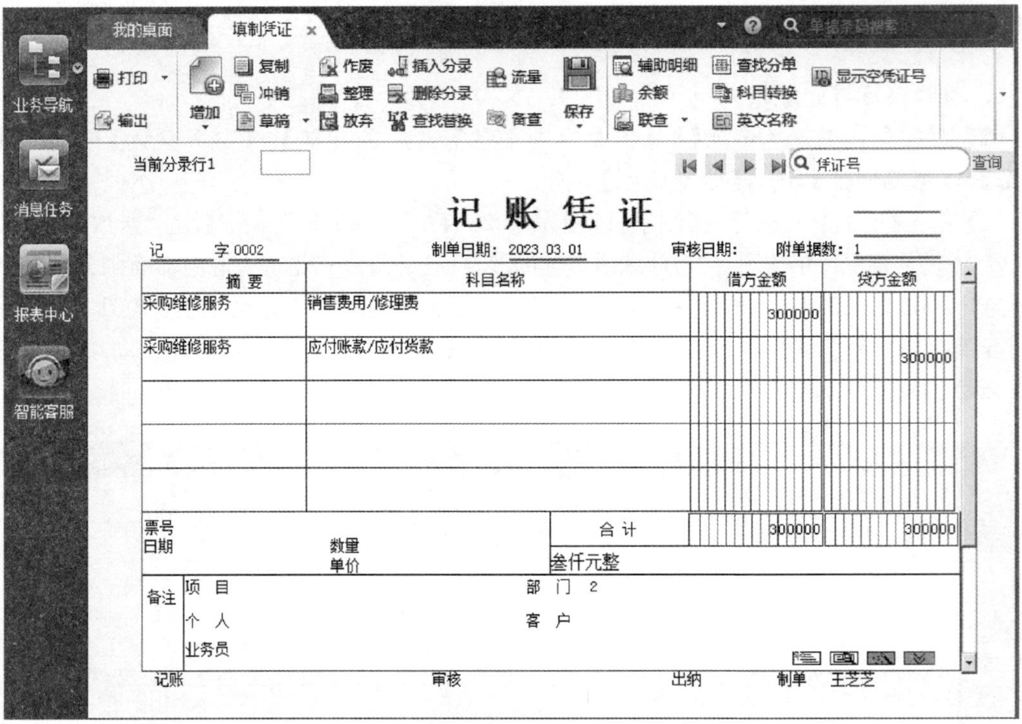


图 3-9 经济业务(2)【填制凭证】页面

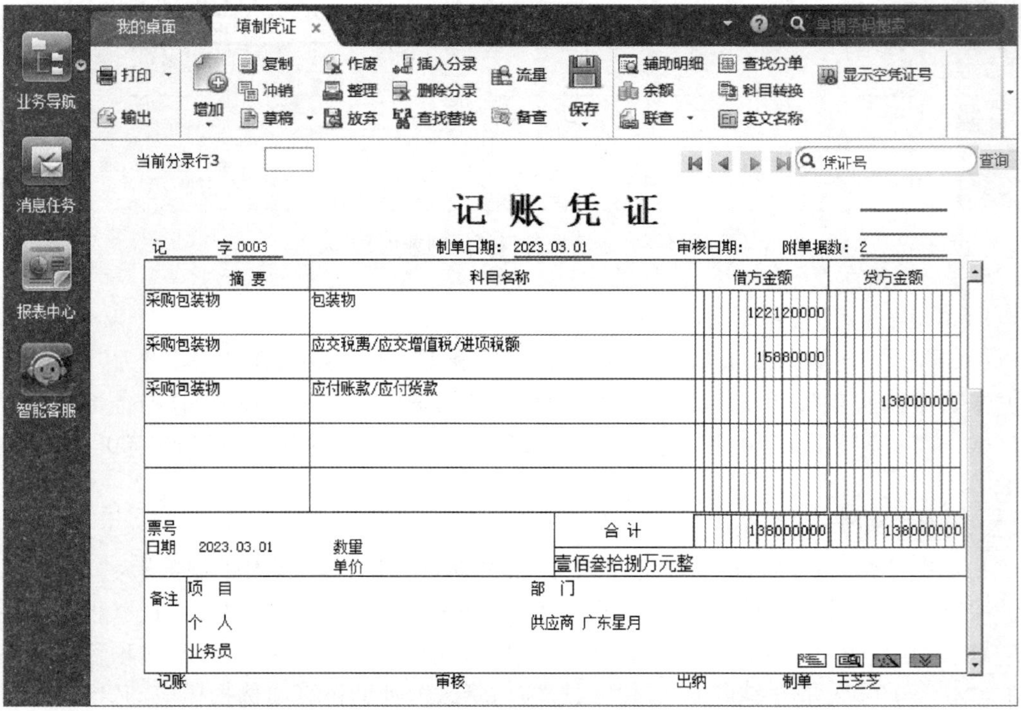


图 3-10 经济业务(3)【填制凭证】页面

### 3. 资金类凭证录入

（1）单击【增加】按钮，根据经济业务（4）继续新增凭证，输入【附单据数】为“1”，输入摘要“报销招待费”；借方科目“销售费用/业务招待费”，辅助核算项选择部门“客户服务部”，借方金额为“330”；贷方科目“库存现金”，按“＝”键，系统自动填充贷方金额，如图 3-11 所示。

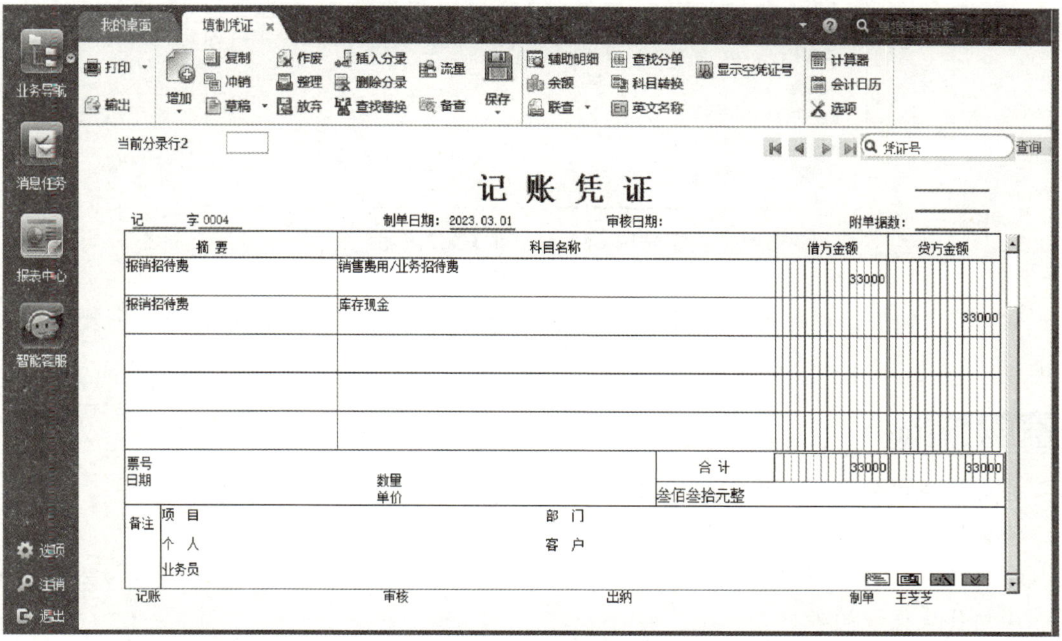


图 3-11　经济业务（4）【填制凭证】页面

（2）单击【保存】按钮，凭证保存成功。

## 任务 8.3　凭证作废

### 任务要求

北京星月电器销售有限公司的财务会计王芝芝对未记账的错误凭证进行作废、删除处理。

要求：财务会计王芝芝在业财一体信息化平台总账模块中对记账凭证进行作废、删除的业务处理。

### 操作步骤

操作视频

### 1. 凭证作废

（1）财务会计王芝芝进入【U8 企业应用平台】—【业务导航】—【财务会计】—【总账】—【凭证】—【填制凭证】，进入【填制凭证】界面。

（2）单击右上角【翻页】按钮，查找要作废的记字 2 号凭证，或单击【查询】按钮，打开【凭证查询】条件页面，输入条件进行查找，如图 3-12 所示。

（3）查询到凭证后，单击【作废】按钮，凭证左上角即显示“作废”字样，表示已将该凭证作废。

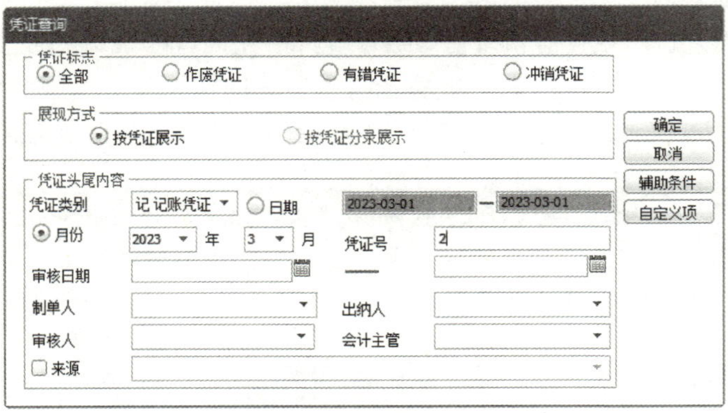


图 3-12 【凭证查询】条件页面

(4) 若当前凭证已作废，单击【恢复】按钮，可取消作废标志，并将当前凭证恢复为有效凭证。

**特别提示**

◇ 作废凭证仍保留凭证内容及凭证编号，只在凭证左上角显示“作废”字样。

◇ 作废凭证不能修改，不能审核。

◇ 在记账时，不对作废凭证进行数据处理，相当于一张空凭证。在账簿查询时，也无法查询到作废凭证的数据。

◇ 其他系统生成的凭证不能在总账作废。

**2. 凭证删除**

(1) 若按要求不再保留已作废凭证，可以对其进行删除。财务会计王芝芝进入【U8 企业应用平台】—【业务导航】—【财务会计】—【总账】—【凭证】—【填制凭证】，单击【整理】按钮，弹出【凭证期间选择】对话框。

(2) 选择要整理的月份，单击【确定】按钮，弹出【作废凭证表】对话框，如图 3-13 所示。

(3) 双击选择要删除的已作废凭证，或者单击【全选】按钮选中所有作废凭证，单击【确定】按钮将这些凭证从数据库中删除，并对剩余凭证重新排号，选择重排凭证号的方式，单击【是】按钮，则凭证号按所选的方式重新排序，如图 3-14 所示。

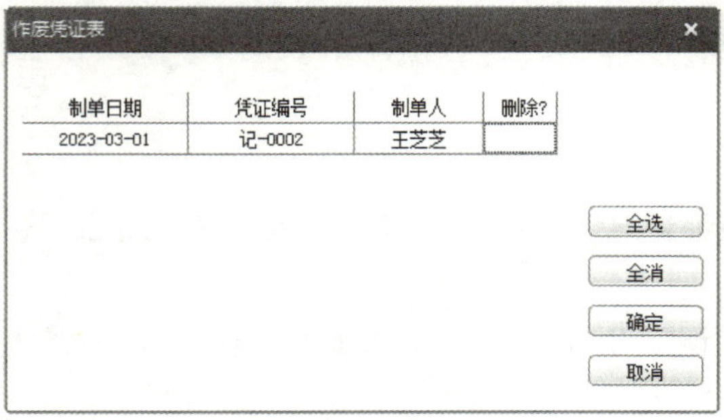


图 3-13 【作废凭证表】页面

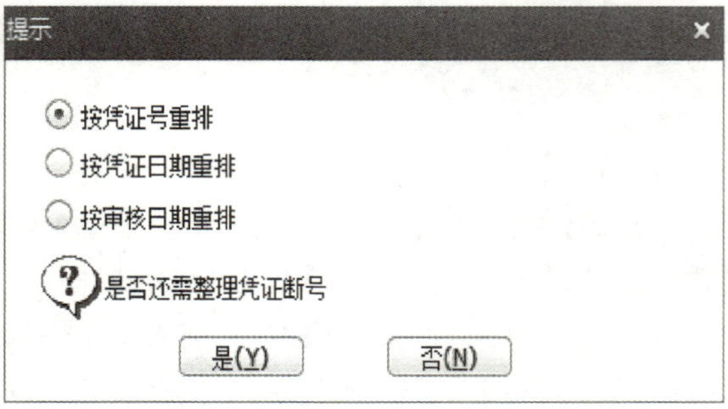


图 3-14 凭证【提示】页面

# 任务 8.4　凭证审核

## 任务要求

北京星月电器销售有限公司的财务经理审核会计录入的记账凭证。审核重点如下：

摘要描述的准确性，所选会计科目的正确性，分录中数量、单价、金额的准确性，辅助核算中项目选择的正确性，资金科目现金流量项目的合理性等。

要求：财务经理胡晓在业财一体信息化平台总账模块中依据权限分工对记账凭证进行审核，对问题凭证进行标错与驳回。

## 操作步骤

操作视频

### 1. 凭证审核操作

（1）凭证审核需由具有审核权限的操作员操作。财务经理胡晓进入【U8 企业应用平台】—【业务导航】—【财务会计】—【总账】—【凭证】—【审核凭证】，打开【凭证审核】窗口，显示审核凭证条件，如图 3-15 所示。

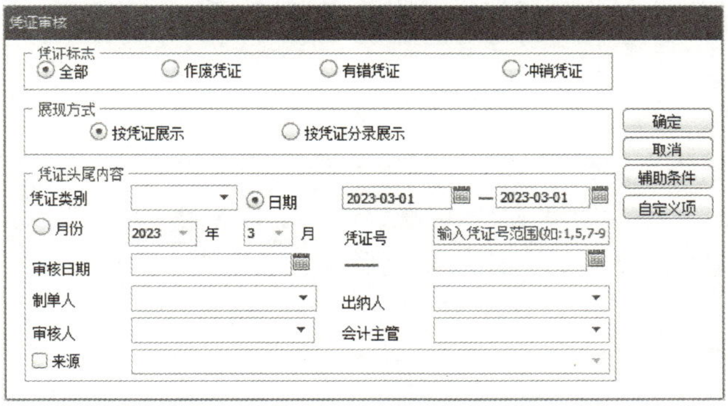


图 3-15　【凭证审核】窗口

（2）输入审核凭证的条件（系统默认即可），单击【确定】按钮，显示【凭证审核列表】页面，如图 3-16 所示。

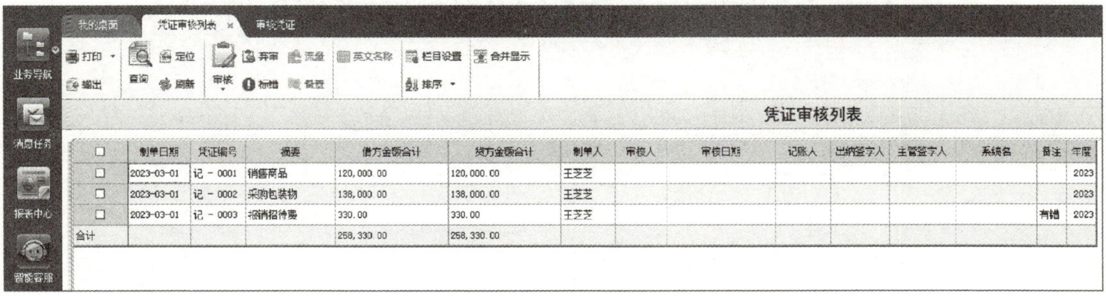


图 3-16　【凭证审核列表】页面

（3）双击要审核的凭证，屏幕显示此张凭证，逐项审核摘要描述的准确性，所选会计科目的正确性，分录中数量、单价、金额的准确性，辅助核算中项目选择的正确性，资金科目现金流量项目的合理性等。审核无误，单击【审核】按钮，凭证审核通过，自动跳转到下一张凭证审核界面。

**2. 凭证标错与取消审核**

(1) 审核时若发现凭证有错，不能直接修改，需要单击【标错】按钮，输入错误原因，将凭证退回给制单人修改。针对标错后的凭证，再次单击【标错】按钮可以取消标错。

(2) 审核通过后，若发现错误，可以单击凭证审核列表界面的【取消审核】按钮，将凭证回到待审核状态。

**特别提示**

◇ 每一张凭证都必须经过审核，审核人必须具有审核权，审核人和制单人不能是同一个人。

◇ 已标记作废的凭证不能被审核，也不能被标错，需先取消作废标记后才能审核。

◇ 凭证一经审核，不能被修改、删除，只有取消审核签字后才可以修改或删除。

## 任务 8.5 凭证记账

### 任务要求

北京星月电器销售有限公司的财务经理胡晓对审核无误的凭证进行记账处理，系统自动将凭证数据登记到总账和明细账、日记账、部门账、往来账、项目账以及备查账等。

要求：财务经理胡晓在业财一体信息化平台总账模块中完成凭证记账操作。

操作视频

### 操作步骤

(1) 财务经理胡晓进入【U8 企业应用平台】—【业务导航】—【财务会计】—【总账】—【凭证】—【记账】，打开【记账】窗口。

(2) 【记账】窗口中显示大于结账月的第一个会计期间的未记账凭证范围清单，在记账范围栏中输入凭证编号或单击【全选】按钮选择本次记账范围，如图 3-17 所示。

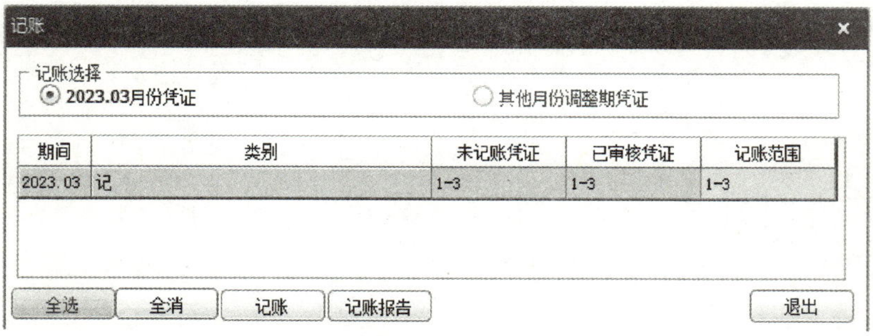


图 3-17 【记账】窗口

(3) 单击【记账报告】按钮，查看本次记账报告，屏幕显示所选凭证的汇总表及凭证总数，进行核对。

(4) 核对后单击【返回】按钮，单击【记账】按钮，系统自动登录有关的总账和明细账，如图 3-18 所示。

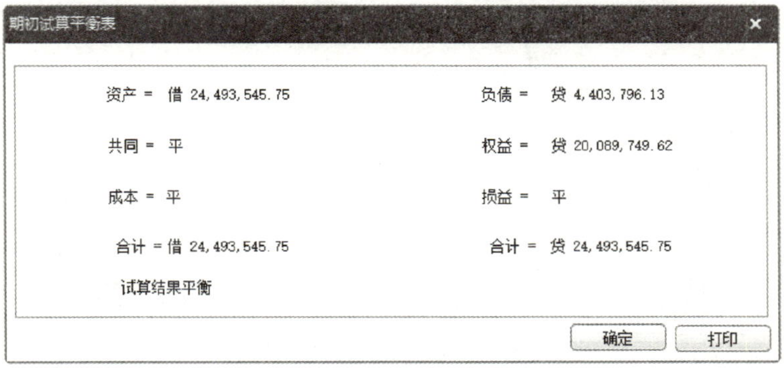


**图 3-18　【期初试算平衡表】页面**

### 特别提示

- ◇ 第一次记账时，若期初余额试算不平衡，不能记账。
- ◇ 上月未记账，本月不能记账。
- ◇ 未审核凭证不能记账，记账范围应小于等于已审核范围。
- ◇ 作废凭证不需审核可直接记账。
- ◇ 记账过程一旦断电或因其他原因造成中断，系统将自动调用“恢复记账前状态”恢复数据，需重新记账。
- ◇ 记账之后的凭证若发现错误，按照会计准则不能反记账，需要用红字冲销法或补充登记法进行修正。

## 任务 8.6　账簿查询

### 任务要求

北京星月电器销售有限公司的财务经理胡晓根据管理层和业务部门的要求提供总账、明细账、往来明细账、部门辅助账、个人辅助账等账表。

要求：财务经理胡晓在业财一体信息化平台总账模块进行账簿查询。

### 操作步骤

**1. 总账查询**

(1) 财务经理胡晓进入【U8 企业应用平台】—【业务导航】—【财务会计】—【总账】—【账表】—【科目账】—【总账】，弹出【总账】查询条件窗口，如图 3-19 所示。

(2) 输入要查询的起止科目范围、科目级次、是否包含未记账凭证，单击【确定】按钮，进入【总账】查询窗口，如图 3-20 所示。

(3) 查询过程中，可以单击科目下拉列表，选择相应科目进行查询。

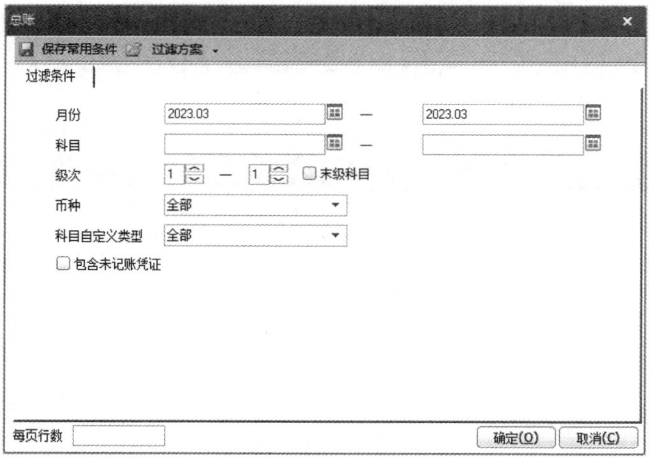


图 3-19 【总账】查询条件窗口

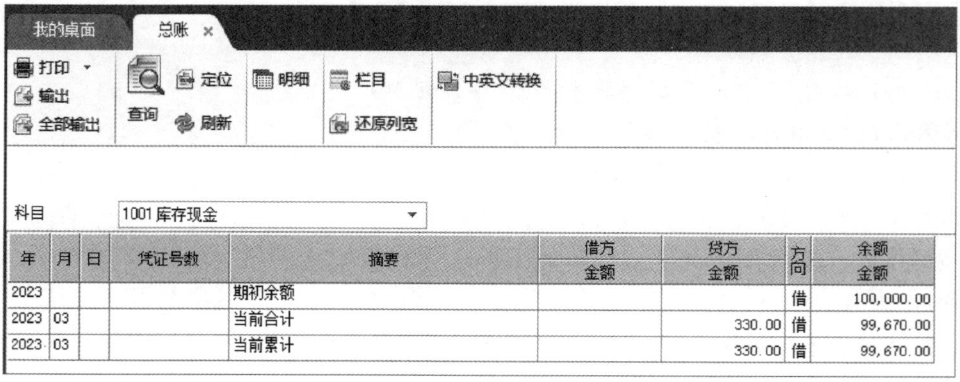


图 3-20 【总账】查询窗口

**2. 明细账查询**

系统提供了三种明细账的查询格式：普通明细账、按科目排序明细账、月份综合明细账。普通明细账是按科目查询、按发生日期排序的明细账；按科目排序明细账是按非末级科目查询，按其有发生的末级科目排序的明细账；月份综合明细账是按非末级科目查询，包含非末级科目总账数据及末级科目明细数据的综合明细账。

（1）财务经理胡晓进入【U8 企业应用平台】—【业务导航】—【财务会计】—【总账】—【账表】—【科目账】—【明细账】，弹出【明细账】查询条件窗口，如图 3-21 所示。

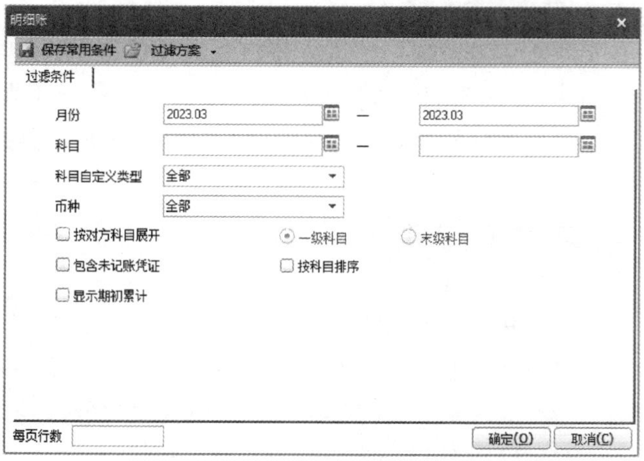


图 3-21 【明细账】查询条件窗口

（2）输入要查询的科目起止范围、月份范围，勾选【包含未记账凭证】或【显示期初累计】复选框。选择不同的排序方式，明细账以不同的排序形式显示输出，如图 3-22 所示。

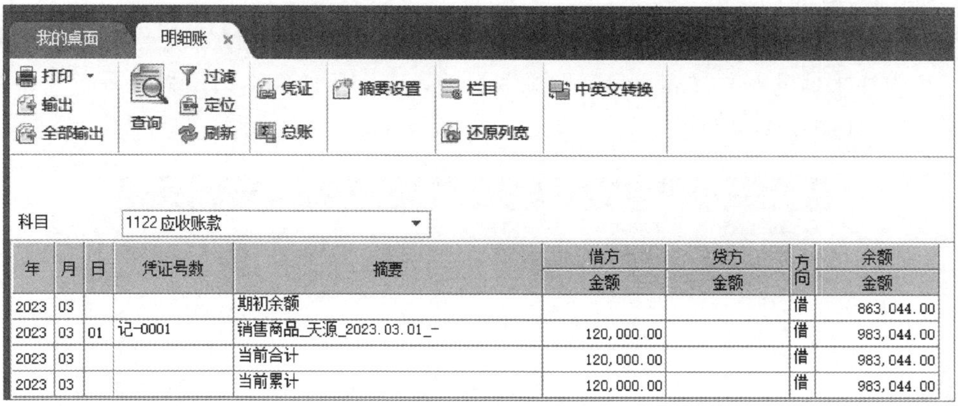


| 年 | 月 | 日 | 凭证号数 | 摘要 | 借方金额 | 贷方金额 | 方向 | 余额金额 |
|---|---|---|---|---|---|---|---|---|
| 2023 | 03 | | | 期初余额 | | | 借 | 863,044.00 |
| 2023 | 03 | 01 | 记-0001 | 销售商品_天源_2023.03.01_- | 120,000.00 | | 借 | 983,044.00 |
| 2023 | 03 | | | 当前合计 | 120,000.00 | | 借 | 983,044.00 |
| 2023 | 03 | | | 当前累计 | 120,000.00 | | 借 | 983,044.00 |

**图 3-22　【明细账】页面**

### 3. 日记账查询

总账模块中的日记账查询主要是查询除现金日记账和银行存款日记账之外的日记账，比如设置了“库存商品”日记账，则在此可以查询库存商品的日记账，现金和银行存款日记账在出纳模块中进行查询。

### 4. 客户往来账查询

客户往来账查询功能可以查看余额表、明细账、打印催款单，进行客户往来两清工作。

1）余额表查询

（1）财务经理胡晓进入【U8 企业应用平台】—【业务导航】—【财务会计】—【总账】—【账表】—【客户往来辅助账】—【客户科目余额表】，输入查询条件查询客户科目余额，如图 3-23 所示。

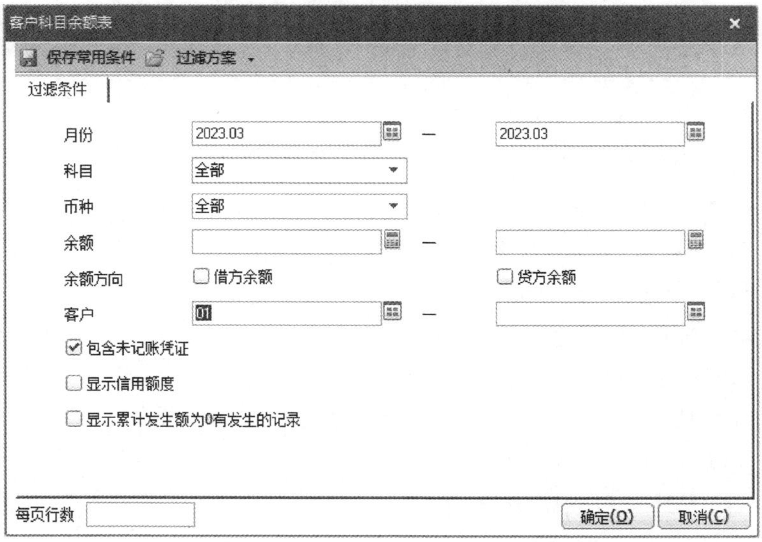


**图 3-23　【客户科目余额表】查询条件页面**

（2）根据需求还可以查询客户余额表、客户三栏式余额表、客户业务员余额表、客户地区分类余额表、客户部门余额表、客户项目余额表，以不同维度反映客户余额情况。

2）明细账查询

财务经理胡晓进入【U8 企业应用平台】—【业务导航】—【财务会计】—【总账】—【账表】—【客户往来辅助账】—【客户科目明细账】，输入查询条件查询指定科目下各往来客户的明细账情况，如图 3-24 所示。

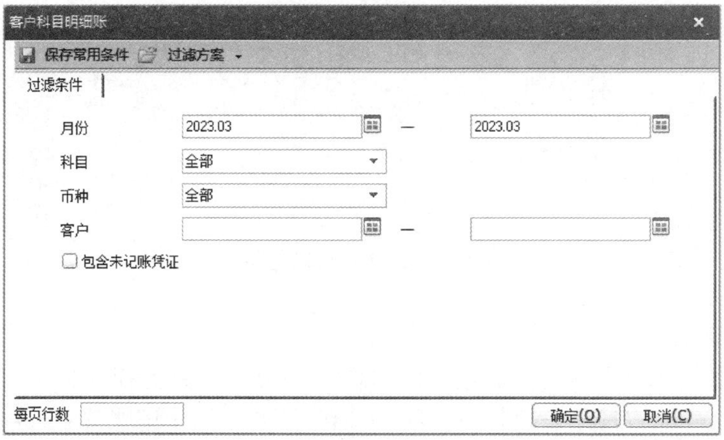


**图 3-24 【客户科目明细账】查询条件页面**

3）客户往来两清

进行客户往来款项的清理勾对工作，以便及时了解应收款的结算情况以及未达账情况，系统提供自动与手工勾对两种方式清理客户欠款。

（1）财务经理胡晓进入【U8 企业应用平台】—【业务导航】—【财务会计】—【总账】—【账表】—【客户往来辅助账】—【客户往来两清】，输入查询条件。

（2）选择往来科目、往来客户名称，查询月份、部门、项目、票号、业务员、金额和票据日期等查询条件，如图 3-25 所示。

（3）选择栏目显示项，可以选择在两清结果列表中显示部门、项目、业务员、票据日期和自定义项等栏目。

（4）选择两清条件，按部门相同两清、按项目相同两清、按票号相同两清、按业务员相同两清、按自定义项相同两清。

（5）选择勾对方式：专认勾对、逐笔勾对、全额勾对。

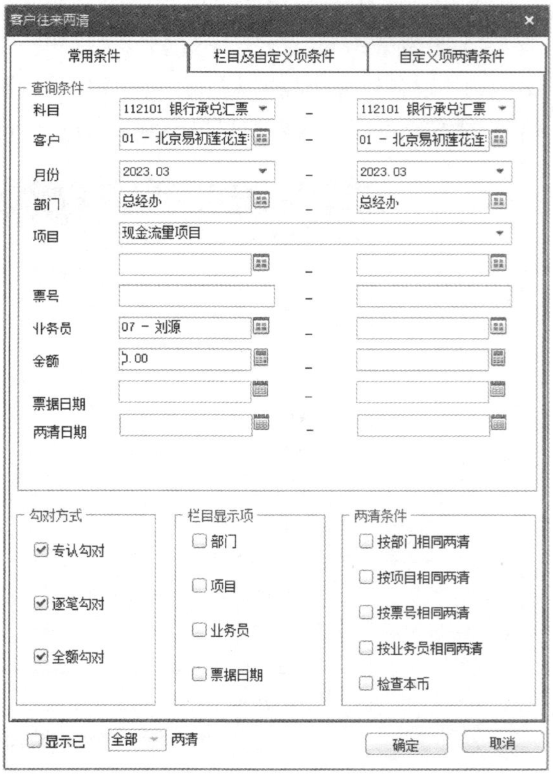


**图 3-25 【客户往来两清】查询条件页面**

（6）单击【确认】按钮，弹出【客户往来两清】结果页面，如图 3-26 所示。

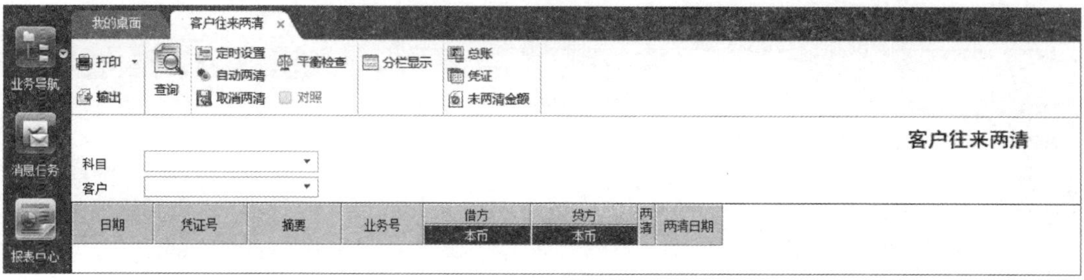


图 3-26 【客户往来两清】结果页面

**5. 供应商往来账查询**

参见“4. 客户往来账查询”。

**6. 部门辅助账查询**

1）查询部门科目总账及明细账

（1）财务经理胡晓进入【U8 企业应用平台】—【业务导航】—【财务会计】—【总账】—【账表】—【部门辅助账】—【部门科目总账】，弹出【部门科目总账】查询条件窗口，如图 3-27 所示。

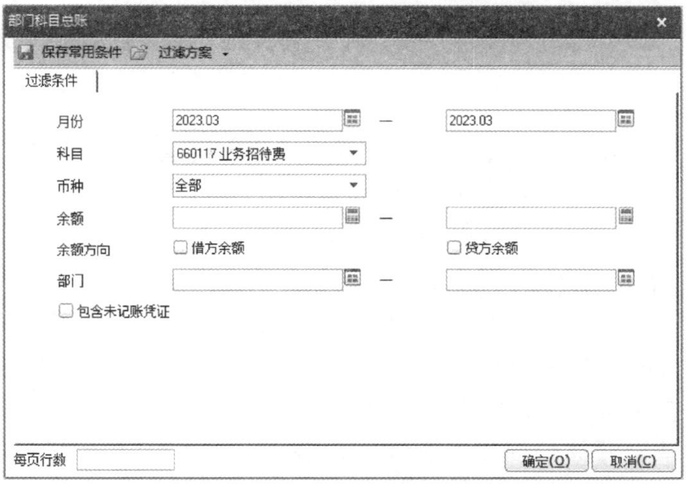


图 3-27 【部门科目总账】查询条件窗口

（2）选择要查询的科目、部门和月份范围，即可得到指定科目按不同部门归集费用或支出的部门科目总账列表，如图 3-28 所示。

图 3-28 【部门科目总账】页面

(3) 选择总账列表中的要查询明细的单笔业务，单击【明细】按钮，可联查该科目的明细账，如图 3-29 所示。

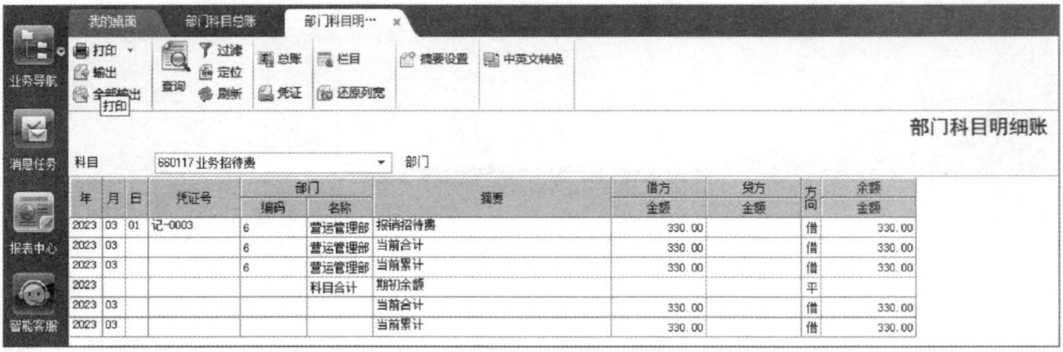


图 3-29 【部门科目明细账】页面

2）部门收支分析

部门收支分析可对所有部门核算科目的发生额及余额按部门进行分析，加强企业对各部门收支情况的管理。

(1) 财务经理胡晓进入【U8 企业应用平台】—【业务导航】—【财务会计】—【总账】—【账表】—【部门辅助账】—【部门收支分析】，显示部门收支分析查询条件向导，选择需要进行收支分析的部门核算科目；勾选【包含未记账凭证】复选框，如图 3-30 所示。

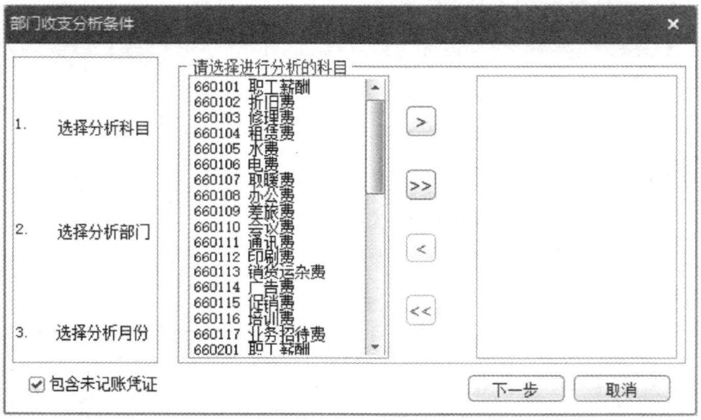


图 3-30 【部门收支分析条件】页面(1)

(2) 单击【下一步】按钮，选择需要进行收支分析的部门，如图 3-31 所示。

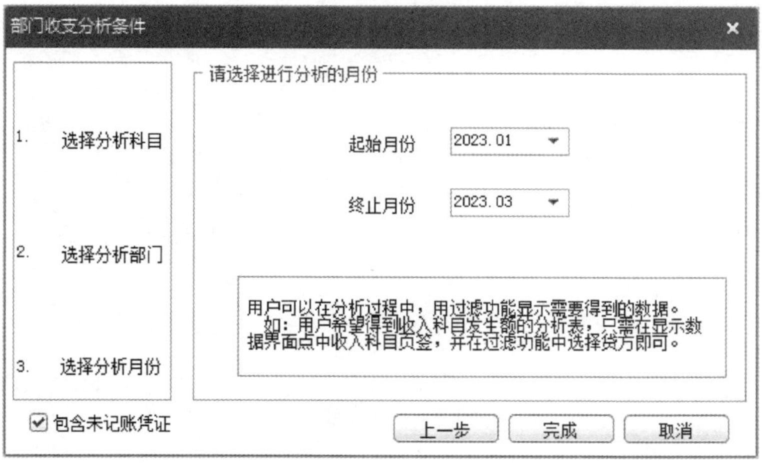


图 3-31 【部门收支分析条件】页面(2)

(3) 单击【下一步】按钮，选择需要进行收支分析的起止月份，如图 3-32 所示。

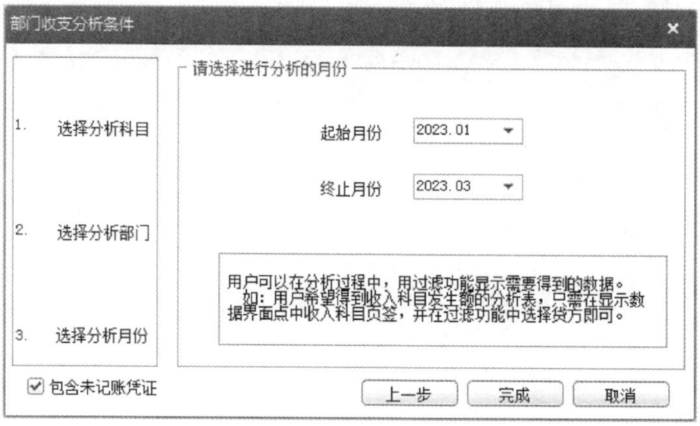


图 3-32　【部门收支分析条件】页面(3)

(4) 选择完成后，显示【部门收支分析表】页面，如图 3-33 所示。

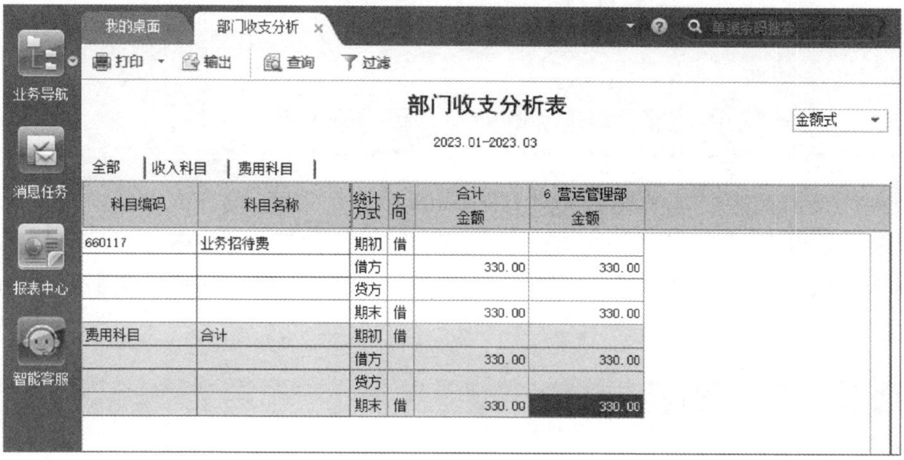


图 3-33　【部门收支分析表】页面

(5) 在【部门收支分析表】中可以选择【全部】【收入科目】【费用科目】页签查询数据。例如，查询收入科目的发生额的分析表，只需在查询界面中单击【收入科目】页签，并在过滤功能中选择“贷方”即可。

**7. 个人辅助账查询**

个人辅助账可以查询内部职工发生的往来业务。使用“个人往来核算”功能时，需要先在会计科目设置中将该科目的辅助核算类型设为“个人往来”。使用“个人往来核算”功能可以完成个人余额查询统计、个人往来明细账查询输出、个人往来清理、往来对账、个人往来催款单、个人往来账龄分析和打印催款单等。

1) 查询个人科目余额表

(1) 财务经理胡晓进入【U8 企业应用平台】—【业务导航】—【财务会计】—【总账】—【账表】—【个人往来辅助账】—【个人科目余额表】，弹出【个人科目余额表】查询条件窗口。

(2) 选择输入要查询的会计科目、起止月份，可限制查询的余额范围，选择要统计的余额方向。如要统计余额在借方的个人往来情况，则勾选【借方余额】复选框；如不分余额方向，则勾选【借方余额】和【贷方余额】复选框，如图 3-34 所示。

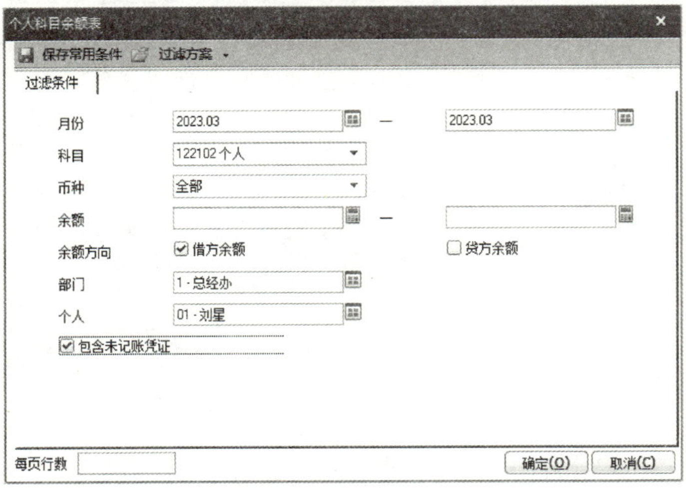


图 3-34 【个人科目余额表】查询条件窗口

2）个人往来清理

“个人往来清理”功能能够及时地了解个人借款、还款情况。

（1）财务经理胡晓进入【U8 企业应用平台】—【业务导航】—【财务会计】—【总账】—【账表】—【个人往来辅助账】—【个人往来两清】，弹出【个人往来两清】查询条件窗口。

（2）输入科目、个人、月份、项目等查询条件，两清条件可以选择【按项目相同两清】，也可以切换到【自定义项两清条件】，选择【按自定义项两清】选项，单击【确定】按钮，输出查询结果，如图 3-35 所示。

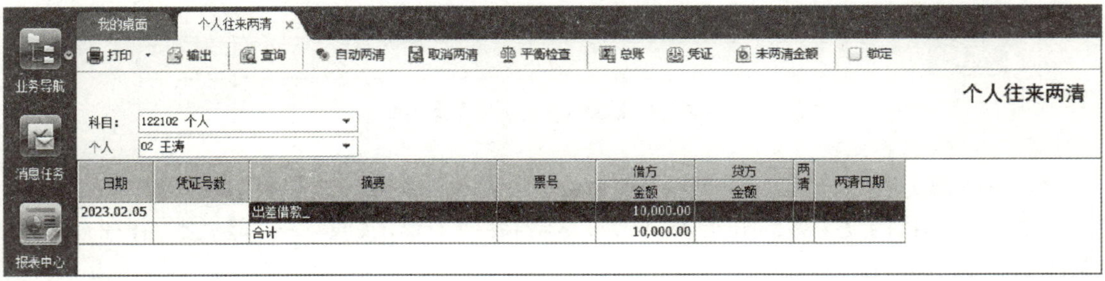


图 3-35 【个人往来两清】结果页面

## 工作反思

获得的经验：______________________________

______________________________

______________________________

注意的事项：______________________________

______________________________

______________________________

思政驿站

# 工作任务 9　应收应付业务处理

## 任务情境

北京星月电器销售有限公司财务部处理本月应收应付事项。

应收会计刘佳审核销售部开具的发票信息，确认应收款项；应付会计李奇审核采购部提交的发票信息，确认应付款项。

往来经理刘源审核处理本月的应收调整事项，进行应收冲应付和应付冲应收的款项合并调整操作。

出纳谢芳根据本月的收款、付款情况在系统中录入收款单与付款单，并提交财务经理胡晓审核生成收付款凭证；对收到的银行承兑汇票按照财务经理胡晓的指示进行贴现、背书等操作。

往来经理刘源评估应收账款的坏账风险，计提坏账准备，对本月发生的坏账业务进行处理。

## 任务向导

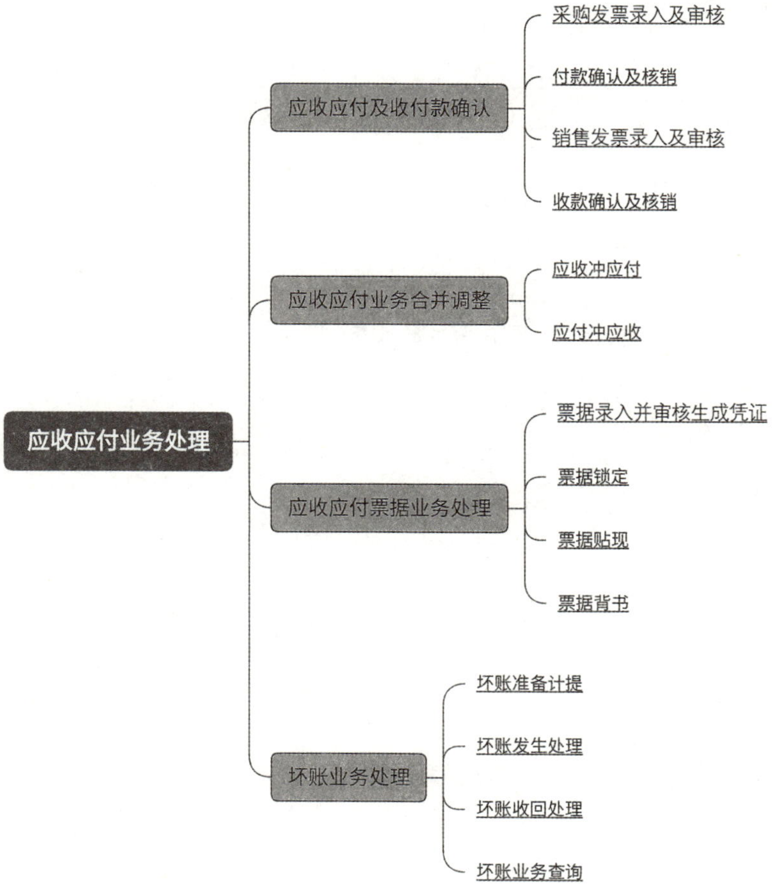

# 任务 9.1 应收应付及收付款确认

## 任务要求

北京星月电器销售有限公司本月相关的应收应付及收付款经济业务如下：

(1) 2023 年 3 月 2 日，北京星月电器销售有限公司从广东星月电器销售有限公司采购一批货物，货物已入库。发票信息，如图 3-36 所示。

广东增值税专用发票

4400193130　　发票联　　№ 01837782　4400193130　01837782

机器编号：499910936578　　开票日期：2023年03月02日

| 购买方 | |
|---|---|
| 名　　称： | 北京星月电器销售有限公司 |
| 纳税人识别号： | 91110000600001760T |
| 地 址、电 话： | 北京市朝阳区建国路15号 010-62455516 |
| 开户行及账号： | 中国工商银行北京朝阳支行1100229999888896666 |

密码区：
035926>3>2<0230937-8>1*26906
374*91/- +588247>>/*6+>-89233
785926>3>2<0230937*57+89>097
4/ 737-++ 690195*6067/ /42+2-72

| 货物或应税劳务、服务名称 | 规格型号 | 单位 | 数量 | 单价 | 金额 | 税率 | 税额 |
|---|---|---|---|---|---|---|---|
| *润湿空气装置*小熊迷你加湿器 | | 台 | 500 | 78.2200 | 39110.00 | 13% | 5084.30 |
| *润湿空气装置*大容量加湿器 | | 台 | 300 | 176.9900 | 53097.00 | 13% | 6902.61 |
| 合　　计 | | | | | ¥92,207.00 | | ¥11,986.91 |
| 价税合计（大写） | ⊗ 壹拾万肆仟壹佰玖拾叁圆玖角壹分 | | | | （小写）¥104,193.91 | | |

| 销售方 | |
|---|---|
| 名　　称： | 广东星月电器销售有限公司 |
| 纳税人识别号： | 914407878363548213 |
| 地 址、电 话： | 广东省深圳市东凤镇美和穗工业园西区128号0755-36377633 |
| 开户行及账号： | 工行深圳罗湖支行4234232100153680000 |

备注：（印章）广东星月电器销售有限公司 914407878363548213 发票专用章

收款人：郭庆　　复核：王丹　　开票人：刘杨丽　　销售方：（章）

税总函〔2019〕340号北京印刷有限公司

第三联：发票联 购买方记账凭证

图 3-36 采购发票

(2) 2023 年 3 月 4 日，北京星月电器销售有限公司支付广东星月电器销售有限公司期初货款 300 000 元，网银转账支付。付款回单，如图 3-37 所示。

ICBC 中国工商银行　　业务回单（付款）

| | | | |
|---|---|---|---|
| 入账日期： | 2023/03/04 | 回单编号： | 10283769420 |
| 付款人户名： | 北京星月电器销售有限公司 | | |
| 付款人账号： | 1100229999888896666 | | |
| 付款人开户行/发报行： | 中国工商银行北京朝阳支行 | | |
| 收款人户名： | 广东星月电器销售有限公司 | | |
| 收款人账号： | 4234232100153680000 | | |
| 收款人开户行 | 中国工商银行深圳罗湖支行 | | |
| 币种： | 人民币 | 金额（小写）： | ￥300,000.00 |
| 金额（大写）： | 叁拾万元整 | | |
| 凭证种类： | | 凭证号码： | 20230304 |
| 业务（产品）种类： | | 摘要： | 支付货款 |
| 附言： | | | |
| 支付交易序号： | 13067895 | 报文种类： | |
| 委托日期： | 2023/03/04 | 业务种类： | 网上企业银行支付 |
| 收款人地址： | | | |
| 付款人地址： | | | |
| 打印次数： | 1 次 机打回单注意重复 | 打印日期： | 2023/03/04 |
| | | 打印柜员： | 22141 |

（印章）中国工商银行股份有限公司北京朝阳支行 2023.03.04 核算用章（04）

图 3-37 付款回单

（3）2023 年 3 月 3 日，北京星月电器销售有限公司销售部的业务员赵宇鑫销售给北京易初莲花连锁超市有限公司一批货物，货物及发票已运至客户。发票信息，如图 3-38 所示。

**北京增值税专用发票**

1100113188　　此联不作报销、扣税凭证使用　　№ 01937788

1100113188
01937788
机器编号：499910936588　　开票日期：2023年03月03日

| | | | | | | | |
|---|---|---|---|---|---|---|---|
| 购买方 | 名　　称：北京易初莲花连锁超市有限公司<br>纳税人识别号：9111000071786958XX<br>地 址、电 话：北京市朝阳区朝阳路太平庄176号010-65575353<br>开户行及账号：华夏银行北京灯市口支行53986434839312637 | | | 密码区 | 035926>3>2<0230937-8>1*26906<br>374*91/- +588247>>/*6+>-89233<br>785926>3>2<0230937*57+89>097<br>4/ 737-++ 690195*6067/ /42+2-72 | | |
| 货物或应税劳务、服务名称 | 规格型号 | 单位 | 数量 | 单价 | 金额 | 税率 | 税额 |
| *润湿空气装置*小熊迷你加湿器 | | 台 | 7000.00 | 106.19 | 743362.83 | 13% | 96637.17 |
| *润湿空气装置*大容量上加水加湿器 | | 台 | 7800.00 | 264.60 | 2063893.81 | 13% | 268306.19 |
| 合　　计 | | | | | ¥2,807,256.64 | | ¥364,943.36 |
| 价税合计（大写） | ⊗叁佰壹拾柒万贰仟贰佰元整 | | | | （小写）¥3,172,200.00 | | |
| 销售方 | 名　　称：北京星月电器销售有限公司<br>纳税人识别号：91110000600001760T<br>地 址、电 话：北京市朝阳区建国路15号 010-62455516<br>开户行及账号：中国工商银行北京朝阳支行1100229999888896666 | | | 备注 | 北京星月电器销售有限公司 91110000600001760T 发票专用章 | | |

收款人：　　复核：　　开票人：彭登峰　　销售方：（章）

税总函〔2019〕340号北京印刷有限公司

第一联：记账联　销售方记账凭证

图 3-38　销售发票

（4）2023 年 3 月 6 日，收到北京家乐福商业有限公司前欠货款 134 384 元，支付方式为网银转账。收款回单，如图 3-39 所示。

**ICBC 中国工商银行**　　业务回单（收款）

| | | | |
|---|---|---|---|
| 入账日期： | 2023/03/06 | 回单编号： | 10283769420 |
| 付款人户名： | 北京家乐福商业有限公司 | | |
| 付款人账号： | 0200053809024207280 | | |
| 付款人开户行/发报行： | 中国工商银行北京方庄支行 | | |
| 收款人户名： | 北京星月电器销售有限公司 | | |
| 收款人账号： | 1100229999888896666 | | |
| 收款人开户行 | 中国工商银行北京朝阳支行 | | |
| 币种： | 人民币 | 金额（小写）： | ¥134,384.00 |
| 金额（大写）： | 壹拾肆万肆仟叁佰捌拾肆元整 | | |
| 凭证种类： | | 凭证号码： | |
| 业务（产品）种类： | 同城大额 | 摘要： | 货款 |
| 附言： | | | |
| 支付交易序号： | 13069972 | 报文种类： | 00100 汇兑报文 |
| 委托日期： | 2023/3/6 | 业务种类： | 电子汇划 |
| 收款人地址： | | | |
| 付款人地址： | | | |
| 打印次数： | 1　次　机打回单注意重复 | 打印日期： | 2023/03/06　打印柜员：22141 |

中国工商银行股份有限公司北京分行　2023.03.06　核算用章（04）　郭谷英

图 3-39　收款回单

要求：采购专员黄鑫在业财一体信息化平台上对采购发票进行录入；应付会计李奇在业财一体信息化平台上对采购发票进行审核；出纳谢芳对付款单进行录入及核销处理；销售专员赵宇鑫在业财一体信息化平台上对销售发票进行录入；应收会计刘佳对销售发票进行审核；出纳谢芳对收款单进行录入及核销处理，并由应收会计刘佳及时准确生成记账凭证。

操作视频

## 操作步骤

### 1. 采购发票录入及审核

1）录入采购发票

（1）采购专员黄鑫进入【U8企业应用平台】—【业务导航】—【供应链】—【采购管理】—【采购发票】—【专用采购发票】，单击【增加】按钮，将案例资料中的采购发票信息录入，如图3-40所示。

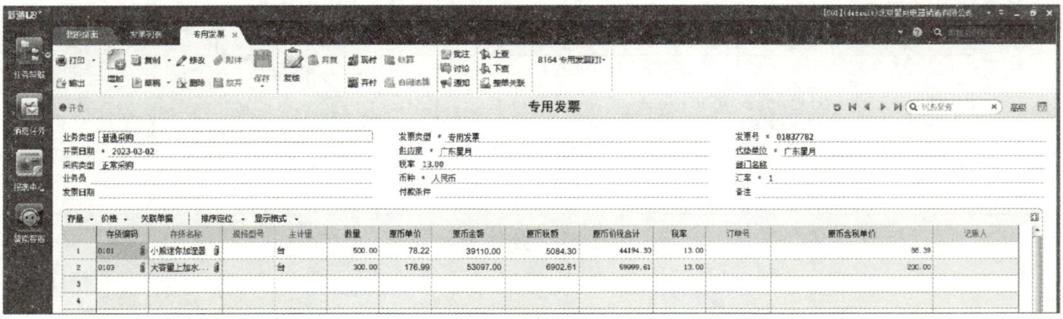


**图3-40 【专用发票】—【采购发票】录入页面**

（2）依次单击【保存】【复核】按钮。

2）审核采购发票

（1）应付会计李奇进入【U8企业应用平台】—【业务导航】—【财务会计】—【应付款管理】—【应付处理】—【采购发票】—【采购发票审核】，单击【查询】按钮，查询条件的结算状态选择“全部”，进入待审核的【采购发票列表】页面，如图3-41所示。

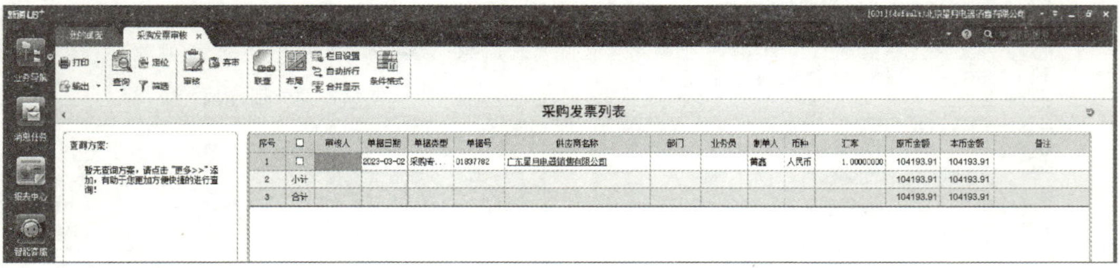


**图3-41 【采购发票审核】页面**

（2）双击要审核的发票，进入发票页面，将发票信息与供应商提供的增值税专用发票信息认真核对，如信息无误，单击【审核】按钮，弹出【是否立即制单】对话框，单击【是】按钮，系统自动生成一张确认应付的记账凭证，如图3-42所示。

（3）认真检查凭证上的科目与金额，若信息无误，单击【保存】按钮，将凭证传到总账系统中。

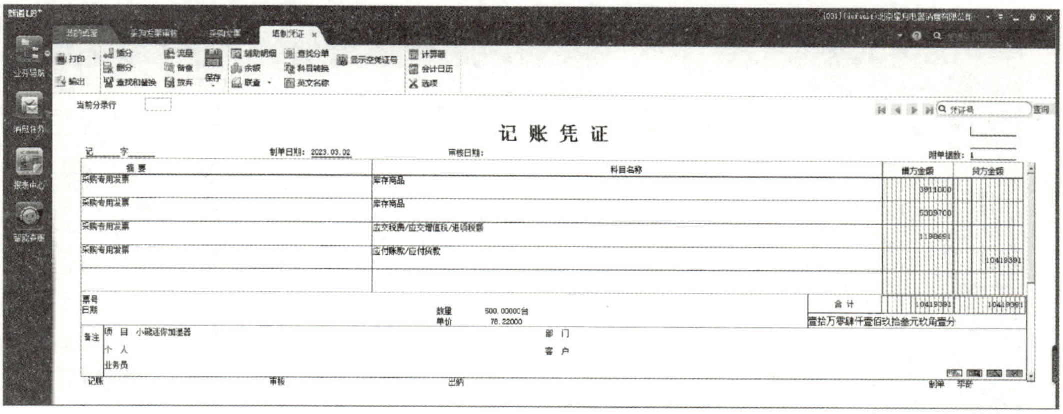


图 3-42　采购发票生成凭证页面

**特别提示**

◇ 如果公司没有启用采购系统，则在应付管理系统【应付处理】中录入采购发票，依据原始发票上的项目进行录入。如果启用采购系统，则在采购系统录入采购发票，并传递到应付系统。

◇ 如无法保存单据，则需要将表体项目“供应方银行账号”设置为显示。

### 2. 付款确认及核销

1）录入付款单

（1）出纳谢芳进入【U8 企业应用平台】—【业务导航】—【财务会计】—【应付款管理】—【付款处理】—【付款单据录入】，单击【增加】按钮，将案例资料中的付款回单信息录入，【供应商】选择“广东星月”，【结算方式】选择“网银转账”，【金额】输入“300000.00”，如图 3-43 所示。

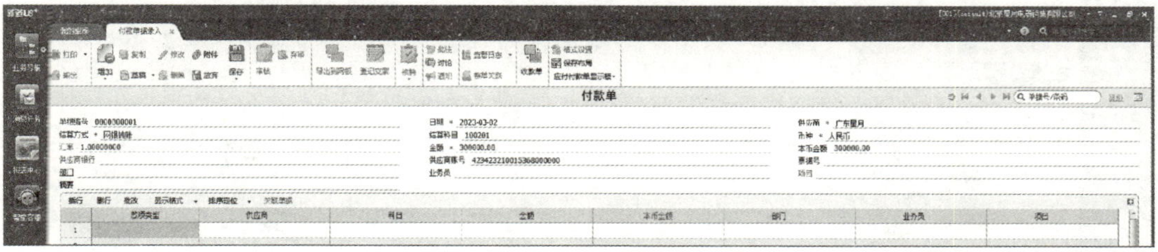

图 3-43　【付款单据录入】页面

（2）单击【保存】按钮，保存付款信息。

2）审核付款单并生成凭证

（1）应付会计李奇进入【U8 企业应用平台】—【业务导航】—【财务会计】—【应付款管理】—【付款处理】—【付款单据审核】，依次单击【查询】【确定】按钮，双击要审核的付款单，进入【付款单】页面，认真核对，信息无误，单击【审核】按钮，弹出【是否立即制单】对话框，单击【是】按钮，系统自动生成一张记账凭证，如图 3-44 所示。

（2）认真检查凭证上的科目与金额，若信息无误，单击【保存】按钮，将凭证传到总账系统中。

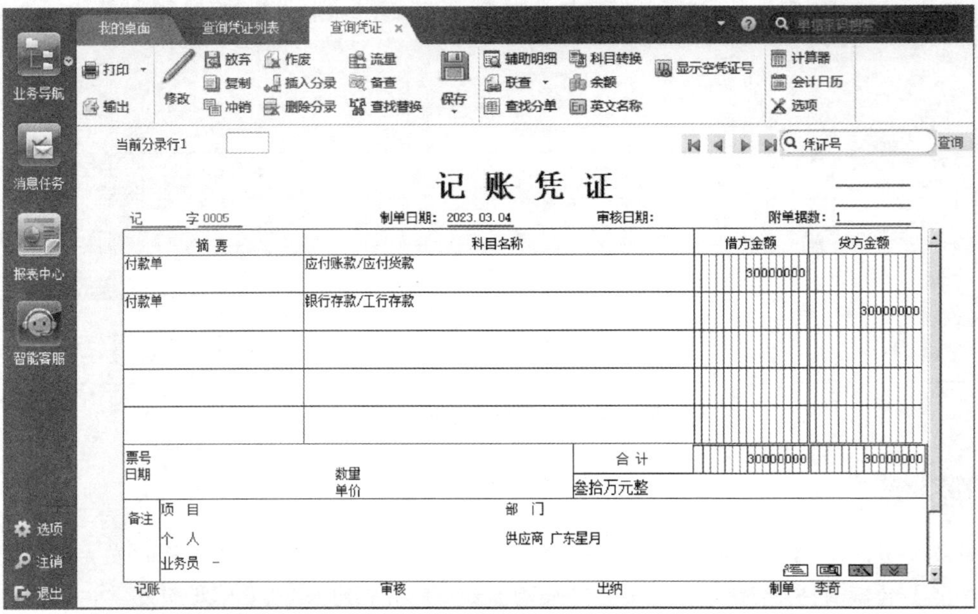

图 3-44　付款单生成凭证页面

3）付款核销

（1）出纳谢芳进入【应付款管理】—【核销处理】—【手工核销】，在【核销条件】页签中，勾选供应商“广东星月”，单击【确定】按钮，将付款单和期初其他应付单进行核销，在下方【其他应付单】的【本次结算】栏中输入金额“300000.00”，如图 3-45 所示。

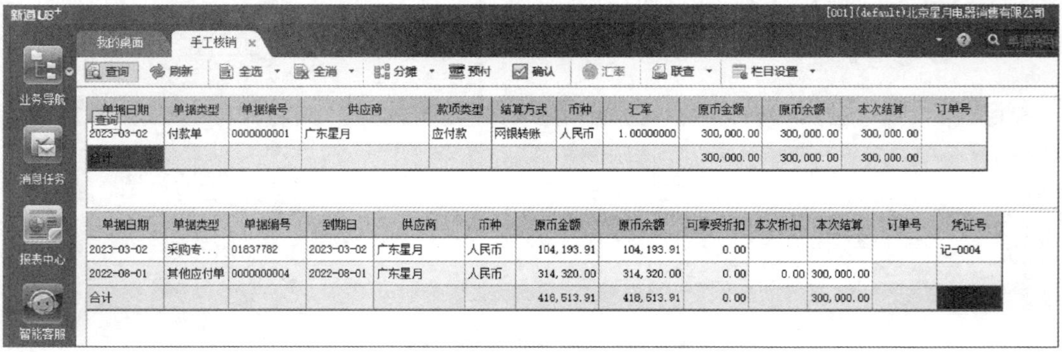

图 3-45　【手工核销】页面

（2）单击【确认】按钮，核销成功。

**3. 销售发票录入及审核**

1）录入销售发票

（1）销售专员赵宇鑫进入【U8 企业应用平台】—【业务导航】—【供应链】—【销售管理】—【销售开票】—【销售专用发票】，单击【增加】按钮，将案例资料中的销售发票信息录入，如图 3-46 所示。

（2）依次单击【保存】【复核】按钮。

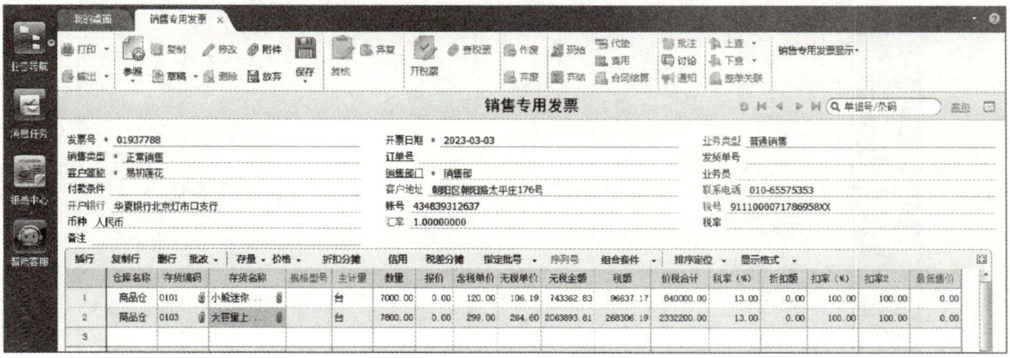


图 3-46　【销售专用发票】录入页面

2）审核销售发票

（1）应收会计刘佳进入【U8 企业应用平台】—【业务导航】—【财务会计】—【应收款管理】—【应收处理】—【销售发票】—【销售发票审核】，单击【查询】按钮，进入待审核的【销售发票列表】页面，如图 3-47 所示。

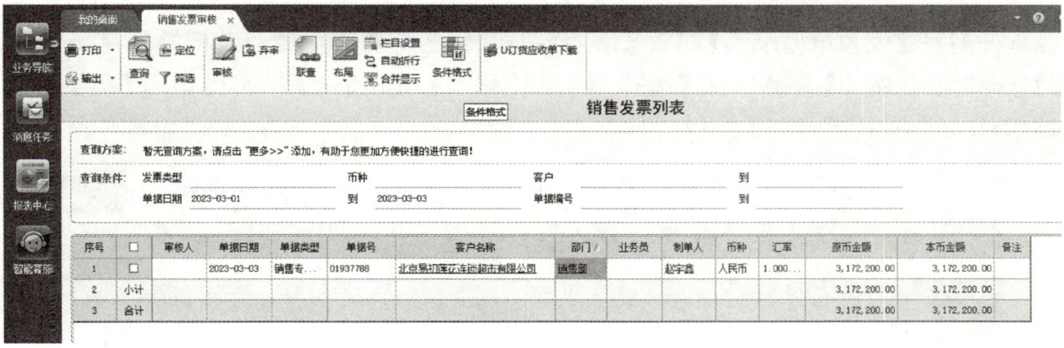


图 3-47　【销售发票列表】页面

（2）双击要审核的发票，进入发票页面，认真核对增值税专用发票信息，若信息无误，单击【审核】按钮，弹出【是否立即生成凭证】对话框，单击【是】按钮，系统自动生成一张确认应收的记账凭证，如图 3-48 所示。

（3）认真检查凭证上的科目与金额，若信息无误，单击【保存】按钮，将凭证传到总账系统中。

**特别提示**

◇　如果公司没有启用销售系统，则在应收管理系统【应收处理】中录入销售发票，依据原始发票上的项目进行录入。如果启用销售系统，则销售发票在销售系统录入，传递到应收系统。

**4. 收款确认及核销**

1）录入收款单

（1）出纳谢芳进入【U8 企业应用平台】—【业务导航】—【财务会计】—【应收款管理】—

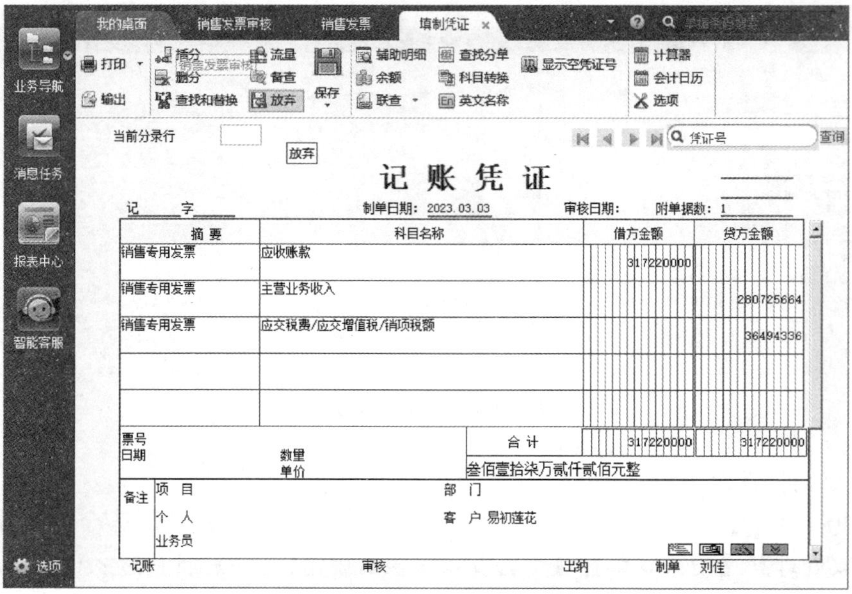


图 3-48　销售发票生成凭证页面

【收款处理】—【收款单据录入】，单击【增加】按钮，将案例资料中的收款回单信息录入，【客户】选择“家乐福”，【结算方式】选择“网银转账”，【币种】选择“人民币”，【金额】输入“134384.00”，如图 3-49 所示。

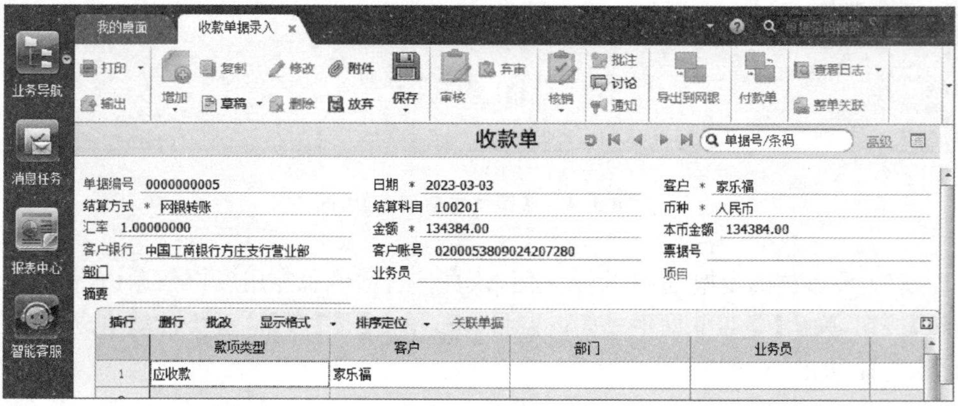


图 3-49　【收款单据录入】页面

(2) 单击【保存】按钮，保存收款信息。

2) 审核收款单并生成凭证

(1) 应收会计刘佳进入【U8 企业应用平台】—【业务导航】—【财务会计】—【应收款管理】—【收款处理】—【收款单据审核】，在【收款单】页面，单击【审核】按钮，弹出【是否立即制单】对话框，单击【是】按钮，生成记账凭证，系统自动生成一张记账凭证，如图 3-50 所示。

(2) 认真检查凭证上的科目与金额，若信息无误，单击【保存】按钮，将凭证传到总账系统中。

3) 收款核销

(1) 出纳谢芳进入【U8 企业应用平台】—【业务导航】—【财务会计】—【应收款管理】—

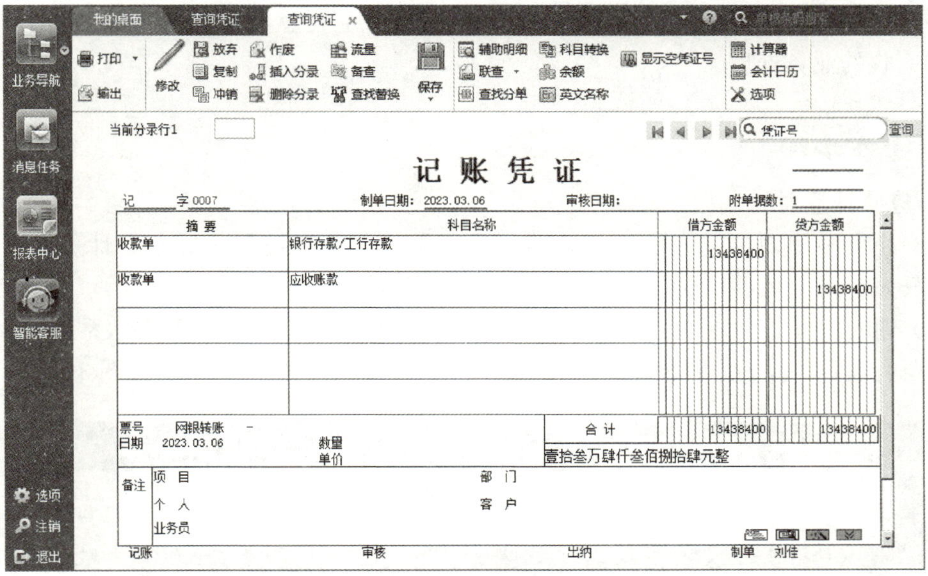


图 3-50　收款单生成凭证页面

【核销处理】—【手工核销】，进入【收款单】页面，单击【核销】按钮，将收款单和期初其他应收单进行核销，如图 3-51 所示。

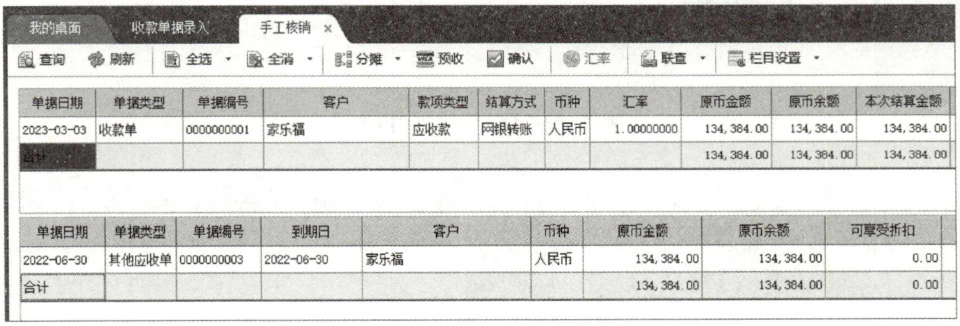


图 3-51　【手工核销】页面

(2) 在下方的【其他应收单】的【本次结算金额】栏中输入“134384.00”，单击【确认】按钮，核销成功。

## 任务 9.2　应收应付业务合并调整

### 任务要求

2023 年 3 月 6 日，北京星月电器销售有限公司的往来经理刘源在检查公司的应收应付款项时，发现本月对北京易初莲花连锁超市有限公司有一笔期初销售应收款 265 444 元，同时有一笔期初应付款 66 450 元。经与北京易初莲花连锁超市有限公司的财务经理沟通，双方达成协议：北京星月电器销售有限公司对北京易初莲花连锁超市有限公司的应收款 66 450 元以应付款进行冲抵。

要求：往来经理刘源在业财一体信息化平台应收应付款管理模块中进行应收冲应付、应付冲应收的业务处理。

操作视频

## 操作步骤

### 1. 应收冲应付

（1）往来经理刘源进入【U8 企业应用平台】—【业务导航】—【财务会计】—【应收款管理】—【转账】—【应收冲应付】，打开【应收冲应付】页面。

（2）输入【客户】为“易初莲花”，【供应商】为“易初莲花”，单击【确定】按钮，系统将该客户和供应商所有满足条件的应收款和应付款单据按上下列表的方式全部列出，如图 3-52 所示。

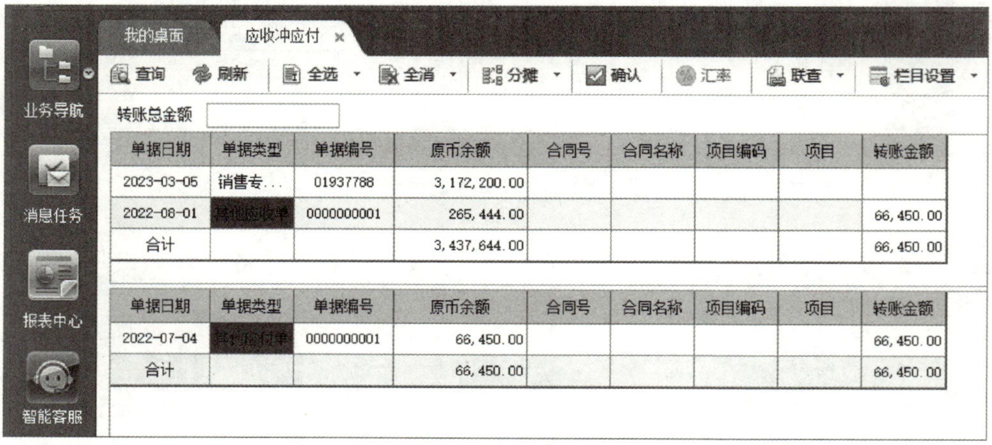


**图 3-52 【应收冲应付】页面**

（3）在【其他应收单】和【其他应付款单】的【转账金额】栏中输入“66450.00”，单击【确认】按钮，系统自动将两者对冲，并提示“是否立即制单”，单击【否】按钮，暂不制单。

（4）往来经理刘源进入【U8 企业应用平台】—【业务导航】—【财务会计】—【应收款管理】—【凭证处理】—【生成凭证】，在【制单查询】对话框中勾选【应收冲应付】复选框，如图 3-53 所示。

（5）单击【确定】按钮，系统会将符合条件的所有未制单的单据全部列出，选中前所做的【应收冲应付单】，单击【制单】按钮，进入【填制凭证】界面，如图 3-54 所示。

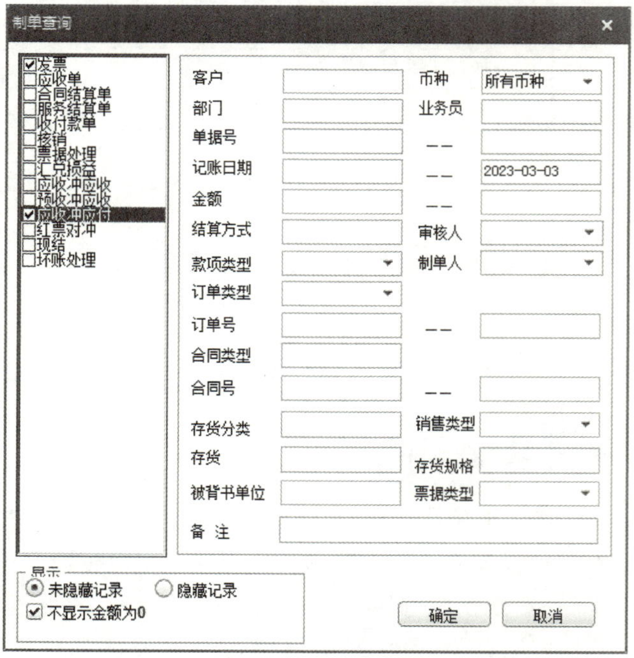


**图 3-53 【制单查询】对话框**

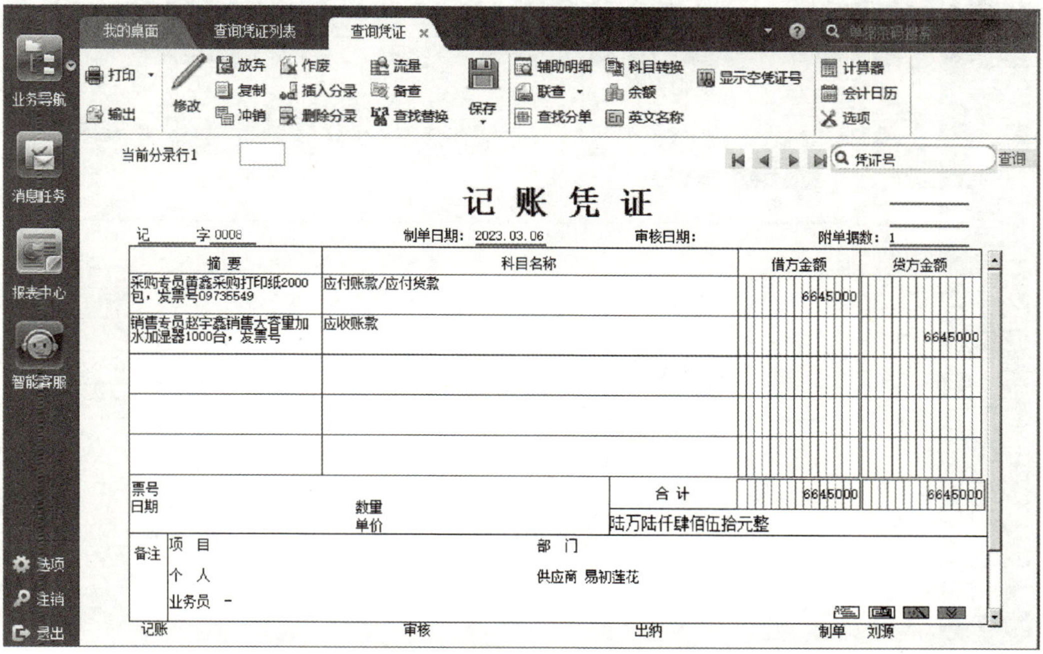


**图 3-54　应收冲应付生成凭证页面**

(6) 单击【保存】按钮，生成凭证并传递到总账系统。

**特别提示**

◇ 该项业务可以在应收管理模块进行应收冲应付处理，也可以在应付管理模块进行应付冲应收处理。

**2. 应付冲应收**

假设上笔业务未进行应收冲应付处理(将应收冲应付生成凭证删除，再将应收冲应付的操作取消)，而是在应付管理模块中进行应付冲应收。

(1) 往来经理刘源进入【U8 企业应用平台】—【业务导航】—【财务会计】—【应付款管理】—【转账】—【应付冲应收】，打开【应付冲应收】查询页面。

(2) 输入【供应商】为“易初莲花”，【客户】为“易初莲花”，单击【确定】按钮，系统将该客户和供应商所有满足条件的应收款和应付款的单据按上下列表的方式全部列出。在【转账金额】栏中输入“66450.00”，单击【确认】按钮，系统自动将两者对冲，并提示“是否立即制单”，如图 3-55 所示。

(3) 单击【否】按钮，暂不制单。

(4) 往来经理刘源进入【U8 企业应用平台】—【业务导航】—【财务会计】—【应付款管理】—【凭证处理】—【生成凭证】，在【制单查询】对话框中勾选【应付冲应收】复选框，如图 3-56 所示。

(5) 单击【确定】按钮，系统会将符合条件的所有未制单的单据全部列出。选中前所做的应付冲应收单，单击【制单】按钮，进入【记账凭证】界面，如图 3-57 所示。

图 3-55 【应付冲应收】查询页面

图 3-56 【制单查询】对话框

(6) 单击【保存】按钮，生成凭证并传递到总账系统。

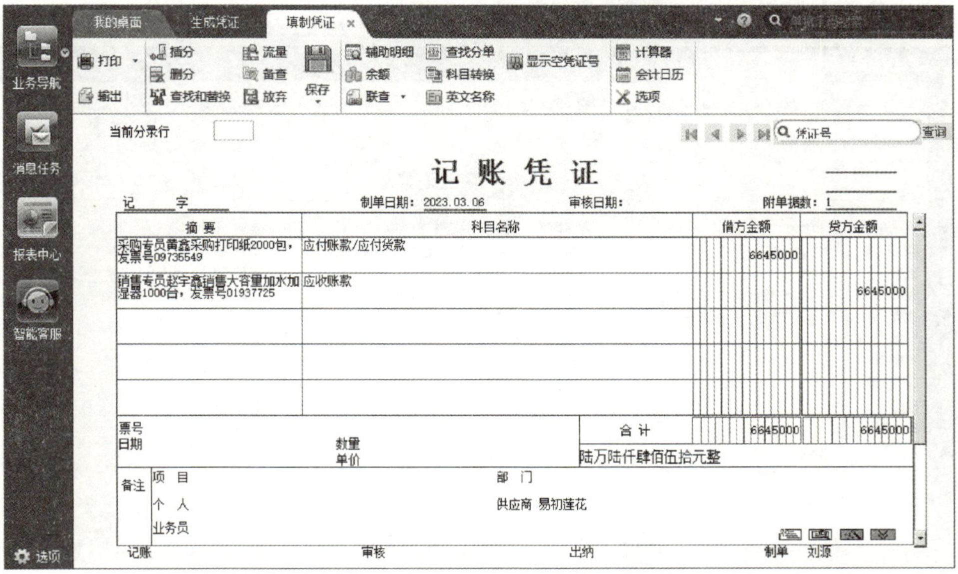


图 3-57　应付冲应收生成凭证页面

## 任务 9.3　应收应付票据业务处理

### 任务要求

北京星月电器销售有限公司 2023 年 3 月份相关票据的经济业务如下：

(1) 2023 年 3 月 5 日，收到客户北京京东叁佰陆拾度电子商务有限公司开来的银行承兑汇票一张(票据号 25891230，到期日 2023 年 9 月 5 日)，金额 193 284 元，用于支付前欠货款。

(2) 2023 年 3 月 10 日，公司决定将 3 月 5 日收到的银行承兑汇票到开户行申请贴现。

(3) 2023 年 3 月 15 日，收到银行扣除贴现利息的贴现款。(贴现利息为年利息 5%)。

(4) 2023 年 3 月 15 日，收到客户沃尔玛(中国)投资有限公司开具的商业承兑汇票一张(票据号 81246700，到期日 2023 年 9 月 15 日)，金额 159 570 元，用于支付前欠货款。

(5) 2023 年 3 月 27 日，公司将 3 月 15 日收到的商业承兑汇票背书转让北京环京物流有限公司，冲销前欠采购货款。

要求：出纳谢芳在业财一体信息化平台应收应付管理模块中完成票据录入、锁定、贴现、背书等业务处理；应收会计刘佳审核收款单并生成凭证。

### 操作步骤

操作视频

**1. 票据录入并审核生成凭证**

1) 票据录入

(1) 出纳谢芳进入【U8 企业应用平台】—【业务导航】—【财务会计】—【应收款管理】—【票据管理】—【票据录入】，弹出【商业汇票】录入页面。

(2) 单击【增加】按钮，在录入页面，按照案例资料中银行承兑汇票的信息输入，如

图 3-58所示。

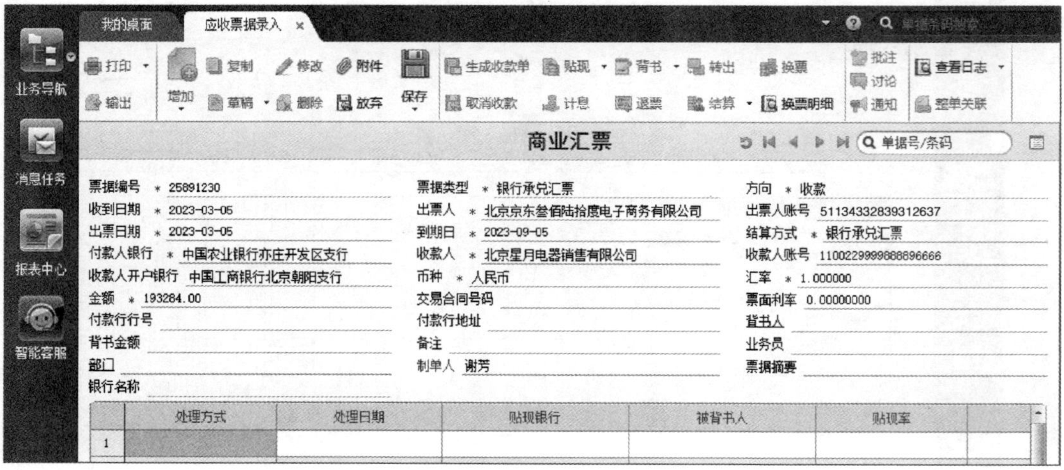

图 3-58 【银行承兑汇票】录入页面

（3）输入完成后，单击【保存】按钮，保存当前票据。

（4）保存完毕，自动生成一张收款单，可以执行【收款处理】—【收付款单查询】命令查看生成的收款单据，如图 3-59 所示。

图 3-59 【收款单】查询页面

2）审核收款单并生成凭证

应收会计刘佳进入【U8 企业应用平台】—【业务导航】—【财务会计】—【应收款管理】—【收款处理】—【收款单据审核】，选择待审核的单据，进行收款单审核并生成凭证，单击【保存】按钮，如图 3-60 所示。

**2. 票据锁定**

票据交给银行申请贴现后，需要在系统中对票据进行锁定处理，票据一旦处于锁定状态，只能进行下一步与之相关的操作，而不能进行其他无关操作。

（1）出纳谢芳进入【U8 企业应用平台】—【业务导航】—【财务会计】—【应收款管理】—【票据管理】—【票据录入】，弹出【商业汇票】录入页面。

（2）选择要贴现的票据，执行【贴现】—【贴现锁定】命令，对当前的票据进行贴现锁定处理。

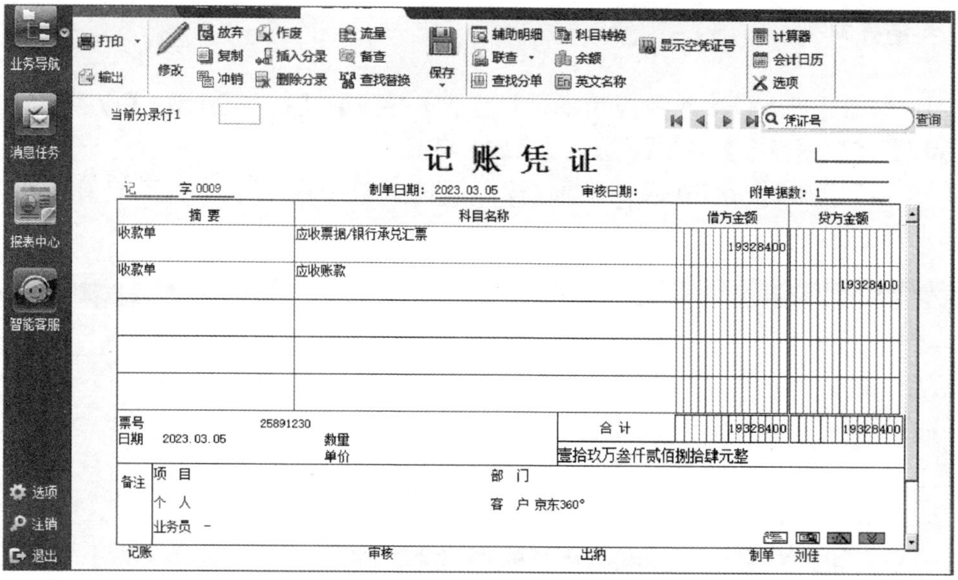


图 3-60　收款生成凭证页面

(3) 单击【确定】按钮，完成贴现锁定处理。

**3. 票据贴现**

(1) 收到贴现款后，录入贴现信息，出纳谢芳进入【U8 企业应用平台】—【业务导航】—【财务会计】—【应收款管理】—【票据管理】—【票据录入】，弹出【商业汇票】录入页面。

(2) 选择要贴现的票据，单击【贴现】按钮，输入贴现的银行、贴现率，系统自动计算贴现净额和贴现费用，如图 3-61 所示。

(3) 单击【确定】按钮，弹出【是否立即生成凭证】对话框，单击【是】按钮，进入制单页面，输入借贷方科目，单击【保存】按钮，如图 3-62 所示。

图 3-61　【商业汇票】录入页面

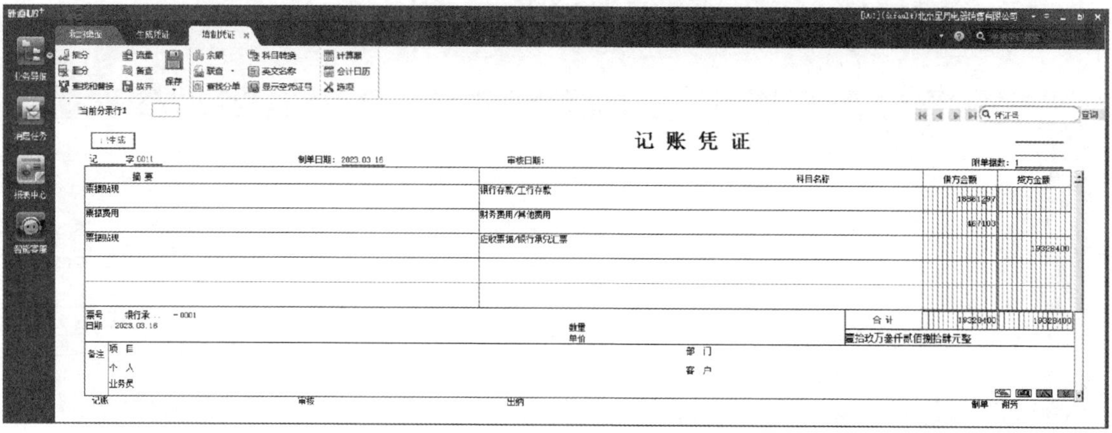


图 3-62　票据贴现生成凭证页面

**4. 票据背书**

1）票据录入

（1）出纳谢芳进入【U8 企业应用平台】—【业务导航】—【财务会计】—【应收款管理】—【票据管理】—【票据录入】，弹出【商业汇票】录入界面。

（2）单击【增加】按钮，在录入页面，按照案例资料中商业承兑汇票的信息输入，如图 3-63 所示。

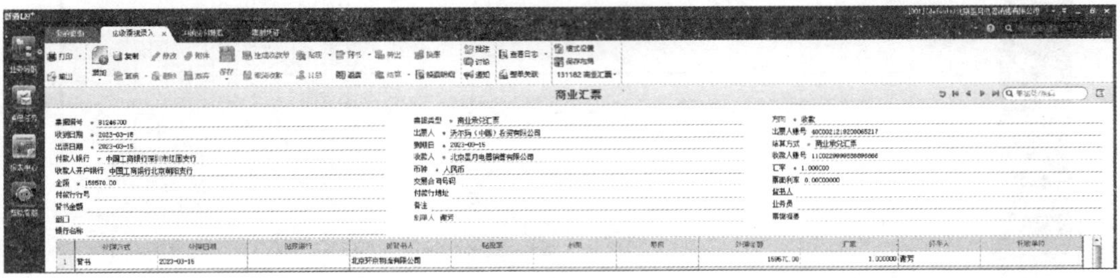

图 3-63 【商业汇票】录入页面

（3）输入完成后，单击【保存】按钮，保存当前票据。

（4）保存完毕，自动生成一张收款单，可以执行【收款处理】—【收付款单查询】命令查看生成的收款单据，如图 3-64 所示。

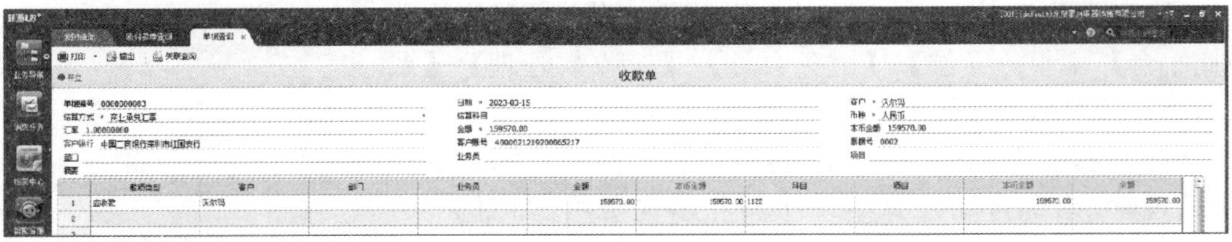

图 3-64 【收款单】查询页面

2）审核收款单并生成凭证

（1）应收会计刘佳进入【U8 企业应用平台】—【业务导航】—【财务会计】—【应收款管理】—【收款处理】—【收款单据审核】，选择待审核的单据，进行收款单审核并生成凭证，如图 3-65 所示。

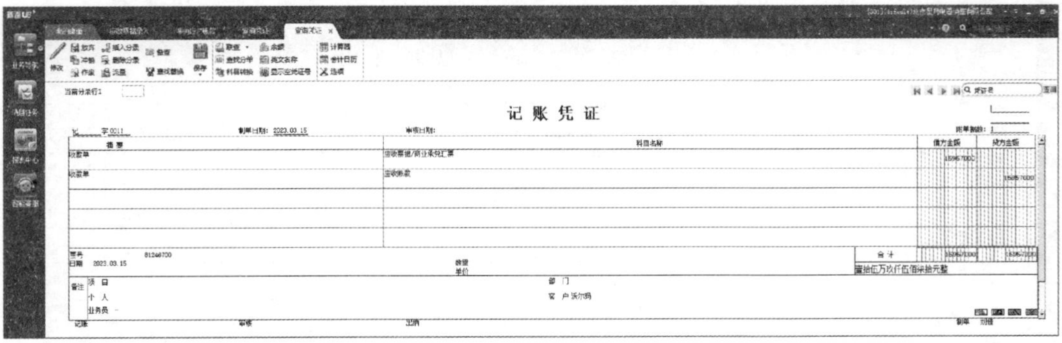

图 3-65 收款单生成凭证页面

(2) 单击【保存】按钮，将凭证保存并传到总账系统。

3) 背书票据

(1) 出纳谢芳进入【U8 企业应用平台】—【业务导航】—【财务会计】—【应收款管理】—【票据管理】—【票据录入】，弹出【商业汇票】录入界面。

(2) 选择前录入的商业承兑汇票，单击【背书】按钮，系统弹出【票据背书】对话框，如图 3-66 所示。

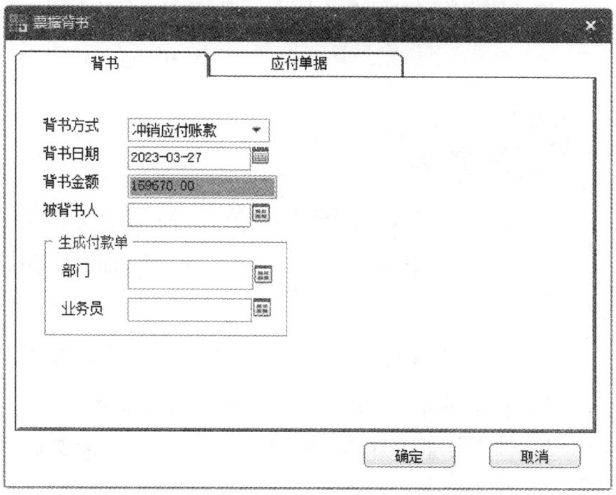


图 3-66　【票据背书】对话框

(3) 在弹出的【票据背书】对话框中输入背弓日期及背书金额，【被背书人】为“北京环亰”，单击【确定】按钮。

(4) 背书金额核销应付账款，单击【确认】按钮，系统自动跳转到【冲销应付账款】页面。

(5) 系统列出【供应商】为“北京环京”所有背书日期之前未结算完的单据。选中要核销的应付单据为期初的其他应付单，在【转账金额】处单击【分摊】按钮，系统自动填入冲销金额，如图 3-67 所示。

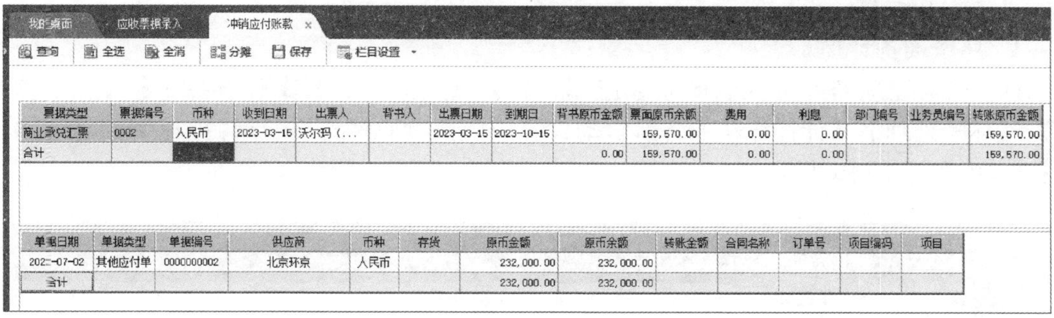


| 票据类型 | 票据编号 | 币种 | 收到日期 | 出票人 | 背书人 | 出票日期 | 到期日 | 背书原币金额 | 票面原币余额 | 费用 | 利息 | 部门编号 | 业务员编号 | 转账原币金额 |
|---|---|---|---|---|---|---|---|---|---|---|---|---|---|---|
| 商业承兑汇票 | 0002 | 人民币 | 2023-03-15 | 沃尔玛（... |  | 2023-03-15 | 2023-10-15 |  | 159,570.00 | 0.00 | 0.00 |  |  | 159,570.00 |
| 合计 |  |  |  |  |  |  |  | 0.00 | 159,570.00 | 0.00 | 0.00 |  |  | 159,570.00 |

| 单据日期 | 单据类型 | 单据编号 | 供应商 | 币种 | 存货 | 原币金额 | 原币余额 | 转账金额 | 合同名称 | 订单号 | 项目编码 | 项目 |
|---|---|---|---|---|---|---|---|---|---|---|---|---|
| 2022-07-02 | 其他应付单 | 0000000002 | 北京环京 | 人民币 |  | 232,000.00 | 232,000.00 |  |  |  |  |  |
| 合计 |  |  |  |  |  | 232,000.00 | 232,000.00 |  |  |  |  |  |

图 3-67　【冲销应付账款】页面

(6) 依次单击【保存】【确认】按钮，系统提示“是否立即制单”，单击【是】按钮，弹出【填制凭证】页面，输入贷方科目“应收票据/商业承兑汇票”，如图 3-68 所示。

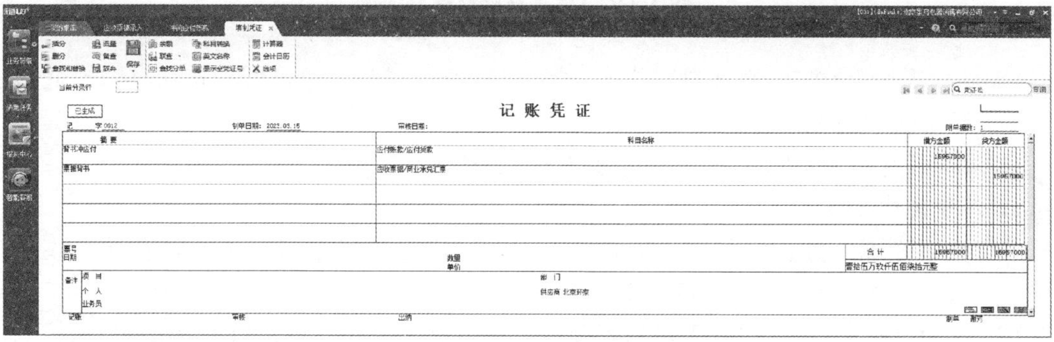


图 3-68　票据背书生成凭证页面

(7) 单击【保存】按钮，将凭证保存并传到总账系统中。

## 任务 9.4　坏账业务处理

### 任务要求

北京星月电器销售有限公司本月相关的坏账业务如下：

(1) 2023 年 3 月 2 日，往来经理刘源根据公司财务制度，对稽核确认后的应收账款计提坏账准备。

(2) 2023 年 3 月 10 日，应收会计刘佳收到无锡当当网信息技术有限公司的信息通报，称其公司遭遇破产危机，期初所欠款项预计只能支付 80%。应收会计刘佳将该情况上报，经领导批准，其预计不能支付的 20%款项做坏账处理。

(3) 2023 年 3 月 31 日，收到无锡当当网信息技术有限公司的网银转账，应收款项全额支付，当当网称其获得大额融资，成功度过危机。公司将应收款入账，并将之前确认的坏账确认收回。

要求：往来经理刘源在业财一体信息化平台应收管理模块中完成坏账计提、坏账发生、坏账收回、坏账查询等业务；出纳谢芳录入收款单。

操作视频

### 操作步骤

**1. 坏账准备计提**

(1) 往来经理刘源进入【U8 企业应用平台】—【业务导航】—【财务会计】—【应收款管理】—【坏账处理】—【计提坏账准备】，自动计算应收账款总额，并根据计提比率计算出本次计提金额，如图 3-69 所示。

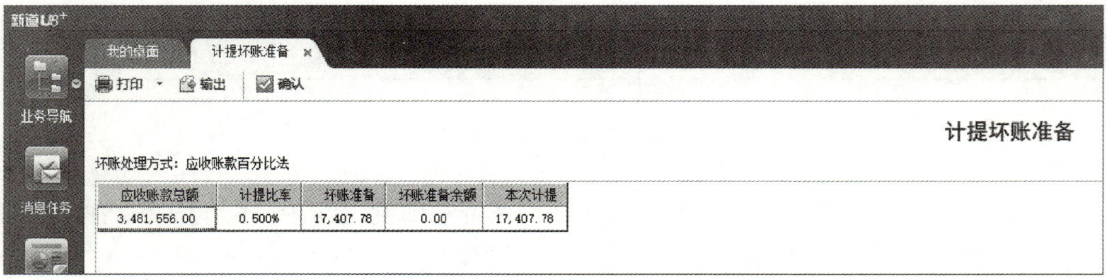


图 3-69 【计提坏账准备】页面

(2) 单击【确认】按钮，页面自动弹出“是否立即制单”提示，单击【是】按钮，跳转到【填制凭证】页面，如图 3-70 所示。

(3) 单击【保存】按钮，凭证生成成功，并传到总账系统中。

**2. 坏账发生处理**

(1) 往来经理刘源进入【U8 企业应用平台】—【业务导航】—【财务会计】—【应收款管理】—【坏账处理】—【坏账发生】，弹出【坏账发生】对话框。

(2) 在对话框中输入客户“无锡当当网信息技术有限公司”，单击【确定】按钮，系统列出该客户已确认的所有应收单。

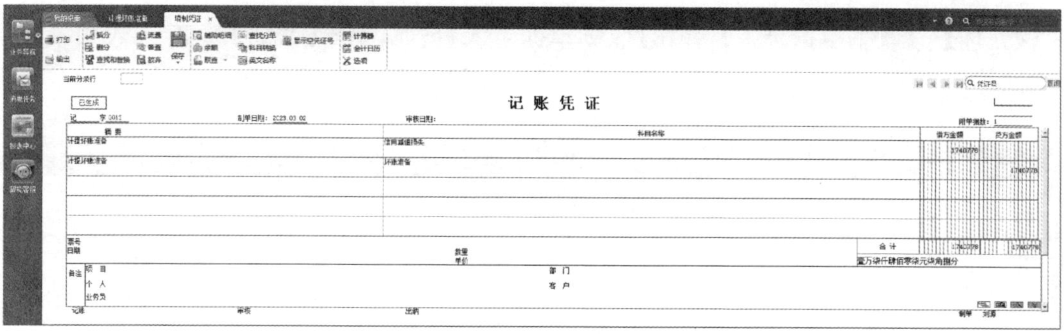


图 3-70　计提坏账准备生成凭证页面

（3）选择“无锡当当网信息技术有限公司”的期初其他应收单，修改本次发生坏账金额为“22072.40”，如图 3-71 所示，单击【确认】按钮。

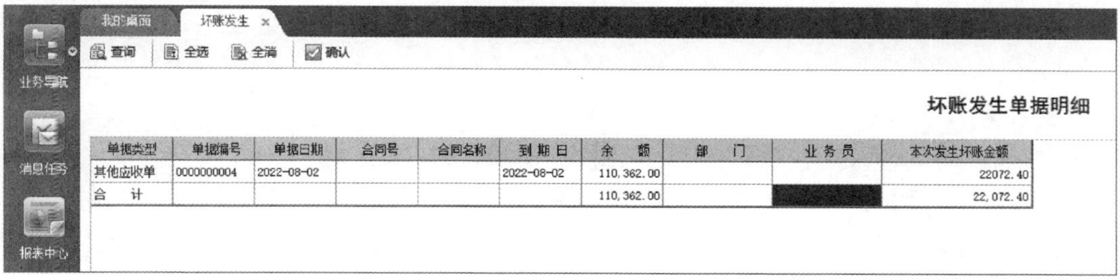


图 3-71　【坏账发生单据明细】页面

（4）页面自动弹出“是否立即制单”提示，单击【是】按钮，跳转到【填制凭证】页面，如图 3-72 所示。

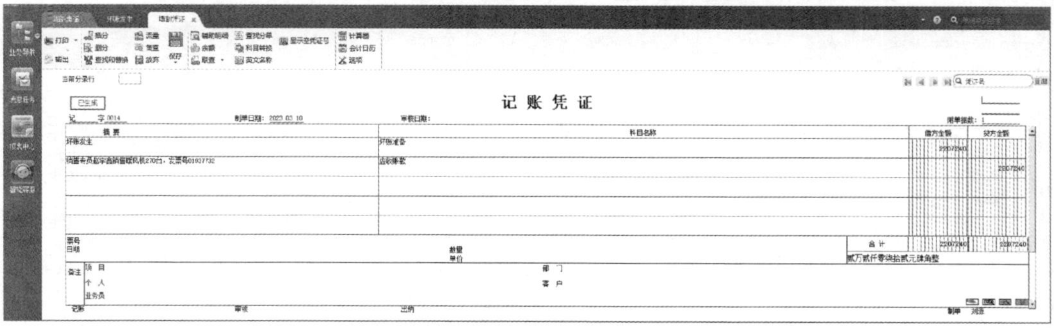


图 3-72　坏账发生生成凭证页面

（5）单击【保存】按钮，成功生成凭证，并将凭证传到总账系统中。

（6）查询应收账款是否已经减少。往来经理刘源进入【U8 企业应用平台】—【业务导航】—【财务会计】—【应收款管理】—【单据查询】—【收付款单查询】，输入相关的筛选条件，单击【确定】按钮，查看客户“无锡当当网信息技术有限公司”的应收款减少情况。

### 3. 坏账收回处理

1）录入收款单

（1）出纳谢芳进入【U8 企业应用平台】—【业务导航】—【财务会计】—【应收款管理】—

【收款处理】—【收款单据录入】，弹出【收款单据录入】页面，单击【增加】按钮，录入相关信息及收回款项中坏账部分的金额“22072.40”，如图 3-73 所示。

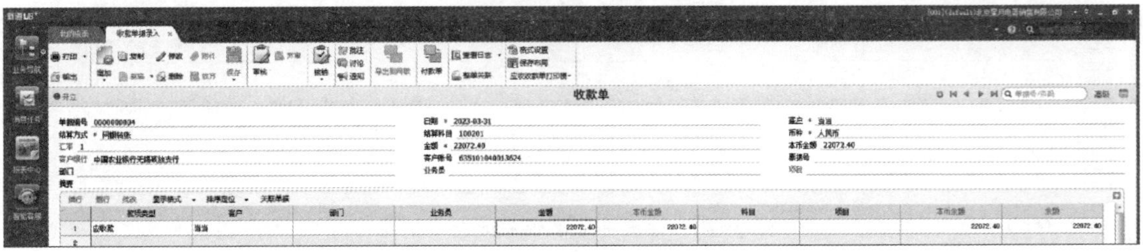


**图 3-73 【收款单据录入】页面**

（2）单击【保存】按钮，保存收款单。

2）确认坏账收回并生成凭证

（1）往来经理刘源进入【U8 企业应用平台】—【业务导航】—【财务会计】—【应收款管理】—【坏账处理】—【坏账收回】，弹出【坏账收回】对话框，选择【客户】为“04 -无锡当当网信息技术有限公司”，【收款单号】“0000000004”，如图 3-74 所示。

（2）单击【确定】按钮，页面自动跳转窗口，提示“是否立即制单”，单击【是】按钮，跳转到【填制凭证】页面，如图 3-75 所示。

（3）单击【保存】按钮，成功生成凭证，并将凭证传到总账系统中。

**图 3-74 【坏账收回】对话框**

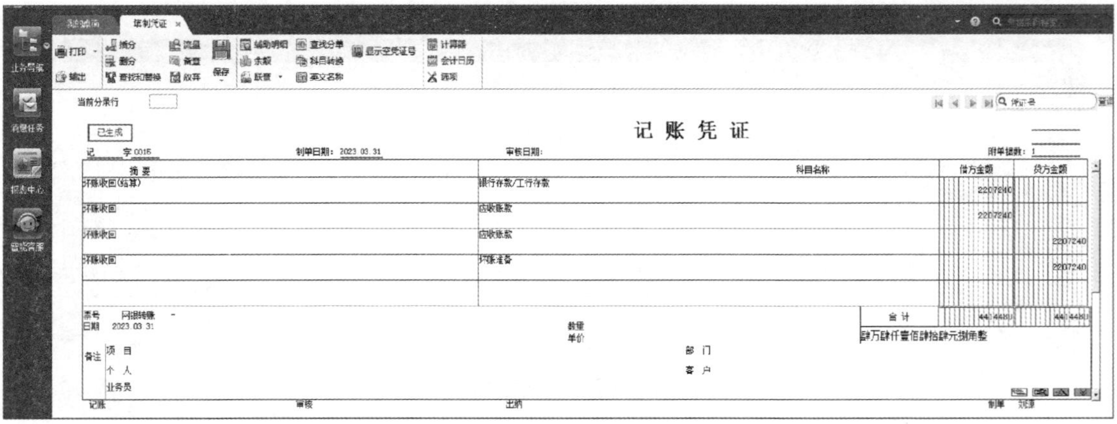


**图 3-75 坏账收回生成凭证页面**

**4. 坏账业务查询**

（1）往来经理刘源进入【U8 企业应用平台】—【业务导航】—【财务会计】—【应收款管理】—【坏账处理】—【坏账查询】，系统显示坏账的发生和坏账的收回综合情况。

（2）单击【明细】按钮，可以详细查看每一笔坏账发生的情况和收回的情况，如图 3-76 所示。

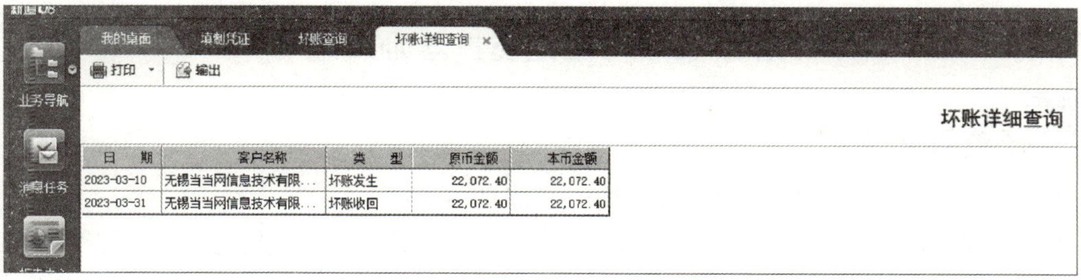


| 日　期 | 客户名称 | 类　型 | 原币金额 | 本币金额 |
| --- | --- | --- | --- | --- |
| 2023-03-10 | 无锡当当网信息技术有限... | 坏账发生 | 22,072.40 | 22,072.40 |
| 2023-03-31 | 无锡当当网信息技术有限... | 坏账收回 | 22,072.40 | 22,072.40 |

图 3-76　【坏账详细查询】页面

## 工作反思

获得的经验：________________________________

________________________________

________________________________

注意的事项：________________________________

________________________________

________________________________

# 工作任务 10　固定资产业务处理

思政驿站

## 任务情境

北京星月电器销售有限公司财务部处理本月资产的相关事项。

资产会计胡林处理资产的增加、变动、原值调整、资产报废、计提折旧等业务，并生成相应的记账凭证。

资产经理张姗组织进行公司资产的盘点，并将盘点结果上报，根据公司管理层批准意见对盘盈盘亏的资产进行财务处理。

## 任务向导

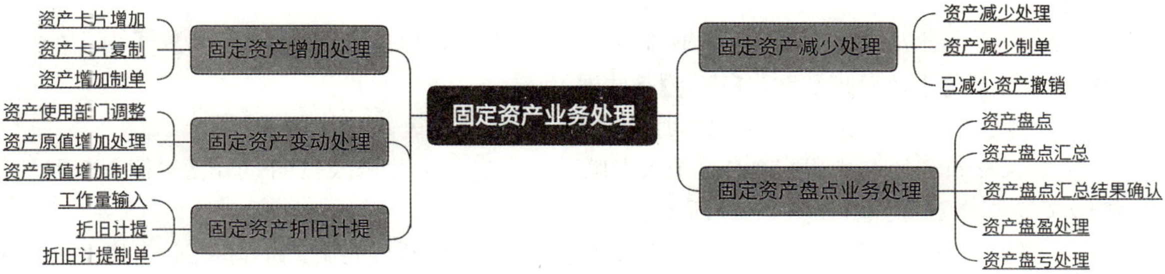

## 任务 10.1 固定资产增加处理

### 任务要求

北京星月电器销售有限公司 3 月新增资产信息如下：

2023 年 3 月 22 日公司以转账支票购入 10 台 ThinkPad 个人电脑给客户服务部使用，每台价值 8 000 元，净残值率 5%，预计使用时间 3 年。（注：此次固定资产采购对方开具的是普通发票，故此处不考虑税收抵扣。）

要求：资产会计胡林在业财一体信息化平台固定资产模块中进行固定资产增加业务处理，并生成记账凭证。

操作视频

### 操作步骤

**1. 资产卡片增加**

（1）资产会计胡林进入【U8 企业应用平台】—【业务导航】—【财务会计】—【固定资产】—【卡片】—【资产增加】，弹出【资产类别选择】界面。

（2）选择【类别名称】为“计算机及电子设备”，单击【确定】按钮，进入新增【固定资产卡片】录入页面，按照案例中资产的信息录入或参照选择各项目的内容，如图 3-77 所示。

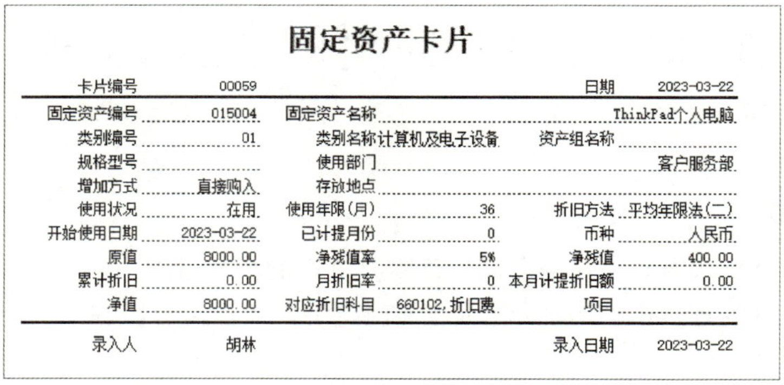
固定资产卡片

| | | | | | |
|---|---|---|---|---|---|
| 卡片编号 | 00059 | | | 日期 | 2023-03-22 |
| 固定资产编号 | 015004 | 固定资产名称 | | | ThinkPad个人电脑 |
| 类别编号 | 01 | 类别名称 | 计算机及电子设备 | 资产组名称 | |
| 规格型号 | | 使用部门 | | | 客户服务部 |
| 增加方式 | 直接购入 | 存放地点 | | | |
| 使用状况 | 在用 | 使用年限(月) | 36 | 折旧方法 | 平均年限法(二) |
| 开始使用日期 | 2023-03-22 | 已计提月份 | 0 | 币种 | 人民币 |
| 原值 | 8000.00 | 净残值率 | 5% | 净残值 | 400.00 |
| 累计折旧 | 0.00 | 月折旧率 | 0 | 本月计提折旧额 | 0.00 |
| 净值 | 8000.00 | 对应折旧科目 | 660102，折旧费 | 项目 | |
| 录入人 | 胡林 | | | 录入日期 | 2023-03-22 |

**图 3-77 【固定资产卡片】录入页面**

（3）单击【保存】按钮，保存录入的卡片。

**2. 资产卡片复制**

余下的 9 台设备因为除卡片编号之外的信息都完全一致，可以使用卡片复制的方法快速录入。

（1）资产会计胡林进入【U8 企业应用平台】—【业务导航】—【财务会计】—【固定资产】—【卡片】—【卡片管理】，弹出【查询】条件框。

（2）单击【确定】按钮，系统列出本月新增资产的卡片列表，如图 3-78 所示。

（3）选择新增的卡片“ThinkPad 个人电脑”，双击进入卡片修改页面，单击【复制】按钮，弹出【固定资产】对话框，如图 3-79 所示。

（4）输入【起始序号】为“005”，【复制数量】为“9”，单击【确定】按钮，系统会自动生成 9 张卡片。

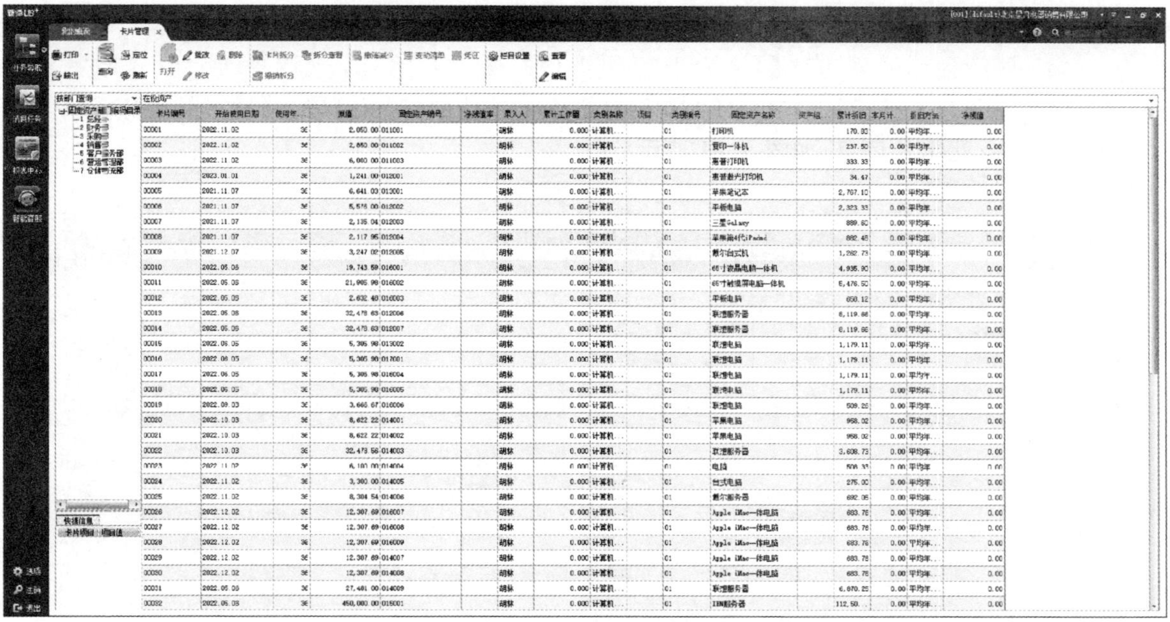

图 3-78　【卡片管理】页面

（5）查看复制生成的卡片，关闭【固定资产】对话框，回到【卡片管理】页面，单击【刷新】按钮，列表中显示新增的 9 张卡片，如图 3-80 所示。

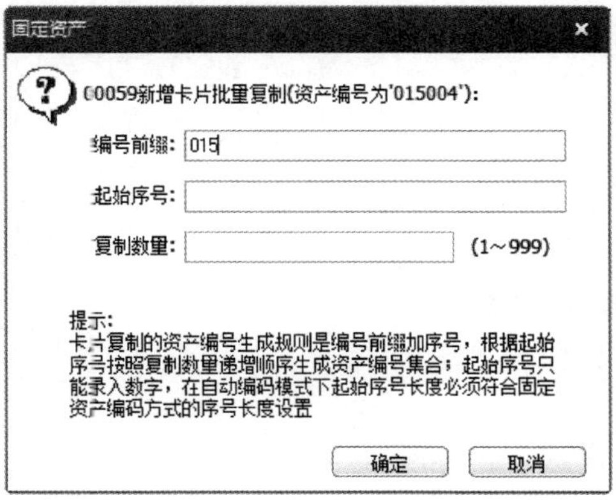


图 3-79　【固定资产】对话框

图 3-80　【卡片管理】页面

**3. 资产增加制单**

（1）资产会计胡林进入【U8 企业应用平台】—【业务导航】—【财务会计】—【固定资产】—【凭证处理】—【批量制单】—【制单选择】，查询条件系统默认，单击【确定】按钮，系统列示新增的 10 张卡片信息，如图 3-81 所示。

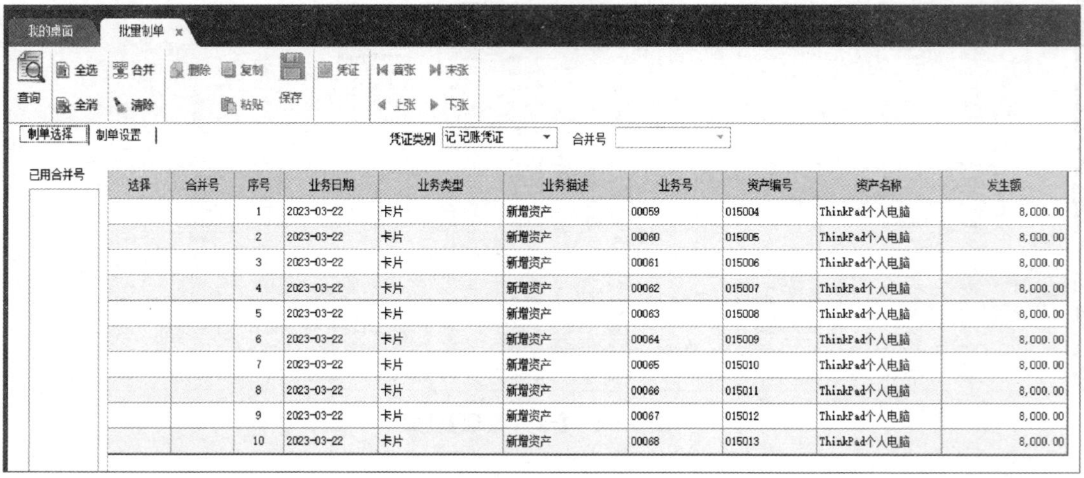


| 选择 | 合并号 | 序号 | 业务日期 | 业务类型 | 业务描述 | 业务号 | 资产编号 | 资产名称 | 发生额 |
|---|---|---|---|---|---|---|---|---|---|
| | | 1 | 2023-03-22 | 卡片 | 新增资产 | 00059 | 015004 | ThinkPad个人电脑 | 8,000.00 |
| | | 2 | 2023-03-22 | 卡片 | 新增资产 | 00060 | 015005 | ThinkPad个人电脑 | 8,000.00 |
| | | 3 | 2023-03-22 | 卡片 | 新增资产 | 00061 | 015006 | ThinkPad个人电脑 | 8,000.00 |
| | | 4 | 2023-03-22 | 卡片 | 新增资产 | 00062 | 015007 | ThinkPad个人电脑 | 8,000.00 |
| | | 5 | 2023-03-22 | 卡片 | 新增资产 | 00063 | 015008 | ThinkPad个人电脑 | 8,000.00 |
| | | 6 | 2023-03-22 | 卡片 | 新增资产 | 00064 | 015009 | ThinkPad个人电脑 | 8,000.00 |
| | | 7 | 2023-03-22 | 卡片 | 新增资产 | 00065 | 015010 | ThinkPad个人电脑 | 8,000.00 |
| | | 8 | 2023-03-22 | 卡片 | 新增资产 | 00066 | 015011 | ThinkPad个人电脑 | 8,000.00 |
| | | 9 | 2023-03-22 | 卡片 | 新增资产 | 00067 | 015012 | ThinkPad个人电脑 | 8,000.00 |
| | | 10 | 2023-03-22 | 卡片 | 新增资产 | 00068 | 015013 | ThinkPad个人电脑 | 8,000.00 |

**图 3-81 【批量制单】—【制单选择】页面**

（2）将 10 张卡片的信息逐一制单或汇总制单，以汇总制单为例。单击【全选】【合并】按钮，系统给已选记录设置相同的合并号，如图 3-82 所示。

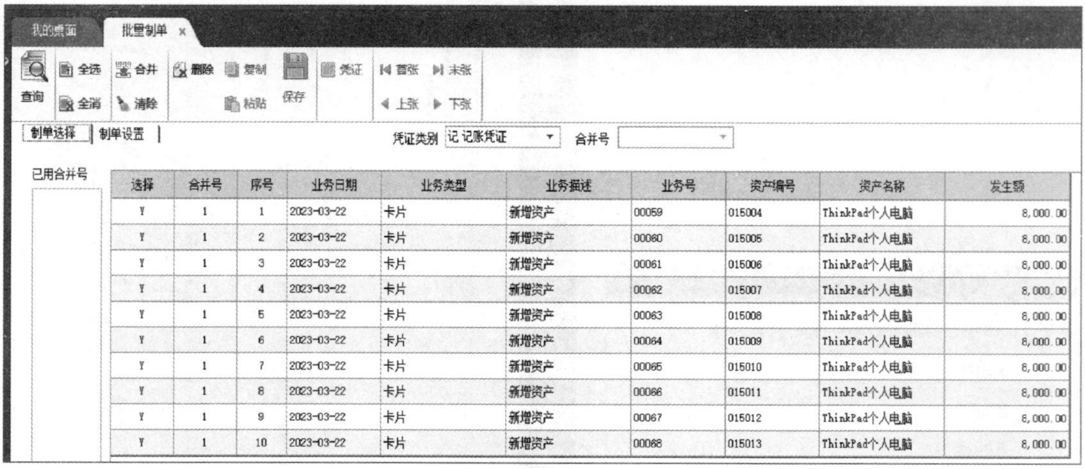


| 选择 | 合并号 | 序号 | 业务日期 | 业务类型 | 业务描述 | 业务号 | 资产编号 | 资产名称 | 发生额 |
|---|---|---|---|---|---|---|---|---|---|
| Y | 1 | 1 | 2023-03-22 | 卡片 | 新增资产 | 00059 | 015004 | ThinkPad个人电脑 | 8,000.00 |
| Y | 1 | 2 | 2023-03-22 | 卡片 | 新增资产 | 00060 | 015005 | ThinkPad个人电脑 | 8,000.00 |
| Y | 1 | 3 | 2023-03-22 | 卡片 | 新增资产 | 00061 | 015006 | ThinkPad个人电脑 | 8,000.00 |
| Y | 1 | 4 | 2023-03-22 | 卡片 | 新增资产 | 00062 | 015007 | ThinkPad个人电脑 | 8,000.00 |
| Y | 1 | 5 | 2023-03-22 | 卡片 | 新增资产 | 00063 | 015008 | ThinkPad个人电脑 | 8,000.00 |
| Y | 1 | 6 | 2023-03-22 | 卡片 | 新增资产 | 00064 | 015009 | ThinkPad个人电脑 | 8,000.00 |
| Y | 1 | 7 | 2023-03-22 | 卡片 | 新增资产 | 00065 | 015010 | ThinkPad个人电脑 | 8,000.00 |
| Y | 1 | 8 | 2023-03-22 | 卡片 | 新增资产 | 00066 | 015011 | ThinkPad个人电脑 | 8,000.00 |
| Y | 1 | 9 | 2023-03-22 | 卡片 | 新增资产 | 00067 | 015012 | ThinkPad个人电脑 | 8,000.00 |
| Y | 1 | 10 | 2023-03-22 | 卡片 | 新增资产 | 00068 | 015013 | ThinkPad个人电脑 | 8,000.00 |

**图 3-82 【批量制单】—【制单选择】页面**

（3）单击【制单设置】页签，如图 3-83 所示。

（4）在【制单设置】页签中补充借贷方缺省的科目，如图 3-84 所示。

（5）单击【凭证】按钮，弹出合并的凭证，如图 3-85 所示。

（6）单击【保存】按钮，成功保存凭证，并将凭证传递到总账系统。

| 序号 | 业务日期: | 业务类型 | 业务描述 | 业务号 | 方向 | 发生额 | 科目 |
|---|---|---|---|---|---|---|---|
| 1 | 2023-03-22 | 卡片 | 新增资产 | 00059 | 借 | 8,000.00 | |
| 2 | 2023-03-22 | 卡片 | 新增资产 | 00059 | 贷 | 8,000.00 | 100201 工行存款 |
| 3 | 2023-03-22 | 卡片 | 新增资产 | 00060 | 借 | 8,000.00 | |
| 4 | 2023-03-22 | 卡片 | 新增资产 | 00060 | 贷 | 8,000.00 | 100201 工行存款 |
| 5 | 2023-03-22 | 卡片 | 新增资产 | 00061 | 借 | 8,000.00 | |
| 6 | 2023-03-22 | 卡片 | 新增资产 | 00061 | 贷 | 8,000.00 | 100201 工行存款 |
| 7 | 2023-03-22 | 卡片 | 新增资产 | 00062 | 借 | 8,000.00 | |
| 8 | 2023-03-22 | 卡片 | 新增资产 | 00062 | 贷 | 8,000.00 | 100201 工行存款 |
| 9 | 2023-03-22 | 卡片 | 新增资产 | 00063 | 借 | 8,000.00 | |
| 10 | 2023-03-22 | 卡片 | 新增资产 | 00063 | 贷 | 8,000.00 | 100201 工行存款 |
| 11 | 2023-03-22 | 卡片 | 新增资产 | 00064 | 借 | 8,000.00 | |
| 12 | 2023-03-22 | 卡片 | 新增资产 | 00064 | 贷 | 8,000.00 | 100201 工行存款 |
| 13 | 2023-03-22 | 卡片 | 新增资产 | 00065 | 借 | 8,000.00 | |
| 14 | 2023-03-22 | 卡片 | 新增资产 | 00065 | 贷 | 8,000.00 | 100201 工行存款 |
| 15 | 2023-03-22 | 卡片 | 新增资产 | 00066 | 借 | 8,000.00 | |
| 16 | 2023-03-22 | 卡片 | 新增资产 | 00066 | 贷 | 8,000.00 | 100201 工行存款 |
| 17 | 2023-03-22 | 卡片 | 新增资产 | 00067 | 借 | 8,000.00 | |
| 18 | 2023-03-22 | 卡片 | 新增资产 | 00067 | 贷 | 8,000.00 | 100201 工行存款 |
| 19 | 2023-03-22 | 卡片 | 新增资产 | 00068 | 借 | 8,000.00 | |
| 20 | 2023-03-22 | 卡片 | 新增资产 | 00068 | 贷 | 8,000.00 | 100201 工行存款 |

图 3-83　【批量制单】—【制单设置】页面

| 序号 | 业务日期: | 业务类型 | 业务描述 | 业务号 | 方向 | 发生额 | 科目 |
|---|---|---|---|---|---|---|---|
| 1 | 2023-03-22 | 卡片 | 新增资产 | 00059 | 借 | 8,000.00 | 1601 固定资产 |
| 2 | 2023-03-22 | 卡片 | 新增资产 | 00059 | 贷 | 8,000.00 | 100201 工行存款 |
| 3 | 2023-03-22 | 卡片 | 新增资产 | 00060 | 借 | 8,000.00 | 1601 固定资产 |
| 4 | 2023-03-22 | 卡片 | 新增资产 | 00060 | 贷 | 8,000.00 | 100201 工行存款 |
| 5 | 2023-03-22 | 卡片 | 新增资产 | 00061 | 借 | 8,000.00 | 1601 固定资产 |
| 6 | 2023-03-22 | 卡片 | 新增资产 | 00061 | 贷 | 8,000.00 | 100201 工行存款 |
| 7 | 2023-03-22 | 卡片 | 新增资产 | 00062 | 借 | 8,000.00 | 1601 固定资产 |
| 8 | 2023-03-22 | 卡片 | 新增资产 | 00062 | 贷 | 8,000.00 | 100201 工行存款 |
| 9 | 2023-03-22 | 卡片 | 新增资产 | 00063 | 借 | 8,000.00 | 1601 固定资产 |
| 10 | 2023-03-22 | 卡片 | 新增资产 | 00063 | 贷 | 8,000.00 | 100201 工行存款 |
| 11 | 2023-03-22 | 卡片 | 新增资产 | 00064 | 借 | 8,000.00 | 1601 固定资产 |
| 12 | 2023-03-22 | 卡片 | 新增资产 | 00064 | 贷 | 8,000.00 | 100201 工行存款 |
| 13 | 2023-03-22 | 卡片 | 新增资产 | 00065 | 借 | 8,000.00 | 1601 固定资产 |
| 14 | 2023-03-22 | 卡片 | 新增资产 | 00065 | 贷 | 8,000.00 | 100201 工行存款 |
| 15 | 2023-03-22 | 卡片 | 新增资产 | 00066 | 借 | 8,000.00 | 1601 固定资产 |
| 16 | 2023-03-22 | 卡片 | 新增资产 | 00066 | 贷 | 8,000.00 | 100201 工行存款 |
| 17 | 2023-03-22 | 卡片 | 新增资产 | 00067 | 借 | 8,000.00 | 1601 固定资产 |
| 18 | 2023-03-22 | 卡片 | 新增资产 | 00067 | 贷 | 8,000.00 | 100201 工行存款 |
| 19 | 2023-03-22 | 卡片 | 新增资产 | 00068 | 借 | 8,000.00 | 1601 固定资产 |
| 20 | 2023-03-22 | 卡片 | 新增资产 | 00068 | 贷 | 8,000.00 | 100201 工行存款 |

图 3-84　【批量制单】—【制单设置】页面

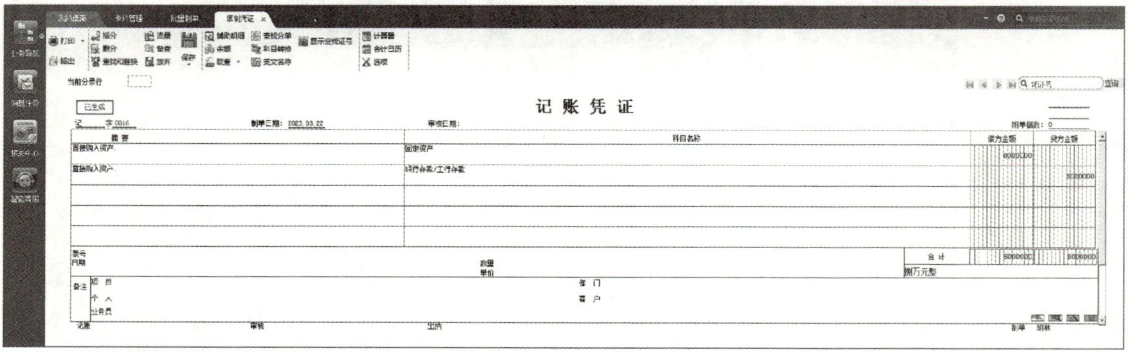

图 3-85　直接购入固定资产生成凭证页面

## 任务 10.2　固定资产变动处理

### 任务要求

北京星月电器销售有限公司本月资产变动的信息如下：

(1) 因仓储物流部的单据打印需求量增大，经公司研究决定，2023 年 3 月 22 日，将总经办的惠普打印机(卡片编号 00003)转移给仓储物流部使用。

(2) 2023 年 3 月 26 日，公司将资产运输卡车(卡片编号 00054)进行维修，增加了智能导航与定位系统，资产原值增加了 20 000 元，款项已经以转账支票支付。

要求：资产会计胡林在业财一体信息化平台固定资产模块中对固定资产进行使用部门调整、原值增加等业务处理，并生成记账凭证。

操作视频

### 操作步骤

**1. 资产使用部门调整**

(1) 资产会计胡林进入【U8 企业应用平台】—【业务导航】—【财务会计】—【固定资产】—【变动单】—【部门转移】，打开【固定资产变动单】页面。

(2) 输入卡片编号或资产编号，系统自动显示资产的名称、开始使用日期、规格型号、变动前部门，如图 3-86 所示。

(3) 参照选择或输入变动后的使用部门、变动原因。

(4) 单击【保存】按钮，卡片上的使用部门根据变动单改变。

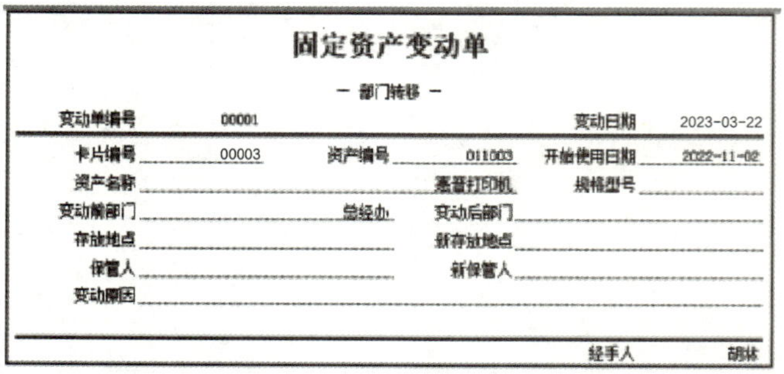


图 3-86　【固定资产变动单】页面

**2. 资产原值增加处理**

(1) 资产会计胡林进入【U8 企业应用平台】—【业务导航】—【财务会计】—【固定资产】—【变动单】—【原值增加】，打开【固定资产变动单】页面。

(2) 输入要变动的卡片编号或资产编号，系统自动显示资产的名称、开始使用日期、规格型号、变动的净残值率、变动前净残值、变动前原值。

(3) 按照案例中资料输入增加金额，选择币种，系统将自动显示汇率，并自动计算变动的净残值、变动后原值、变动后净残值，输入变动原因，单击【保存】按钮，如图 3-87 所示。

**固定资产变动单**

— 原值增加 —

| | | | | | |
|---|---|---|---|---|---|
| 变动单编号 | 00002 | | | 变动日期 | 2023-03-26 |
| 卡片编号 | 00054 | 资产编号 | 037001 | 开始使用日期 | 2022-10-03 |
| 资产名称 | | | 运输卡车 | 规格型号 | |
| 增加金额 | 20000.00 | 币种 | 人民币 | 汇率 | 1 |
| 变动的净残值率 | 5% | 变动的净残值 | | | 1000.00 |
| 变动前原值 | 250000.00 | 变动后原值 | | | 270000.00 |
| 变动前净残值 | 12500.00 | 变动后净残值 | | | 13500.00 |
| 变动原因 | | | | | 增加了智能导航与定位系统 |
| | | | | 经手人 | 胡林 |

图 3-87　【固定资产变动单】页面

### 3. 资产原值增加制单

(1) 资产会计胡林进入【U8 企业应用平台】—【业务导航】—【财务会计】—【固定资产】—【凭证处理】—【批量制单】，查询条件系统默认，单击【确定】按钮，系统列出原值增加的单据，如图 3-88 所示。

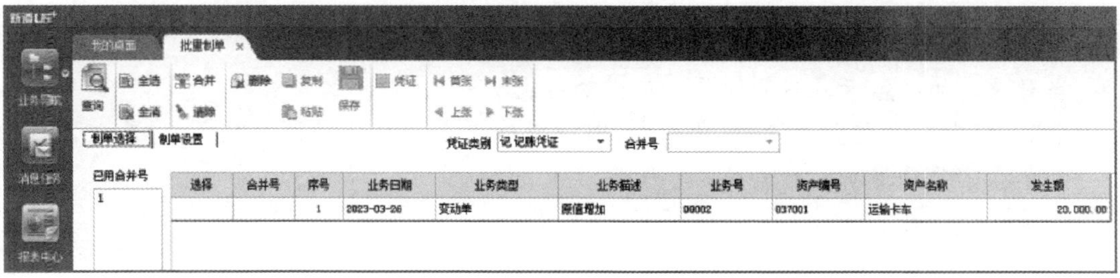


图 3-88　【批量制单】—【制单选择】页面

(2) 双击【选择】列选中该单据，显示"Y"，单击【制单设置】页签，如图 3-89 所示。

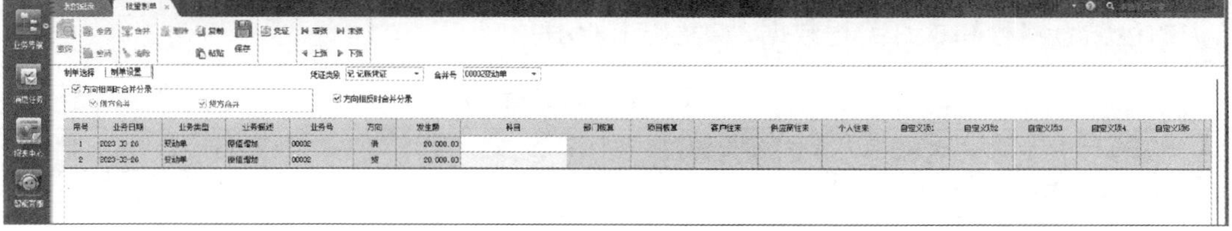

图 3-89　【批量制单】—【制单设置】页面

(3) 在【制单设置】页面补充借贷方缺失的科目，如图 3-90 所示。

(4) 单击【凭证】按钮，弹出生成的凭证，如图 3-91 所示。

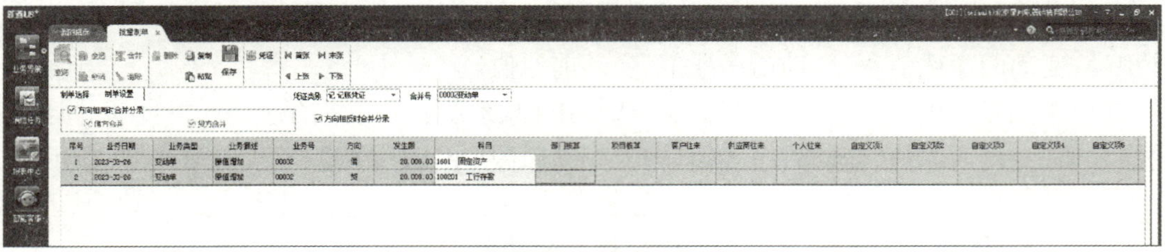

图 3-90 【制单设置】页面

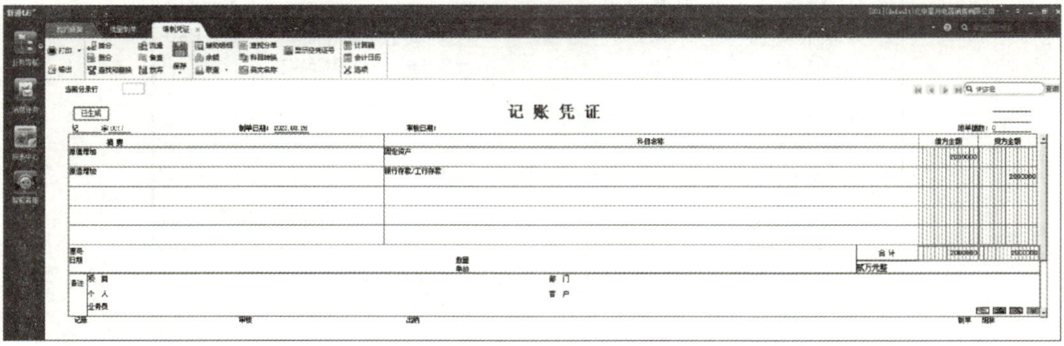

图 3-91 固定资产原值增加生成凭证页面

(5) 单击【保存】按钮，成功保存凭证，并将凭证传递到总账系统。

**特别提示**

◇ 变动单不能修改，只有当月的变动单可删除重做。

◇ 当月录入的新增卡片不能执行资产变动功能。

◇ 若"本变动单当期生效"选项被选中，则该变动单在本月计提折旧时生效；反之，则该变动单在下月计提折旧时生效。

## 任务 10.3 固定资产折旧计提

### 任务要求

北京星月电器销售有限公司于 2023 年 3 月 31 日在系统中计提固定资产折旧。运输设备类的运输总路程和本月路程数据，如表 3-1 所示。

表 3-1 资产本月路程表

| 卡片编号 | 资产名称 | 使用部门 | 总路程 | 期初已跑路程 | 本月路程 |
|---|---|---|---|---|---|
| 00053 | 别克 GL8 商务车 | 总经办 | 600 000 千米 | 20 000 千米 | 8 000 千米 |
| 00054 | 运输卡车 | 仓储物流部 | 600 000 千米 | 100 000 千米 | 10 000 千米 |
| 00055 | 运输卡车 | 仓储物流部 | 600 000 千米 | 100 000 千米 | 10 000 千米 |
| 00056 | 运输卡车 | 仓储物流部 | 600 000 千米 | 100 000 千米 | 10 000 千米 |
| 00057 | 厢式货车 | 仓储物流部 | 600 000 千米 | 120 000 千米 | 15 000 千米 |
| 00058 | 厢式货车 | 仓储物流部 | 600 000 千米 | 120 000 千米 | 15 000 千米 |

要求：资产会计胡林在业财一体信息化平台固定资产模块中计提固定资产折旧，并生成记账凭证。

操作视频

## 操作步骤

### 1. 工作量输入

（1）资产会计胡林进入【U8 企业应用平台】—【业务导航】—【财务会计】—【固定资产】—【折旧计提】—【工作量输入】，打开【工作量输入】页面。

（2）按照案例提供的数据，输入各项资产的本月工作量，系统自动计算累计工作量，单击【保存】按钮，如图 3-92 所示。

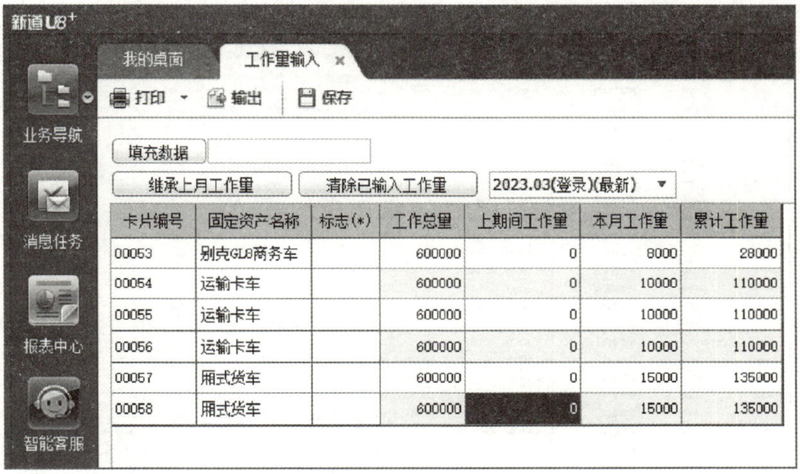


图 3-92　【工作量输入】页面

### 2. 折旧计提

（1）资产会计胡林进入【U8 企业应用平台】—【业务导航】—【财务会计】—【固定资产】—【折旧计提】—【计提本月折旧】，弹出【固定资产】提示框，如图 3-93 所示。

（2）单击【是】按钮，弹出“是否查看折旧清单？”提示框，如图 3-94 所示。

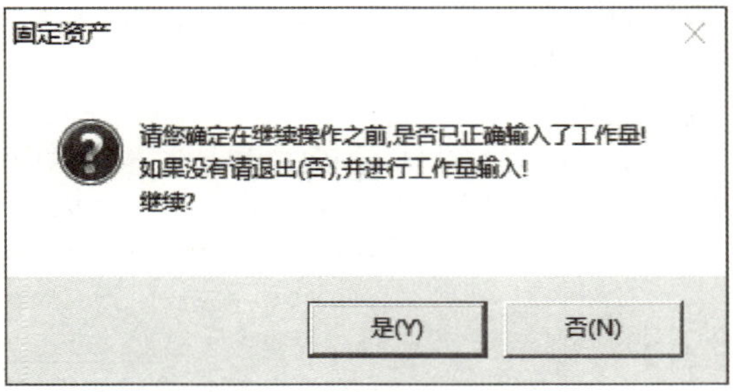


图 3-93　【固定资产】提示框

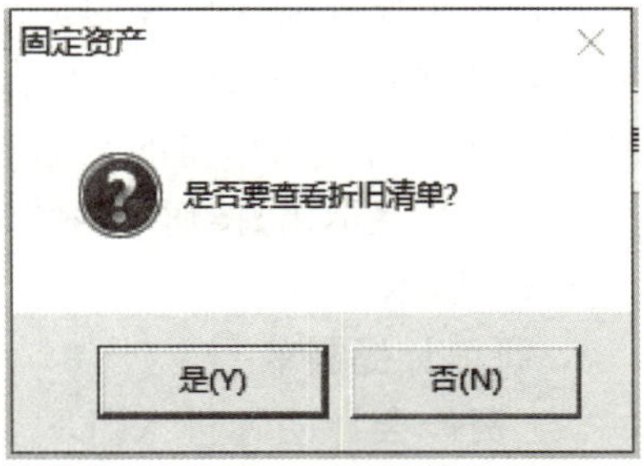


图 3-94　“是否查看折旧清单？”提示框

（3）单击【是】按钮，弹出计提折旧的提示框，如图 3-95 所示。

（4）单击【是】按钮，等待系统自动执行折旧计提操作。折旧计提完成，系统列出折旧清单，如图 3-96 所示。

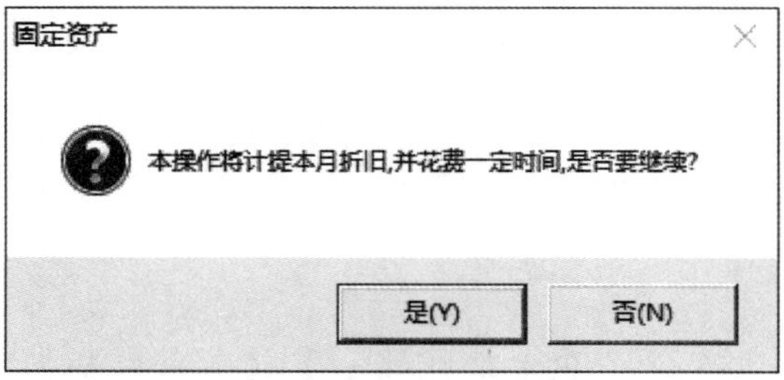


图 3-95 【固定资产】—【计提折旧】提示框

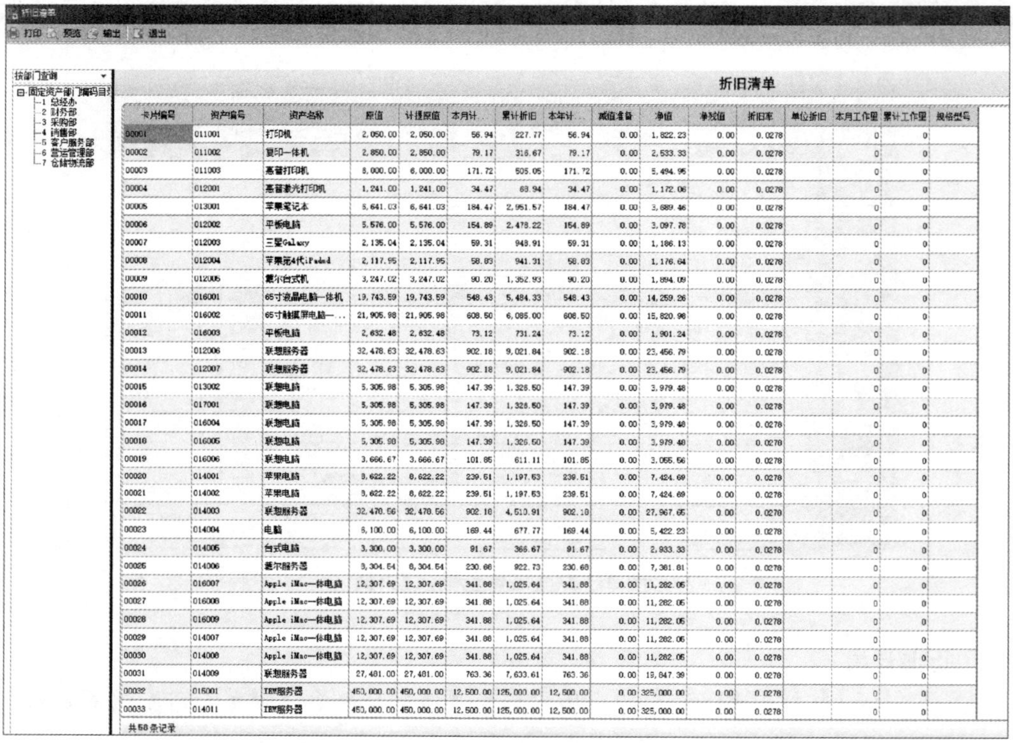


| 卡片编号 | 资产编号 | 资产名称 | 原值 | 计提原值 | 本月计... | 累计折旧 | 本年计... | 减值准备 | 净值 | 净残值 | 折旧率 | 单位折旧 | 本月工作量 | 累计工作量 | 规格型号 |
|---|---|---|---|---|---|---|---|---|---|---|---|---|---|---|---|
| 00001 | 011001 | 打印机 | 2,050.00 | 2,050.00 | 56.94 | 227.77 | 56.94 | 0.00 | 1,822.23 | 0.00 | 0.0278 | | 0 | 0 | |
| 00002 | 011002 | 复印一体机 | 2,850.00 | 2,850.00 | 79.17 | 316.67 | 79.17 | 0.00 | 2,533.33 | 0.00 | 0.0278 | | 0 | 0 | |
| 00003 | 011003 | 惠普打印机 | 6,000.00 | 6,000.00 | 171.72 | 505.05 | 171.72 | 0.00 | 5,494.95 | 0.00 | 0.0278 | | 0 | 0 | |
| 00004 | 012001 | 惠普激光打印机 | 1,241.00 | 1,241.00 | 34.47 | 68.94 | 34.47 | 0.00 | 1,172.06 | 0.00 | 0.0278 | | 0 | 0 | |
| 00005 | 013001 | 苹果笔记本 | 6,641.03 | 6,641.03 | 184.47 | 2,951.57 | 184.47 | 0.00 | 3,689.46 | 0.00 | 0.0278 | | 0 | 0 | |
| 00006 | 012002 | 平板电脑 | 5,576.00 | 5,576.00 | 154.89 | 2,478.22 | 154.89 | 0.00 | 3,097.78 | 0.00 | 0.0278 | | 0 | 0 | |
| 00007 | 012003 | 三星Galaxy | 2,135.04 | 2,135.04 | 59.31 | 948.91 | 59.31 | 0.00 | 1,186.13 | 0.00 | 0.0278 | | 0 | 0 | |
| 00008 | 012004 | 苹果第4代iPadad | 2,117.95 | 2,117.95 | 58.83 | 941.31 | 58.83 | 0.00 | 1,176.64 | 0.00 | 0.0278 | | 0 | 0 | |
| 00009 | 012005 | 戴尔台式机 | 3,247.02 | 3,247.02 | 90.20 | 1,352.93 | 90.20 | 0.00 | 1,894.09 | 0.00 | 0.0278 | | 0 | 0 | |
| 00010 | 016001 | 65寸液晶电脑一体机 | 19,743.59 | 19,743.59 | 548.43 | 5,484.33 | 548.43 | 0.00 | 14,259.26 | 0.00 | 0.0278 | | 0 | 0 | |
| 00011 | 016002 | 65寸触摸屏电脑—... | 21,905.98 | 21,905.98 | 608.50 | 6,085.00 | 608.50 | 0.00 | 15,820.98 | 0.00 | 0.0278 | | 0 | 0 | |
| 00012 | 016003 | 平板电脑 | 2,632.48 | 2,632.48 | 73.12 | 731.24 | 73.12 | 0.00 | 1,901.24 | 0.00 | 0.0278 | | 0 | 0 | |
| 00013 | 012006 | 联想服务器 | 32,478.63 | 32,478.63 | 902.18 | 9,021.84 | 902.18 | 0.00 | 23,456.79 | 0.00 | 0.0278 | | 0 | 0 | |
| 00014 | 012007 | 联想服务器 | 32,478.63 | 32,478.63 | 902.18 | 9,021.84 | 902.18 | 0.00 | 23,456.79 | 0.00 | 0.0278 | | 0 | 0 | |
| 00015 | 013002 | 联想电脑 | 5,305.98 | 5,305.98 | 147.39 | 1,326.50 | 147.39 | 0.00 | 3,979.48 | 0.00 | 0.0278 | | 0 | 0 | |
| 00016 | 017001 | 联想电脑 | 5,305.98 | 5,305.98 | 147.39 | 1,326.50 | 147.39 | 0.00 | 3,979.48 | 0.00 | 0.0278 | | 0 | 0 | |
| 00017 | 016004 | 联想电脑 | 5,305.98 | 5,305.98 | 147.39 | 1,326.50 | 147.39 | 0.00 | 3,979.48 | 0.00 | 0.0278 | | 0 | 0 | |
| 00018 | 016005 | 联想电脑 | 5,305.98 | 5,305.98 | 147.39 | 1,326.50 | 147.39 | 0.00 | 3,979.48 | 0.00 | 0.0278 | | 0 | 0 | |
| 00019 | 016006 | 联想电脑 | 3,666.67 | 3,666.67 | 101.85 | 611.11 | 101.85 | 0.00 | 3,055.56 | 0.00 | 0.0278 | | 0 | 0 | |
| 00020 | 014001 | 苹果电脑 | 8,622.22 | 8,622.22 | 239.51 | 1,197.53 | 239.51 | 0.00 | 7,424.69 | 0.00 | 0.0278 | | 0 | 0 | |
| 00021 | 014002 | 苹果电脑 | 8,622.22 | 8,622.22 | 239.51 | 1,197.53 | 239.51 | 0.00 | 7,424.69 | 0.00 | 0.0278 | | 0 | 0 | |
| 00022 | 014003 | 联想服务器 | 32,478.56 | 32,478.56 | 902.18 | 4,510.91 | 902.18 | 0.00 | 27,967.65 | 0.00 | 0.0278 | | 0 | 0 | |
| 00023 | 014004 | 电脑 | 6,100.00 | 6,100.00 | 169.44 | 677.77 | 169.44 | 0.00 | 5,422.23 | 0.00 | 0.0278 | | 0 | 0 | |
| 00024 | 014005 | 台式电脑 | 3,300.00 | 3,300.00 | 91.67 | 366.67 | 91.67 | 0.00 | 2,933.33 | 0.00 | 0.0278 | | 0 | 0 | |
| 00025 | 014006 | 戴尔服务器 | 8,304.54 | 8,304.54 | 230.68 | 922.73 | 230.68 | 0.00 | 7,381.81 | 0.00 | 0.0278 | | 0 | 0 | |
| 00026 | 016007 | Apple iMac一体电脑 | 12,307.69 | 12,307.69 | 341.88 | 1,025.64 | 341.88 | 0.00 | 11,282.05 | 0.00 | 0.0278 | | 0 | 0 | |
| 00027 | 016008 | Apple iMac一体电脑 | 12,307.69 | 12,307.69 | 341.88 | 1,025.64 | 341.88 | 0.00 | 11,282.05 | 0.00 | 0.0278 | | 0 | 0 | |
| 00028 | 016009 | Apple iMac一体电脑 | 12,307.69 | 12,307.69 | 341.88 | 1,025.64 | 341.88 | 0.00 | 11,282.05 | 0.00 | 0.0278 | | 0 | 0 | |
| 00029 | 014007 | Apple iMac一体电脑 | 12,307.69 | 12,307.69 | 341.88 | 1,025.64 | 341.88 | 0.00 | 11,282.05 | 0.00 | 0.0278 | | 0 | 0 | |
| 00030 | 014008 | Apple iMac一体电脑 | 12,307.69 | 12,307.69 | 341.88 | 1,025.64 | 341.88 | 0.00 | 11,282.05 | 0.00 | 0.0278 | | 0 | 0 | |
| 00031 | 014009 | 联想服务器 | 27,481.00 | 27,481.00 | 763.36 | 7,633.61 | 763.36 | 0.00 | 19,847.39 | 0.00 | 0.0278 | | 0 | 0 | |
| 00032 | 015001 | IBM服务器 | 450,000.00 | 450,000.00 | 12,500.00 | 125,000.00 | 12,500.00 | 0.00 | 325,000.00 | 0.00 | 0.0278 | | 0 | 0 | |
| 00033 | 014011 | IBM服务器 | 450,000.00 | 450,000.00 | 12,500.00 | 125,000.00 | 12,500.00 | 0.00 | 325,000.00 | 0.00 | 0.0278 | | 0 | 0 | |

图 3-96 【折旧清单】页面

（5）逐项查看系统计提的折旧值，验证其是否正确。若数据有误，需退出折旧页面，仔细检查资产卡片的各项数据及工作量的数据输入是否正确；若数据无误，单击【退出】按钮，提示“计提折旧完成！”，如图 3-97 所示。

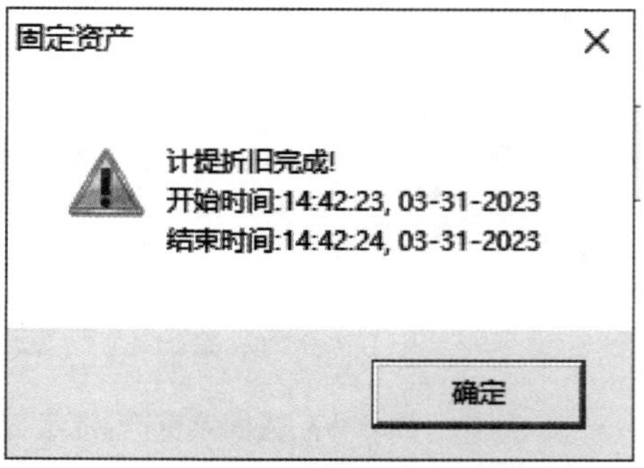


图 3-97 “计提折旧完成！”提示框

**3. 折旧计提制单**

（1）资产会计胡林进入【U8 企业应用平台】—【业务导航】—【财务会计】—【固定资产】—【凭证处理】—【批量制单】，选择折旧清单，单击【制单设置】按钮，系统弹出凭证生成页面。

（2）在制单页面，输入贷方科目为“累计折旧”，单击【保存】【凭证】按钮，生成计提折旧的凭证，并将凭证传到总账系统中，如图 3-98 所示。

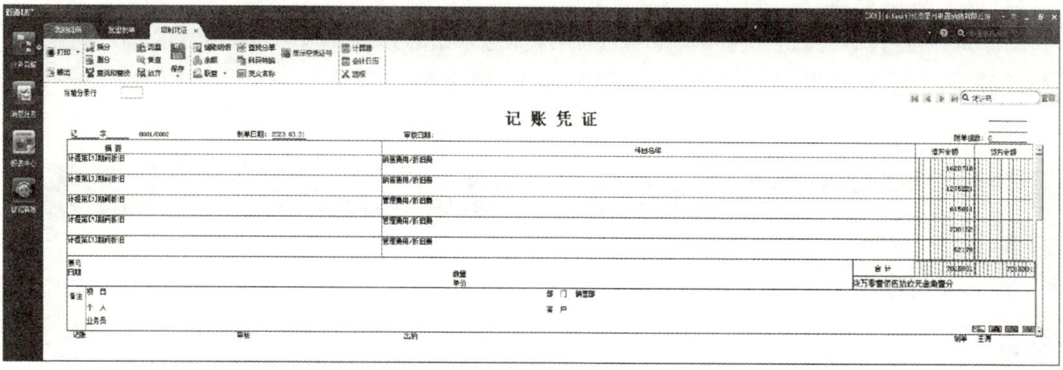


**图 3-98　计提折旧生成凭证页面**

## 任务 10.4　固定资产减少处理

### 任务要求

北京星月电器销售有限公司的固定资产出现如下状况：

2023 年 3 月 31 日，销售部的“联想服务器(卡片编号 00022)”出现故障，经核查，该服务器主板损毁，无法修复，经报上级领导批准，该服务器进行报废处理。报废处理过程中变卖废品收入 500 元，已上交财务部入账。

要求：

(1) 资产会计胡林在业财一体信息化平台固定资产模块中完成资产减少处理；生成资产减少的记账凭证。

(2) 由于公司管理层认为上述固定资产报废处理审批程序存在问题，故在系统中撤销已减少资产。

### 操作步骤

操作视频

**1. 资产减少处理**

(1) 资产会计胡林进入【U8 企业应用平台】—【业务导航】—【财务会计】—【固定资产】—【资产处置】—【资产减少】，打开【资产减少】页面。

(2) 单击卡片编号的参照按钮，输入案例中要处理的资产“销售部的联想服务器”，单击右上角的【增加】，将要减少的资产添加到表体行上。

(3) 参照输入【减少方式】为“报废”，输入【清理收入】为“500”，【清理原因】为“资产主板损毁，进行报废处理”，如图 3-99 所示。

**图 3-99　【资产减少】页面**

(4) 单击【确定】按钮，提示“所选卡片已经减少成功!”。

**2. 资产减少制单**

(1) 资产会计胡林进入【U8企业应用平台】—【业务导航】—【财务会计】—【固定资产】—【凭证处理】—【批量制单】—【制单选择】，查询条件系统默认，单击【确定】按钮，如图3-100所示。

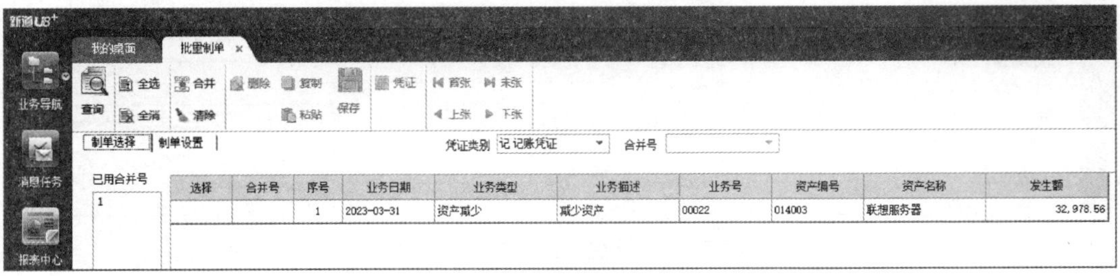


**图3-100 【批量制单】—【制单选择】页面**

(2) 选中单据，单击【制单设置】页签，设置借贷方科目，如图3-101所示。

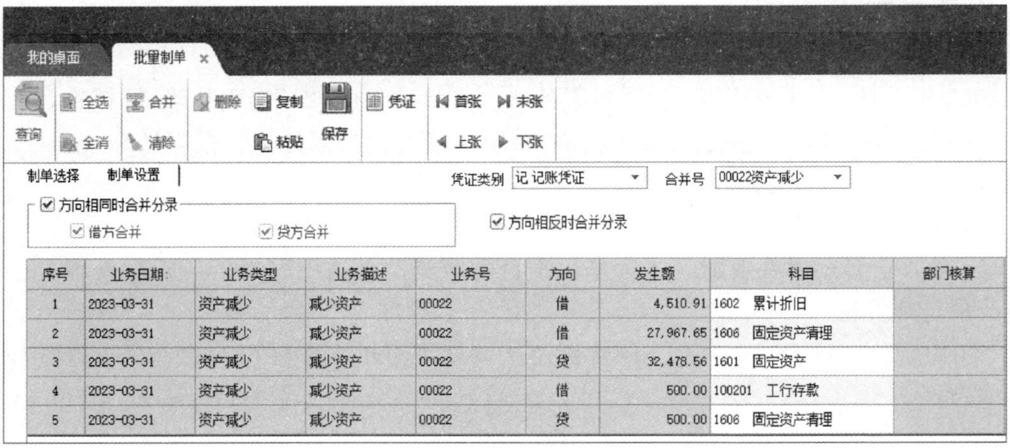


**图3-101 【批量制单】—【制单设置】页面**

(3) 单击【凭证】按钮，进入记账凭证生成页面，如图3-102所示。

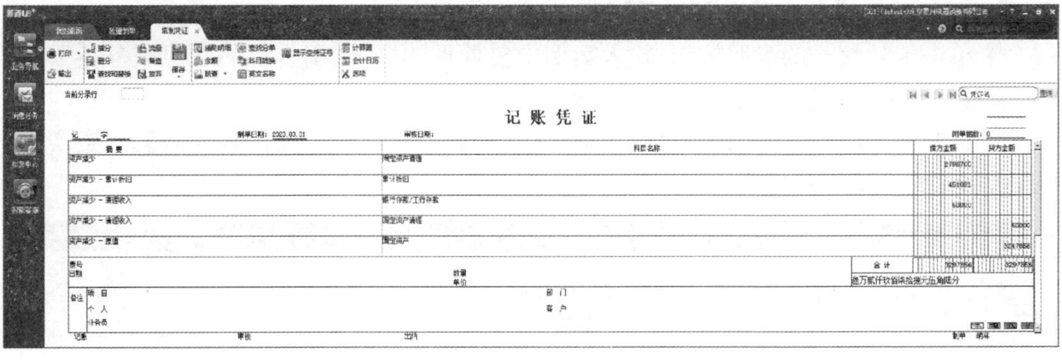


**图3-102 资产减少生成凭证页面**

（4）单击【保存】按钮，生成凭证，并将凭证传到总账系统中。

（5）后续确认因资产减少产生的损益，在总账模块【填制凭证】处直接录入结转损益的凭证。

**3. 已减少资产撤销**

（1）确认减少生成的凭证是否已审核。若凭证已审核或已记账，需先取消记账，取消审核。

（2）将减少生成的凭证删除。资产会计胡林进入【U8 企业应用平台】—【业务导航】—【财务会计】—【固定资产】—【凭证处理】—【查询凭证】，进入【查询凭证】页面，如图 3-103 所示。

**图 3-103　【查询凭证】页面**

（3）选择资产减少生成的凭证，单击【删除】按钮，将凭证从系统中删除。

（4）卡片撤销减少。资产会计胡林进入【U8 企业应用平台】—【业务导航】—【财务会计】—【固定资产】—【卡片】—【卡片管理】，单击【确定】按钮，打开【卡片管理】页面，如图 3-104 所示。

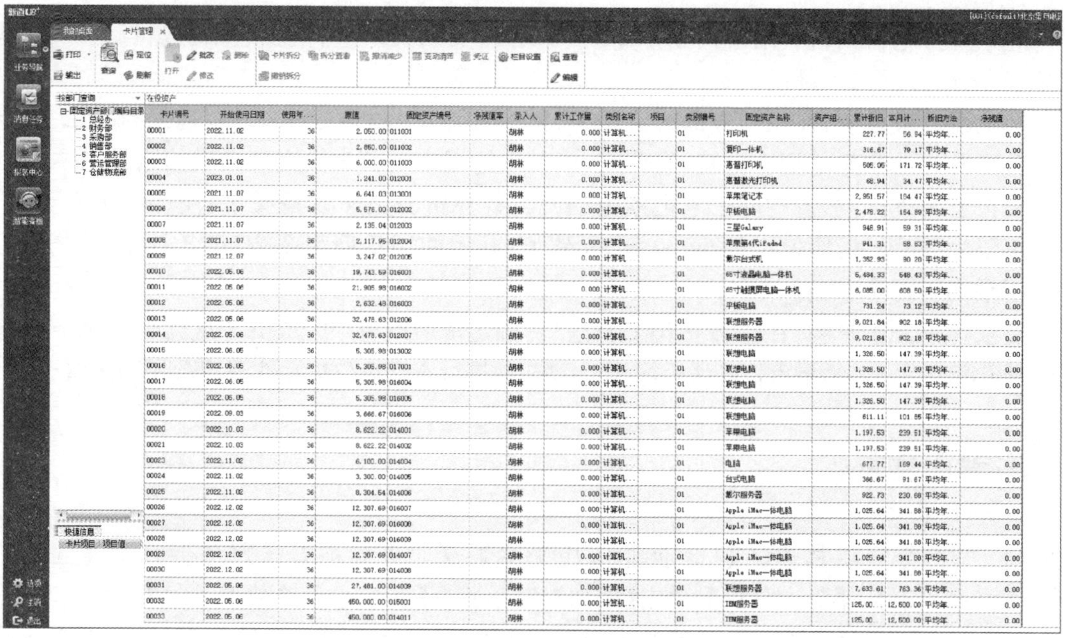

**图 3-104　【卡片管理】页面**

（5）单击【在役资产】下拉列表，选择“已减少资产”，过滤出已经减少的资产，如图 3-105 所示。

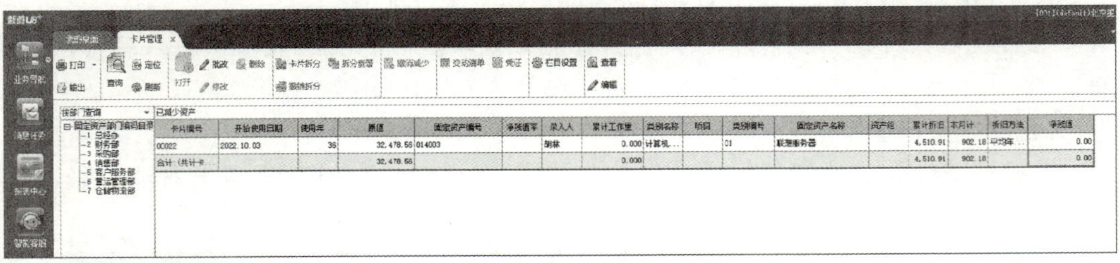

图 3-105 【卡片管理】页面

(6) 选中列表中的资产,单击【撤销减少】按钮,则已减少的资产恢复正常状态。

**特别提示**

◇ 只有当月减少的资产可以通过撤销已减少资产的操作来恢复使用。如果是上期减少的资产,则无法撤销减少。

◇ 在实际操作中,进行资产减少制单时有时会选错资产,将正常使用的资产卡片做了减少处理,可以通过撤销已减少资产的操作来纠正误操作。

## 任务 10.5 固定资产盘点业务处理

### 任务要求

北京星月电器销售有限公司于 2023 年 3 月 31 日对资产进行盘点,本次盘点是抽盘,盘点总经办、财务部两个部门的资产。

实地盘点过程中,发现财务部的资产“三星 Galaxy(卡片编号 00007)”遗失;在总经办发现一台未开封的联想笔记本电脑,经调查,该联想笔记本电脑为供应商提供的赠品。

经报上级批准,盘盈的联想笔记本电脑归入计算机及电子设备类,使用部门为总经办,使用年限为 36 个月,原值定为 6 000 元,无残值,开始使用日期为 2023 年 3 月 1 日,折旧方法选用平均年限法(二)。

要求:资产会计胡林在业财一体信息化平台固定资产模块中完成资产盘点业务,资产经理张姗对资产盘点汇总结果审核确认后,资产会计胡林进行资产盘盈盘亏处理,做到账实相符。

操作视频

### 操作步骤

**1. 资产盘点**

(1) 资产会计胡林进入【U8 企业应用平台】—【业务导航】—【财务会计】—【固定资产】—【资产盘点】—【资产盘点】,单击【增加】按钮,打开【新建盘点单数据录入】页面。

(2) 单击【范围】按钮,进入【盘点范围设置】窗口,选择实际盘点的发生日期,选择进行盘点的方式为按使用部门盘点,使用部门选择“总经办”“财务部”,单击【确定】按钮。系统自动生成盘点单,如图 3-106 所示。

(3) 在【新建盘点单】界面,选中“财务部”的资产“三星 Galaxy”行,单击【盘亏删除】按钮,该行被删除,如图 3-107 所示。

图 3-106　【资产盘点】页面

图 3-107　【资产盘点】页面

（4）单击【盘盈增加】按钮，页面新增一行，将盘盈的联想笔记本电脑的信息录入，操作结果如图 3-108 所示。

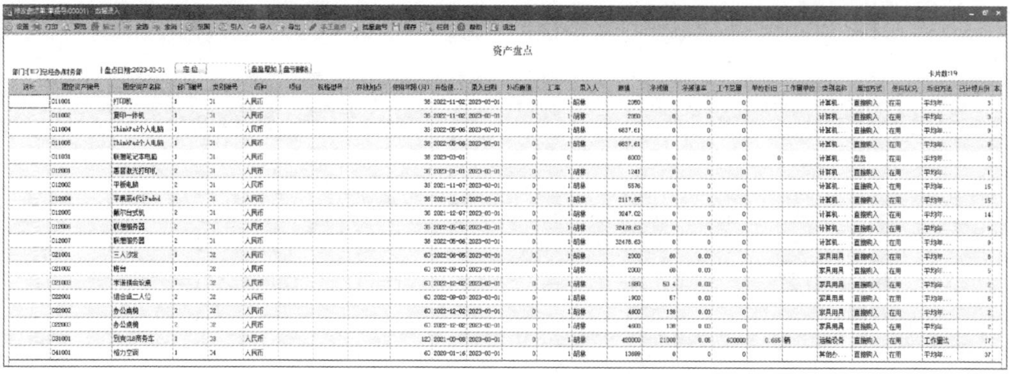


图 3-108　【资产盘点】结果页面

（5）单击【保存】按钮，系统生成盘点单。

**2. 资产盘点汇总**

（1）资产会计胡林进入【U8 企业应用平台】—【业务导航】—【财务会计】—【固定资

产】—【资产盘点】—【资产盘点汇总】，单击【增加】按钮，弹出【查询条件】页面。

(2) 单击【确定】按钮，进入【选择盘点单】页面，如图 3-109 所示。

(3) 双击【选择】列选中的盘点单，单击工具栏的【汇总】按钮，系统进入【汇总盘点单】页面，可以看到所有进行汇总的盘点单的详细信息，如图 3-110 所示。

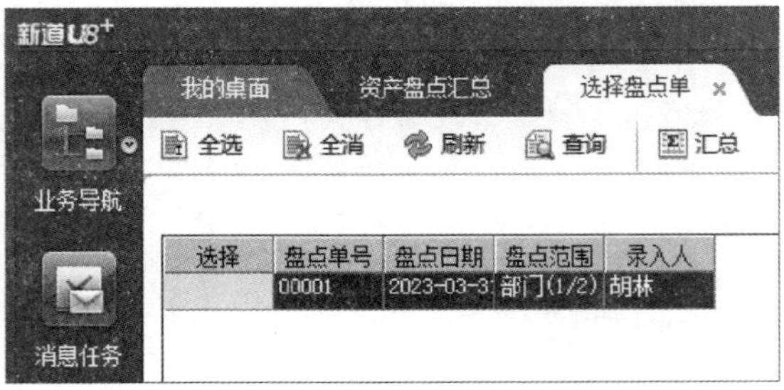


图 3-109 【选择盘点单】页面

图 3-110 【汇总盘点单】页面

(4) 依次单击【保存】【核对】按钮，系统进入【盘点结果清单】页面，如图 3-111 所示。可以看到盘点结果清单中“财务部”的“三星 Galaxy”为盘亏，新增的“总经办”的“联想笔记本电脑”为盘盈。

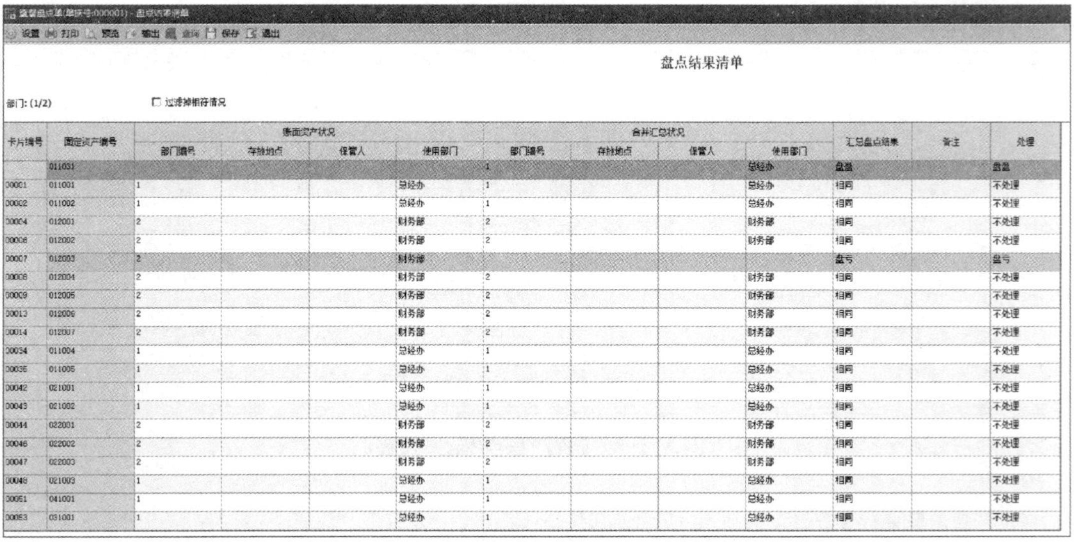


图 3-111 【盘点结果清单】页面

**3. 资产盘点汇总结果确认**

(1) 资产经理张姗进入【U8 企业应用平台】—【业务导航】—【财务会计】—【固定资产】—【资产盘点】—【汇总结果确认】,系统显示盘盈和盘亏的资产。

(2) 选中盘亏资产,在【审核】列选择"同意",输入【处理意见】为"资产做盘亏处理";选中盘盈资产,在【审核】列选择"同意",输入【处理意见】为"资产做盘盈处理"。

(3) 单击【保存】按钮,保存审核结果与处理意见。

**4. 资产盘盈处理**

(1) 资产会计胡林进入【U8 企业应用平台】—【业务导航】—【财务会计】—【固定资产】—【资产盘点】—【资产盘盈】,左侧选择要处理的汇总盘点单,右侧显示该汇总盘点单中审核同意的盘盈资产,如图 3-112 所示。

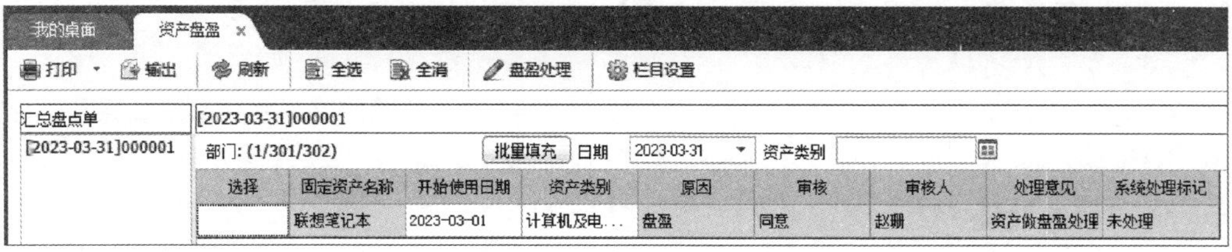


**图 3-112　【资产盘盈】页面**

(2) 选中该盘盈资产,单击【盘盈处理】按钮,进入【固定资产卡片】录入页面,如图 3-113 所示。

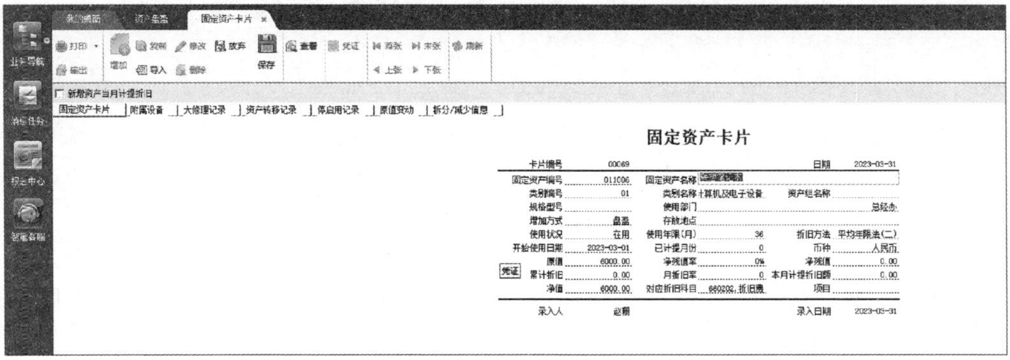


**图 3-113　【固定资产卡片】录入页面**

(3) 将资产卡片信息补充完整,单击【保存】按钮,系统新增一张资产卡片。

(4) 盘盈资产生成记账凭证。资产会计胡林进入【U8 企业应用平台】—【业务导航】—【财务会计】—【固定资产】—【凭证处理】—【批量制单】,选择盘盈的资产,如图 3-114 所示。

**图 3-114　【批量制单】页面**

(5) 单击【制单设置】页签，设置借贷方科目，如图 3-115 所示。

图 3-115 【批量制单】—【制单设置】页面

(6) 单击【凭证】按钮，进入记账凭证生成页面，单击【保存】按钮，生成凭证，并将凭证传到总账系统中。

**5. 资产盘亏处理**

(1) 资产会计胡林进入【U8 企业应用平台】—【业务导航】—【财务会计】—【固定资产】—【资产盘点】—【资产盘亏】，左侧选择要处理的汇总盘点单，右侧显示该汇总盘点单中审核同意的盘亏资产，如图 3-116 所示。

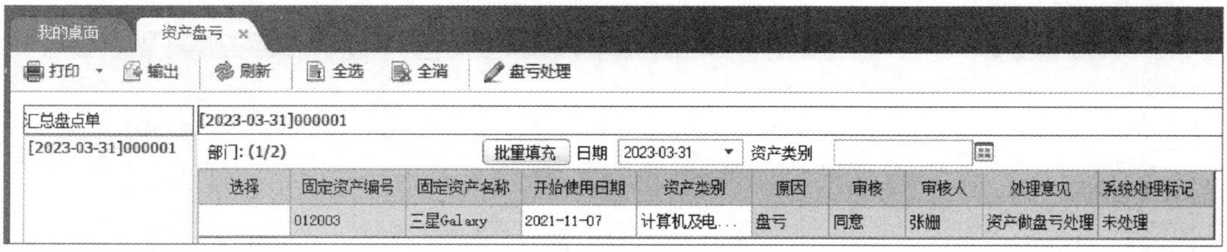


图 3-116 【资产盘亏】页面

(2) 选中该盘亏资产，单击【盘亏处理】按钮，进入【资产减少】页面，输入【清理原因】为"遗失"，单击【确定】按钮，如图 3-117 所示。

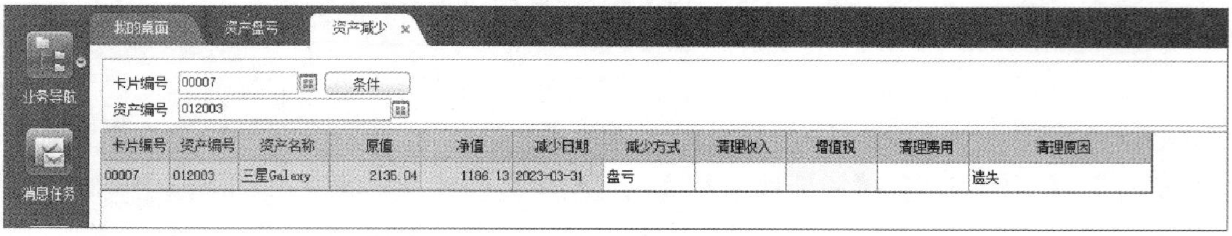


图 3-117 【资产减少】页面

(3) 盘亏资产生成记账凭证。资产会计胡林进入【U8 企业应用平台】—【业务导航】—【财务会计】—【固定资产】—【凭证处理】—【批量制单】—【制单选择】，选择盘亏的资产，如图 3-118 所示。

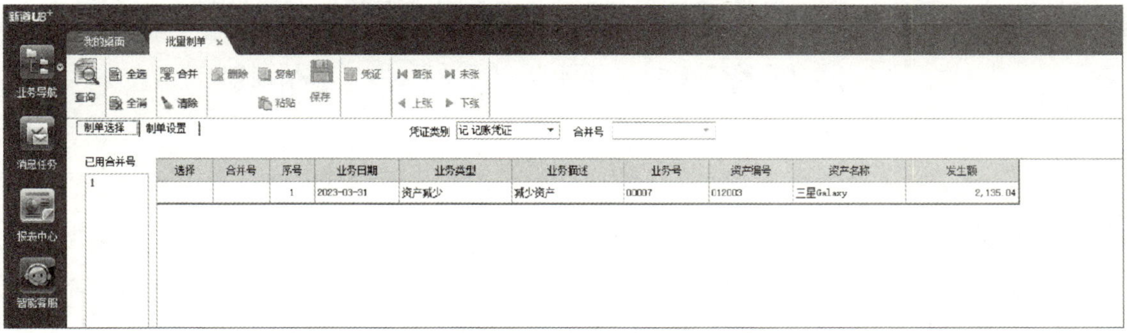


图 3-118　【批量制单】—【制单选择】页面

（4）单击【制单设置】页签，设置借贷方科目，如图 3-119 所示。

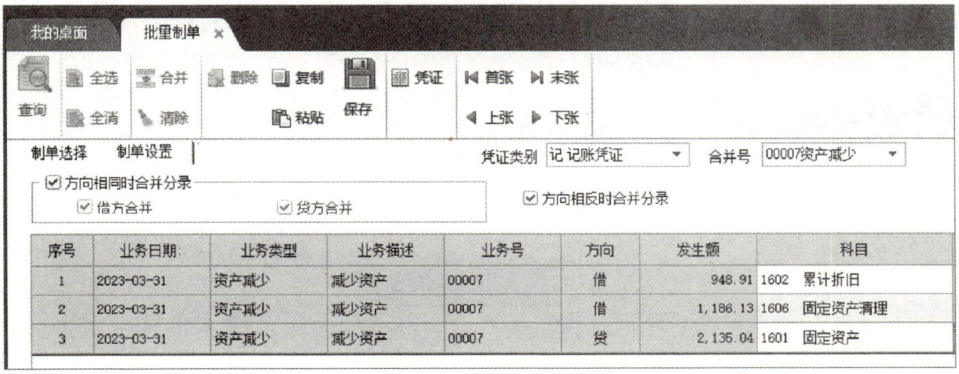


图 3-119　【批量制单】—【制单设置】页面

（5）单击【凭证】按钮，进入记账凭证生成页面，单击【保存】按钮，生成凭证，并将凭证传到总账系统中。

## 工作反思

获得的经验：________________________

注意的事项：________________________

思政驿站

# 工作任务 11 网上银行业务处理

## 任务情境

北京星月电器销售有限公司于 2023 年 3 月 1 日启用网上银行系统，出纳谢芳在网上银行系统录入付款单，资金经理张扬审核付款单的合规性、正确性，将审核无误的付款单通过网络向银行提交付款请求，并在线实时查询单据的支付状态。

资金经理张扬通过网上银行系统对银行账户进行余额查询、银行账户当日交易明细查询、银行账户历史交易明细查询。

月末出纳谢芳将银行账户交易与付款单据进行对账，确保双方数据的准确与一致。

## 任务向导

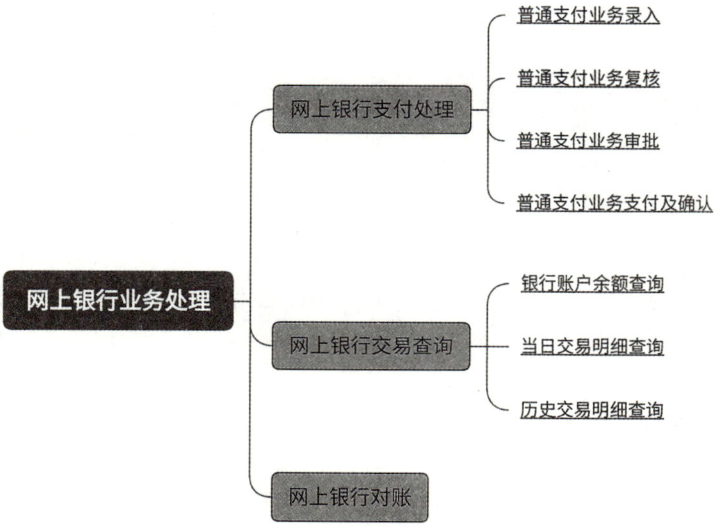


## 任务 11.1 网上银行支付处理

## 任务要求

2023 年 3 月 26 日，北京星月电器销售有限公司支付给广东星月电器销售有限公司前欠货款 300 000 元，网银转账支付。付款回单如图 3-120。

要求：

(1) 出纳谢芳在业财一体信息化平台网上银行模块中完成支付凭单的录入，本案例中金额超过其权限 50 000 元，故此业务由副总经理王涛操作完成。

ICBC 中国工商银行　　业务回单（付款）

入账日期：2023/03/26　　回单编号：10283769425
付款人户名：北京星月电器销售有限公司
付款人账号：1100229999888896666
付款人开户行/发报行：中国工商银行北京朝阳支行
收款人户名：广东星月电器销售有限公司
收款人账号：4234232100153680000
收款人开户行：中国工商银行深圳罗湖支行
币种：人民币　　金额（小写）：¥300,000.00
金额（大写）：叁拾万元整
凭证种类：　　凭证号码：20230326
业务（产品）种类：　　摘要：支付货款
附言：
支付交易序号：13067867　　报文种类：
委托日期：2023/3/26　　业务种类：网上企业银行支付
收款人地址：
付款人地址：
中国工商银行股份有限公司北京朝阳支行 2023.03.26 核算用章（04）
打印次数：1　次　机打回单注意重复　　打印日期：2023/3/26　　打印柜员：22141

图 3-120　付款回单

（2）资金经理张扬完成复核、审批、支付及变更业务，并生成记账凭证，完成普通支付业务，本案例中金额超过其权限 100 000 元，故此业务由总经理刘星操作完成。

## 操作步骤

操作视频

### 1. 普通支付业务录入

（1）副总经理王涛进入【U8 企业应用平台】—【业务导航】—【财务会计】—【网上银行】—【普通支付】—【单据录入】，打开【普通支付单】页面。

（2）单击【增加】按钮，参照录入本企业支付账号，【结算方式】为“网银转账”，【收方账号】为广东星月电器销售有限公司的账号，【原币金额】为“300000.00”，【同城】为“否”，如图 3-121 所示。

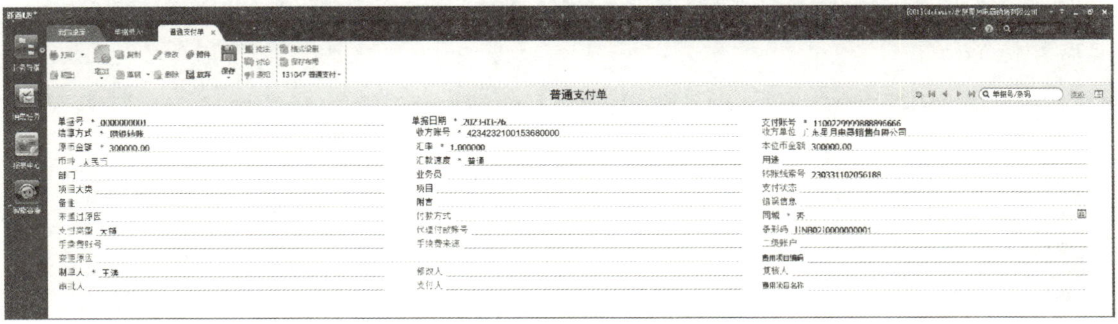


图 3-121　【普通支付单】页面

（3）单击【保存】按钮，保存普通支付单。

### 2. 普通支付业务复核

（1）总经理刘星进入【U8 企业应用平台】—【业务导航】—【财务会计】—【网上银行】—【普通支付】—【单据复核】，单击【查询】按钮，查询条件系统默认，单击【确定】按钮，打开【普通支付单列表】页面，如图 3-122 所示。

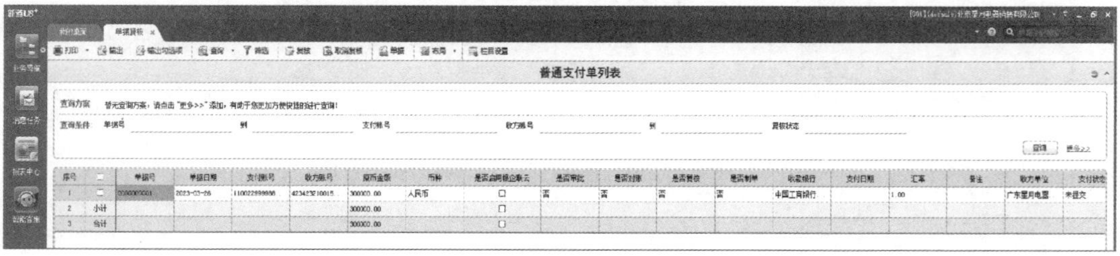

图 3-122 【普通支付单列表】页面

（2）选择查询出待复核的单据，双击进入该单据，如图 3-123 所示。

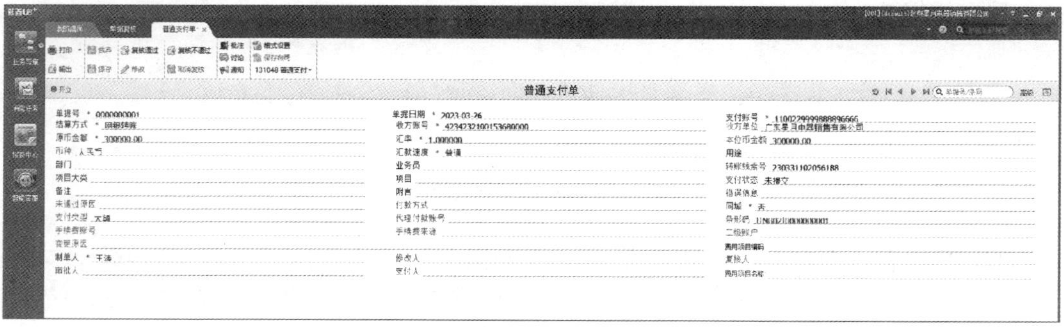

图 3-123 【普通支付单】录入页面

（3）单击【复核通过】按钮，提示“复核成功”，单据复核通过。

**3. 普通支付业务审批**

（1）总经理刘星进入【U8 企业应用平台】—【业务导航】—【财务会计】—【网上银行】—【普通支付】—【单据审批】，单击【查询】按钮，查询条件默认，单击【确定】按钮，打开【普通支付单列表】页面，如图 3-124 所示。

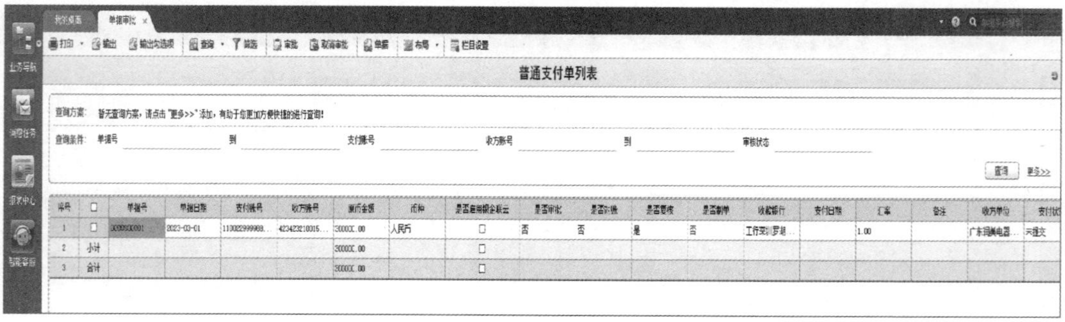

图 3-124 【普通支付单列表】页面

（2）选择查询待审核的单据，双击进入该单据，单击【审批通过】按钮，提示“审批成功”，单据左上方显示“已审核”，如图 3-125 所示。

**4. 普通支付业务支付及确认**

（1）副总经理王涛进入【U8 企业应用平台】—【业务导航】—【财务会计】—【网上银

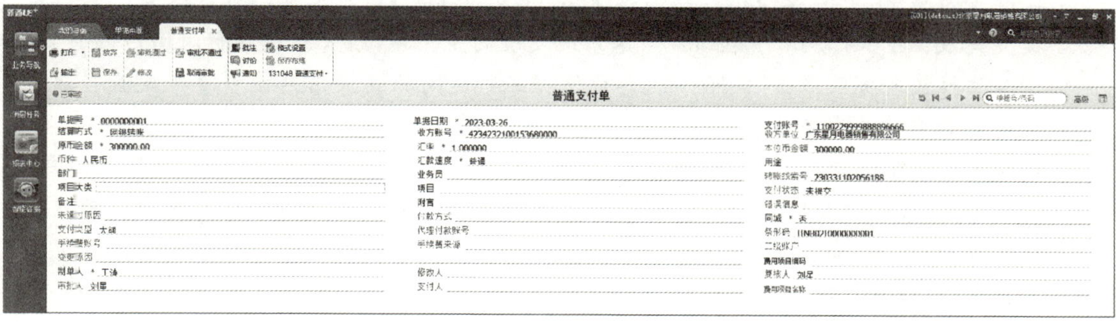


图 3-125 【普通支付单】录入页面

行】—【普通支付】—【单据支付】，单击【查询】按钮，查询条件系统默认，单击【确定】按钮，打开【普通支付单列表】页面，如图 3-126 所示。

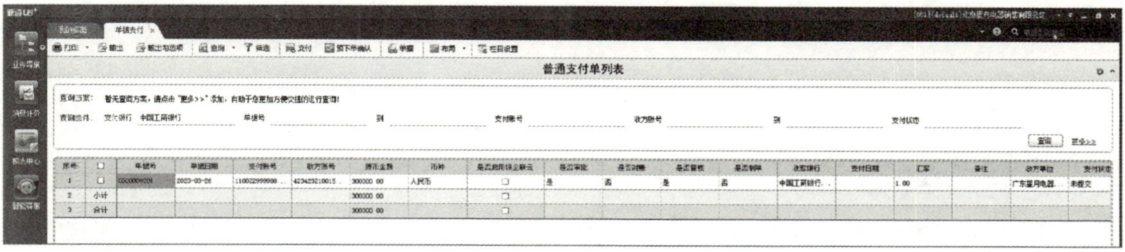


图 3-126 【普通支付单列表】页面

(2) 选择查询出待支付的单据，双击进入该单据，单击【支付】按钮，左上角提示“提交成功”，单击【支付确认】按钮，左上角提示“支付成功”，如图 3-127 所示。

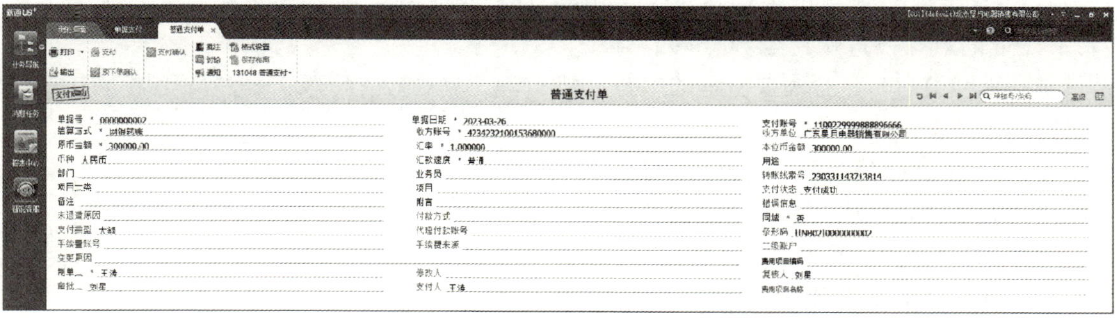


图 3-127 【普通支付单】支付页面

## 特别提示

在实际工作中，即便是和银行联网成功，支付状态也有可能会是提交失败或提交不明。系统提示支付状态的含义与处理方法如下：

◇ 未提交：即未向银行提交支付申请。

◇ 提交成功：即银行已接受了 U8 网银系统发送的支付申请，可在【支付状态确认】中查询实际支付结果，或直接与银行沟通确认后在【支付变更】中手工确认支付结果。

◇ 提交失败：即银行没有受理 U8 网银系统发送的支付申请，可能是银行对网银的付款申请合法性校验失败或者其他原因，建议根据银行返回的错误信息检查单据是否合规，确认无误后可重新提交支付。

◇ 提交不明：即银行对 U8 网银系统发送的支付申请没有作出响应，可能是网络故障或者其他原因，建议通过【支付状态确认】查询实际支付结果或直接与银行沟通确认后在【支付变更】中手工确认支付结果。

◇ 支付成功：即银行已根据 U8 网银系统提交的支付申请进行转账。交易成功后，企业可根据支付成功的付款单进行后续处理。

◇ 支付失败：即银行拒绝对 U8 网银提交的支付申请进行转账，建议根据银行返回的错误信息检查单据是否合规或账户余额是否充足，确认无误后可重新提交支付。

◇ 支付不明：即在银行中无法查询到 U8 网银系统发送的支付申请，建议通过【支付状态确认】查询实际支付结果或直接与银行沟通确认后在【支付变更】中手工确认支付结果。

## 任务 11.2　网上银行交易查询

### 任务要求

北京星月电器销售有限公司的资金经理张扬于 2023 年 3 月 10 日在网上银行模块中查询银行账户余额、当日交易明细、历史交易明细。

### 操作步骤

**1. 银行账户余额查询**

(1) 资金经理张扬进入【U8 企业应用平台】—【业务导航】—【财务会计】—【网上银行】—【查询】—【银行账户余额查询】，打开【选择账号】窗口，选择需要查询的银行及账号，如图 3-128 所示。

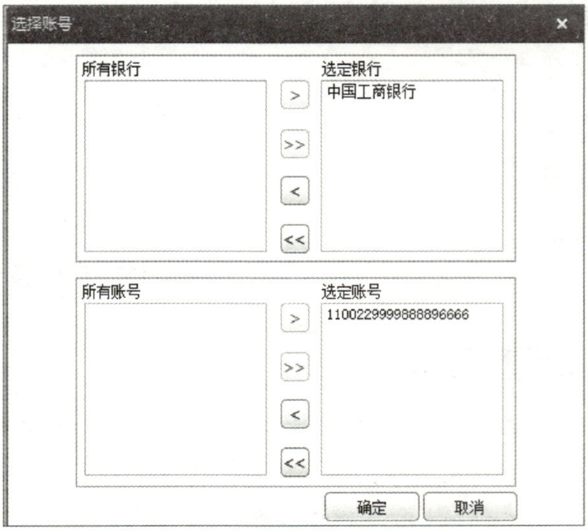


图 3-128　【选择账号】窗口

(2) 单击【确定】按钮，查询结果将显示在“银行账号余额表”中，其中余额差异由余额与科目余额计算而得。

**2. 当日交易明细查询**

(1) 资金经理张扬进入【U8 企业应用平台】—【业务导航】—【财务会计】—【网上银行】—【查询】—【当日交易明细查询】，打开【账号选择】窗口，选择需要查询的银行及账号，如图 3-129 所示。

(2) 单击工具栏上的【明细】按钮，查询结果将显示在“银行账户当日交易明细”中。

**3. 历史交易明细查询**

(1) 资金经理张扬进入【U8 企业应用平台】—【业务导航】—【财务会计】—【网上银行】—【查询】—【历史交易明细查询】，打开【查询条件选择】窗口，选择需要查询的银行、账号、日期范围以及金额范围，如图 3-130 所示。

(2) 单击【确定】按钮，查询结果将显示在“银行账户历史交易明细”中。

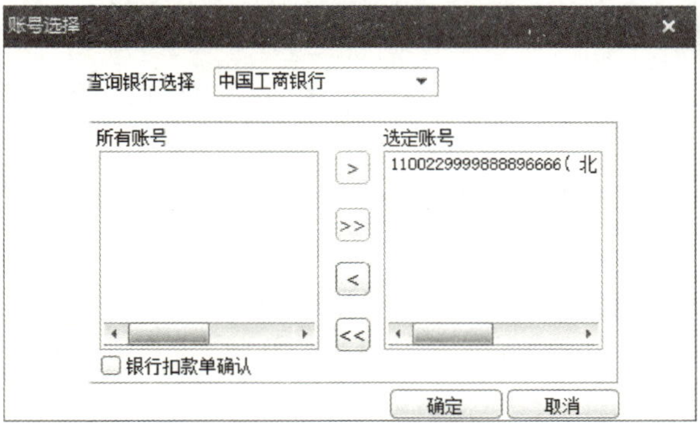


图 3-129　【账号选择】窗口

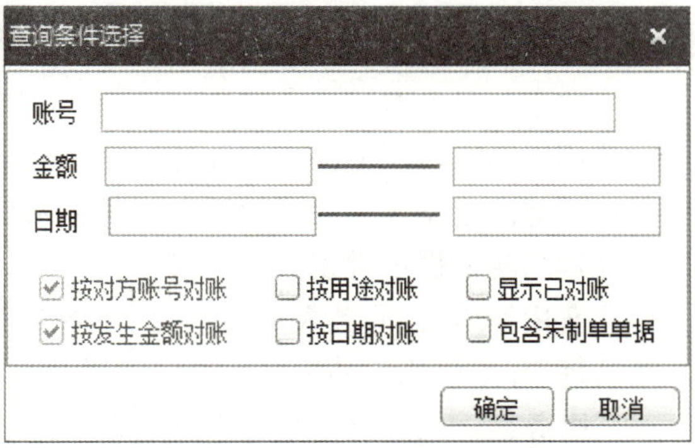


图 3-130　【查询条件选择】窗口

## 任务 11.3　网上银行对账

### 任务要求

北京星月电器销售有限公司的出纳谢芳于 2023 年 3 月 31 日将网上银行的交易明细与付款单据进行对账。

### 操作步骤

(1) 出纳谢芳进入【U8 企业应用平台】—【业务导航】—【财务会计】—【网上银行】—【查询】—【交易明细与付款单据对账】，弹出【查询条件选择】页面，如图 3-131 所示。

(2) 设定对账条件，单击【确定】按钮，系统就会按照设定的对账条件进行对账，并将结果显示在支付单和银行交易明细对账表中。

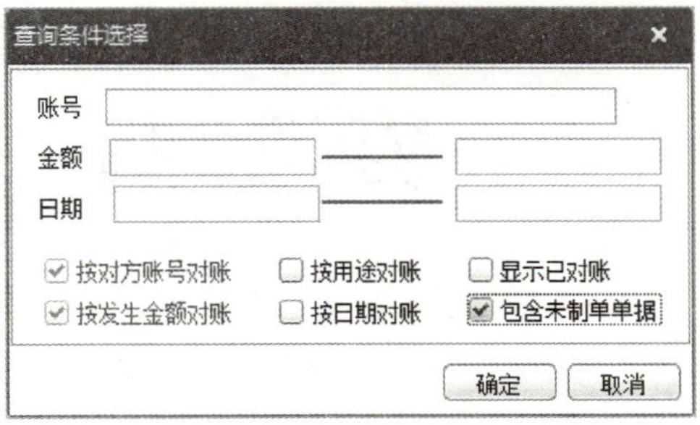


图 3-131　【查询条件选择】页面

### 工作反思

获得的经验：________________________________

________________________________

________________________________

注意的事项：________________________________

________________________________

________________________________

思政驿站

# 工作任务 12　网上报销业务处理

## 任务情境

北京星月电器销售有限公司于 2023 年 3 月 1 日启用网上报销系统，员工日常借款、日常费用报销通过网上报销系统进行管理与控制，总经理刘星对费用申请审批。

各部门根据预计的费用发生情况在系统中提交费用申请单和借款单，各部门经理和财务经理胡晓依据审批权限进行审批。

费用发生后，业务人员在系统中提交报销单，财务会计王芝芝根据财务制度进行报销业务处理，并生成相应的记账凭证。

财务会计王芝芝在系统中可以查询并导出借款统计表、借款明细表及网报业务一览表，提供给财务经理胡晓审核，以便对各项费用进行监控。

## 任务向导

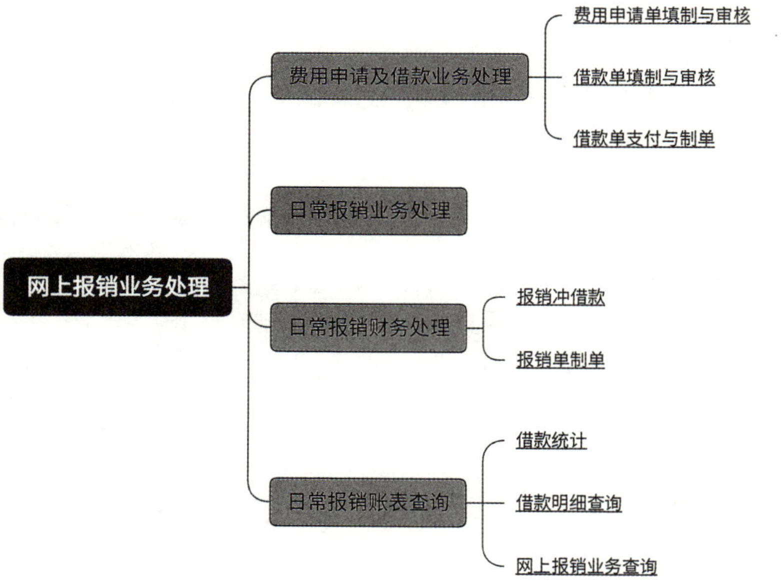


### 任务 12.1　费用申请及借款业务处理

## 任务要求

2023 年 3 月 25 日，北京星月电器销售有限公司拟召开全员大会，由公司总经理刘星组织。现总经理刘星提交费用申请单，申请会议费 5 000 元，费用由总经办承担。总经理刘星审核申请单通过后，财务会计王芝芝为其办理借款业务。

要求：财务会计王芝芝、总经理刘星在业财一体信息化平台网上报销模块中完成会议费用申请及借款业务。

## 操作步骤

操作视频

### 1. 费用申请单填制与审核

（1）总经理刘星进入【U8 企业应用平台】—【业务导航】—【财务会计】—【网上报销】—【日常业务】—【费用申请】—【费用申请单】，单击【增加】按钮，打开【费用申请单】填制页面，录入“申请部门”“申请人”“申请日期”“用途”“申请金额”，勾选【是否借款】复选框，如图 3-132 所示。

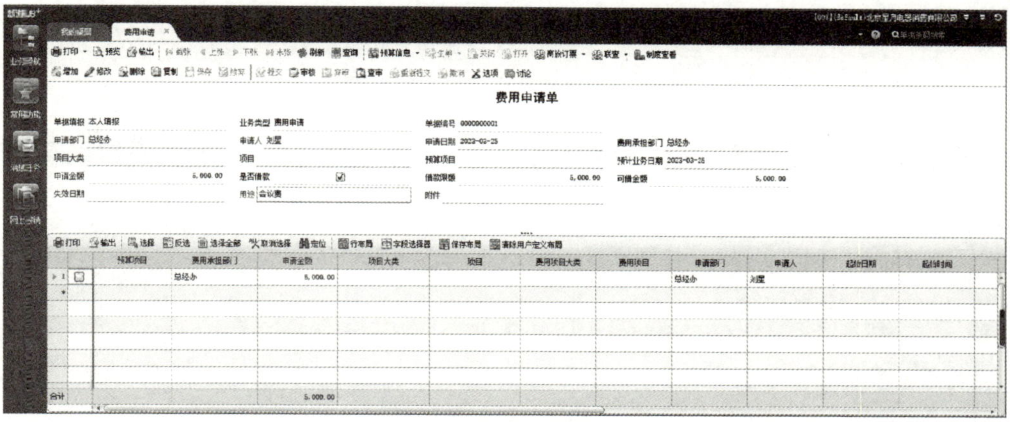


图 3-132　【费用申请单】填制页面

（2）单击【保存】按钮，提示“保存成功”。

（3）单击【审核】按钮，弹出【审核意见】对话框，单击【同意】按钮。

**头脑风暴：**基于公司内部控制制度的角度，你认为应如何改进费用申请单审核流程？

### 2. 借款单填制与审核

（1）总经理刘星进入【U8 企业应用平台】—【业务导航】—【财务会计】—【网上报销】—【日常业务】—【费用申请】—【费用申请单】，打开【费用申请单】填制页面，单击【末张】按钮，打开会议费的费用申请单，如图 3-133 所示。

（2）若【费用申请单】填制界面【是否借款】无法选中，执行【基础设置】—【业务类型】命令，检查费用申请单设置中【允许借款】项是否被选中。

（3）单击【生单】【生成借款单】按钮，选择【业务类型】为“员工日常借款”，点击【生单】按钮，如图 3-134 所示。

（4）选择【支付方式】为“现金支付”，单击【保存】按钮，提示“保存成功”；单击【审核】按钮，弹出【审核意见】对话框，单击【同意】按钮。

### 3. 借款单支付与制单

（1）财务会计王芝芝进入【U8 企业应用平台】—【业务导航】—【财务会计】—【网上报销】—【单据查询】—【借款单查询】，查询条件按系统默认，选中【借款单】，执行【付款】—【对私支出】命令，弹出【付款】页面，输入【结算方式】为“现金”，勾选付款行与借款单行，单击【保存】按钮，如图 3-135 所示。

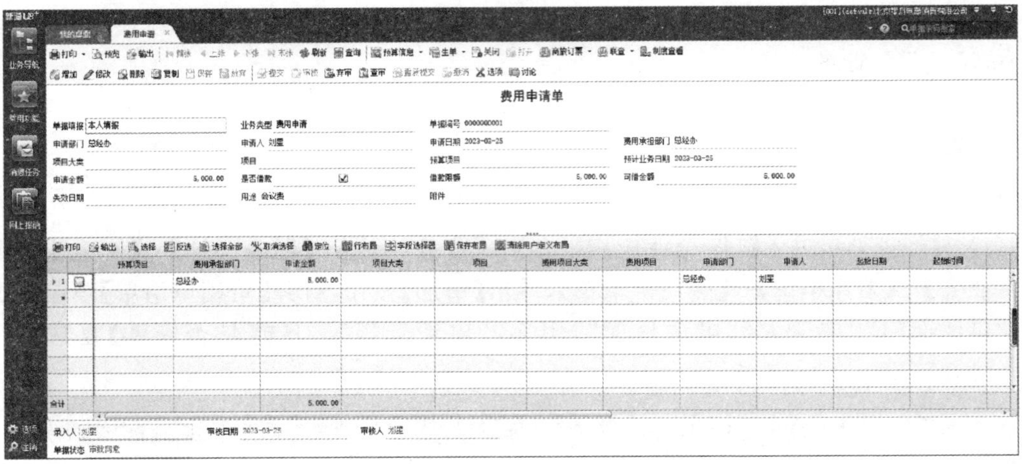


图 3-133 【费用申请单】填制页面

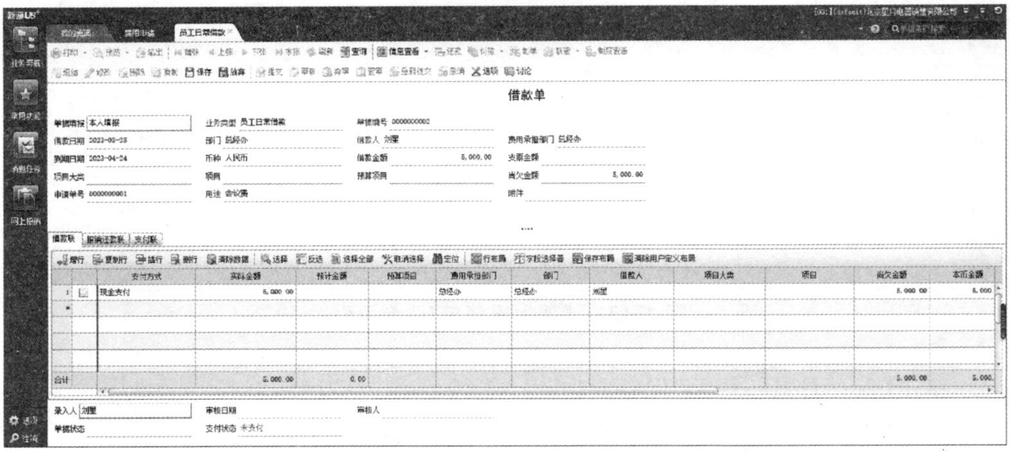


图 3-134 借款单生成页面

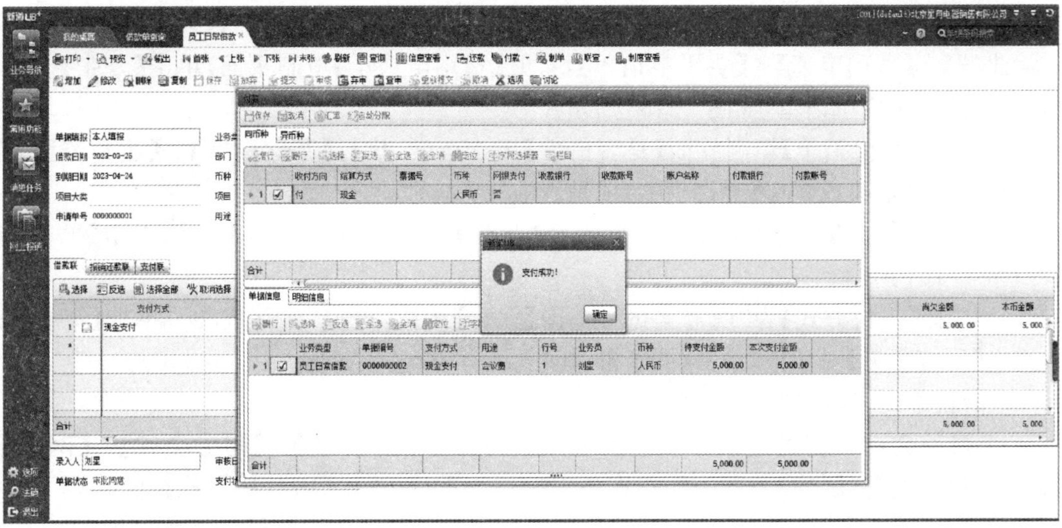

图 3-135 【付款】页面

(2) 生成借款凭证，点击借款单上方的【制单】按钮，打开【制单】窗口，如图 3-136 所示。

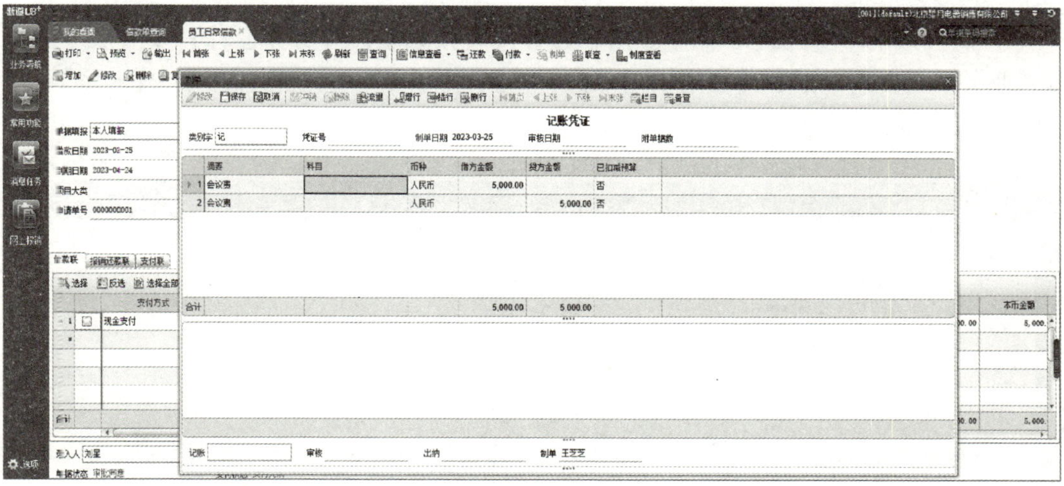


图 3-136　【制单】页面

(3) 输入借贷方科目，单击【保存】按钮，保存凭证。

## 任务 12.2　日常报销业务处理

### 任务要求

北京星月电器销售有限公司全员大会结束，总经理刘星提交会议费发票，根据发票填制报销单，并冲销借款。会议费发票如图 3-137 所示。

要求：总经理刘星在业财一体信息化平台网上报销模块中完成会议费报销业务。

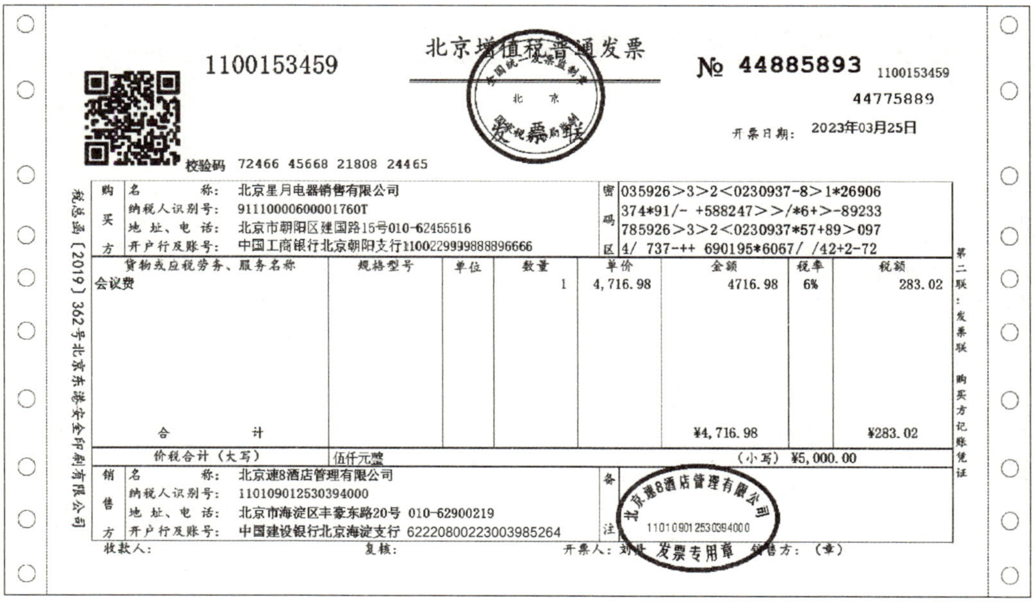

1100153459　北京增值税普通发票　№ 44885893　1100153459

44775889

开票日期：2023年03月25日

校验码 72466 45668 21808 24465

购买方 名称：北京星月电器销售有限公司
纳税人识别号：91110000600001760T
地址、电话：北京市朝阳区建国路15号010-62455516
开户行及账号：中国工商银行北京朝阳支行1100229999888896666

密码区 035926>3>2<0230937-8>1*26906
374*91/- +588247>>/*6+>-89233
785926>3>2<0230937*57+89>097
4/ 737-++ 690195*6067/ /42+2-72

| 货物或应税劳务、服务名称 | 规格型号 | 单位 | 数量 | 单价 | 金额 | 税率 | 税额 |
|---|---|---|---|---|---|---|---|
| 会议费 | | | 1 | 4,716.98 | 4716.98 | 6% | 283.02 |
| 合计 | | | | | ¥4,716.98 | | ¥283.02 |

价税合计（大写）伍仟元整　（小写）¥5,000.00

销售方 名称：北京速8酒店管理有限公司
纳税人识别号：110109012530394000
地址、电话：北京市海淀区丰豪东路20号 010-62900219
开户行及账号：中国建设银行北京海淀支行 62220800223003985264

备注

收款人：　复核：　开票人：刘丹　销售方：（章）

第二联：发票联　购买方记账凭证

税总函〔2019〕362号北京东港安全印刷有限公司

图 3-137　会议费发票

操作视频

## 操作步骤

（1）总经理刘星进入【U8 企业应用平台】—【业务导航】—【财务会计】—【网上报销】—【日常业务】—【费用申请】—【费用申请单】，打开【费用申请单】填制页面，单击【末张】按钮，打开会议费的费用申请单，如图 3-138 所示。

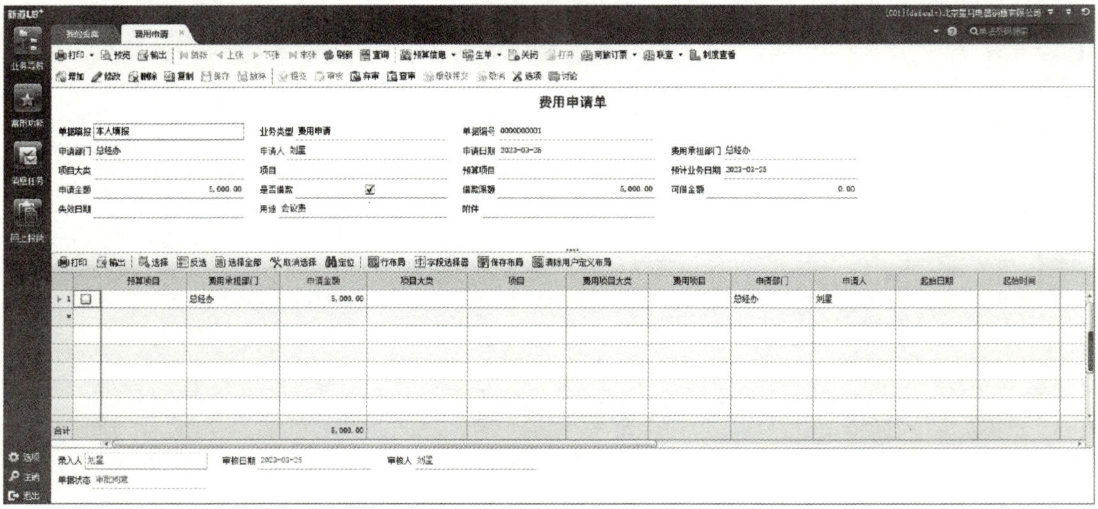


图 3-138 【费用申请单】填制页面

（2）执行【生单】—【生成报销单】命令，打开【业务类型选择】页面，选择“会议费报销”，录入【费用项目】为“会议费”，单击【保存】按钮，提示“保存成功”，会议费报销单生成成功，如图 3-139 所示。

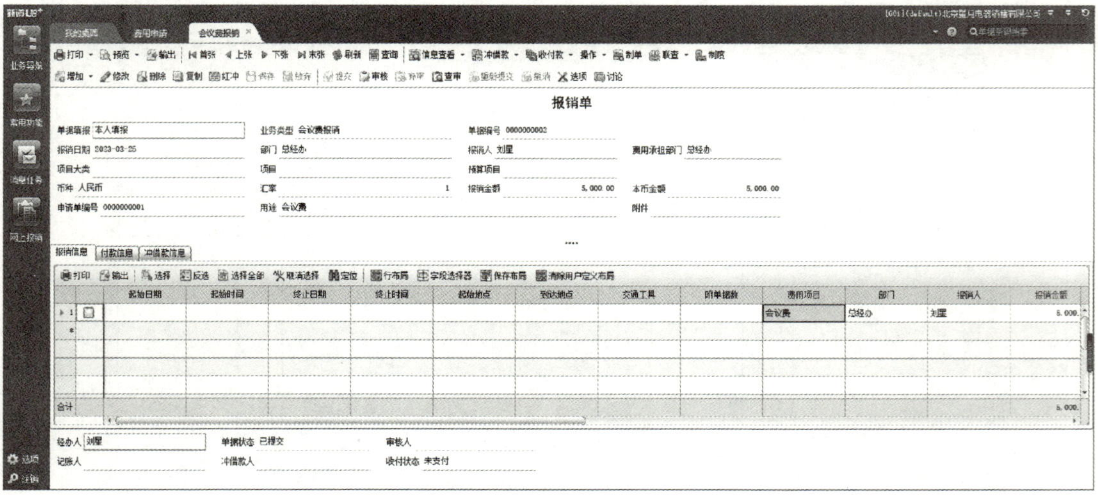


图 3-139 【报销单】录入页面

# 任务 12.3 日常报销财务处理

## 任务要求

北京星月电器销售有限公司的财务会计王芝芝根据总经理刘星提交的会议费的报销单，冲销借款单，并生成记账凭证。

要求：财务会计王芝芝在业财一体信息化平台网上报销模块中对会议费报销进行财务审核及业务处理，并正确生成凭证。

## 操作步骤

操作视频

### 1. 报销冲借款

(1) 总经理刘星进入【U8 企业应用平台】—【业务导航】—【财务会计】—【网上报销】—【日常业务】—【报销】—【会议费报销】，打开【会议费报销】页面，如图 3-140 所示。

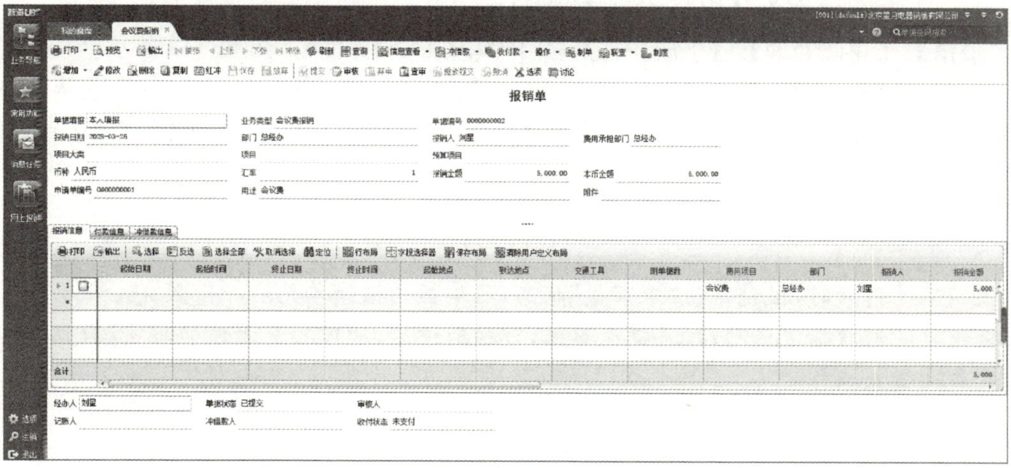


图 3-140 【会议费报销】页面

(2) 单击【冲借款】按钮，打开【预冲借款信息】页面，单击【修改】按钮，页面下方出现借款信息，如图 3-141 所示。

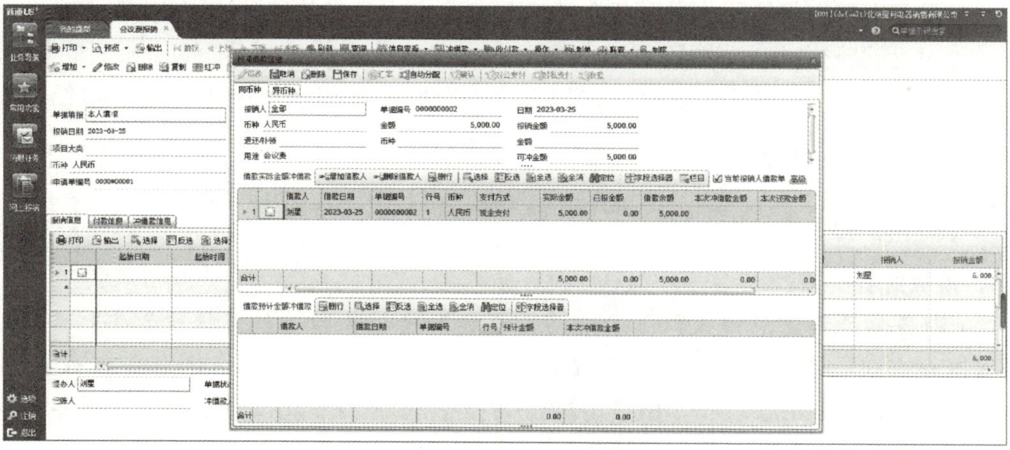

图 3-141 【预冲借款信息】页面

(3) 单击【自动分配】按钮，系统将自动录入本次冲借款金额，单击【保存】按钮，系统提示“冲借款指定成功”，单击【确定】按钮。

(4) 审核报销单。财务会计王芝芝进入【U8 企业应用平台】—【业务导航】—【财务会计】—【网上报销】—【日常业务】—【报销】—【会计费报销】，打开【会议费报销】页面，单击【审核】按钮，报销单审核通过；再依次单击【冲借款】【确认】按钮，冲借款成功。

**2. 报销单制单**

(1) 财务会计王芝芝进入【U8 企业应用平台】—【业务导航】—【财务会计】—【网上报销】—【凭证处理】—【生成凭证】，打开制单【查询】界面，如图 3-142 所示。

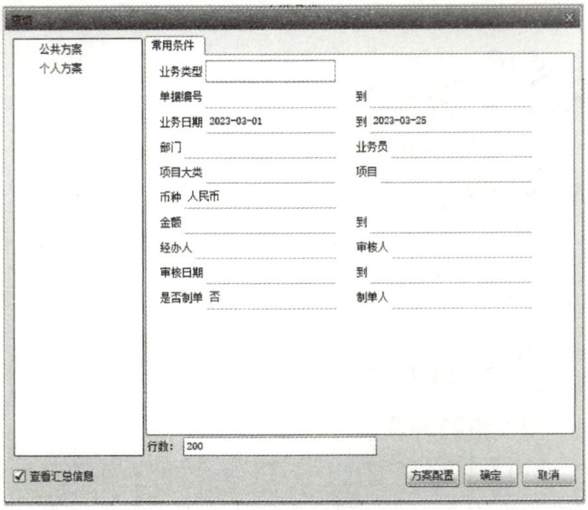


**图 3-142　制单【查询】页面**

(2) 查询条件按系统默认，单击【查询】按钮，打开【报销单】列表，在单据列表界面选中【报销单】；单击【制单】按钮，打开【记账凭证】页面，输入借贷方科目；单击【保存】按钮，凭证保存成功。

**特别提示**

◇ 报销单冲借款时，报销单为“未审核”状态，已审核的报销单无法冲借款。

◇ 报销单冲借款指定成功后，再提交审核，审核通过后，冲借款页面才能单击【确认】按钮，完成冲借款操作。

## 任务 12.4　日常报销账表查询

### 任务要求

北京星月电器销售有限公司财务会计王芝芝导出本月借款统计表、借款明细表及网报业务一览表，提交财务经理胡晓审核。

要求：财务会计王芝芝在业财一体信息化平台网上报销模块中进行日常报销账表查询，并提交财务经理胡晓查询。

### 操作步骤

**1. 借款统计**

(1) 财务会计王芝芝进入【U8 企业应用平台】—【业务导航】—【财务会计】—【网上报销】—【报表查询】—【借款统计表】，打开【借款统计表】—【查询】页面，如图 3-143 所示。

(2) 查询条件按系统默认，单击【确定】按钮，打开【借款统计表】结果页面，如图 3-144 所示。

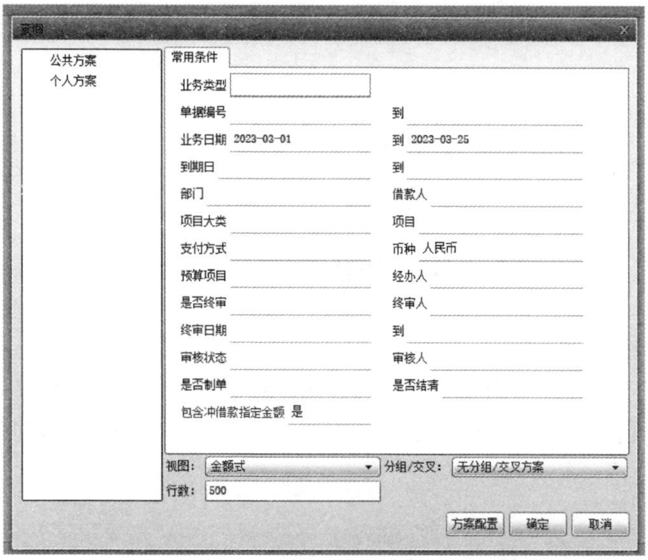


图 3-143　【借款统计表】—【查询】页面

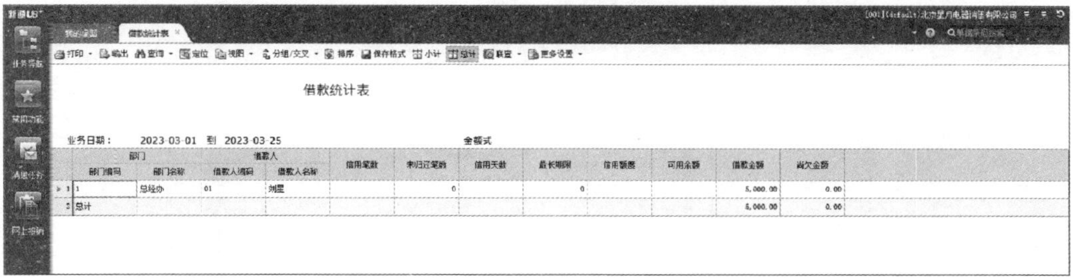


图 3-144　【借款统计表】结果页面

（3）单击【输出】按钮，选择文件存放路径，即可将报表保存到指定的位置。

**2. 借款明细查询**

（1）财务会计王芝芝进入【U8 企业应用平台】—【业务导航】—【财务会计】—【网上报销】—【报表查询】—【借款明细表】，打开【借款明细表】—【查询】页面，如图 3-145 所示。

（2）查询条件按系统默认，单击【确定】按钮，打开【借款明细表】结果页面，如图 3-146 所示。

（3）单击【输出】按钮，选择文件存放路径，即可将报表保存到指定的位置。

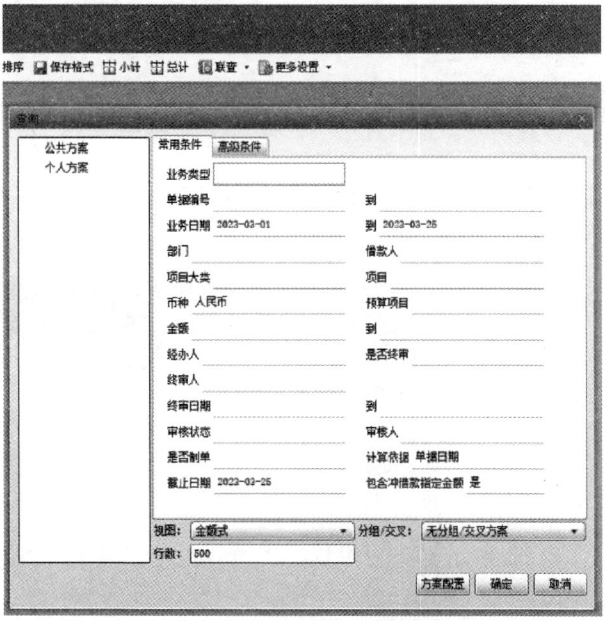


图 3-145　【借款明细表】—【查询】页面

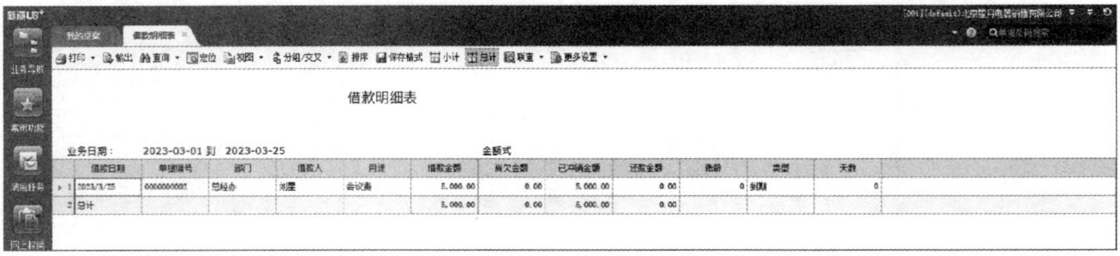


图 3-146 【借款明细表】结果页面

### 3. 网上报销业务查询

（1）财务会计王芝芝进入【U8 企业应用平台】—【业务导航】—【财务会计】—【网上报销】—【报表查询】—【网报业务一览表】，打开【网报业务一览表】—【查询】页面，如图 3-147 所示。

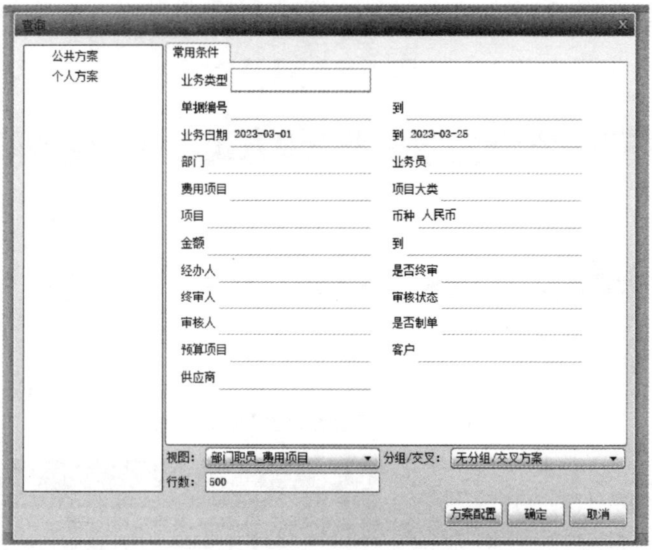


图 3-147 【网报业务一览表】—【查询】页面

（2）查询条件按系统默认，单击【确定】按钮，打开【网报业务一览表】结果页面，如图 3-148 所示。

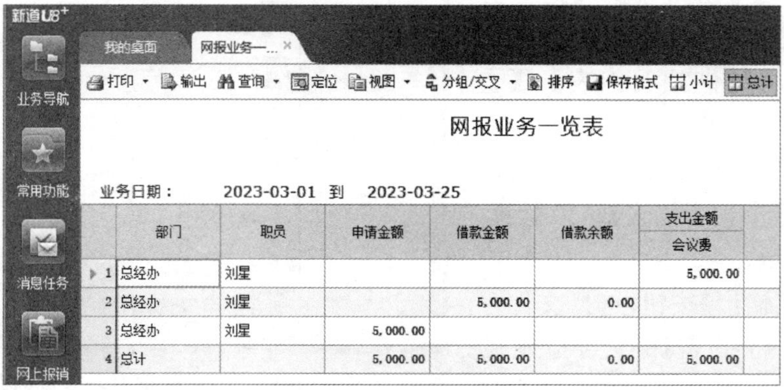


图 3-148 【网报业务一览表】结果页面

(3) 单击【输出】按钮，选择文件存放路径，即可将报表保存到指定的位置。

### 工作反思

获得的经验：______________________________

______________________________

______________________________

注意的事项：______________________________

______________________________

______________________________

思政驿站

# 工作任务 13　薪资管理业务处理

### 任务情境

北京星月电器销售有限公司于 2023 年 3 月 1 日启用薪资管理系统，对本月的人员薪资进行管理。

副总经理王涛月初在薪资管理系统中对工资分摊公式进行设置，财务会计王芝芝月底在薪资管理系统中对员工薪资进行计算，并根据员工薪资表进行分摊计提，生成计提工资与福利的凭证。

下月月初财务会计王芝芝将工资数据传递给代发工资的银行，由银行发放职工工资。

### 任务向导

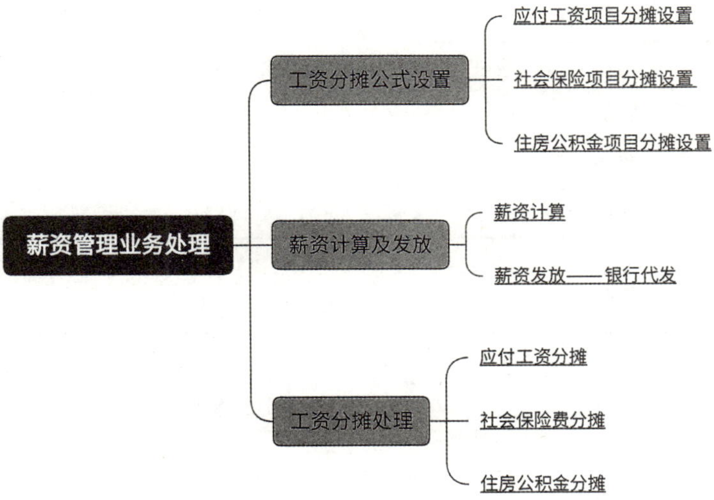

## 任务 13.1 工资分摊公式设置

### 任务要求

2023 年 3 月，北京星月电器销售有限公司四险一金按“四险一金计提基数”计提，公司承担的养老保险、医疗保险、失业保险、工伤保险、住房公积金计提比例分别为 16%、8.8%、1%、1%和 10%；职工福利费、工会经费及职工教育经费按实际发生数列支。各部门工资项目分摊设置时对应的借贷方科目，如表 3-2、表 3-3、表 3-4 所示。

表 3-2 应付工资科目设置

| 部门 | 人员类别 | 应付工资 | |
|---|---|---|---|
| | | 借方科目 | 贷方科目 |
| 总经办 | 高级管理人员 | 660201 管理费用——职工薪酬 | 221101 应付职工薪酬——工资 |
| 财务部 | 财务人员 | 660201 管理费用——职工薪酬 | |
| 采购部 | 采购人员 | 660201 管理费用——职工薪酬 | |
| 销售部 | 销售人员 | 660101 销售费用——职工薪酬 | |
| 客户服务部 | 服务人员 | 660101 销售费用——职工薪酬 | |
| 营运管理部 | 营运管理人员 | 660201 管理费用——职工薪酬 | |
| 仓储物流部 | 仓储管理人员 | 660201 管理费用——职工薪酬 | |

表 3-3 社会保险科目设置

| 部门 | 人员类别 | 借方科目 | 贷方科目 |
|---|---|---|---|
| 总经办 | 高级管理人员 | 660201 管理费用——职工薪酬 | 221103 应付职工薪酬——社会保险费 |
| 财务部 | 财务人员 | 660201 管理费用——职工薪酬 | |
| 采购部 | 采购人员 | 660201 管理费用——职工薪酬 | |
| 销售部 | 销售人员 | 660101 销售费用——职工薪酬 | |
| 客户服务部 | 服务人员 | 660101 销售费用——职工薪酬 | |
| 营运管理部 | 营运管理人员 | 660201 管理费用——职工薪酬 | |
| 仓储物流部 | 仓储管理人员 | 660201 管理费用——职工薪酬 | |

表 3-4 住房公积金科目设置

| 部门 | 人员类别 | 借方科目 | 贷方科目 |
|---|---|---|---|
| 总经办 | 高级管理人员 | 660201 管理费用——职工薪酬 | 221104 应付职工薪酬——住房公积金 |
| 财务部 | 财务人员 | 660201 管理费用——职工薪酬 | |
| 采购部 | 采购人员 | 660201 管理费用——职工薪酬 | |
| 销售部 | 销售人员 | 660101 销售费用——职工薪酬 | |

（续表）

| 部门 | 人员类别 | 借方科目 | 贷方科目 |
|---|---|---|---|
| 客户服务部 | 服务人员 | 660101 销售费用——职工薪酬 | 221104 应付职工薪酬——住房公积金 |
| 营运管理部 | 营运管理人员 | 660201 管理费用——职工薪酬 | |
| 仓储物流部 | 仓储管理人员 | 660201 管理费用——职工薪酬 | |

要求：副总经理王涛在业财一体信息化平台薪资模块中对针对不同的工资项目进行分摊设置。

操作视频

## 操作步骤

### 1. 应付工资项目分摊设置

（1）副总经理王涛进入【U8 企业应用平台】—【业务导航】—【人力资源】—【薪资管理】—【设置】—【分摊类型设置】，打开【分摊类型设置】页面。

（2）单击【增加】按钮，输入【分摊类型名称】为“应付工资”，【分摊比例】为“100％”，在页面下方单击【增行】按钮，按照案例资料中提供的信息设置部门对应的借贷方科目后，单击【保存】按钮，操作结果如图 3-149 所示。

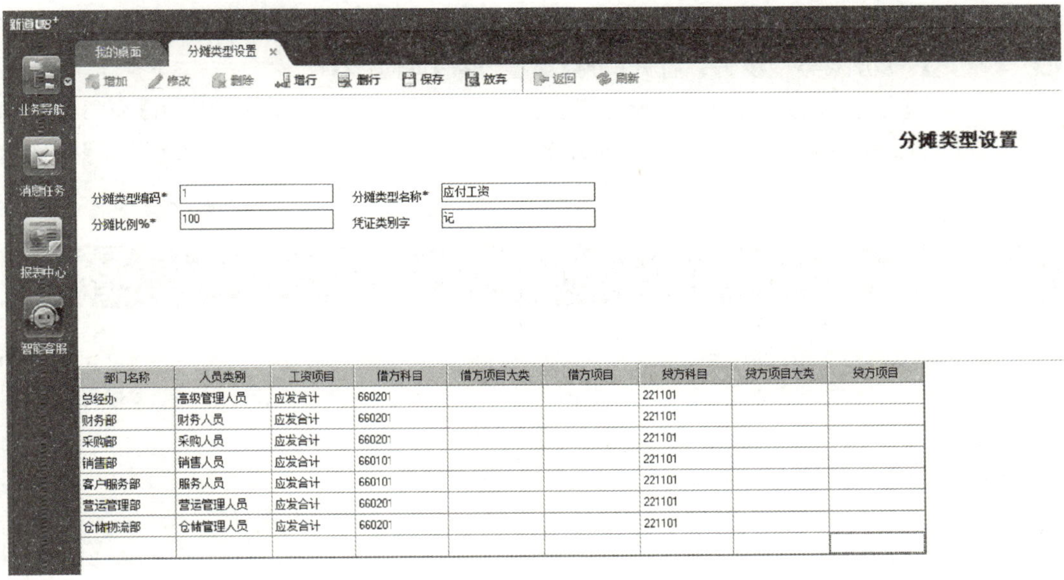


图 3-149　【分摊类型设置】—【应付工资】页面

### 2. 社会保险项目分摊设置

（1）副总经理王涛进入【U8 企业应用平台】—【业务导航】—【人力资源】—【薪资管理】—【设置】—【分摊类型设置】，打开【分摊类型设置】页面。

（2）单击【增加】按钮，输入【分摊类型名称】为“社会保险”，【分摊比例】为“26.8％”，在页面下方按照案例资料中提供的信息设置部门对应的借贷方科目后，单击【保存】按钮，如图 3-150 所示。

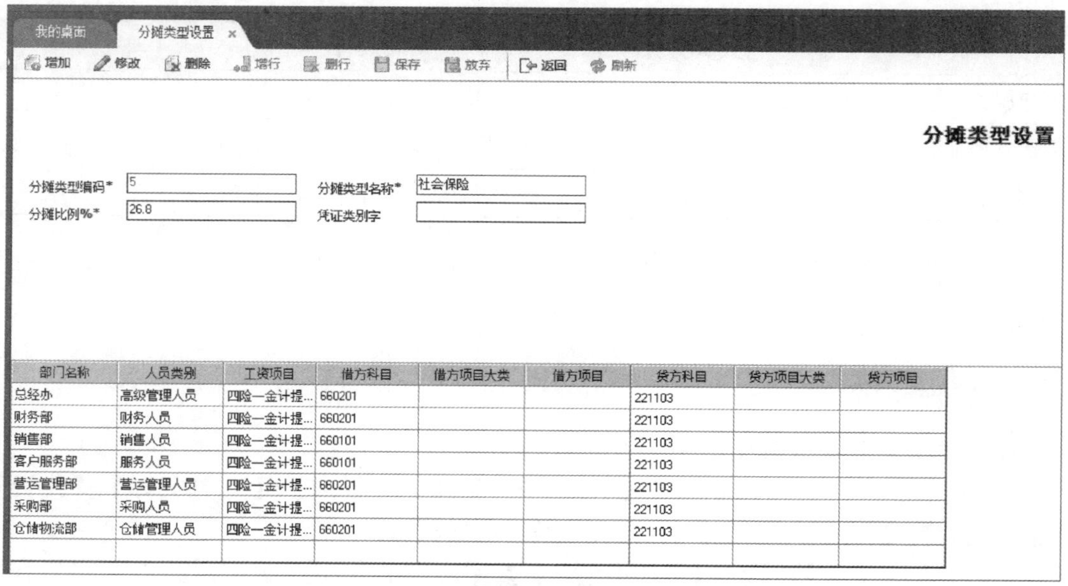


| 部门名称 | 人员类别 | 工资项目 | 借方科目 | 借方项目大类 | 借方项目 | 贷方科目 | 贷方项目大类 | 贷方项目 |
|---|---|---|---|---|---|---|---|---|
| 总经办 | 高级管理人员 | 四险一金计提... | 660201 | | | 221103 | | |
| 财务部 | 财务人员 | 四险一金计提... | 660201 | | | 221103 | | |
| 销售部 | 销售人员 | 四险一金计提... | 660101 | | | 221103 | | |
| 客户服务部 | 服务人员 | 四险一金计提... | 660101 | | | 221103 | | |
| 营运管理部 | 营运管理人员 | 四险一金计提... | 660201 | | | 221103 | | |
| 采购部 | 采购人员 | 四险一金计提... | 660201 | | | 221103 | | |
| 仓储物流部 | 仓储管理人员 | 四险一金计提... | 660201 | | | 221103 | | |

图 3-150 【分摊类型设置】—【社会保险】页面

### 3. 住房公积金项目分摊设置

（1）副总经理王涛进入【U8 企业应用平台】—【业务导航】—【人力资源】—【薪资管理】—【设置】—【分摊类型设置】，打开【分摊类型设置】页面。

（2）单击【增加】按钮，输入【分摊类型名称】为“住房公积金”，【分摊比例】为“10%”，在页面下方按照案例资料中提供的信息设置部门对应的借贷方科目后，单击【保存】按钮，如图 3-151 所示。

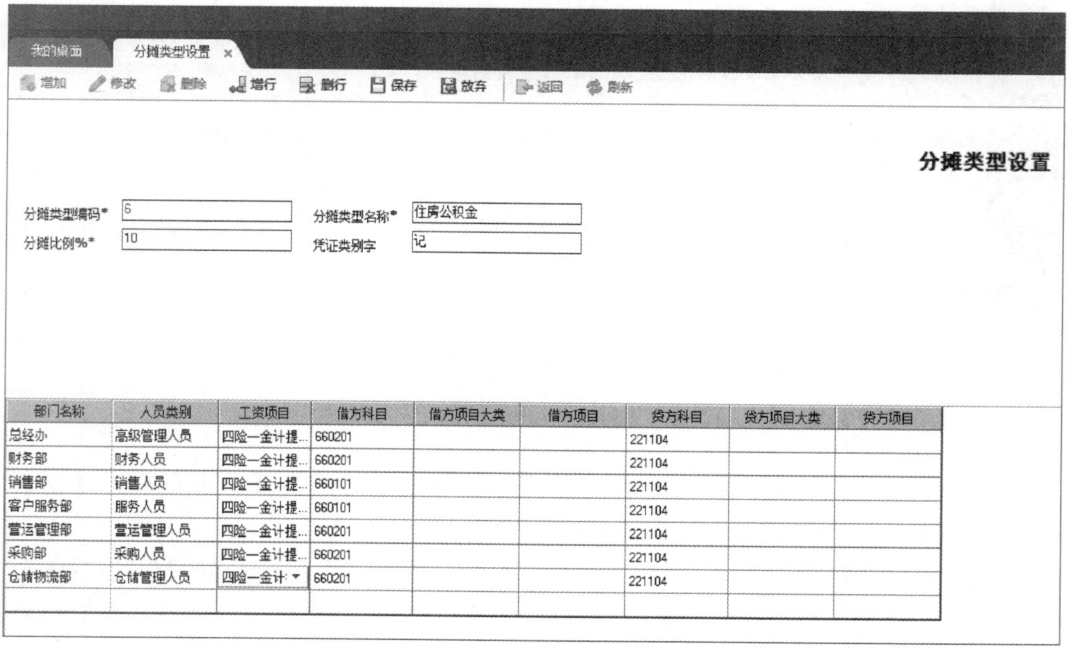


| 部门名称 | 人员类别 | 工资项目 | 借方科目 | 借方项目大类 | 借方项目 | 贷方科目 | 贷方项目大类 | 贷方项目 |
|---|---|---|---|---|---|---|---|---|
| 总经办 | 高级管理人员 | 四险一金计提... | 660201 | | | 221104 | | |
| 财务部 | 财务人员 | 四险一金计提... | 660201 | | | 221104 | | |
| 销售部 | 销售人员 | 四险一金计提... | 660101 | | | 221104 | | |
| 客户服务部 | 服务人员 | 四险一金计提... | 660101 | | | 221104 | | |
| 营运管理部 | 营运管理人员 | 四险一金计提... | 660201 | | | 221104 | | |
| 采购部 | 采购人员 | 四险一金计提... | 660201 | | | 221104 | | |
| 仓储物流部 | 仓储管理人员 | 四险一金计 | 660201 | | | 221104 | | |

图 3-151 【分摊类型设置】—【住房公积金】页面

## 任务 13.2　薪资计算及发放

### 任务要求

北京星月电器销售有限公司工资由银行代发，即由银行发放企业职工个人工资。薪资一般是月底计算汇总计提，下月 5 日发放。该公司 2 月份职工基本工资及考勤数据，如表 3-5、表 3-6 所示。

表 3-5　2023 年 2 月份职工基本工资表

单位：元

| 人员编号 | 姓名 | 部门 | 人员类别 | 基本工资 |
|---|---|---|---|---|
| 01 | 刘　星 | 总经办 | 高级管理人员 | 30 000 |
| 02 | 王　涛 | 总经办 | 高级管理人员 | 25 000 |
| 03 | 胡　晓 | 财务部 | 财务人员 | 20 000 |
| 04 | 张　扬 | 财务部 | 财务人员 | 10 000 |
| 05 | 王芝芝 | 财务部 | 财务人员 | 7 000 |
| 06 | 谢　芳 | 财务部 | 财务人员 | 7 000 |
| 07 | 刘　源 | 财务部 | 财务人员 | 10 000 |
| 08 | 李　奇 | 财务部 | 财务人员 | 7 000 |
| 09 | 刘　佳 | 财务部 | 财务人员 | 7 000 |
| 10 | 张　姗 | 财务部 | 财务人员 | 8 000 |
| 11 | 胡　林 | 财务部 | 财务人员 | 7 000 |
| 12 | 王　力 | 财务部 | 财务人员 | 7 000 |
| 13 | 张茜茜 | 采购部 | 采购人员 | 10 000 |
| 14 | 黄　鑫 | 采购部 | 采购人员 | 6 000 |
| 15 | 杨　昭 | 采购部 | 采购人员 | 6 000 |
| 16 | 刘　松 | 采购部 | 采购人员 | 6 000 |
| 17 | 谭　林 | 销售部 | 销售人员 | 10 000 |
| 18 | 赵宇鑫 | 销售部 | 销售人员 | 7 000 |
| 19 | 张　超 | 销售部 | 销售人员 | 8 000 |
| 20 | 贺杰禹 | 销售部 | 销售人员 | 10 000 |
| 21 | 张　强 | 销售部 | 销售人员 | 6 000 |
| 22 | 黄雅玲 | 销售部 | 销售人员 | 6 000 |
| 23 | 宋　超 | 销售部 | 销售人员 | 6 000 |
| 24 | 李　诚 | 销售部 | 销售人员 | 6 000 |
| 25 | 魏　来 | 客户服务部 | 服务人员 | 10 000 |
| 26 | 唐　丽 | 客户服务部 | 服务人员 | 7 000 |
| 27 | 邓俊元 | 客户服务部 | 服务人员 | 6 000 |
| 28 | 陈柏林 | 营运管理部 | 营运管理人员 | 6 000 |
| 29 | 崔光磊 | 营运管理部 | 营运管理人员 | 6 000 |
| 30 | 王　俊 | 仓储物流部 | 仓储管理人员 | 12 000 |

（续表）

| 人员编号 | 姓名 | 部门 | 人员类别 | 基本工资 |
|---|---|---|---|---|
| 31 | 刘静梅 | 仓储物流部 | 仓储管理人员 | 12 000 |
| 45 | 艾立英 | 销售部 | 销售人员 | 6 000 |
| 48 | 霍春伟 | 销售部 | 销售人员 | 6 000 |
| 合计 | | | | 303 000 |

**表 3-6　2023 年 2 月份职工考勤表**

| 姓名 | 部门 | 人员类别 | 事假天数 | 病假天数 |
|---|---|---|---|---|
| 王芝芝 | 财务部 | 财务人员 | 2 | — |
| 杨昭 | 采购部 | 采购人员 | — | 1 |
| 宋超 | 销售部 | 销售人员 | 3 | — |
| 邓俊元 | 客户服务部 | 服务人员 | — | 5 |

要求：

(1) 3 月 3 日，财务会计王芝芝在业财一体信息化平台薪资管理模块中进行薪资计算。

(2) 3 月 5 日，由银行代发 2 月份薪资。

操作视频

## 操作步骤

### 1. 薪资计算

(1) 财务会计王芝芝进入【U8 企业应用平台】—【业务导航】—【人力资源】—【薪资管理】—【业务处理】—【工资变动】，打开【工资变动】录入页面，按照案例资料中提供的工资信息，录入基本工资、事假天数、病假天数数据，单击【计算】按钮，岗位工资、事假扣款、病假扣款按公式设置自动计算，代扣税按税率设置自动计算，如图 3-152 所示。

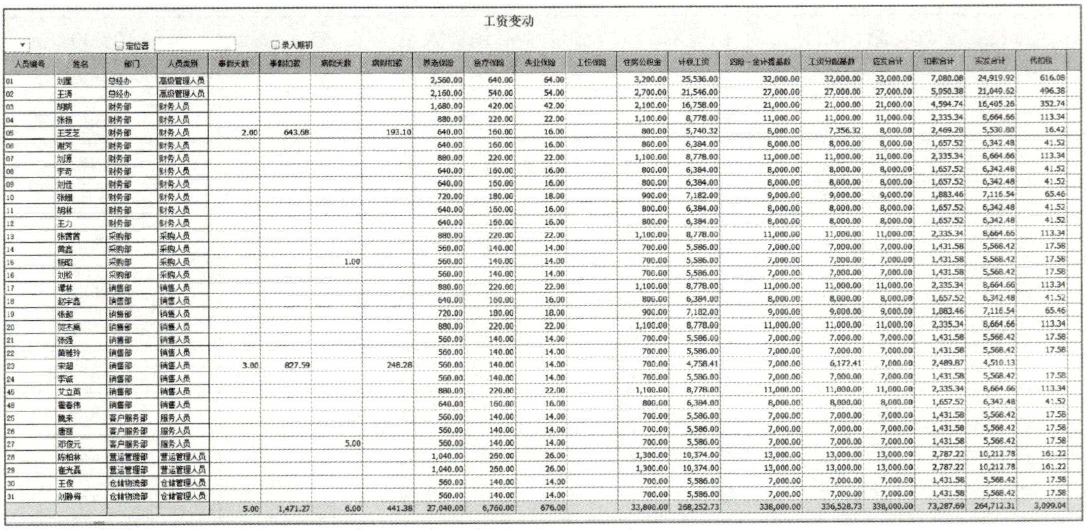

工资变动

定位器　录入期初

| 人员编号 | 姓名 | 部门 | 人员类别 | 事假天数 | 事假扣款 | 病假天数 | 病假扣款 | 养老保险 | 医疗保险 | 失业保险 | 工伤保险 | 住房公积金 | 计税工资 | 四险一金计提基数 | 工资分配基数 | 应发合计 | 扣款合计 | 实发合计 | 代扣税 |
|---|---|---|---|---|---|---|---|---|---|---|---|---|---|---|---|---|---|---|---|
| 01 | 刘星 | 总经办 | 高级管理人员 | | | | | 2,560.00 | 640.00 | 64.00 | | 3,200.00 | 25,536.00 | 32,000.00 | 32,000.00 | 32,000.00 | 7,080.08 | 24,919.92 | 616.08 |
| 02 | 王涛 | 总经办 | 高级管理人员 | | | | | 2,160.00 | 540.00 | 54.00 | | 2,700.00 | 21,546.00 | 27,000.00 | 27,000.00 | 27,000.00 | 5,950.38 | 21,049.62 | 496.38 |
| 03 | 胡鹏 | 财务部 | 财务人员 | | | | | 1,680.00 | 420.00 | 42.00 | | 2,100.00 | 16,758.00 | 21,000.00 | 21,000.00 | 21,000.00 | 4,594.74 | 16,405.26 | 352.74 |
| 04 | 张扬 | 财务部 | 财务人员 | | | | | 880.00 | 220.00 | 22.00 | | 1,100.00 | 8,778.00 | 11,000.00 | 11,000.00 | 11,000.00 | 2,335.34 | 8,664.66 | 113.34 |
| 05 | 王芝芝 | 财务部 | 财务人员 | 2.00 | 643.68 | | 193.10 | 640.00 | 160.00 | 16.00 | | 800.00 | 5,740.32 | 8,000.00 | 7,356.32 | 8,000.00 | 2,469.20 | 5,530.80 | 16.42 |
| 06 | 谢芳 | 财务部 | 财务人员 | | | | | 640.00 | 160.00 | 16.00 | | 800.00 | 6,384.00 | 8,000.00 | 8,000.00 | 8,000.00 | 1,657.52 | 6,342.48 | 41.52 |
| 07 | 刘源 | 财务部 | 财务人员 | | | | | 880.00 | 220.00 | 22.00 | | 1,100.00 | 8,778.00 | 11,000.00 | 11,000.00 | 11,000.00 | 2,335.34 | 8,664.66 | 113.34 |
| 08 | 李奇 | 财务部 | 财务人员 | | | | | 640.00 | 160.00 | 16.00 | | 800.00 | 6,384.00 | 8,000.00 | 8,000.00 | 8,000.00 | 1,657.52 | 6,342.48 | 41.52 |
| 09 | 刘佳 | 财务部 | 财务人员 | | | | | 640.00 | 160.00 | 16.00 | | 800.00 | 6,384.00 | 8,000.00 | 8,000.00 | 8,000.00 | 1,657.52 | 6,342.48 | 41.52 |
| 10 | 张媚 | 财务部 | 财务人员 | | | | | 720.00 | 180.00 | 18.00 | | 900.00 | 7,182.00 | 9,000.00 | 9,000.00 | 9,000.00 | 1,883.46 | 7,116.54 | 65.46 |
| 11 | 胡林 | 财务部 | 财务人员 | | | | | 640.00 | 160.00 | 16.00 | | 800.00 | 6,384.00 | 8,000.00 | 8,000.00 | 8,000.00 | 1,657.52 | 6,342.48 | 41.52 |
| 12 | 王力 | 财务部 | 财务人员 | | | | | 640.00 | 160.00 | 16.00 | | 800.00 | 6,384.00 | 8,000.00 | 8,000.00 | 8,000.00 | 1,657.52 | 6,342.48 | 41.52 |
| 13 | 张茜茜 | 采购部 | 采购人员 | | | | | 880.00 | 220.00 | 22.00 | | 1,100.00 | 8,778.00 | 11,000.00 | 11,000.00 | 11,000.00 | 2,335.34 | 8,664.66 | 113.34 |
| 14 | 黄鑫 | 采购部 | 采购人员 | | | | | 560.00 | 140.00 | 14.00 | | 700.00 | 5,586.00 | 7,000.00 | 7,000.00 | 7,000.00 | 1,431.58 | 5,568.42 | 17.58 |
| 15 | 杨昭 | 采购部 | 采购人员 | | | 1.00 | | 560.00 | 140.00 | 14.00 | | 700.00 | 5,586.00 | 7,000.00 | 7,000.00 | 7,000.00 | 1,431.58 | 5,568.42 | 17.58 |
| 16 | 刘松 | 采购部 | 采购人员 | | | | | 560.00 | 140.00 | 14.00 | | 700.00 | 5,586.00 | 7,000.00 | 7,000.00 | 7,000.00 | 1,431.58 | 5,568.42 | 17.58 |
| 17 | 谭林 | 销售部 | 销售人员 | | | | | 880.00 | 220.00 | 22.00 | | 1,100.00 | 8,778.00 | 11,000.00 | 11,000.00 | 11,000.00 | 2,335.34 | 8,664.66 | 113.34 |
| 18 | 赵宇鑫 | 销售部 | 销售人员 | | | | | 640.00 | 160.00 | 16.00 | | 800.00 | 6,384.00 | 8,000.00 | 8,000.00 | 8,000.00 | 1,657.52 | 6,342.48 | 41.52 |
| 19 | 张超 | 销售部 | 销售人员 | | | | | 720.00 | 180.00 | 18.00 | | 900.00 | 7,182.00 | 9,000.00 | 9,000.00 | 9,000.00 | 1,883.46 | 7,116.54 | 65.46 |
| 20 | 贺杰禹 | 销售部 | 销售人员 | | | | | 880.00 | 220.00 | 22.00 | | 1,100.00 | 8,778.00 | 11,000.00 | 11,000.00 | 11,000.00 | 2,335.34 | 8,664.66 | 113.34 |
| 21 | 张强 | 销售部 | 销售人员 | | | | | 560.00 | 140.00 | 14.00 | | 700.00 | 5,586.00 | 7,000.00 | 7,000.00 | 7,000.00 | 1,431.58 | 5,568.42 | 17.58 |
| 22 | 黄雅玲 | 销售部 | 销售人员 | | | | | 560.00 | 140.00 | 14.00 | | 700.00 | 5,586.00 | 7,000.00 | 7,000.00 | 7,000.00 | 1,431.58 | 5,568.42 | 17.58 |
| 23 | 宋超 | 销售部 | 销售人员 | 3.00 | 827.59 | | 248.28 | 560.00 | 140.00 | 14.00 | | 700.00 | 4,758.41 | 7,000.00 | 6,172.41 | 7,000.00 | 2,489.87 | 4,510.13 | |
| 24 | 李诚 | 销售部 | 销售人员 | | | | | 560.00 | 140.00 | 14.00 | | 700.00 | 5,586.00 | 7,000.00 | 7,000.00 | 7,000.00 | 1,431.58 | 5,568.42 | 17.58 |
| 45 | 艾立英 | 销售部 | 销售人员 | | | | | 880.00 | 220.00 | 22.00 | | 1,100.00 | 8,778.00 | 11,000.00 | 11,000.00 | 11,000.00 | 2,335.34 | 8,664.66 | 113.34 |
| 48 | 霍春伟 | 销售部 | 销售人员 | | | | | 640.00 | 160.00 | 16.00 | | 800.00 | 6,384.00 | 8,000.00 | 8,000.00 | 8,000.00 | 1,657.52 | 6,342.48 | 41.52 |
| 25 | 魏来 | 客户服务部 | 服务人员 | | | | | 560.00 | 140.00 | 14.00 | | 700.00 | 5,586.00 | 7,000.00 | 7,000.00 | 7,000.00 | 1,431.58 | 5,568.42 | 17.58 |
| 26 | 唐丽 | 客户服务部 | 服务人员 | | | | | 560.00 | 140.00 | 14.00 | | 700.00 | 5,586.00 | 7,000.00 | 7,000.00 | 7,000.00 | 1,431.58 | 5,568.42 | 17.58 |
| 27 | 邓俊元 | 客户服务部 | 服务人员 | | | 5.00 | | 560.00 | 140.00 | 14.00 | | 700.00 | 5,586.00 | 7,000.00 | 7,000.00 | 7,000.00 | 1,431.58 | 5,568.42 | 17.58 |
| 28 | 陈柏林 | 营运管理部 | 营运管理人员 | | | | | 1,040.00 | 260.00 | 26.00 | | 1,300.00 | 10,374.00 | 13,000.00 | 13,000.00 | 13,000.00 | 2,787.22 | 10,212.78 | 161.22 |
| 29 | 崔光磊 | 营运管理部 | 营运管理人员 | | | | | 1,040.00 | 260.00 | 26.00 | | 1,300.00 | 10,374.00 | 13,000.00 | 13,000.00 | 13,000.00 | 2,787.22 | 10,212.78 | 161.22 |
| 30 | 王俊 | 仓储物流部 | 仓储管理人员 | | | | | 560.00 | 140.00 | 14.00 | | 700.00 | 5,586.00 | 7,000.00 | 7,000.00 | 7,000.00 | 1,431.58 | 5,568.42 | 17.58 |
| 31 | 刘静梅 | 仓储物流部 | 仓储管理人员 | | | | | 560.00 | 140.00 | 14.00 | | 700.00 | 5,586.00 | 7,000.00 | 7,000.00 | 7,000.00 | 1,431.58 | 5,568.42 | 17.58 |
| | | | | 5.00 | 1,471.27 | 6.00 | 441.38 | 27,040.00 | 6,760.00 | 676.00 | | 33,800.00 | 268,252.73 | 338,000.00 | 336,528.73 | 338,000.00 | 73,287.69 | 264,712.31 | 3,099.04 |

**图 3-152　【工资变动】录入页面**

（2）认真检查输入的数据与系统自动计算的数据，确认无误后，单击【汇总】按钮。

**2. 薪资发放——银行代发**

（1）财务会计王芝芝进入【U8 企业应用平台】—【业务导航】—【人力资源】—【薪资管理】—【业务处理】—【银行代发】，打开【请选择部门范围】窗口，如图 3-153 所示。

（2）勾选【全选】复选框，将公司所有的部门选中，单击【确定】按钮，打开【银行文件格式设置】窗口，如图 3-154 所示。

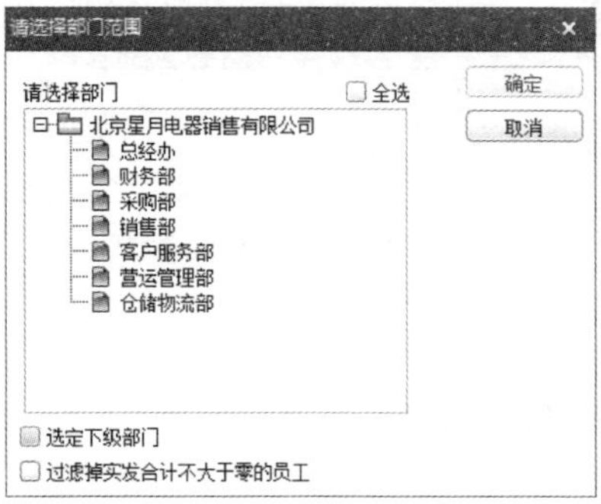


图 3-153　【请选择部门范围】窗口

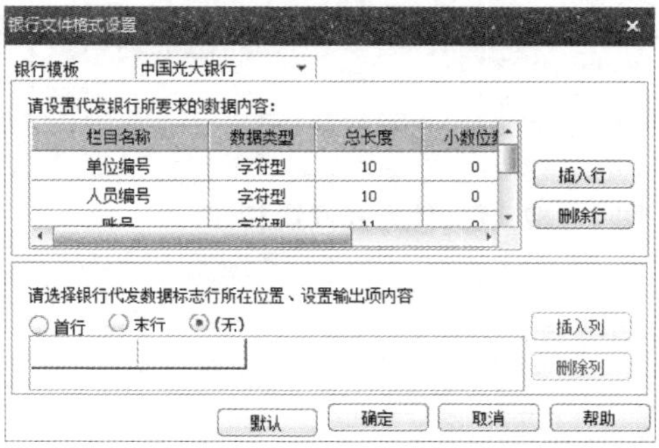


图 3-154　【银行文件格式设置】窗口

（3）在【银行模板】下拉列表中选择【代发银行】为"中国工商银行"，单击【确定】按钮，系统生成银行代发一览表，如图 3-155 所示。

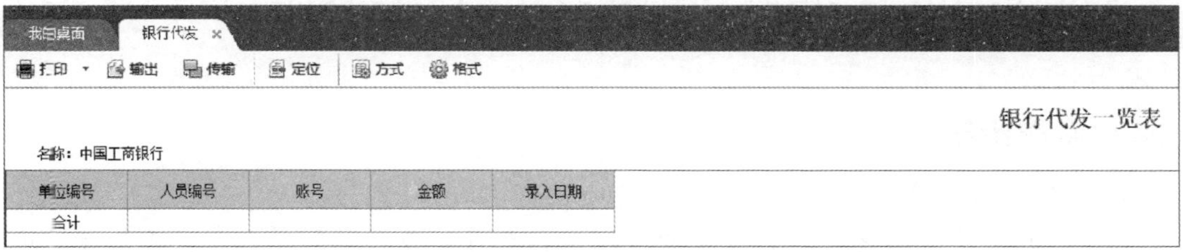


图 3-155　【银行代发一览表】页面

（4）磁盘输出文件格式设置，根据银行的要求，设置数据文件存放形式。单击【方式】按钮，打开【文件方式设置】窗口，如图 3-156 所示。

（5）按银行规定在【常规】页签中选择文件输出的格式；单击【高级】页签进一步设置磁盘文件输出的格式，如图 3-157 所示。

（6）单击【确定】按钮，系统保存设置的文件格式，返回【银行代发】界面。

（7）单击【传输】按钮，打开【另存为】窗口，选择输出文件的存储路径并设定保存文件的名称，如图 3-158 所示。

（8）单击【保存】按钮，备份代发文件。

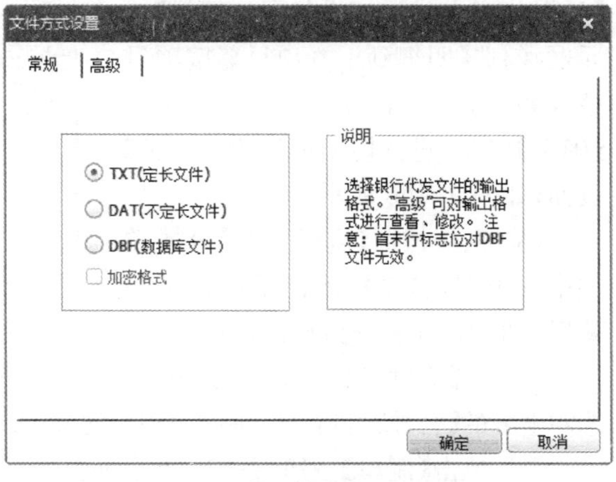


图 3-156　【文件方式设置】窗口

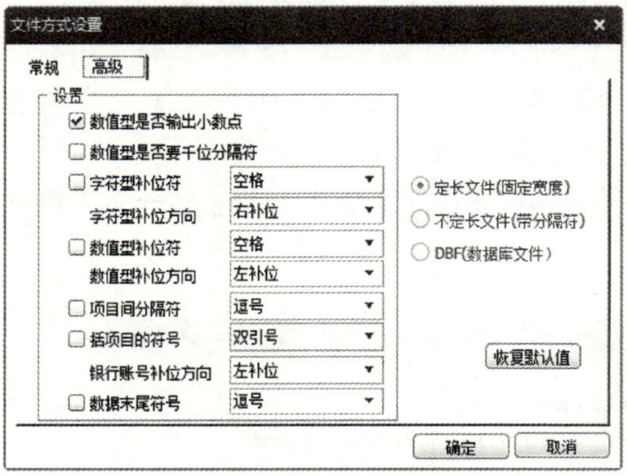


图 3-157 【文件方式设置】窗口

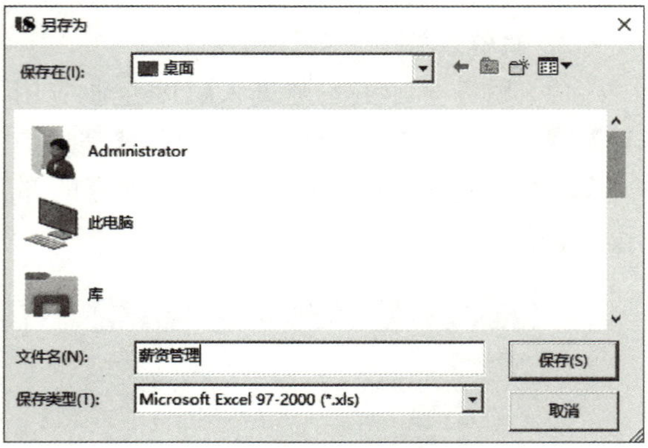


图 3-158 【另存为】窗口

## 任务 13.3 工资分摊处理

### 任务要求

北京星月电器销售有限公司于 2023 年 3 月 31 日对 2 月份工资进行工资分摊处理，包括应付工资、社会保险费及住房公积金的分摊处理，并生成相应的计提凭证。

要求：财务会计王芝芝在业财一体信息化平台薪资管理模块中进行工资分摊处理并生成凭证。

操作视频

### 操作步骤

**1. 应付工资分摊**

(1) 财务会计王芝芝进入【U8 企业应用平台】—【业务导航】—【人力资源】—【薪资管理】—【业务处理】—【工资分摊】，打开【工资分摊】窗口。

(2)【计提费用类型】勾选【应付工资】，【选择核算部门】勾选【全选】，【计提分配方式】勾选【分配到部门】单元框，勾选【明细到工资项目】【按项目核算】复选框，如图 3-159 所示。单击【确定】按钮，进入【应付工资一览表】页面，如图 3-160 所示。

(3) 系统按照【应付工资】分摊类型中的设置，自动将不同部门人员的薪资对应到不同的借贷方科目。

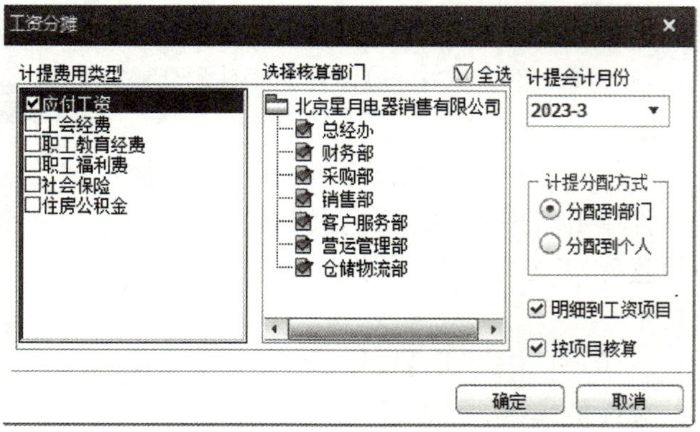


图 3-159 【工资分摊】页面

(4) 在【应付工资一览表】页面，勾选左上方的【合并科目相同、辅助项相同的分录】单选框，如图 3-161 所示。

(5) 单击【制单】按钮，系统弹出凭证生成界面，如图 3-162 所示。

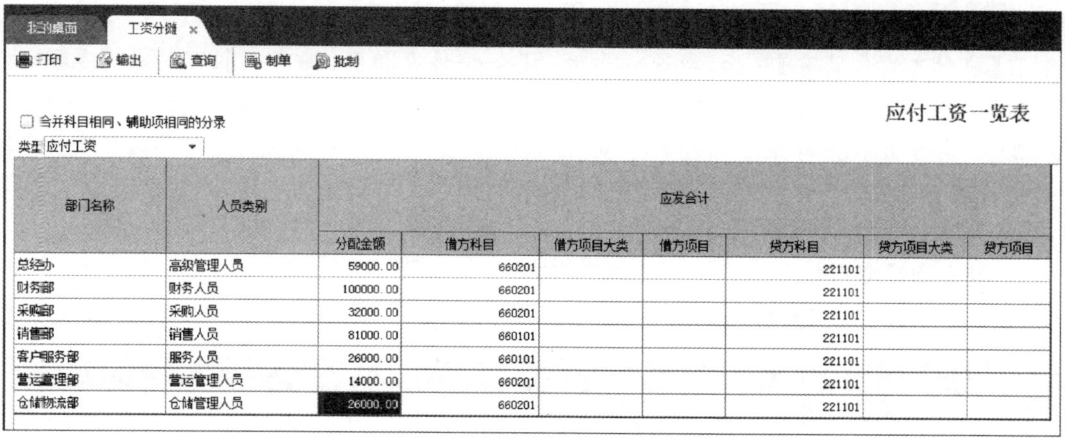

我的桌面　工资分摊

打印　输出　查询　制单　批制

☐ 合并科目相同、辅助项相同的分录

类型 应付工资

应付工资一览表

| 部门名称 | 人员类别 | 应发合计 | | | | | | |
|---|---|---|---|---|---|---|---|---|
| | | 分配金额 | 借方科目 | 借方项目大类 | 借方项目 | 贷方科目 | 贷方项目大类 | 贷方项目 |
| 总经办 | 高级管理人员 | 59000.00 | 660201 | | | 221101 | | |
| 财务部 | 财务人员 | 100000.00 | 660201 | | | 221101 | | |
| 采购部 | 采购人员 | 32000.00 | 660201 | | | 221101 | | |
| 销售部 | 销售人员 | 81000.00 | 660101 | | | 221101 | | |
| 客户服务部 | 服务人员 | 26000.00 | 660101 | | | 221101 | | |
| 营运管理部 | 营运管理人员 | 14000.00 | 660201 | | | 221101 | | |
| 仓储物流部 | 仓储管理人员 | 26000.00 | 660201 | | | 221101 | | |

**图 3-160　【应付工资一览表】页面**

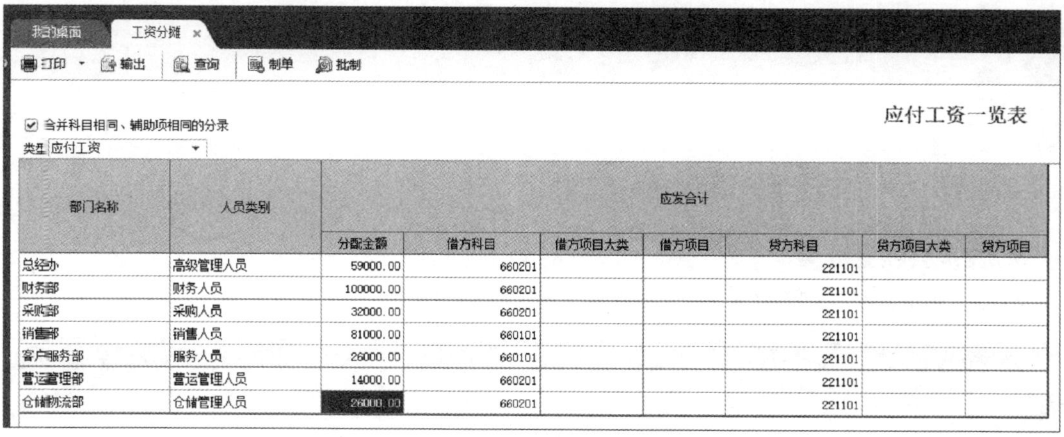

我的桌面　工资分摊

打印　输出　查询　制单　批制

☑ 合并科目相同、辅助项相同的分录

类型 应付工资

应付工资一览表

| 部门名称 | 人员类别 | 应发合计 | | | | | | |
|---|---|---|---|---|---|---|---|---|
| | | 分配金额 | 借方科目 | 借方项目大类 | 借方项目 | 贷方科目 | 贷方项目大类 | 贷方项目 |
| 总经办 | 高级管理人员 | 59000.00 | 660201 | | | 221101 | | |
| 财务部 | 财务人员 | 100000.00 | 660201 | | | 221101 | | |
| 采购部 | 采购人员 | 32000.00 | 660201 | | | 221101 | | |
| 销售部 | 销售人员 | 81000.00 | 660101 | | | 221101 | | |
| 客户服务部 | 服务人员 | 26000.00 | 660101 | | | 221101 | | |
| 营运管理部 | 营运管理人员 | 14000.00 | 660201 | | | 221101 | | |
| 仓储物流部 | 仓储管理人员 | 26000.00 | 660201 | | | 221101 | | |

**图 3-161　【应付工资一览表】页面**

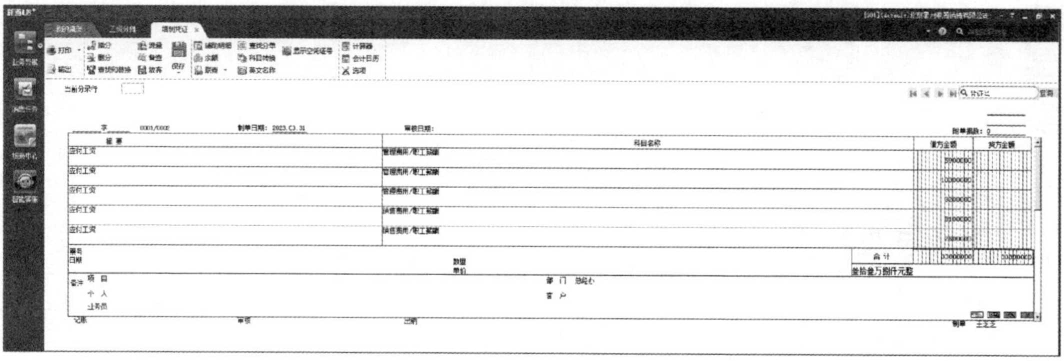

**图 3-162　应付工资生成凭证页面**

(6) 仔细核对凭证生成页面的借贷方科目、辅助核算项及金额。若无误，选择左上角"记账凭证"，单击【保存】按钮，计提工资的凭证保存成功，并将生成的凭证传到总账系统中。

## 特别提示

◇ 在【应付工资一览表】界面，勾选左上方的【合并科目相同、辅助项相同的分录】复选框时，生成的凭证会将科目相同、辅助项相同的分录合并，比如贷方的“应付职工薪酬——工资”会合并成一行显示。若不勾选，则贷方的“应付职工薪酬——工资”按一借一贷的格式显示多行。

### 2. 社会保险费分摊

操作步骤同应付工资分摊，凭证生成界面如图 3-163 所示。

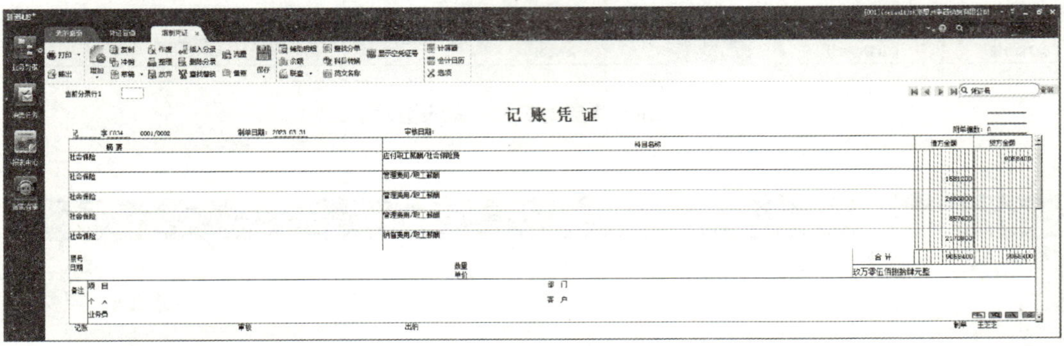


图 3-163　社会保险费生成凭证页面

### 3. 住房公积金分摊

操作步骤同应付工资分摊，凭证生成界面如图 3-164 所示。

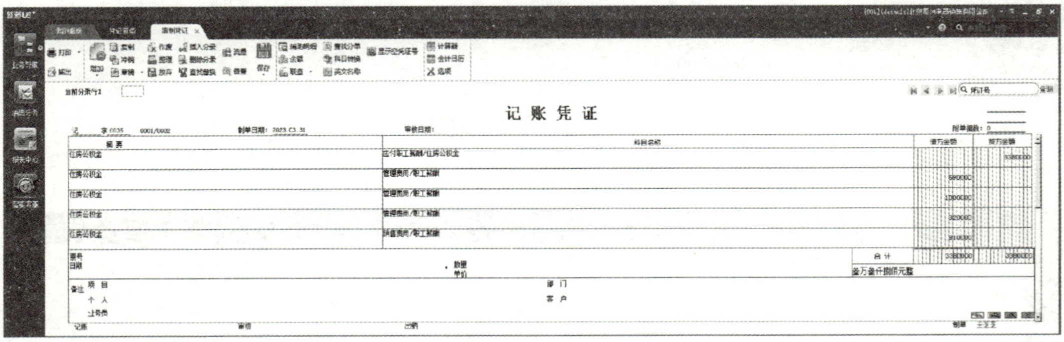


图 3-164　住房公积金生成凭证页面

## 工作反思

获得的经验：________________________________________________

注意的事项：________________________________________________

# 工作领域4

# 业务岗位操作

业财一体信息化平台业务岗位操作主要是完成企业各业务部门(采购部门、销售部门、仓储部门、售后服务部门等)的日常业务处理,该领域的工作是企业实施业财一体信息化的另一个核心重点任务。该领域工作任务的实施可以帮助企业实现销售、采购、库存与财务部门的高效协同,逐步消除管理瓶颈,建立竞争优势。

该工作领域的具体工作内容为:

(1) 合同业务处理。合同或协议的签订是企业销售或采购业务的起点,该任务节点主要处理合同的信息的录入、合同执行单的录入、合同的结算,以及合同执行情况的分析。该模块与财务处理系统中的应收款管理和应付款管理有数据流转和核销关系。

(2) 采购业务处理。其主要处理企业的询比价采购业务、受托代销业务、代管业务、采购退货退款业务等。该模块与财务处理系统中的应付款管理有数据流转和核销关系。

(3) 销售业务处理。其主要处理企业的收取定金业务、委托代销业务、零售业务、分期收款业务、直运销售业务、代垫运费业务等。该模块与财务处理系统中的应收款管理有数据流转和核销关系。

(4) 库存及存货业务处理。其主要处理商品出入库业务、商品调拨业务、商品借入借出业务、商品形态转换业务、按商品计提跌价准备业务等。该部分业务可以独立进行,也可与销售管理模块和采购管理模块进行数据协同。如果企业启用库存管理模块,则销售出库及采购入库在库存管理模块中处理;若企业没有购置库存管理模块,则销售出库在销售管理模块中处理,采购入库在采购管理模块中处理。

(5) 售后服务业务处理。其主要工作有售后服务请求处理、售后服务单录入、售后服务费用处理、客户服务回访业务处理、服务业务结算,以及售后服务执行的分析查询。

思政驿站

# 工作任务 14　合同业务处理

## 任务情境

北京星月电器销售有限公司于 2023 年 3 月 1 日启用合同管理系统，合同资料的录入、生效、变更、结算由系统进行统一管理。

市场经理陈柏林在合同管理系统中处理合同录入、合同执行及合同结算，销售经理谭林生成销售订单，应付会计李奇处理付款业务、生成记账凭证。管理层可以通过合同管理系统提供的统计报表对每一份合同的执行进行分析。

## 任务向导

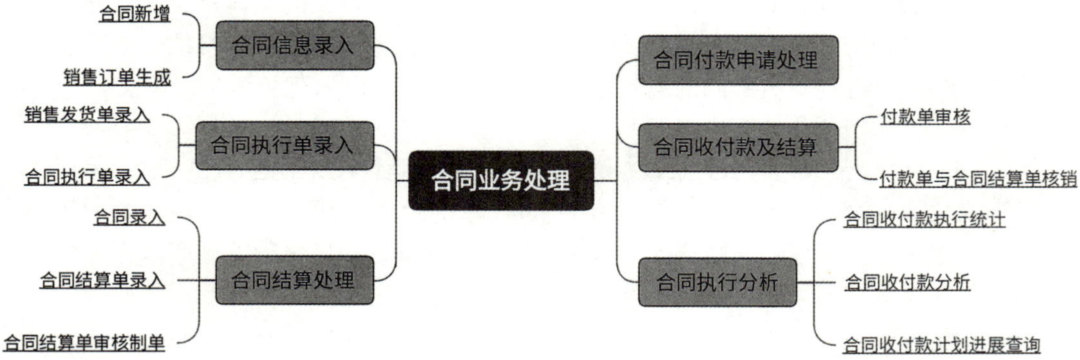


### 任务 14.1　合同信息录入

## 任务要求

2023 年 3 月 15 日，北京星月电器销售有限公司与北京易初莲花连锁超市有限公司签订销售合同，销售 10 000 台小熊迷你加湿器，每台含税单价 120 元。

约定发货方式为分批发货，第一批发货时间为 2023 年 3 月 19 日，发货 5 000 台；第二批发货时间为 2023 年 3 月 29 日，发货 5 000 台。收款计划：2023 年 3 月 25 日收取货款的 30%，2023 年 4 月 30 日收取货款的 70%。销售合同如图 4-1 所示。

要求：市场经理陈柏林在业财一体信息化平台合同管理模块中及时、准确录入合同信息。

## 购销合同

合同编号：XS0315

卖方：北京星月电器销售有限公司　　　　买方：北京易初莲花连锁超市有限公司

为保护买卖双方的合法权益，买卖双方根据《中华人民共和国民法典》的有关规定，经友好协商，一致同意签订本合同并共同遵守：

1. 货物名称、型号、数量、价格、合同总额　　　　金额单位：元

| 序号 | 货物名称 | 规格型号 | 单位 | 数量 | 单价（不含税） | 金额（不含税） | 税率 | 税额 |
|---|---|---|---|---|---|---|---|---|
| 1 | 小熊迷你加湿器 | | 台 | 10000 | 106.19 | 1061946.90 | 13.00% | 138053.10 |
| | | | | | | | | |
| | | | | | | | | |
| 合计 | | | | | | 1,200,000.00 | | |

2. 合同总金额：人民币壹佰贰拾万元整（¥1,200,000.00）。
3. 发货时间：卖方于2023年3月19日、29日两次发出全部商品，每次发货5000台。
4. 付款时间：2023年4月15日收取货款的30%，2023年4月30日收取货款的70%。
5. 4月30日前买方可以因商品质量问题退货。因首次销售该品牌商品，无法估计退货率。
6. 发运方式：卖方配送至买方仓库。
7. 任何一方均不得修改本合同，如有修改须另行达成书面协议，否则本合同自动失效。
8. 其他：本合同一式贰份，供需双方各执壹份。本合同自双方签字盖章后生效，至本合同全部条款执行完毕后失效。

供方（盖章）：北京星月电器销售有限公司　　　　需方（盖章）：北京易初莲花连锁超市有限公司

授权代表：王强　　　　授权代表：强佳

签订时间：2023年3月15日　　　　签订时间：2023年3月15日

图 4-1　销售合同

操作步骤

操作视频

### 1. 合同新增

（1）市场经理陈柏林进入【企业应用平台】—【业务导航】—【供应链】—【合同管理】—【合同】—【合同工作台】，单击【增加】按钮，在下拉菜单中选择“销售类合同”“销售合同”；录入表头项目【合同名称】为“购销合同”，【对方单位】为“北京易初莲花连锁超市有限公司”，【启用阶段】选择【是】；【合同阶段组】为默认。

（2）表体项目【合同标的】页签下表体第一行的“标的编码”“标的名称”选择“010101”“小熊送你加湿器”后按“Enter”键，第二行、第三行按分批发货要求分别录入两批次发货的“存货分类编码”“对应存货编码”“数量”“含税原币单价”并录入起止日期，如图 4-2 所示。

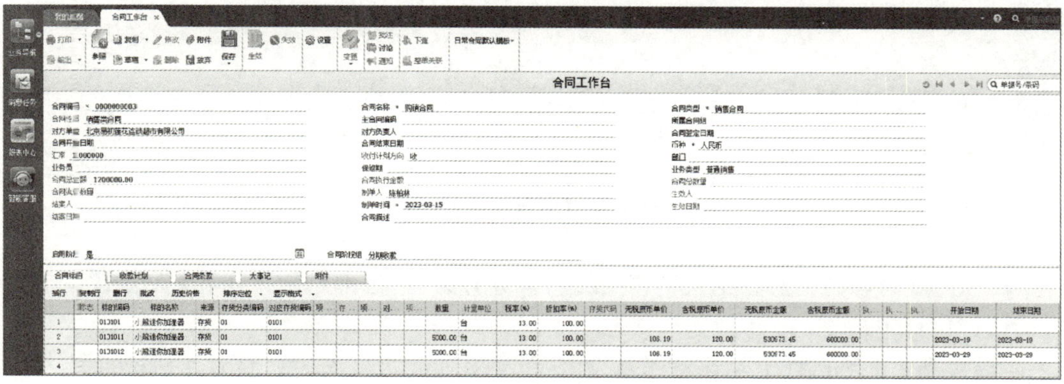


图 4-2　销售合同新增页面

（3）在表体项目的【收款计划】页签下，录入收款计划信息，如图 4-3 所示。

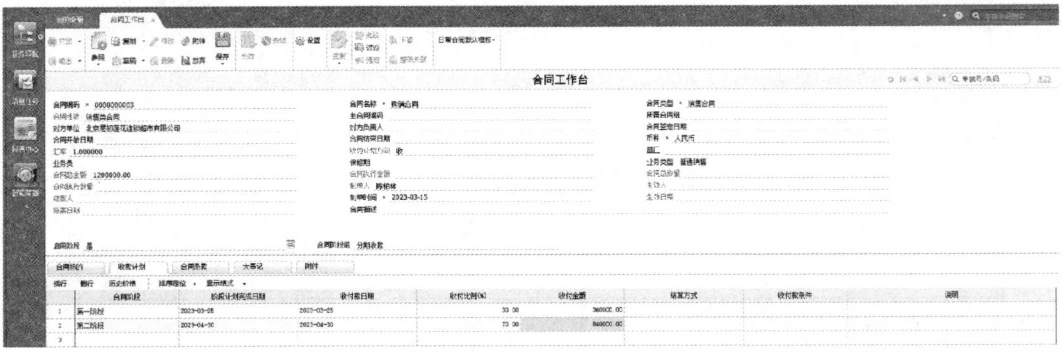


**图 4-3 【收款计划】设置页面**

（4）依次单击【保存】【生效】按钮。

**2. 销售订单生成**

（1）市场经理陈柏林进入【U8 企业应用平台】—【业务导航】—【供应链】—【销售管理】—【销售订货】—【销售订单】，单击【增加】按钮，在下拉菜单中选择“合同”，默认查询条件，如图 4-4 所示。

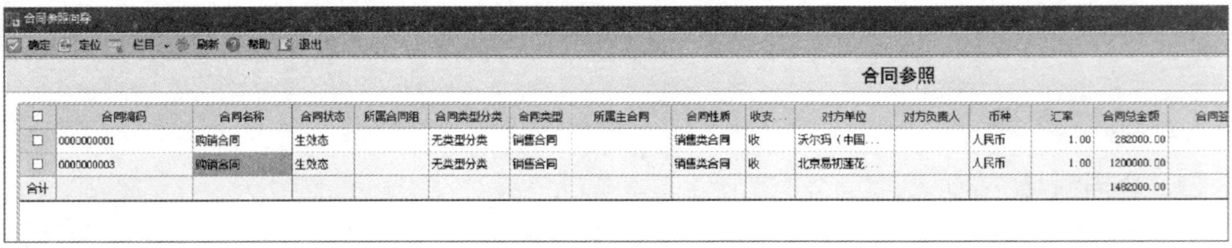


**图 4-4 【合同参照】页面**

（2）选中上述购销合同，单击【确定】按钮，即可参照合同信息生成销售订单，如图 4-5 所示。

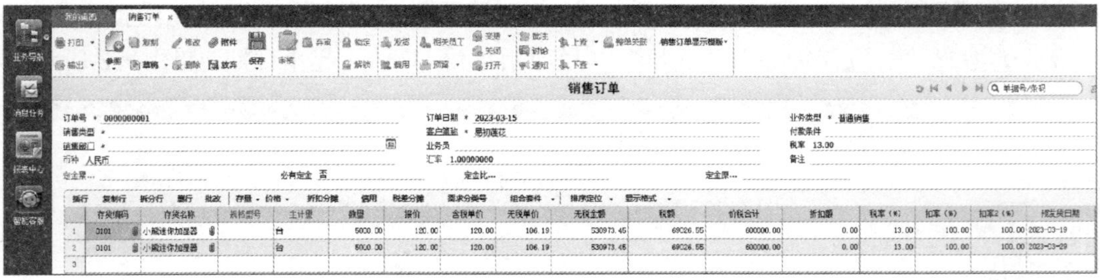


**图 4-5 【销售订单】页面**

（3）选择【销售类型】为“正常销售”，【销售部门】为“销售部”，依次单击【保存】【审核】按钮，确认销售订单信息。

**头脑风暴：**市场经理陈柏林对根据自己录入合同信息生成的销售订单进行了审核，这样的业务流程是否合理？如果你是公司经理，认为应如何改进？

## 任务 14.2　合同执行单录入

### 任务要求

北京星月电器销售有限公司按照合同约定，对北京易初莲花连锁超市有限公司执行发货任务，2023 年 3 月 19 日从商品仓发货 5 000 台小熊迷你加湿器。

要求：2023 年 3 月 19 日销售经理谭林在业财一体信息化平台销售管理模块中参照订单录入发货单；2023 年 3 月 25 日市场经理陈柏林在业财一体信息化平台合同管理模块中依据发货单录入合同执行单信息。

操作视频

### 操作步骤

**1. 销售发货单录入**

(1) 销售经理谭林进入【U8 企业应用平台】—【业务导航】—【供应链】—【销售管理】—【销售发货】—【发货单】，参照订单生成发货单，如图 4-6 所示。

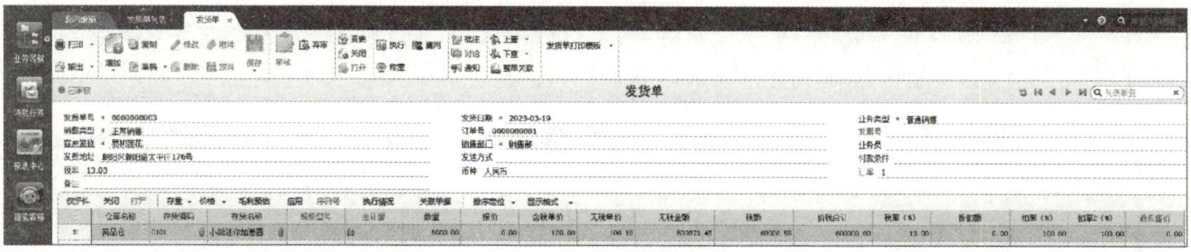


图 4-6　【发货单】页面

(2) 选择【仓库】为"商品仓"，删除第二条记录，依次单击【保存】【审核】按钮，确认发货单信息。

**2. 合同执行单录入**

(1) 市场经理陈柏林进入【U8 企业应用平台】—【业务导航】—【供应链】—【合同管理】—【合同执行】—【合同执行单】，打开【合同执行单】页面，单击【增加】按钮，在下拉选项中选择"合同"，查询条件按系统默认，单击【确定】按钮，进入【合同执行单】参照合同页面。

(2) 选择客户为"北京易初莲花连锁超市有限公司"的合同，单击【确定】按钮，返回【合同执行单】页面。

(3) 表头的【合同阶段】选择"第一阶段"，如图 4-7 所示。

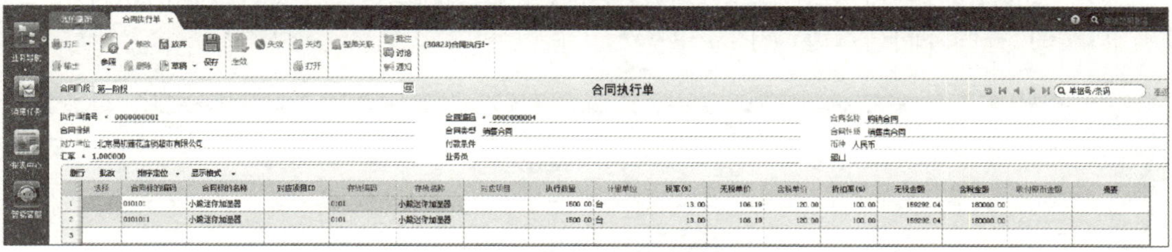


图 4-7　【合同执行单】新增页面

(4) 依次单击【保存】【生效】按钮。

# 任务 14.3　合同结算处理

## 任务要求

2023 年 3 月 2 日，北京星月电器销售有限公司与北京大众传媒广告有限公司签订广告合同，合同金额为 300 000 元。2023 年 3 月 10 日，该广告合同执行完毕，对合同进行结算处理。

要求：市场经理陈柏林在业财一体信息化平台合同管理模块对合同及合同结算单进行录入；应付会计李奇生成应付凭证。

操作视频

## 操作步骤

### 1. 合同录入

（1）市场经理陈柏林进入【U8 企业应用平台】—【业务导航】—【供应链】—【合同管理】—【合同】—【合同工作台】，单击【增加】按钮，在下拉菜单中选择“应付类合同”“广告合同”。

（2）单击【设置】按钮，进入【合同设置】窗口，【合同标的来源】选择“存货”，单击【确定】按钮。录入相应的合同信息。注意：页面下方表体行【标的名称】选择“劳务类”，【数量】为“1”，【税率】为“6%”，【含税单价】为“300000.00”，操作结果如图 4-8 所示。

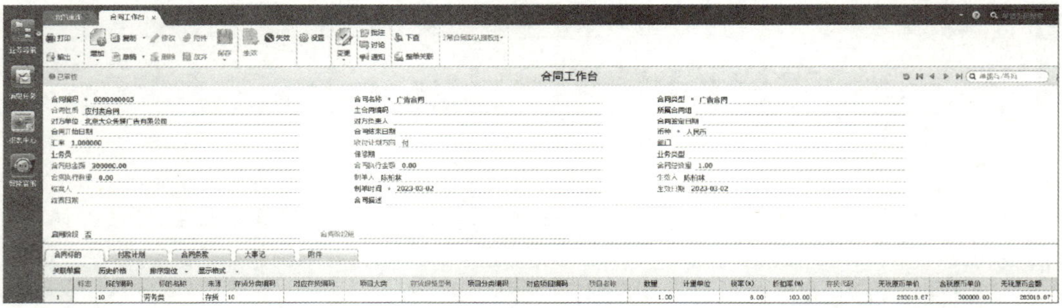


**图 4-8　【合同工作台】页面**

（3）录入完成，依次单击【保存】【生效】按钮。

### 2. 合同结算单录入

（1）市场经理陈柏林进入【U8 企业应用平台】—【业务导航】—【供应链】—【合同管理】—【合同结算】—【合同结算单】，打开【合同结算单】页面。

（2）单击【增加】按钮，在下拉菜单中选择“结算单—合同”，按系统默认查询条件，单击【确定】按钮，查询合同结算单，如图 4-9 所示。

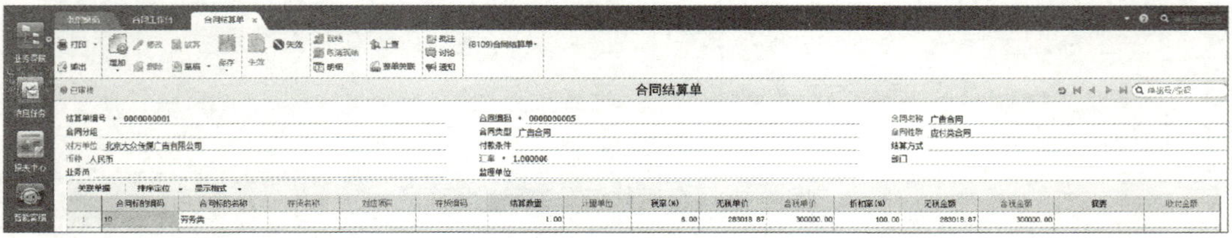


**图 4-9　【合同结算单】页面**

（3）选中合同，单击【确定】按钮，将合同内容录入合同结算单，如图4-10所示。

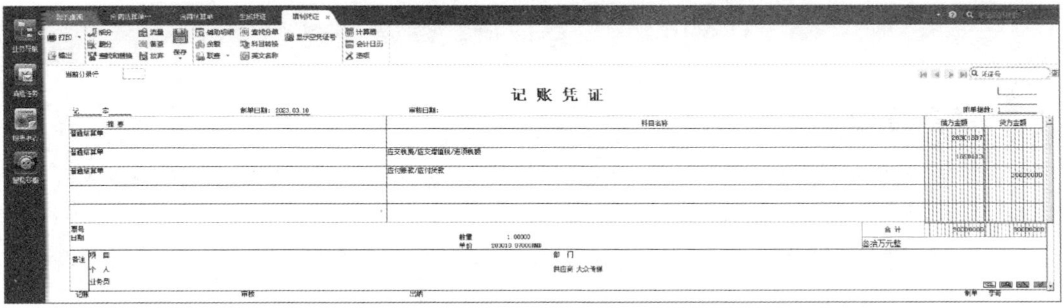


图4-10　【合同结算单】页面

（4）依次单击【保存】【生效】按钮。

**3. 合同结算单审核制单**

（1）应付会计李奇进入【U8企业应用平台】—【业务导航】—【财务会计】—【应付款管理】—【应付处理】—【合同结算单】—【合同结算单审核】，查询合同结算单，如图4-11所示。

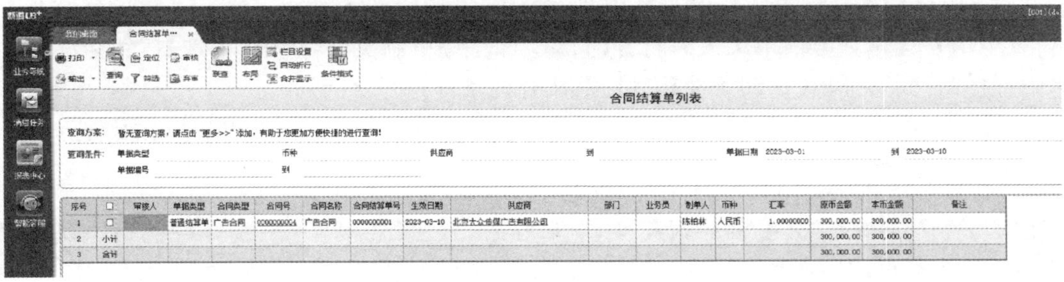


图4-11　【合同结算单列表】页面

（2）双击单据进入，单击【审核】按钮，系统提示“是否立即制单”，单击【是】按钮，生成一张确认应付的记账凭证，如图4-12所示。

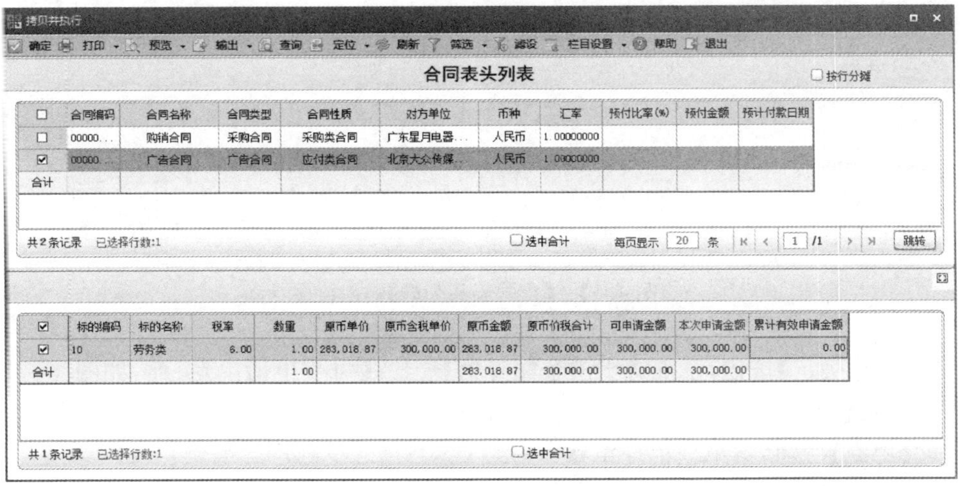


图4-12　合同结算生成凭证页面

（3）录入借方科目“销售费用——广告费”，选择【部门】为“总经办”，单击【保存】按钮。

## 任务 14.4　合同付款申请处理

### 任务要求

2023 年 3 月 20 日，应付会计李奇向公司提交付款申请单，申请向北京大众传媒广告有限公司支付广告费 300 000 元。

要求：应付会计李奇在业财一体信息化平台应付款管理模块中进行付款申请处理。

操作视频

### 操作步骤

（1）应付会计李奇进入【U8 企业应用平台】—【业务导航】—【应付款管理】—【设置】—【选项】，单击【编辑】按钮，选择【收付款控制】页签，勾选【启用付款申请单】【付款申请审批后自动生成付款单】复选框，【付款申请单来源】勾选【合同】，单击【确定】按钮。

（2）应付会计李奇重新登录进入【U8 企业应用平台】—【业务导航】—【应付款管理】—【付款申请】—【付款申请单录入】，打开【付款申请单】填制页面，单击【增加】按钮，在下拉菜单中选择“合同”，弹出【查询条件】窗口，默认查询条件打开合同列表。

（3）选中“北京大众传媒广告有限公司”的单据，在下方的【本次申请金额】栏中输入“300000.00”，如图 4-13 所示。

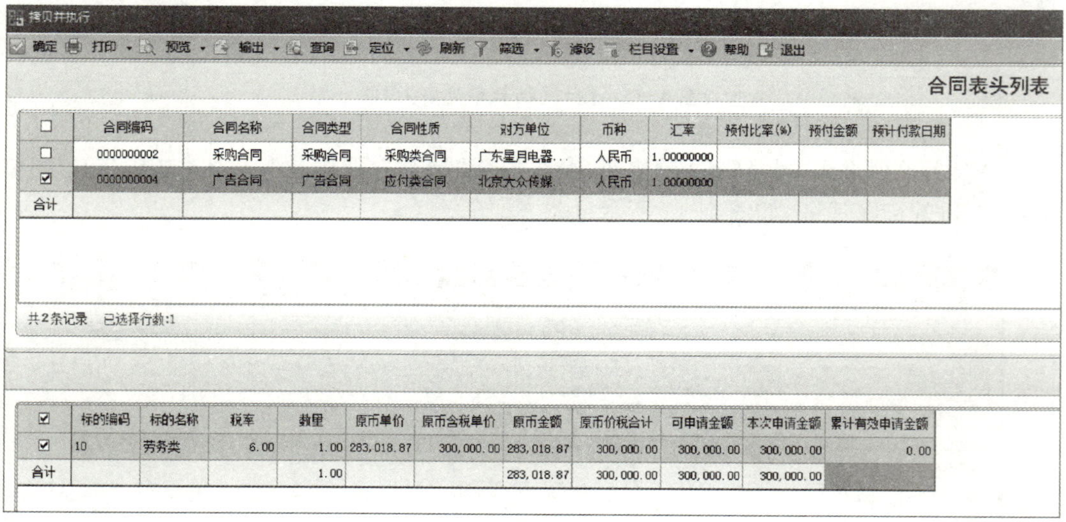


图 4-13　【合同表头列表】输入页面

（4）单击【确定】按钮，系统将申请金额等信息录入【付款申请单】页面，如图 4-14 所示。录入表头项目【结算方式】为“网银转账”，表体输入【预计付款日期】为“2023-03-25”，依次单击【保存】【提交】按钮，将单据提交审核。

（5）采购经理张茜茜、财务经理胡晓依次进入【U8 企业应用平台】—【消息任务】—【我的审批任务】，在【未审】项目中选中应付会计李奇提交的付款申请单，单击【同意】，完成审批。

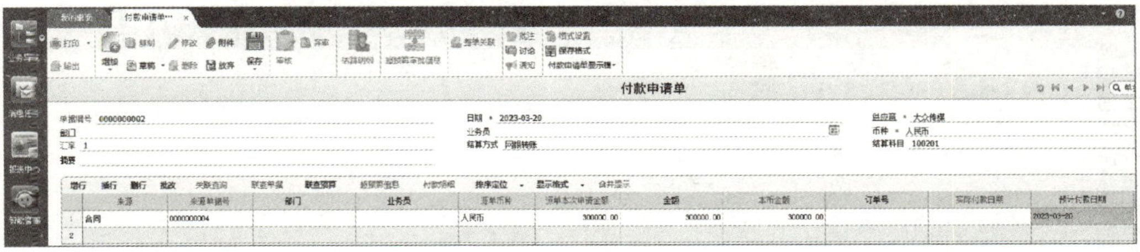

图 4-14 【付款申请单】页面

(6) 应付会计李奇进入【U8 企业应用平台】—【业务导航】—【应付款管理】—【付款处理】—【付款单据录入】,执行【增加】—【付款申请单】命令,参照付款申请单生成付款单后,单击【保存】按钮。

## 任务 14.5 合同收付款及结算

### 任务要求

2023 年 3 月 25 日,北京星月电器销售有限公司依据审核后的合同向北京大众传媒广告有限公司支付广告费 300 000 元,付款回单如图 4-15 所示。

ICBC 中国工商银行 业务回单(付款)

入账日期: 2023/03/25 回单编号: 10283769990

付款人户名: 北京星月电器销售有限公司

付款人账号: 1100229999888896666

付款人开户行/发报行: 中国工商银行北京朝阳支行

收款人户名: 北京大众传媒广告有限公司

收款人账号: 5235672100155230019

收款人开户行 中国工商银行劳动支行

币种: 人民币 金额(小写): ¥300,000.00

金额(大写): 叁拾万元整

凭证种类: 凭证号码: 20230325

业务(产品)种类: 摘要: 支付款项

附言:

支付交易序号: 13067878 报文种类:

委托日期: 2023/3/25 业务种类: 网上企业银行支付

收款人地址:

付款人地址:

中国工商银行股份有限公司北京劳动支行 2023.03.25 核算用章 (04)

打印次数: 1 次 机打回单注意重复 打印日期: 2023/3/25 打印柜员: 22152

图 4-15 付款回单

要求:应付会计李奇在业财一体信息化平台应付管理模块进行款项支付及核销处理。

### 操作步骤

操作视频

**1. 付款单审核**

(1) 应付会计李奇进入【U8 企业应用平台】—【业务导航】—【财务会计】—【应付款管理】—【付款处理】—【付款单据审核】,单击【查询】按钮,系统默认查询条件,打开【收付款单列表】页面,如图 4-16 所示。

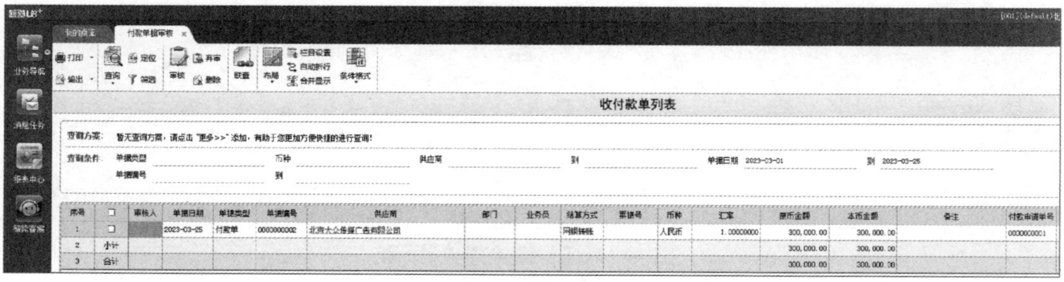


图 4-16 【收付款单列表】页面

(2) 双击进入【付款申请单】页面,如图 4-17 所示。

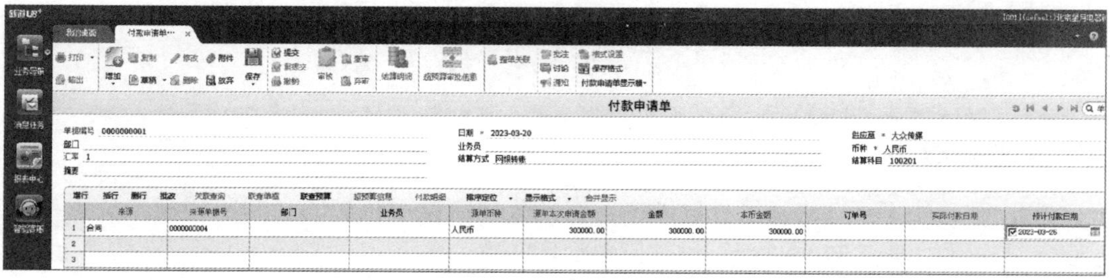


图 4-17 【付款申请单】页面

(3) 单击【审核】按钮,立即制单,生成付款的记账凭证,如图 4-18 所示。

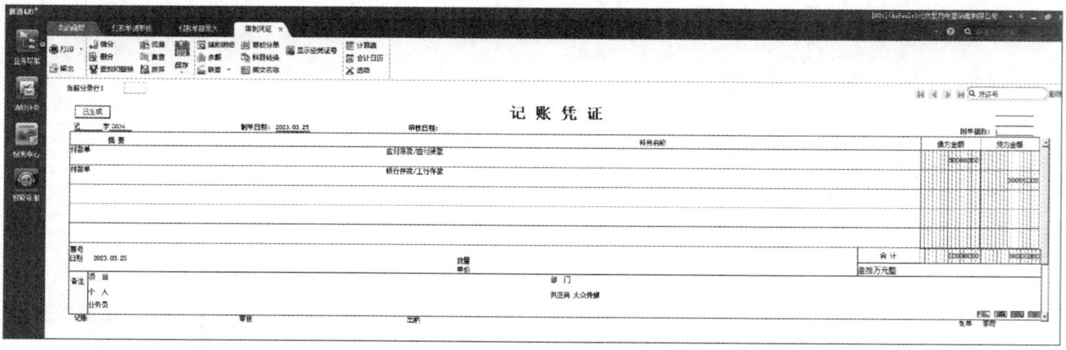


图 4-18 付款生成凭证页面

(4) 录入借方科目“应付账款——应付货款”,单击【保存】按钮,保存凭证。

**2. 付款单与合同结算单核销**

(1) 在【付款单录入】页面,单击【核销】按钮,打开【付款核销】页面,在弹出的【核销条件】窗口中【单据名称】选择“合同结算单”,如图 4-19 所示。

(2) 单击【确定】按钮,打开【手工核销】窗口,页面下方显示合同结算单,如图 4-20 所示。

(3) 在付款单和结算单的【本次结算】栏中输入“300000.00”,单击【确认】按钮,核销完毕。

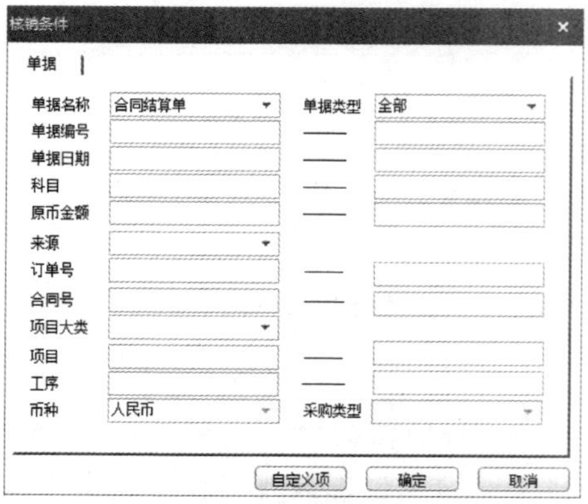


图 4-19 【核销条件】窗口

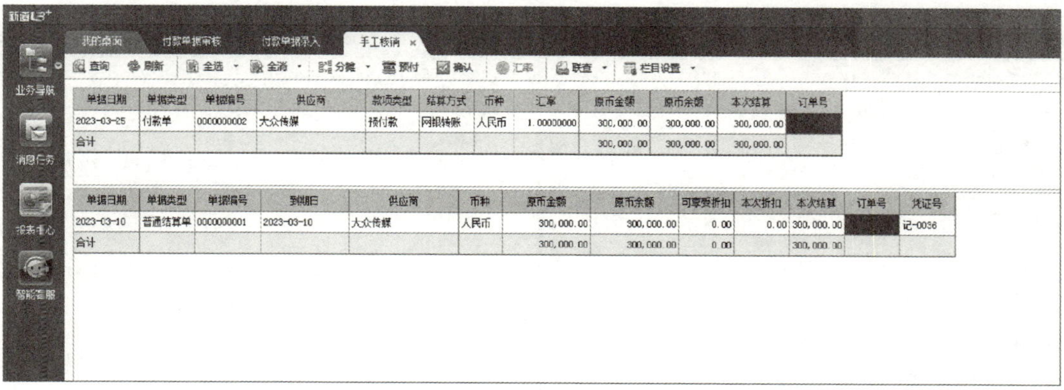


图 4-20　【手工核销】窗口

## 任务 14.6　合同执行分析

### 任务要求

2023 年 3 月 31 日，北京星月电器销售有限公司副总经理王涛为跟进应付类合同执行情况，要求营运管理部市场经理陈柏林提供本月合同收付款执行统计表、合同收付款分析表、合同计划收付款进展表。

要求：市场经理陈柏林在业财一体信息化平台上执行查询与分析。

### 操作步骤

**1. 合同收付款执行统计**

(1) 市场经理陈柏林进入【U8 企业应用平台】—【业务导航】—【供应链】—【合同管理】—【报表】—【分析表】—【合同收付款执行统计表】，打开【查询条件-合同查询条件】页面，选择【合同性质】为“应付类合同”，如图 4-21 所示。

(2) 单击【确定】按钮，进入【合同收付款执行统计表】页面。

(3) 选择文件存放位置，单击【输出】按钮。

(4) 重复以上(1)～(3)步骤，输出其他合同类型对应的合同收付款执行统计表。

**2. 合同收付款分析**

(1) 市场经理陈柏林进入【U8 企业应用平台】—【业务导航】—【供应链】—【合同管理】—【报表】—【分析表】—【合同付款分析表】，打开【查询条件-合同查询条件】页面，如图 4-22 所示。

(2) 查询条件按系统默认，单击【确定】按钮，进入【合同收付款分析表】页面。

(3) 选择文件存放位置，单击【输出】按钮。

**3. 合同收付款计划进展查询**

(1) 市场经理陈柏林进入【U8 企业应用平台】—【业务导航】—【供应链】—【合同管理】—【报表】—【分析表】—【合同收付款计划进展表】，打开【查询条件】页面，查询条件为系统默认，单击【确定】按钮，进入【合同计划收付款进展表】页面。

(2) 选择文件存放位置，单击【输出】按钮。

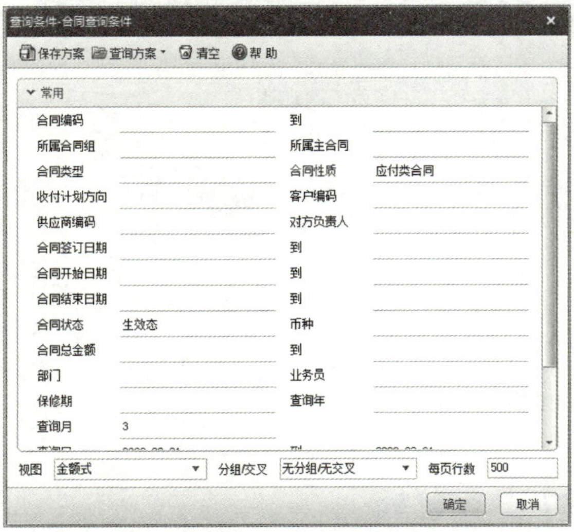


图 4-21 【查询条件-合同查询条件】页面

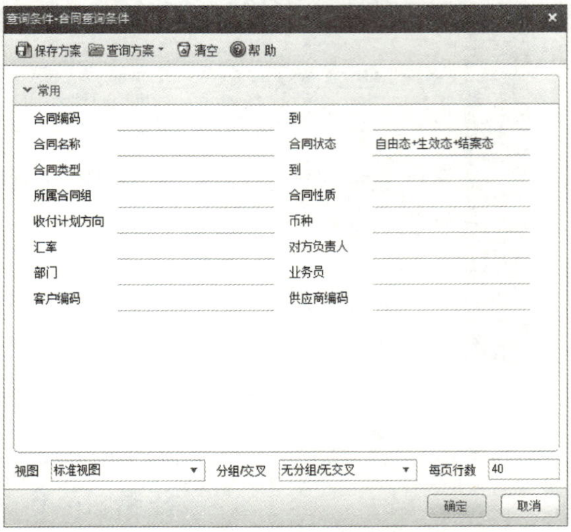


图 4-22 【查询条件-合同查询条件】页面

## 工作反思

获得的经验：____________________________

注意的事项：____________________________

思政驿站

# 工作任务 15 采购业务处理

## 任务情境

北京星月电器销售有限公司于 2023 年 3 月 1 日启用采购管理系统，将公司的采购业务由系统进行统一管理。

北京星月电器销售有限公司的采购业务有：询比价采购、受托代销、代管业务、采购退货处理等。采购专员黄鑫在采购管理系统中处理询价单、订单、到货单、采购发票、采购结算、代管挂账、采购退货等业务；应付会计李奇在应付款管理系统中进行采购发票审核，生成确认应付的记账凭证。

采购专员黄鑫在应付款管理系统中提交付款申请；出纳谢芳按审批后的付款申请安排付款；应付会计李奇确认付款单、折扣金额，生成相应的付款凭证，并将付款单与采购发票进行核销。

## 任务向导

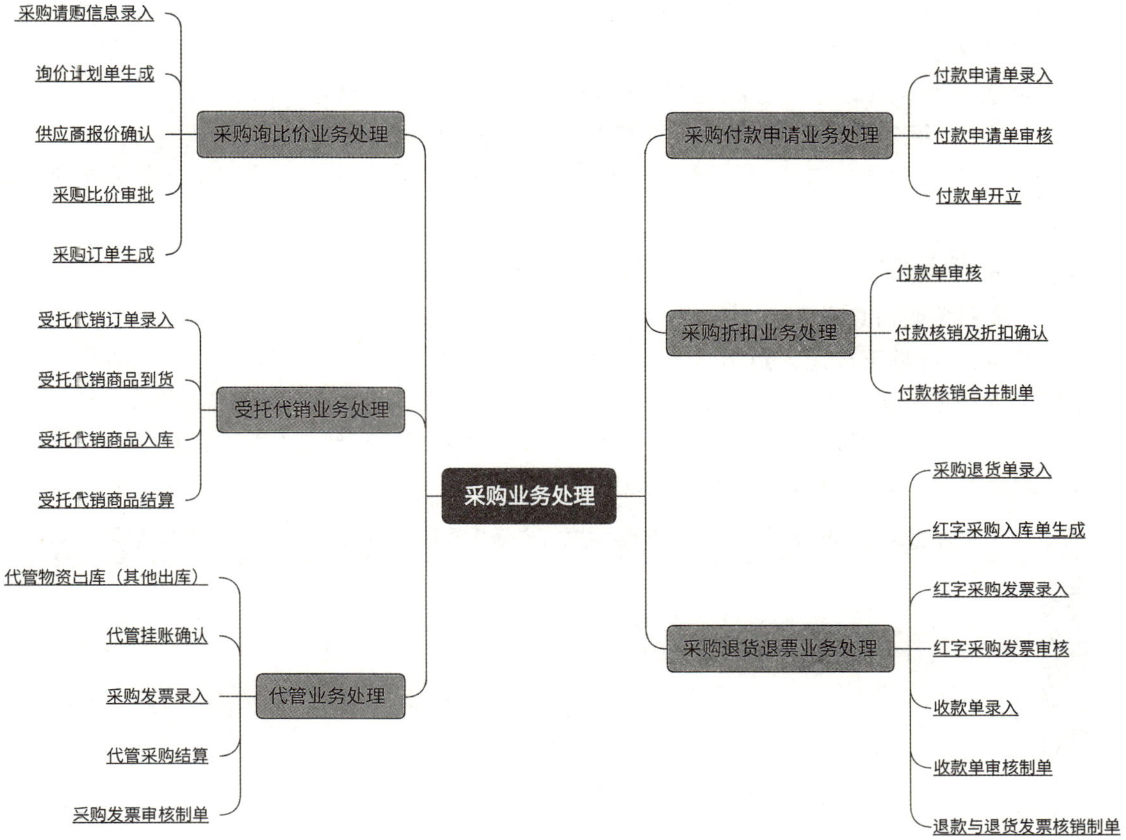


# 任务 15.1　采购询比价业务处理

## 任务要求

北京星月电器销售有限公司本月发生相关的采购询比价业务如下：

(1) 2023 年 3 月 1 日，采购中心收到各部门提交的 A4 打印纸采购计划，如表 4-1 所示。

**表 4-1　3 月份 A4 打印纸采购计划**

| 申请部门 | 采购物品 | 数量 | 计量单位 |
| --- | --- | --- | --- |
| 总经办 | A4 打印纸 | 10 | 包 |
| 营运管理部 | A4 打印纸 | 50 | 包 |
| 仓储物流部 | A4 打印纸 | 50 | 包 |
| 财务部 | A4 打印纸 | 50 | 包 |

公司领导认为之前提供 A4 打印纸的供应商价格偏高，因此要求本次采购需先询价，询价供应商不少于三家，比价之后再确定供应商和采购价。

(2) 2023 年 3 月 1 日，采购专员黄鑫分别向供应商北京市雪人文具有限公司、北京家乐福商业有限公司、北京易初莲花连锁超市有限公司进行电话询价，得到的回复如下：北京市雪人文具有限公司报价为 30 元/包(含税)，北京家乐福商业有限公司报价为 28 元/包(含税)，北京易初莲花连锁超市有限公司报价为 25 元/包(不含税)。

(3) 2023 年 3 月 2 日，采购经理张茜茜审批询价计划单，采购经理张茜茜根据比价情况，决定选择报价最低的供应商北京家乐福商业有限公司，并向其发出采购订单。

(4) 2023 年 3 月 2 日，采购专员黄鑫生成采购订单(订单编号 001)。

要求：各部门合作在业财一体信息化平台采购管理模块中完成采购询比价业务处理。

操作视频

## 操作步骤

**1. 采购请购信息录入**

(1) 副总经理王涛进入【U8 企业应用平台】—【业务导航】—【供应链】—【采购管理】—【请购】—【请购单】，打开【采购请购单】页面。

(2) 单击【增加】按钮，在表体行输入【存货名称】为“A4 打印纸”，【数量】为“160.00”，【需求日期】为“2023-03-02”，如图 4-23 所示。

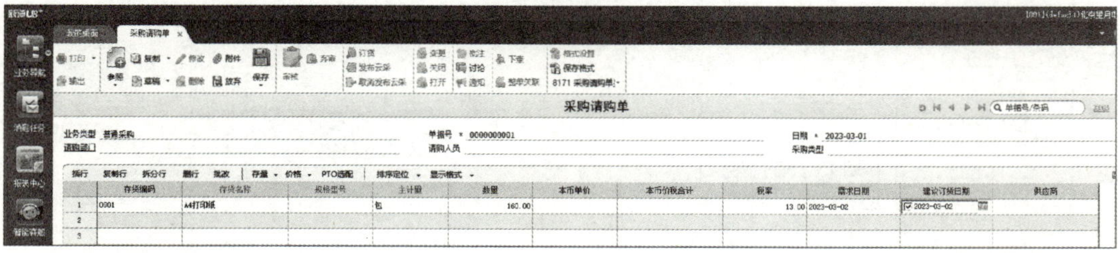


图 4-23 【采购请购单】页面

(3) 依次单击【保存】【审核】按钮，确认请购需求。

**2. 询价计划单生成**

(1) 采购专员黄鑫进入【U8 企业应用平台】—【业务导航】—【供应链】—【采购管理】—【采购询价】—【询价计划单】，打开【询价计划单】新增页面。

(2) 单击【增加】按钮下的【采购请购单】，系统将请购单的信息自动录入【询价计划单】页面，如图 4-24 所示。

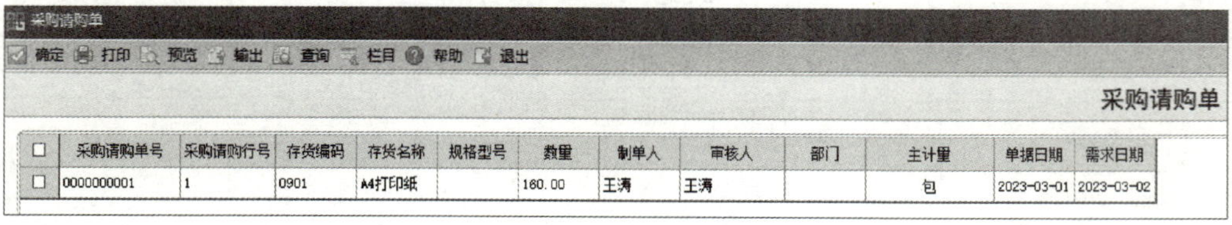


图 4-24 【采购请购单】页面

(3) 勾选【采购请购单】，单击【确定】按钮，返回【询价计划单】页面，如图 4-25 所示。

(4) 依次单击【保存】【审核】按钮，确认本次的询价计划。

**3. 供应商报价确认**

(1) 采购专员黄鑫进入【U8 企业应用平台】—【业务导航】—【供应链】—【采购管理】—

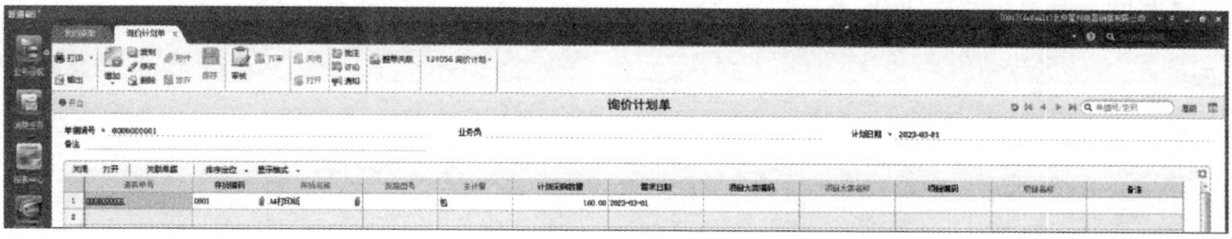

图 4-25　【询价计划单】页面

【采购询价】—【供应商报价单】，打开【询价计划单】新增页面。

（2）单击【增加】按钮，弹出查询条件，单击【确定】按钮，系统进入【询价计划单】页面，如图 4-26 所示。

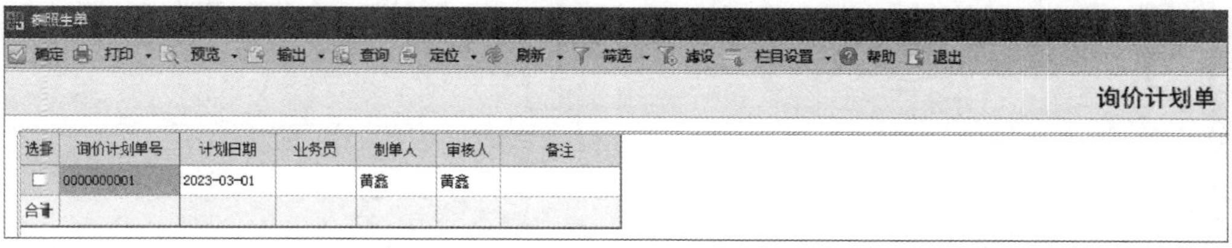


图 4-26　【询价计划单】页面

（3）选中上述第二步增加的询价计划单，单击【确定】按钮，将询价计划单上的请购信息录入供应商报价单，如图 4-27 所示。

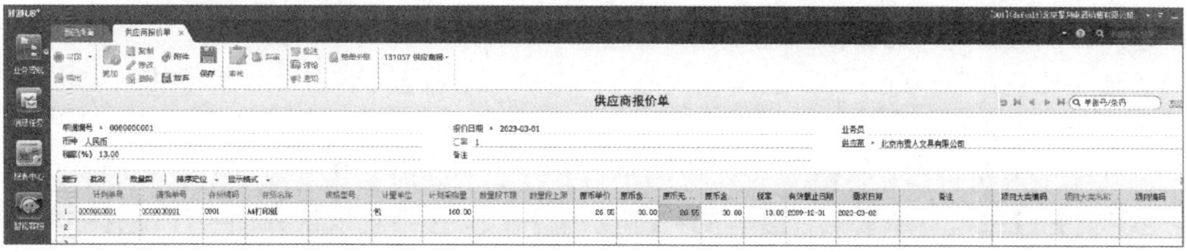

图 4-27　【供应商报价单】页面

（4）表头项目中【供应商】选择“北京市雪人文具有限公司”，表体项目中【原币含税单价】列输入“30.00”。

（5）依次单击【保存】【审核】按钮，确认报价信息。

重复以上步骤，将北京家乐福商业有限公司、北京易初莲花连锁超市有限公司的报价信息输入、保存并提交审核。（注意：北京易初莲花连锁超市有限公司的报价为原币单价“25.00”，系统自动计算含税单价）

**4. 采购比价审批**

采购专员黄鑫将询价结果提交采购经理张茜茜审批，采购经理张茜茜根据比价情况，决定选择报价最低的供应商北京家乐福商业有限公司，向其发出采购订单。

（1）采购经理张茜茜进入【U8 企业应用平台】—【业务导航】—【供应链】—【采购管理】—【采购询价】—【采购比价审批单】，打开【采购比价审批单】新增页面。

（2）执行【增加】—【询价计划单】命令，弹出查询条件，单击【确定】按钮，系统进入【询价计划单】页面，如图 4-28 所示。

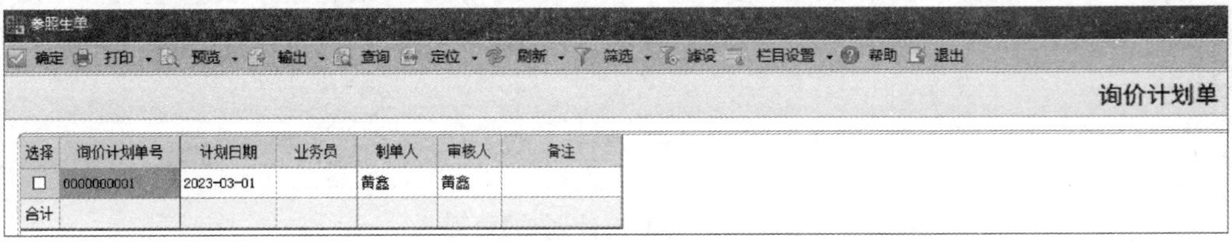


图 4-28 【询价计划单】页面

(3) 选中“询价计划单”，单击【确定】按钮，系统将三家供应商报价的信息带入表体行，如图 4-29 所示。

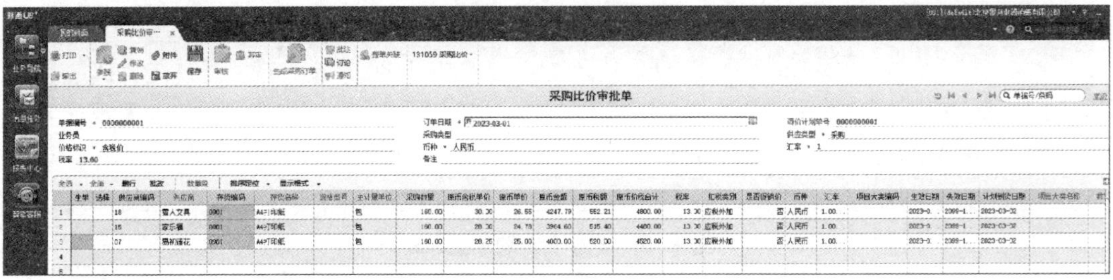


图 4-29 【采购比价审批单】页面

(4) 表体行中依次选择“北京市雪人文具有限公司”和“北京易初莲花连锁超市有限公司”，再依次单击【删行】【保存】按钮。

(5) 双击选择“北京家乐福商业有限公司”，依次单击【保存】【审核】按钮，提示“审核成功”。

**5. 采购订单生成**

(1) 采购专员黄鑫进入【U8 企业应用平台】—【业务导航】—【供应链】—【采购管理】—【采购订货】—【采购订单】，执行【增加】—【请购单】命令，按系统默认查询条件，选择“A4 打印纸请购单”，如图 4-30 所示。

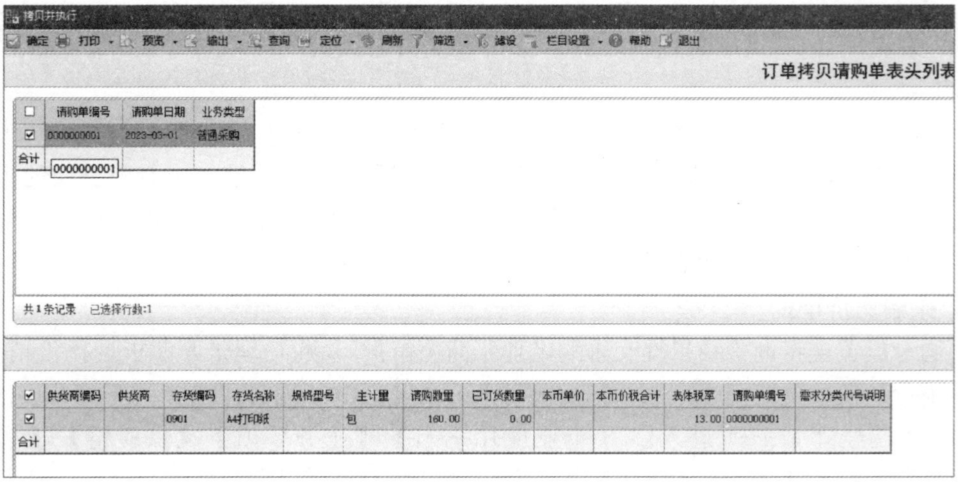


图 4-30 【请购单】页面

(2) 单击【确定】按钮，补充【订单编号】【供应商】【原币含税单价】【计划到货日期】等相关信息后，依次单击【保存】【审核】按钮，如图 4-31 所示。

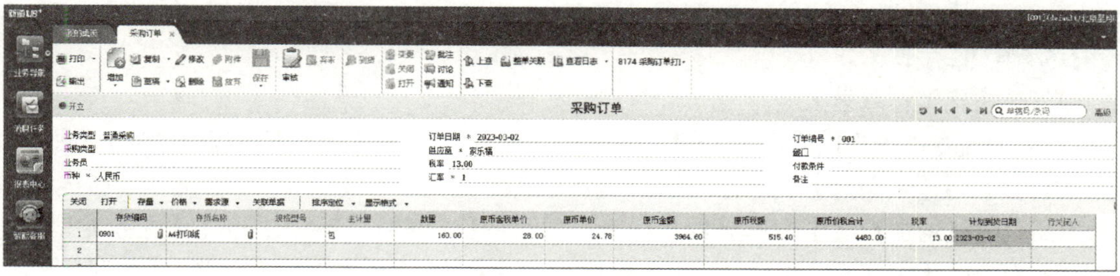


图 4-31　【采购订单】页面

## 任务 15.2　受托代销业务处理

### 任务要求

北京星月电器销售有限公司本月发生相关受托代销的经济业务如下：

(1) 2023 年 3 月 2 日，山东海贝电器制造有限公司与北京星月电器销售有限公司达成委托代销协议，由北京星月电器销售有限公司代销其“海贝空调”1 000 台。

(2) 2023 年 3 月 3 日，北京星月电器销售有限公司收到山东海贝电器制造有限公司发来的“海贝空调”1 000 台，办理到货和入库手续，将该批商品入“商品仓”。

(3) 2023 年 3 月 30 日，1 000 台“海贝空调”全部售罄，北京星月电器销售有限公司向山东海贝电器制造有限公司开具代销清单，山东海贝电器制造有限公司依据代销清单开具增值税专用发票，如图 4-32 所示。北京星月电器销售有限公司依据发票进行委托代销结算。

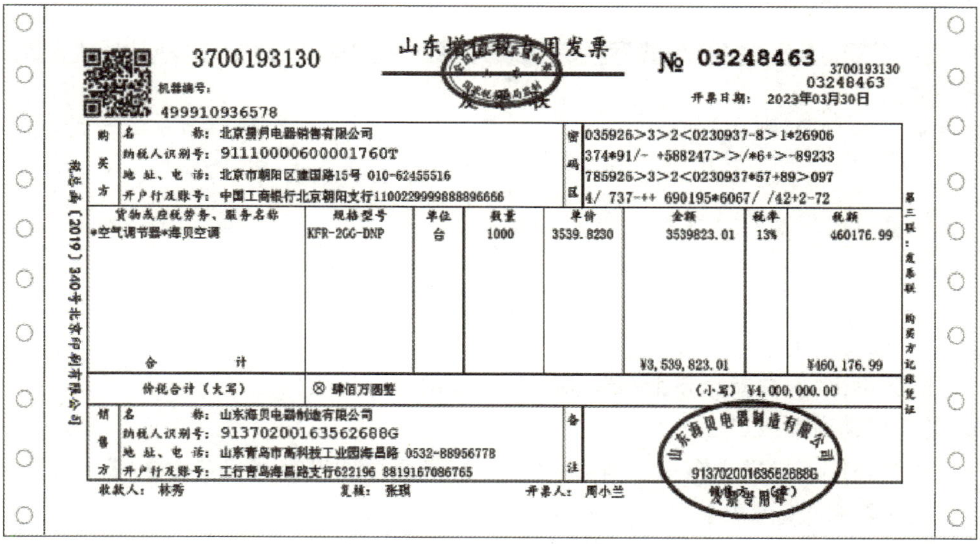

3700193130　山东增值税专用发票　№ 03248463

3700193130
03248463

机器编号：499910936578　开票日期：2023年03月30日

| | | | | | | | |
|---|---|---|---|---|---|---|---|
| 购买方 | 名　　称：北京星月电器销售有限公司<br>纳税人识别号：91110000600001760T<br>地 址、电 话：北京市朝阳区建国路15号 010-62455516<br>开户行及账号：中国工商银行北京朝阳支行1100229999888896666 | | | | 密码区 | 035925>3>2<0230937-8>1*26906<br>374*91/- +588247>>/*6+>-89233<br>785925>3>2<0230937*57+89>097<br>4/ 737-++ 690195*6067/ /42+2-72 | |
| 货物或应税劳务、服务名称 | 规格型号 | 单位 | 数量 | 单价 | 金额 | 税率 | 税额 |
| *空气调节器*海贝空调 | KFR-26G-DNP | 台 | 1000 | 3539.8230 | 3539823.01 | 13% | 460176.99 |
| 合　　计 | | | | | ¥3,539,823.01 | | ¥460,176.99 |
| 价税合计（大写） | ⊗ 肆佰万圆整 | | | | （小写）¥4,000,000.00 | | |
| 销售方 | 名　　称：山东海贝电器制造有限公司<br>纳税人识别号：91370200163562688G<br>地 址、电 话：山东青岛市高科技工业园海昌路 0532-88956778<br>开户行及账号：工行青岛海昌路支行622196 8819167086765 | | | | 备注 | 山东海贝电器制造有限公司 91370200163562688G 发票专用章 | |

收款人：林秀　复核：张琪　开票人：周小兰　销售方：（章）

税总函〔2019〕340号北京印刷有限公司

第三联：发票联　购买方记账凭证

图 4-32　增值税专用发票—海贝电器

要求：采购专员黄鑫在业财一体信息化平台上完成受托代销业务处理；仓储经理王俊完成入库业务。

操作视频

## 操作步骤

**1. 受托代销订单录入**

(1) 采购专员黄鑫进入【U8 企业应用平台】—【业务导航】—【供应链】—【采购管理】—【采购订货】—【采购订单】，打开【采购订单】新增页面。

(2) 执行【增加】—【空白单据】命令，表头项目中【订单编号】录入“002”、【业务类型】选择“受托代销”，【供应商】选择“海贝”；表体项目中【存货】选择“海贝空调”、【数量】输入“1000.00”，如图 4-33 所示。

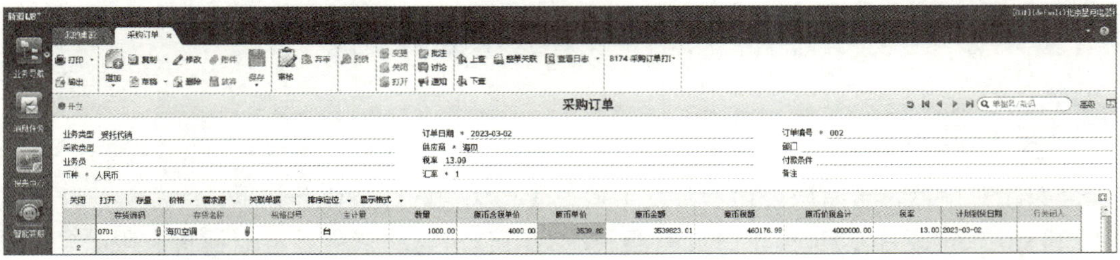


图 4-33 【采购订单】页面

(3) 依次单击【保存】【审核】按钮，确认受托代销订单信息。

**2. 受托代销商品到货**

(1) 采购专员黄鑫进入【U8 企业应用平台】—【业务导航】—【供应链】—【采购管理】—【采购到货】—【到货单】，打开【到货单】新增页面。

(2) 执行【增加】—【采购订单】命令，选择受托采购订单，将受托采购订单上的信息录入货单，表头项目中【部门】选择“仓储物流部”，如图 4-34 所示。

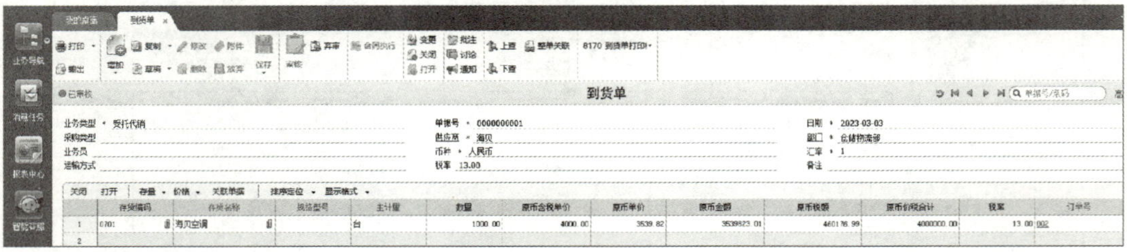


图 4-34 【到货单】页面

(3) 依次单击【保存】【审核】按钮，确认受托代销商品到货信息。

**3. 受托代销商品入库**

(1) 仓储经理王俊进入【U8 企业应用平台】—【业务导航】—【供应链】—【库存管理】—【采购入库】—【采购入库单】，打开【采购入库单】新增页面。

(2) 执行【增加】—【采购到货单】命令，将采购到货单的信息录入采购入库单，表头项目中【仓库】选择“商品仓”，如图 4-35 所示。

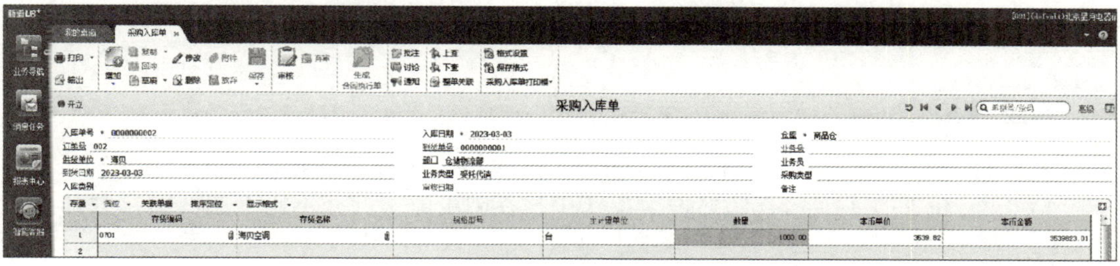

图 4-35 【采购入库单】页面

(3) 依次单击【保存】【审核】按钮，确认受托代销商品入库。

**4. 受托代销商品结算**

(1) 采购专员黄鑫进入【U8 企业应用平台】—【业务导航】—【供应链】—【采购管理】—【采购结算】—【受托代销结算】，输入【供应商编码】为"05"，打开【受托代销结算】页面。

(2) 表头项目中【发票类型】选择"专用发票"，输入【发票号】为"03248463"，如图 4-36 所示。

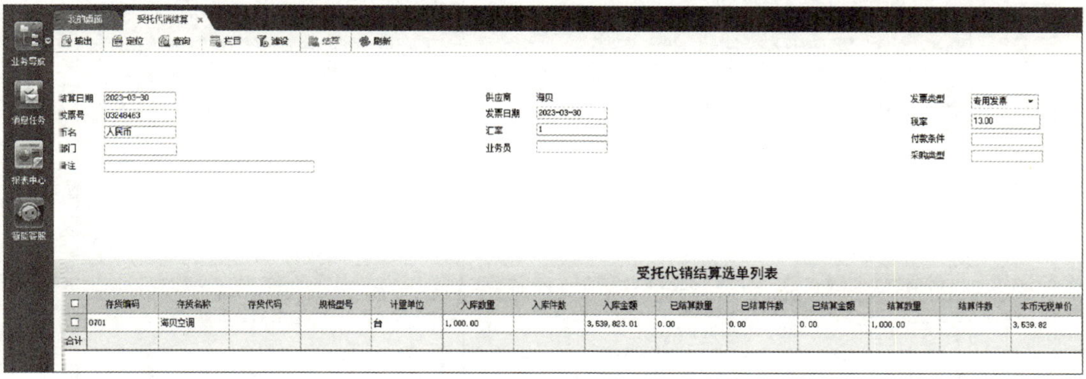

图 4-36 【受托代销结算】页面

(3) 选中表体项目中的"受托代销结算单"，单击【结算】按钮，系统提示"结算完成"，自动生成受托结算单和采购发票。

(4) 查看采购发票。采购专员黄鑫进入【U8 企业应用平台】—【业务导航】—【供应链】—【采购管理】—【采购发票】—【采购发票列表】，输入查询条件，单击【确定】按钮，查看受托代销结算生成的采购发票。

**特别提示**

◇ 只有在建账套时企业类型选择"商业"或"医药流通"，系统才能处理受托代销业务。若企业类型选择"工业"的，无法处理受托代销业务。

◇ 存货档案中对于受托代销商品，商品属性必须选中【受托代销】【采购】【内销】【外销】。

## 任务 15.3　代管业务处理

### 任务要求

2023 年 3 月份北京星月电器销售有限公司发生相关代管经济业务如下：

(1) 2023 年 3 月 15 日，仓储经理王俊从代管仓中出库 10 台“小峰空调”，通过其他出库单办理出库。

(2) 2023 年 3 月 30 日，北京星月电器销售有限公司对本月领用的商品进行汇总挂账，并交给北京小峰电器制造有限公司确认。

(3) 2023 年 3 月 30 日，北京小峰电器制造有限公司确认挂账数量，开具增值税专用发票，如图 4-37 所示。

北京增值税专用发票

1100193130　　№ 01945566

1100193130
01945566

机器编号：499910936578　　开票日期：2023年03月30日

购买方　名　　称：北京星月电器销售有限公司
纳税人识别号：91110000600001760T
地 址、电 话：北京市朝阳区建国路15号 010-62455516
开户行及账号：中国工商银行北京朝阳支行11002299998888896666

密码区
035926>3>2<0230937-8>1*26906
374*91/- +588247>>/*6+>-89233
785926>3>2<0230937*57+89>097
4/ 737-++ 690195*6067/ /42+2-72

| 货物或应税劳务、服务名称 | 规格型号 | 单位 | 数量 | 单价 | 金额 | 税率 | 税额 |
|---|---|---|---|---|---|---|---|
| *空气调节器*小峰空调 | KFR-3GG-RNP | 台 | 10 | 3362.8319 | 33628.32 | 13% | 4371.68 |
| 合　　计 | | | | | ¥33,628.32 | | ¥4,371.68 |
| 价税合计（大写） | ⊗叁万捌仟圆整 | | | | （小写）¥38,000.00 | | |

销售方　名　　称：北京小峰电器制造有限公司
纳税人识别号：91110009009009877F
地 址、电 话：北京丰台区丰清路88号　010-56786677
开户行及账号：中国工商银行北京丰台支行 622196 8999999450008

备注

北京小峰电器制造有限公司　91110009009009877F　发票专用章

收款人：孙军　　复核：梁桂红　　开票人：叶莉　　销售方：（章）

税总函〔2019〕340号北京印刷有限公司

第三联：发票联　购买方记账凭证

图 4-37　增值税专用发票—北京小峰

(4) 2023 年 3 月 30 日，北京星月电器销售有限公司取得发票后，将发票信息录入系统，并将发票与挂账单结算。

(5) 2023 年 3 月 30 日，应付会计李奇审核采购发票，确认生成应付凭证。

要求：采购专员黄鑫、仓储经理王俊、应付会计李奇在业财一体信息化平台上完成代管业务处理。

操作视频

### 操作步骤

**1. 代管物资出库(其他出库)**

(1) 仓储经理王俊进入【U8 企业应用平台】—【业务导航】—【供应链】—【库存管理】—【其他出库】—【其他出库单】，打开【其他出库单】页面。

(2) 执行【增加】—【空白单据】命令，打开【其他出库单】新增页面。

（3）表头项目中【仓库】选择“代管仓”；表体项目中【存货】选择“小峰空调”，【数量】输入“10.00”，如图 4-38 所示。

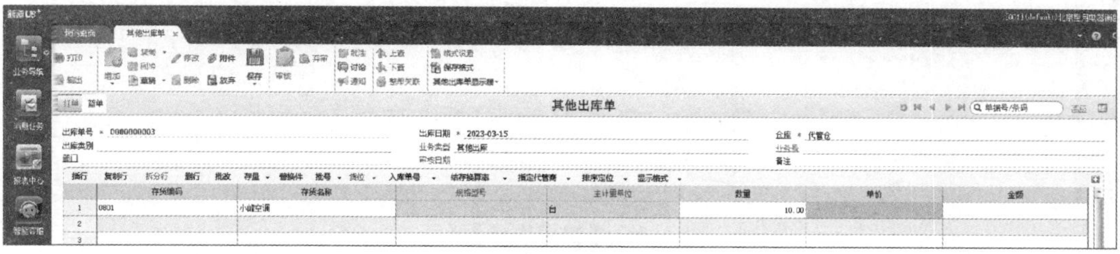


图 4-38　【其他出库单】页面

（4）表体行上【指定代管商】选择“存货档案默认的供应商”，如图 4-39 所示。

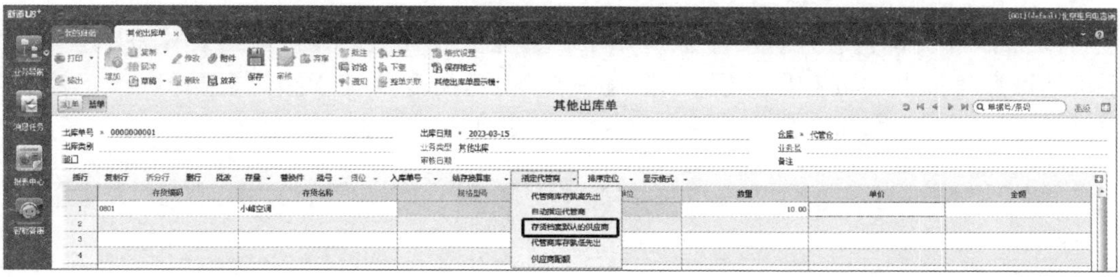


图 4-39　【其他出库单】页面

（5）依次单击【保存】【审核】按钮，确认其他出库信息。

**2. 代管挂账确认**

（1）采购专员黄鑫进入【U8 企业应用平台】—【业务导航】—【供应链】—【采购管理】—【代管业务】—【代管挂账确认单】，打开【批量生成代管挂账确认单】新增页面。

（2）执行【增加】—【批量生单】命令，查询条件中【单据类型】选择“其他出库单”，单击【确定】按钮，进入【其他出库单列表】，如图 4-40 所示。

图 4-40　【批量生成代管挂账确认单】页面

（3）勾选【其他出库单】，单击【确定】按钮，将其他出库单的信息录入，弹出提示“代管挂账确认单批量生单完毕！其中 1 张成功，0 张失败”。

（4）依次单击【确定】【审核】按钮，确认代管挂账确认单的信息。

**3. 采购发票录入**

（1）采购专员黄鑫进入【U8 企业应用平台】—【业务导航】—【供应链】—【采购管理】—【采购发票】—【专用采购发票】，打开【专用发票】新增页面。

（2）执行【增加】—【空白单据】命令，依据案例资料输入发票内容，如图 4-41 所示。

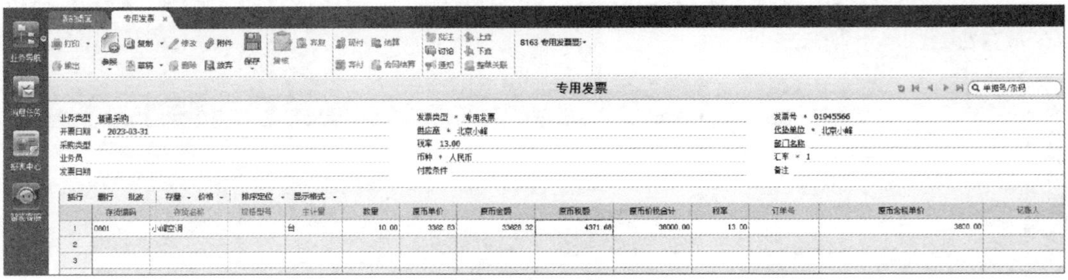

图 4-41 【专用发票】页面

(3) 依次单击【保存】【复核】按钮，确认采购发票信息。

**头脑风暴：**你认为采购专员黄鑫输入发票内容后进行复核有什么作用?

**4. 代管采购结算**

(1) 采购专员黄鑫进入【U8 企业应用平台】—【业务导航】—【供应链】—【采购管理】—【采购结算】—【手工结算】，执行【选单】—【查询条件】命令，【存货编码】选择“0801 小峰空调”，打开【结算选发票列表】窗口，分别勾选【发票】和【入库单】，如图 4-42 所示。

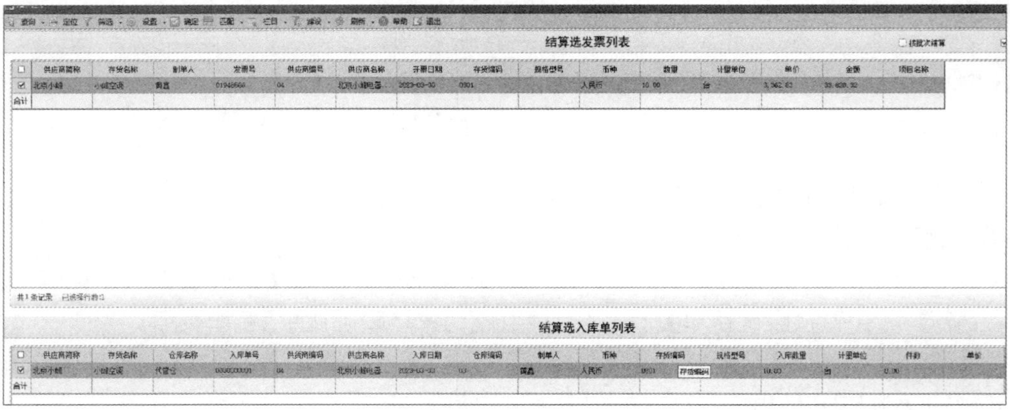

图 4-42 【结算选发票列表】页面

(2) 单击【确定】按钮，进入【手工结算】页面，如图 4-43 所示。

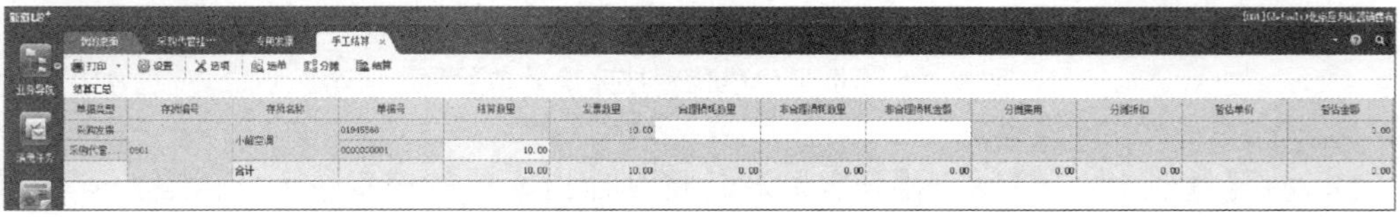

图 4-43 【手工结算】页面

(3) 单击【结算】按钮，系统提示“结算成功”，完成代管业务的结算。

**5. 采购发票审核制单**

(1) 应付会计李奇进入【U8 企业应用平台】—【财务会计】—【应付款管理】—【应付处理】—【采购发票】—【采购发票审核】，单击【查询】按钮，【存货】选择“小峰空调”，打开【采购发票列表】页面，如图 4-44 所示。

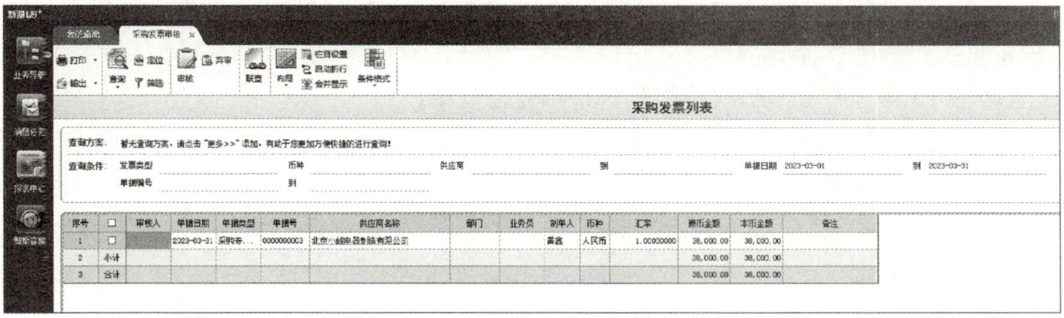

图 4-44　【采购发票列表】页面

(2) 勾选【采购发票】，双击进入【专用发票】页面，按照案例中供应商提供的增值税税票信息逐项核查发票内容，若信息无误，则单击【审核】按钮，系统提示“是否立即制单”，单击【是】按钮，进入制单页面，如图 4-45 所示。

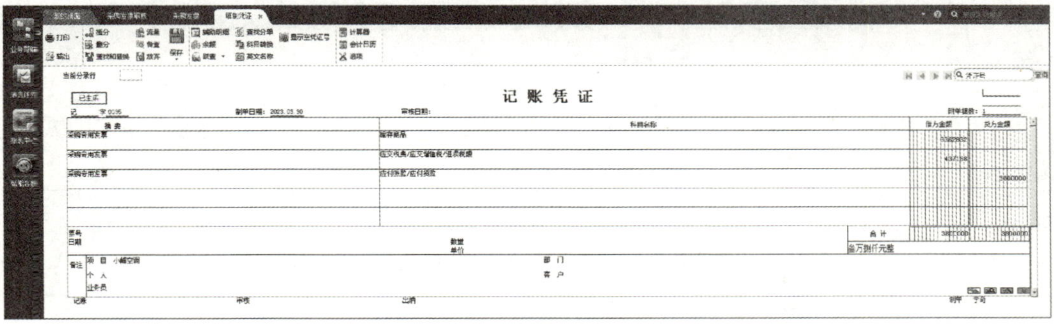

图 4-45　采购发票制单页面

(3) 检查借贷方科目及金额是否正确无误，若信息无误，单击【保存】按钮，生成凭证，并将凭证传到总账系统中。

**特别提示**

◇　代管消耗规则设置：【库存管理】—【初始设置】—【代管消耗规则】。

◇　代管商品出库时，出库单上必须单击表体行上的【指定代管商】。

## 任务 15.4　采购付款申请业务处理

### 任务要求

北京星月电器销售有限公司本月相关的采购付款申请业务如下：

(1) 2023 年 3 月 30 日，北京小峰电器制造有限公司向北京星月电器销售有限公司进行应收催款，并承诺，若北京星月电器销售有限公司能在 3 月 31 日完成付款，可享受 2%的现金折扣。

(2) 2023 年 3 月 30 日，北京星月电器销售有限公司的采购员黄鑫提出付款申请，申请公司于 3 月 31 日支付北京小峰电器制造有限公司的应付款的 98%为 37 240 元。

(3) 2023 年 3 月 30 日，依据公司付款申请审批流程，采购经理张茜茜与财务经理胡晓分别审批该付款申请，同意付款。

(4) 2023 年 3 月 31 日，应付会计李奇生成付款单。

要求：应付会计李奇、采购经理张茜茜、财务经理胡晓在业财一体信息化平台上完成采购付款申请业务处理。

操作视频

## 操作步骤

### 1. 付款申请单录入

(1) 应付会计李奇进入【U8 企业应用平台】—【财务会计】—【应付款管理】—【付款申请】—【付款申请单录入】，打开【付款申请单】录入页面。

(2) 单击【增加】按钮，输入【供应商】为“北京小峰电器制造有限公司”，【结算方式】为“网银转账”，【金额】为“37240.00”，【预计付款日期】为“2023-03-31”，如图 4-46 所示。

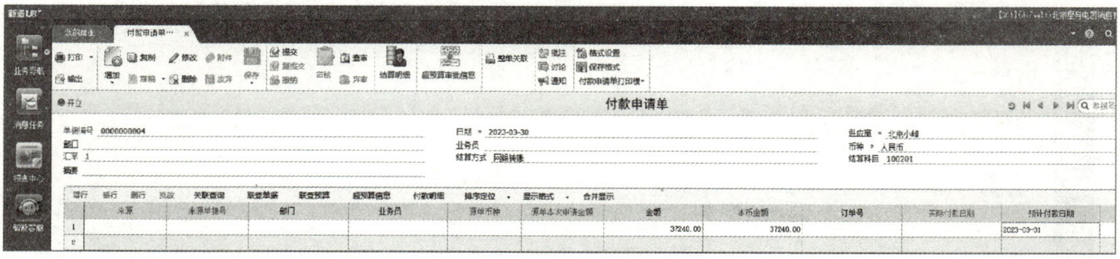


图 4-46 【付款申请单】录入页面

(3) 依次单击【保存】【提交】按钮，将付款申请单提交审核。

### 2. 付款申请单审核

(1) 采购经理张茜茜进入【U8 企业应用平台】—【消息任务】—【我的审批任务】—【未审】，双击进入待审的付款申请单，审核单据信息，若同意本次付款申请，则单击【同意】按钮，系统提示“操作成功”，如图 4-47 所示。

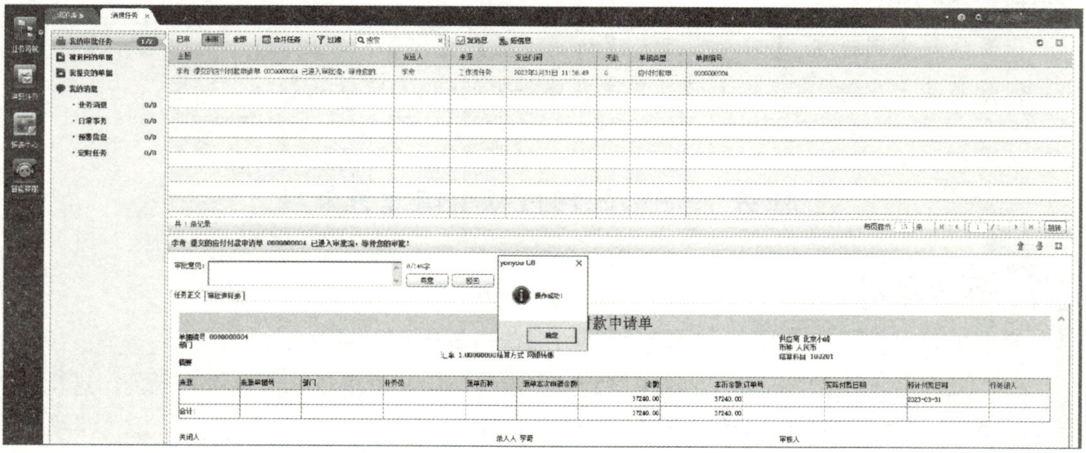

图 4-47 【审核付款申请单】页面

（2）财务经理胡晓以相同操作步骤审核付款申请单。

**3. 付款单开立**

（1）应付会计李奇进入【U8 企业应用平台】—【财务会计】—【应付款管理】—【付款处理】—【付款单据录入】，打开【付款申请单】录入页面，执行【增加】—【付款申请单】命令，系统默认查询条件，单击【确定】按钮，如图 4-48 所示。

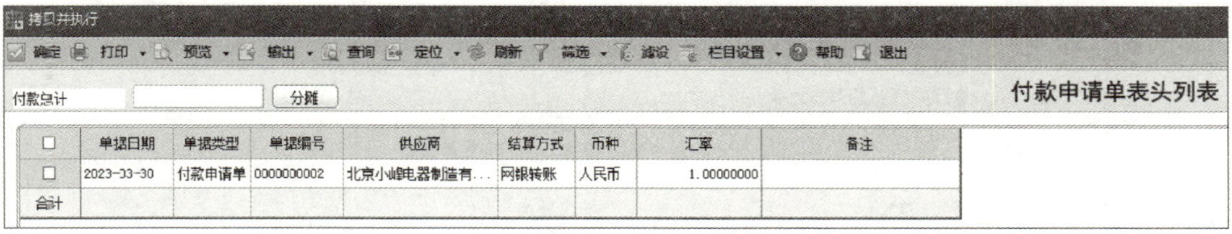


图 4-48 【付款申请单】录入页面

（2）勾选【付款申请单】，单击【确定】按钮，检查相关信息，确认无误后，单击【保存】按钮，系统成功生成付款单，单据左上角显示“开立”，如图 4-49 所示。

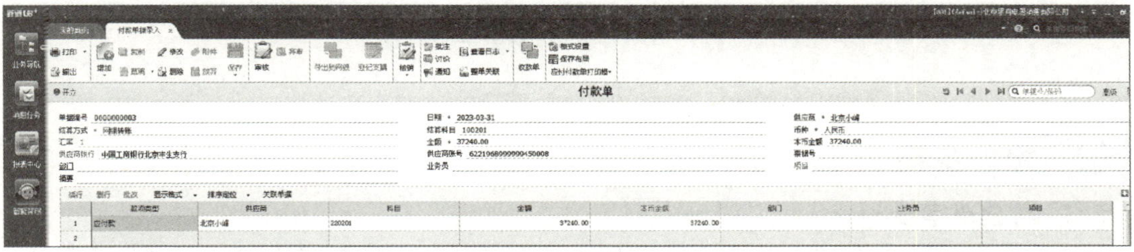

图 4-49 【付款单】开立页面

**特别提示**

◇ 启用付款申请单之后，付款单不能再手工新增空白单据，必须参照付款申请单生成。

## 任务 15.5 采购折扣业务处理

### 任务要求

承接“任务 15.4”，北京星月电器销售有限公司 2023 年 3 月 31 日，公司通过网银转账支付北京小峰电器制造有限公司的款项为 37 240 元。付款回单如图 4-50 所示。

2023 年 3 月 31 日，应付会计李奇将付款单与采购发票进行核销，将北京小峰电器制造有限公司提供的 760 元作为现金折扣处理。

要求：应付会计李奇在业财一体信息化平台上完成采购折扣业务处理，并进行财务处理生成凭证。

**ICBC 中国工商银行** 业务回单（付款）

入账日期：2023/03/31　　回单编号：10283769460
付款人户名：北京星月电器销售有限公司
付款人账号：110022999988896666
付款人开户行/发报行：中国工商银行北京朝阳支行
收款人户名：北京小峰电器制造有限公司
收款人账号：622196 8999999450008
收款人开户行：中国工商银行北京丰台支行
币种：人民币　　金额（小写）：￥37,240.00
金额（大写）：叁万柒仟贰佰肆拾元整
凭证种类：　　凭证号码：20230331
业务（产品）种类：　　摘要：支付货款
附言：
支付交易序号：13067895　　报文种类：
委托日期：2023/3/31　　业务种类：网上企业银行支付
收款人地址：
付款人地址：

中国工商银行股份有限公司北京朝阳支行 2023.03.31 核算用章（04）

打印次数：1 次　机打回单注意重复　　打印日期：2023/3/31　　打印柜员：22152

图 4-50　付款回单

操作视频

**操作步骤**

**1. 付款单审核**

（1）应付会计李奇进入【U8 企业应用平台】—【财务会计】—【应付款管理】—【付款处理】—【付款单据审核】，单击【查询】按钮，系统默认查询条件，单击【确定】按钮，进入【付款单据列表】页面，如图 4-51 所示。

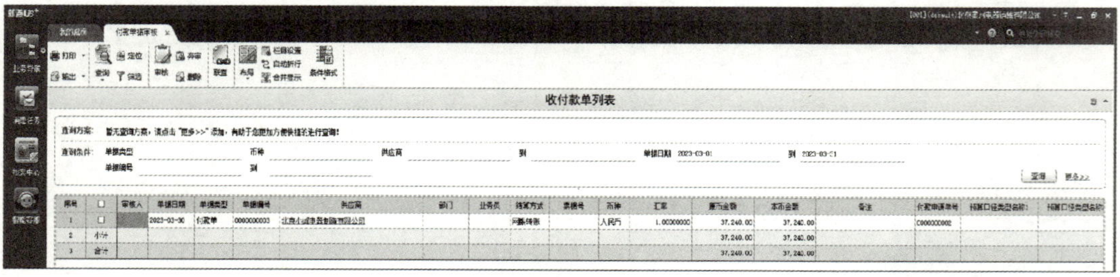


图 4-51　【收付款单列表】页面

（2）双击要审核的单据，进入【付款单】页面，审核信息是否正确，若信息无误，则单击【审核】按钮，系统提示“是否立即制单”，单击【否】按钮，暂不生成记账凭证。

**2. 付款核销及折扣确认**

（1）应付会计李奇进入【U8 企业应用平台】—【业务导航】—【财务会计】—【应付款管理】—【核销处理】—【手工核销】，打开【核销条件】页面，如图 4-52 所示。

（2）输入【供应商】为“北京小峰电器制造有限公司”，单击【确定】按钮，进入【手工核销】

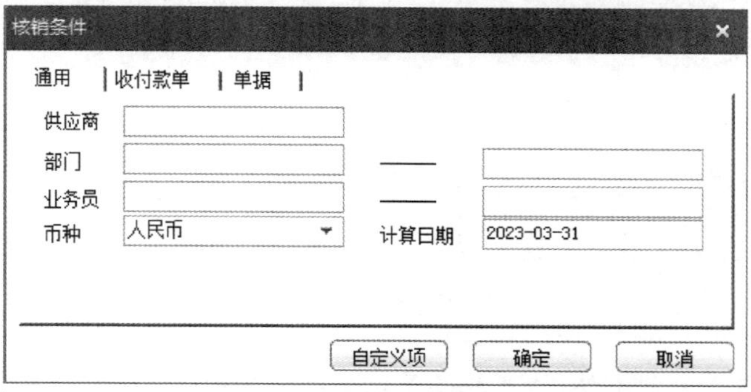


**图 4-52　【核销条件】页面**

页面，输入本次结算金额与折扣金额，如图 4-53 所示。

**图 4-53　【手工核销】页面**

（3）单击【确认】按钮，确认本次核销操作。

**3. 付款核销合并制单**

（1）应付会计李奇进入【U8 企业应用平台】—【财务会计】—【应付款管理】—【凭证处理】—【生成凭证】，打开【制单查询】页面。

（2）勾选【收付款单】和【核销】复选框，选择【供应商】为“04”，如图 4-54 所示。

（3）单击【确定】按钮，打开【应付列表】页面，选中“付款单”和“核销”，单击【合并】按钮，如图 4-55 所示。

（4）单击【制单】按钮，进入凭证生成页面，差额 760 元应计入财务费用，可以将这部分金额变成借方红字，如图 4-56 所示。

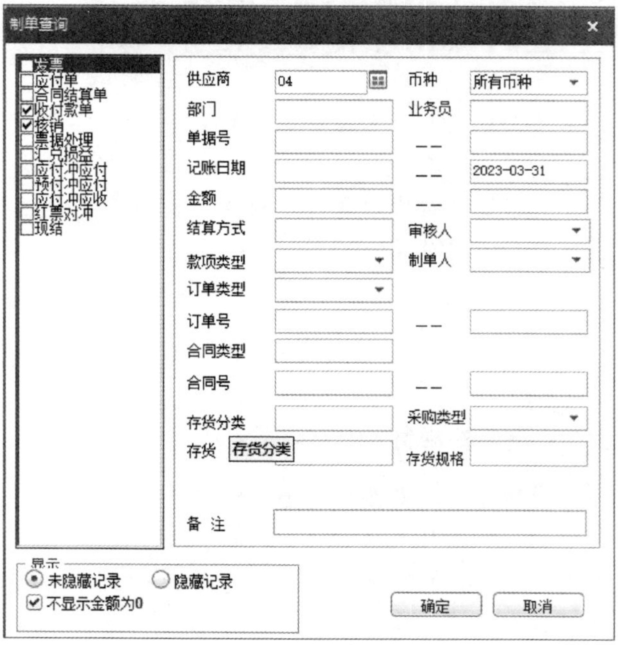


**图 4-54　【制单查询】页面**

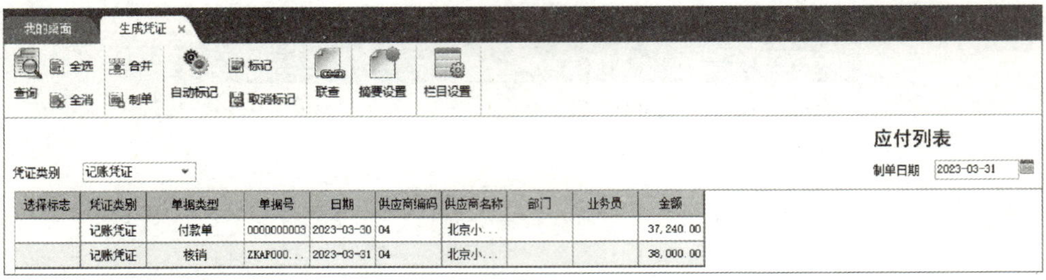


图 4-55 【应付列表】页面

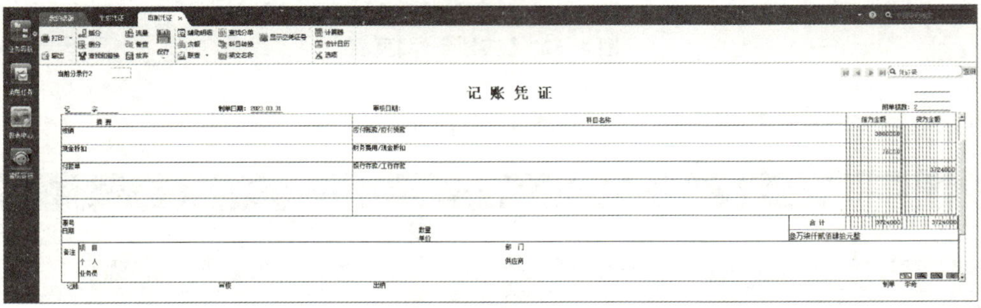


图 4-56 付款核销制单页面

(5) 单击【保存】按钮,凭证保存成功,将凭证传到总账系统中。

**特别提示**

◇ 关于现金折扣的处理,新收入准则有新的规定:在确认销售收入时,要预估现金折扣发生的比例,并相应扣除后,确认收入。再结合实际发生的现金折扣,来调整收入确认的金额。现金折扣对价部分,不再单独计入财务费用。本案例中的处理方式是按旧准则执行的。

◇ 有采购折扣的付款单,在生成凭证时,最好将付款单和核销单合并制单,也可以单独制单。

◇ 生成的凭证中财务费用的金额最好用借方红字表示,以便后续期末损益结转时财务费用的自动计算。

## 任务 15.6 采购退货退票业务处理

### 任务要求

北京星月电器销售有限公司本月发生相关退货业务如下:

(1) 2023 年 3 月 2 日,公司发现上月从广东星月电器销售有限公司购进小熊迷你加湿器有 50 台存在质量问题,经与对方协商后办理退货,退货价格按原采购价(不含税)78.51 元/台。

(2) 3 月 5 日,收到广东星月电器销售有限公司依据退货信息开具的红字销售发票,如图 4-57 所示。

广东增值税专用发票

4100113188　　　　　　　　№ 01837779　4100113188

机器编号：499910936553　　销项负数　　　　　01837779

发票联　　　　开票日期：2022年03月05日

| | | |
|---|---|---|
| 购买方 | 名　　称：北京星月电器销售有限公司<br>纳税人识别号：91440300708461136T<br>地 址、电 话：北京市朝阳区建国路15号 010-62455516<br>开户行及账号：中国工商银行北京朝阳支行1100229999888896666 | 密码区：035926>3>2<0230937-8>1*26906<br>374*91/- +588247>>/*6+>-89233<br>785926>3>2<0230937*57+89>097<br>4/ 737-++ 690195*6067/ /42+2-72 |

| 货物或应税劳务、服务名称 | 规格型号 | 单位 | 数量 | 单价 | 金额 | 税率 | 税额 |
|---|---|---|---|---|---|---|---|
| 小熊加湿器 | | 台 | -50.00 | 78.5100 | -3925.50 | 13% | -510.32 |
| 合　计 | | | | | ¥-3,925.50 | | ¥-510.32 |
| 价税合计（大写） | ⊗负肆仟肆佰叁拾伍元捌角贰分 | | | | （小写）¥-4,435.82 | | |

| | | |
|---|---|---|
| 销售方 | 名　　称：广东星月电器销售有限公司<br>纳税人识别号：440778878363548213<br>地 址、电 话：广东省深圳市东风镇美和德工业园西区128号0755-36377633<br>开户行及账号：工行深圳罗湖支行4234232100153680000 | 备注 |

收款人：　　复核：　　开票人：张登峰　　销售方：（章）

税总函〔2019〕340号北京印刷有限公司

第三联：发票联　购买方记账凭证

图 4-57　红字销售发票

（3）3 月 5 日，收到广东星月电器销售有限公司汇来的退货款 4 435.82 元，收款回单如图 4-58 所示。

ICBC 中国工商银行　　业务回单（收款）

| | | | |
|---|---|---|---|
| 入账日期： | 2023/03/05 | 回单编号： | 10283769305 |
| 付款人户名： | 广东星月电器销售有限公司 | | |
| 付款人账号： | 4234232100153680000 | | |
| 付款人开户行/发报 | 中国工商银行深圳罗湖支行 | | |
| 收款人户名： | 北京星月电器销售有限公司 | | |
| 收款人账号： | 1100229999888896666 | | |
| 收款人开户行 | 中国工商银行北京朝阳支行 | | |
| 币种： | 人民币 | 金额（小写）： | ¥4,435.82 |
| 金额（大写）： | 肆仟肆佰叁拾伍元捌角贰分 | | |
| 凭证种类： | | 凭证号码： | |
| 业务（产品）种类： | | 摘要： | 采购退款 |
| 附言： | | | |
| 支付交易序号： | 13069879 | 报文种类： | 00100 汇兑报文 |
| 委托日期： | 2023/3/5 | 业务种类： | 电子汇划 |
| 收款人地址： | | | |
| 付款人地址： | | | |

中国工商银行股份有限公司北京朝阳支行　2023.03.05　核算用章（04）

打印次数：1　次　机打回单注意重复　　打印日期：2023/3/　　打印柜员：22141

图 4-58　收款回单

要求：采购专员黄鑫、仓储经理王俊、应付会计李奇、出纳谢芳在业财一体信息化平台上完成退货退票业务处理，并进行财务处理生成凭证。

操作视频

## 操作步骤

### 1. 采购退货单录入

（1）采购专员黄鑫进入【U8 企业应用平台】—【业务导航】—【供应链】—【采购管理】—【采购到货】—【采购退货单】，打开【采购退货单】新增页面。

（2）执行【增加】—【空白单据】命令，新增退货信息，如图 4-59 所示。

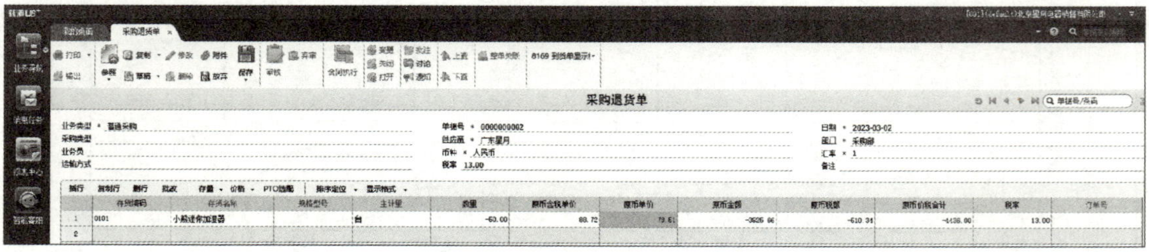


图 4-59 【采购退货单】新增页面

（3）依次单击【保存】【审核】按钮，确认退货信息。

**特别提示**

◇ 采购退货单可以手工新增，也可以参照采购订单、原采购到货单、在库不良品处理单生成。但退货必有订单时，不可手工新增。

### 2. 红字采购入库单生成

（1）仓储经理王俊进入【U8 企业应用平台】—【业务导航】—【供应链】—【库存管理】—【采购入库】—【采购入库单】，打开【采购入库单】新增页面。

（2）执行【增加】—【采购】—【采购到货单（红字）】命令，参照增加的采购退货单信息录入，输入表头【仓库】为“商品仓”，如图 4-60 所示。

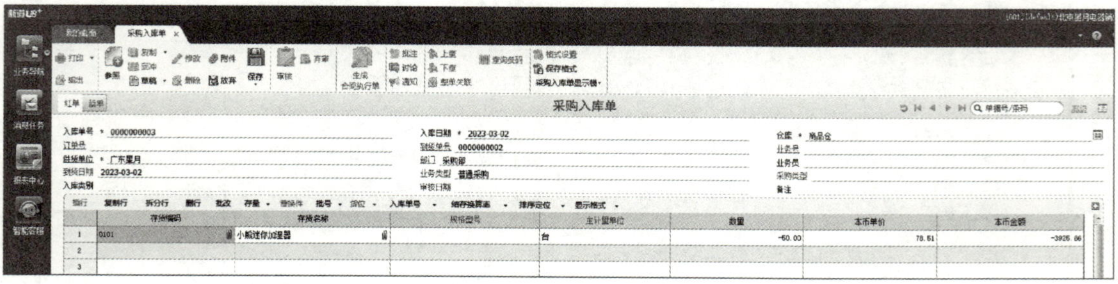


图 4-60 【采购入库单】页面

（3）依次单击【保存】【审核】按钮，系统生成红字采购入库单。

**3. 红字采购发票录入**

（1）采购专员黄鑫进入【U8 企业应用平台】—【业务导航】—【供应链】—【采购管理】—【采购发票】—【红字专用采购发票】，执行【增加】—【入库单】命令，单击【确定】按钮，勾选【案例中的采购入库单】，单击【确定】按钮，输入发票号，如图 4-61 所示。

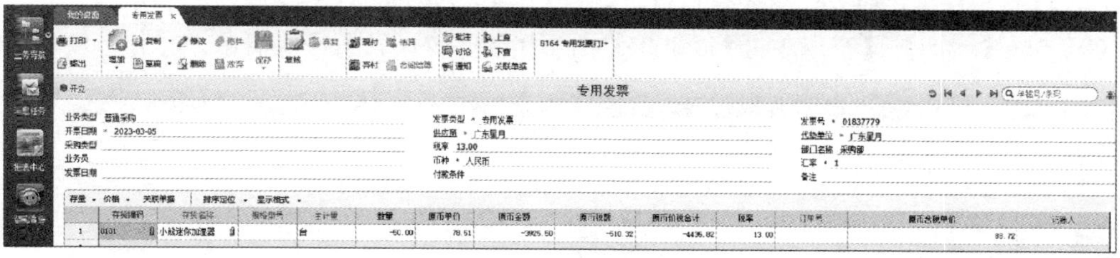


**图 4-61　【专用发票】录入页面**

（2）依次单击【保存】【复核】按钮，确认红字专用发票信息。

**4. 红字采购发票审核**

（1）应付会计李奇进入【U8 企业应用平台】—【财务会计】—【应付款管理】—【应付处理】—【采购发票】—【采购发票审核】，单击【查询】按钮，选择【结算状态】为“全部”，再单击【确定】按钮，打开【采购发票列表】页面，如图 4-62 所示。

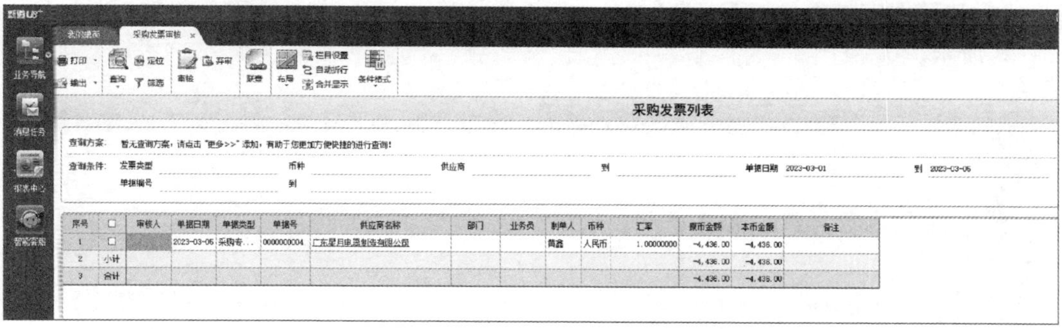


**图 4-62　【采购发票列表】页面**

（2）选择要审核发票，双击进入，审查发票信息，若信息无误，则单击【审核】按钮，系统提示“是否立即制单”，单击【是】按钮，打开制单页面，如图 4-63 所示。

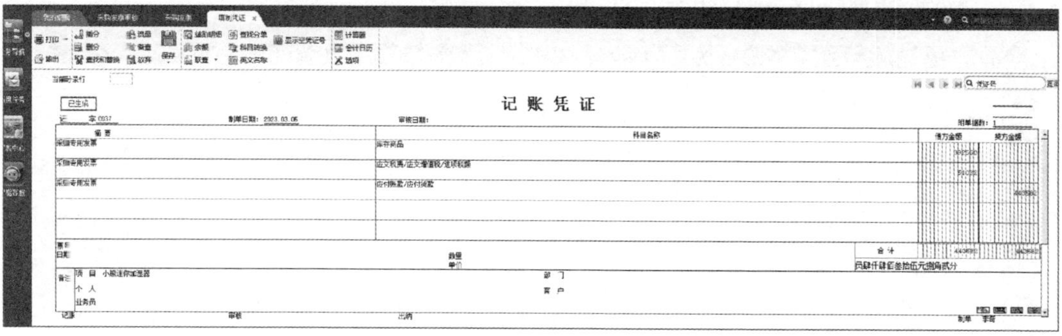


**图 4-63　退货发票生成凭证页面**

（3）检查借贷方科目及金额是否正确无误，若信息无误，则单击【保存】按钮，生成凭证，并将生成的凭证传到总账系统中。

**5. 收款单录入**

（1）出纳谢芳进入【U8 企业应用平台】—【财务会计】—【应付款管理】—【付款处理】—【付款单据录入】，单击【收款单】按钮，打开【收款单】录入页面。

（2）执行【增加】—【空白单据】命令，依据案例信息，输入表头各项信息，如图 4-64 所示。

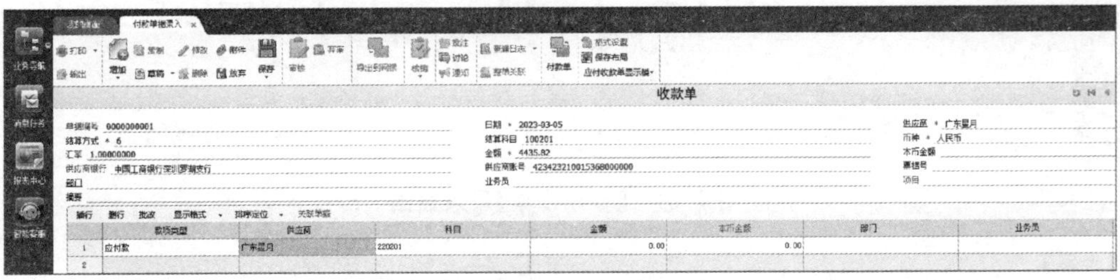


**图 4-64 【收款单】录入页面**

（3）单击【保存】按钮，收款单保存成功。

**6. 收款单审核制单**

（1）应付会计李奇进入【U8 企业应用平台】—【财务会计】—【应付款管理】—【付款处理】—【付款单据审核】，单击【查询】按钮，默认条件确认，打开【收付款单据列表】页面，如图 4-65 所示。

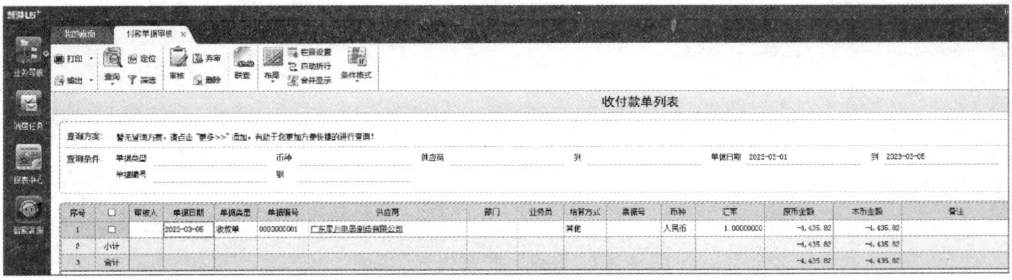


**图 4-65 【收付款单列表】页面**

（2）双击单据进入收款单页面，单击【审核】按钮，弹出“是否立即制单”提示框，单击【是】按钮，进入凭证生成页面，如图 4-66 所示。

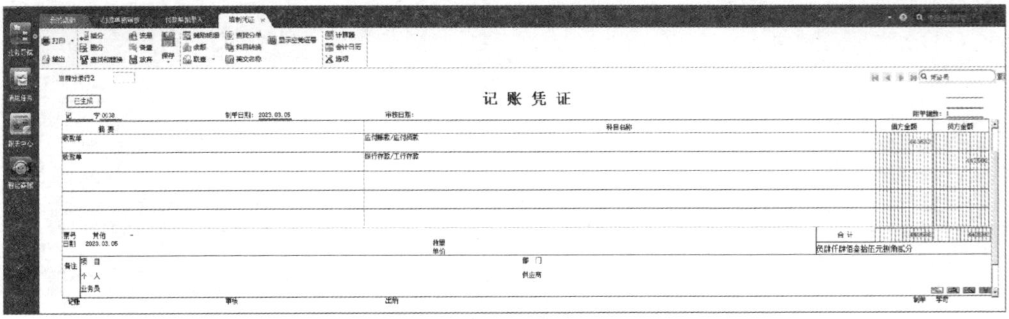


**图 4-66 收款单凭证生成页面**

（3）单击【保存】按钮，凭证保存成功，并将凭证传到总账系统。

**7. 退款与退货发票核销制单**

参照之前任务中的付款核销步骤。

**特别提示**

◇ 收到的采购退款，是在【应付款管理】—【付款处理】—【付款单录入】中录入，在付款单据录入界面单击【收款单】按钮，进行收款单的录入。

◇ 核销退款与退货发票时，需要在核销查询条件中选择单据类型为“收款单”。

### 工作反思

获得的经验：______________________________

______________________________

______________________________

注意的事项：______________________________

______________________________

______________________________

# 工作任务 16　销售业务处理

思政驿站

### 任务情境

北京星月电器销售有限公司于 2023 年 3 月 1 日启用销售管理系统，公司的销售业务由系统进行统一管理。

北京星月电器销售有限公司的销售业务有：收取定金、委托代销、零售日报、分期收款、直运销售、代垫运费等，销售专员在销售管理系统中设置价格策略、处理定金收取、销售订单、发货单、代销结算、零售日报、分期收款、直运销售、代垫运费等业务。应收会计在应收款管理系统中进行销售发票、零售日报的审核，生成确认应收的记账凭证。

出纳在应收款系统中录入收到的款项，应收会计确认收款单，生成相应的收款凭证，并将收款单与销售发票进行核销。

## 任务向导

# 任务 16.1　价格策略设置

## 任务要求

北京星月电器销售有限公司的价格策略，如表 4-2 所示。

**表 4-2　价格策略**　　金额单位：元

| 客户 | 商品 | 数量下限 | 报价 | 批量下限 | 折扣率 |
|---|---|---|---|---|---|
| 北京海威电器销售有限公司 | 小熊迷你加湿器 | 200 | 120 | 1 000 | 90% |
| 北京大通电器有限公司 | 小熊迷你加湿器 | 100 | 130 | 500 | 95% |

要求：销售专员赵宇鑫在业财一体信息化平台销售管理模块中对不同客户设置不同的价格策略，以便对不同等级客户进行个性化管理；新增从北京海威电器销售有限公司采购 1 000 台小熊迷你加湿器的销售订单，以检验价格策略的执行效果。

操作视频

## 操作步骤

**1. 客户调价单设置**

（1）销售专员赵宇鑫进入【U8 企业应用平台】—【业务导航】—【供应链】—【销售管理】—【价格管理】—【客户价格】—【客户调价单】，打开【客户调价单】设置页面。

（2）执行【增加】—【空白单据】命令，在表体行输入客户档案、存货、数量下限和成交价，依据企业案例提供的信息输入，如图 4-67 所示。

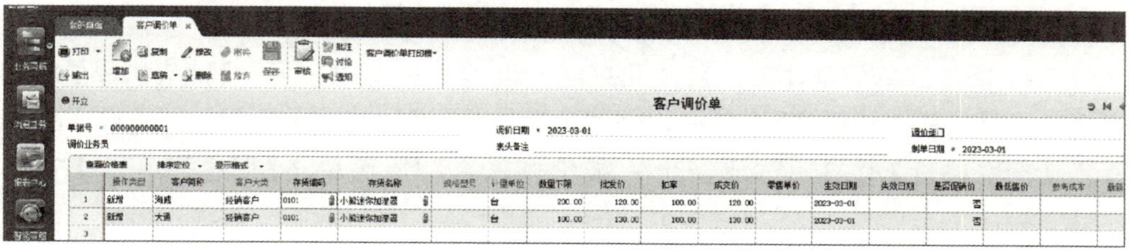


图 4-67　【客户调价单】设置页面

（3）依次单击【保存】【审核】按钮，确认客户价格。

（4）查看设置的客户价格。销售专员赵宇鑫进入【U8 企业应用平台】—【业务导航】—【供应链】—【销售管理】—【价格管理】—【客户价格】—【客户价格列表】，单击【查询】按钮，默认查询条件确认，打开【客户价格表列表】页面，查看设置的每个客户对应的价格表，如图 4-68所示。

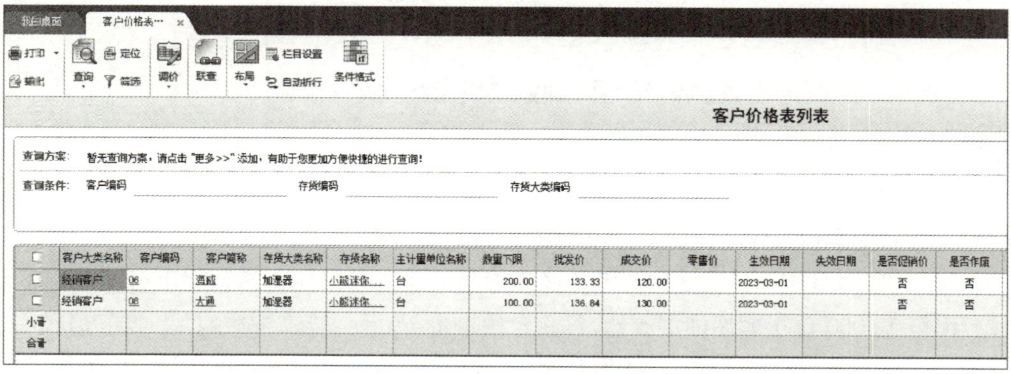


图 4-68　【客户价格表列表】页面

**2. 批量折扣设置**

（1）销售专员赵宇鑫进入【U8 企业应用平台】—【业务导航】—【供应链】—【销售管理】—【价格管理】—【批量折扣】，打开【批量折扣列表】页面。

（2）在表体行输入客户、存货、数量、扣率，按照企业案例提供的信息输入，如图 4-69 所示。

（3）单击【保存】按钮，批量折扣设置完成。

**3. 价格策略应用**

为检验价格策略的执行效果，在价格策略设置完成后新增 1 个销售订单。

（1）销售专员赵宇鑫进入【U8 企业应用平台】—【业务导航】—【供应链】—【销售管

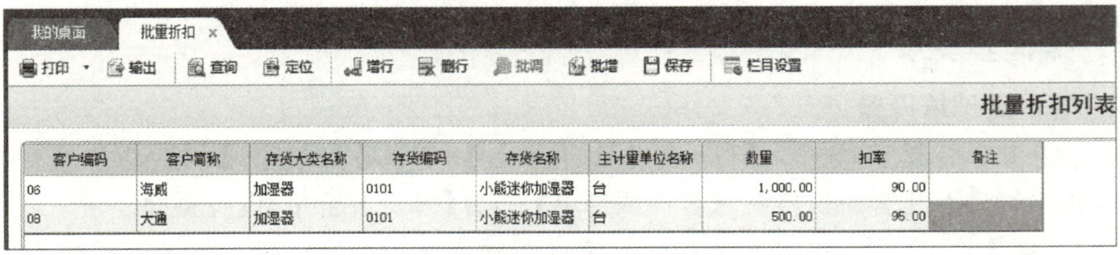


图 4-69 【批量折扣列表】页面

理】—【销售订货】—【销售订单】—【增加】，打开【销售订单】页面。

（2）录入销售订单信息，【客户】为“北京海威电器销售有限公司”，【销售类型】为“正常销售”，【销售部门】为“销售部”，【存货】选择“小熊迷你加湿器”，【数量】输入“1000”，【报价】为“120”，【含税单价】为“108”（成交价＝报价×90%），依次单击【保存】【审核】按钮，如图 4-70 所示。

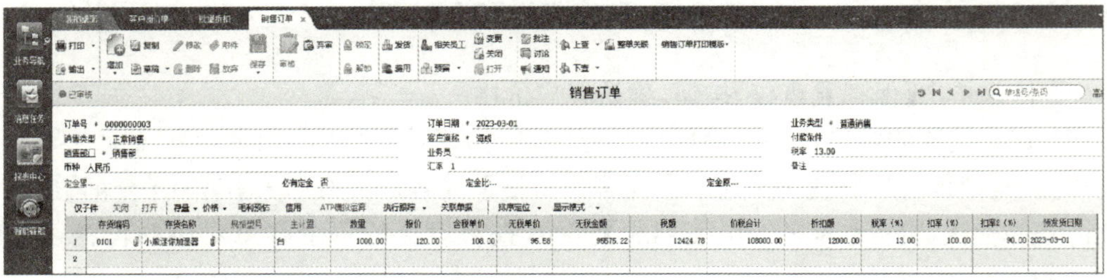


图 4-70 【销售订单】页面

## 任务 16.2 收取定金业务处理

### 任务要求

北京星月电器销售有限公司本月发生的销售定金业务如下：

（1）2023 年 3 月 15 日，营销中心销售经理谭林与北京易初莲花连锁超市有限公司签订购销协议，销售 10 000 台小熊迷你加湿器，每台含税单价 120 元，按销售额的 1%收取销售定金。

（2）2023 年 3 月 18 日，收到北京易初莲花连锁超市有限公司支付的销售定金 12 000 元。收款回单如图 4-71 所示。

要求：销售经理谭林在业财一体信息化平台上完成收取定金的销售业务，出纳谢芳录入收款单据；应收会计刘佳生成凭证。

操作视频

### 操作步骤

**1. 定金数额确定**

（1）销售经理谭林进入【U8 企业应用平台】—【业务导航】—【供应链】—【销售管理】—【销售订货】—【销售订单】，执行【增加】—【空白单据】命令，打开【销售订单】新增页面。

（2）按照案例资料中提供的信息输入表头表体项目，其中表头项目应勾选【必有定金】

ICBC 中国工商银行　　业务回单（收款）

入账日期：2023/03/18　　回单编号：10283769318
付款人户名：北京易初莲花连锁超市有限公司
付款人账号：53986434839312637
付款人开户行/发报行：华夏银行北京灯市口支行
收款人户名：北京星月电器销售有限公司
收款人账号：1100229999888896666
收款人开户行：中国工商银行北京朝阳支行
币种：人民币　　金额（小写）：¥12,000.00
金额（大写）：壹万贰仟元整
凭证种类：　　凭证号码：
业务（产品）种类：　　摘要：定金
附言：
支付交易序号：13069944　　报文种类：00100 汇兑报文
委托日期：2023/3/18　　业务种类：电子汇划
收款人地址：
付款人地址：
打印次数：1 次　机打回单注意重复　　打印日期：2023/3/18　　打印柜员：22141



图 4-71　收款回单

复选框，【定金比例】为“1”，如图 4-72 所示。

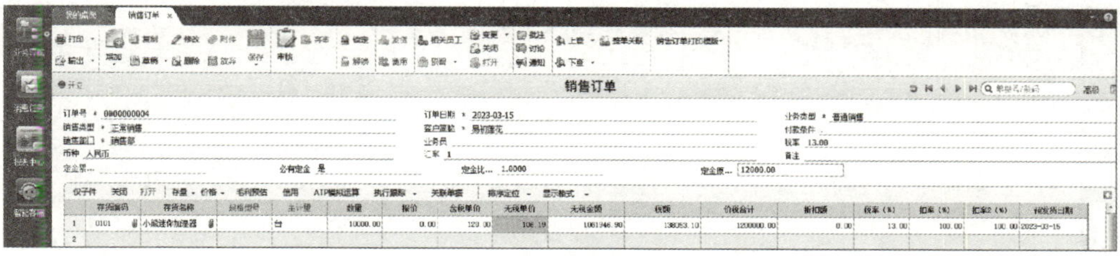


图 4-72　【销售订单】页面

（3）单击【保存】按钮，保存销售订单信息，同时系统自动计算出表头项目定金原币金额为“12000.00”。

**2. 收取定金审核制单**

（1）出纳谢芳进入【U8 企业应用平台】—【业务导航】—【财务会计】—【应收款管理】—【收款处理】—【收款单据录入】，打开【收款单】新增页面。

（2）执行【增加】—【销售定金】命令，系统弹出【查询条件】提示框，单击【确定】按钮，打开【销售定金列表】页面，如图 4-73 所示。

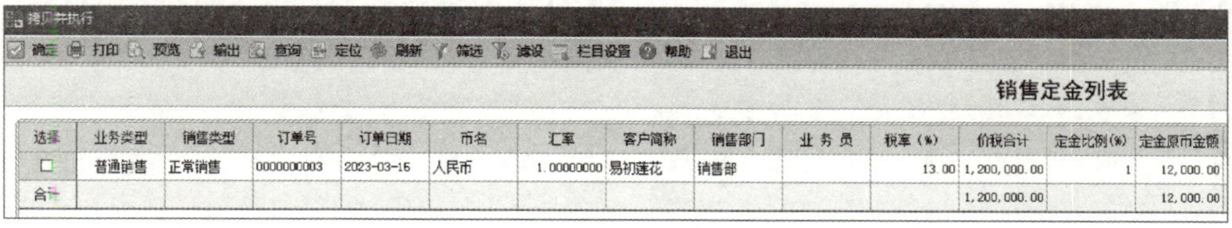


| 选择 | 业务类型 | 销售类型 | 订单号 | 订单日期 | 币名 | 汇率 | 客户简称 | 销售部门 | 业务员 | 税率（%） | 价税合计 | 定金比例(%) | 定金原币金额 |
|---|---|---|---|---|---|---|---|---|---|---|---|---|---|
| □ | 普通销售 | 正常销售 | 0000000003 | 2023-03-15 | 人民币 | 1.00000000 | 易初莲花 | 销售部 | | 13.00 | 1,200,000.00 | 1 | 12,000.00 |
| 合计 | | | | | | | | | | | 1,200,000.00 | | 12,000.00 |

图 4-73　【销售定金列表】页面

（3）选择销售订单，单击【确定】按钮，系统自动录入销售订单上的定金数额，如图 4-74 所示。

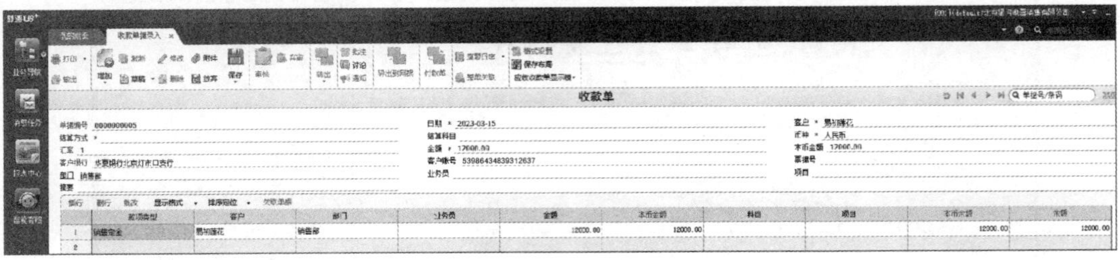

图 4-74 【收款单】页面

（4）录入【结算方式】为“网银转账”，单击【保存】按钮，保存收款单。

（5）应收会计刘佳进入【U8 企业应用平台】—【业务导航】—【财务会计】—【应收款管理】—【收款处理】—【收款单据审核】，单击【查询】按钮，选中收款单，双击进入【收款单】页面，单击【审核】按钮，系统提示“是否立即制单”，单击【是】按钮，进入制单页面，如图 4-75 所示。贷方科目输入“合同负债”，单击【保存】按钮，凭证生成成功，并将生成的凭证传到总账系统中。

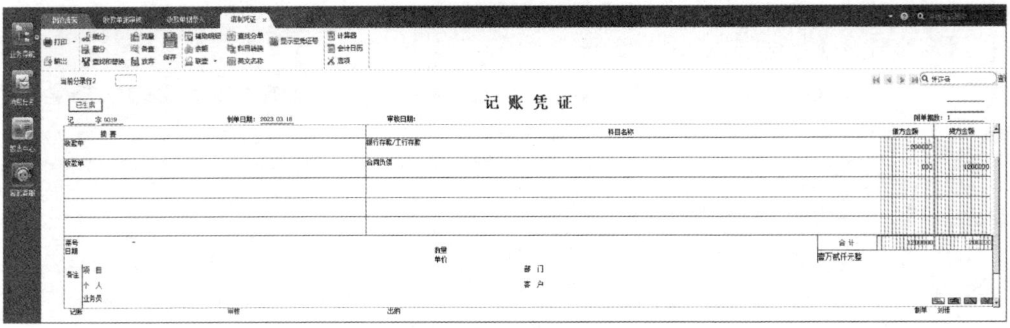

图 4-75 收取定金生成凭证页面

### 3. 销售订单审核

（1）销售经理谭林进入【U8 企业应用平台】—【业务导航】—【供应链】—【销售管理】—【销售订货】—【销售订单】，单击【翻页】按钮，查找第二步中新增销售定金的订单。

注意查看表头项目“定金累计实收原币金额”，【金额】为“12000.00”，为收款单审核后系统自动回写，如图 4-76 所示。

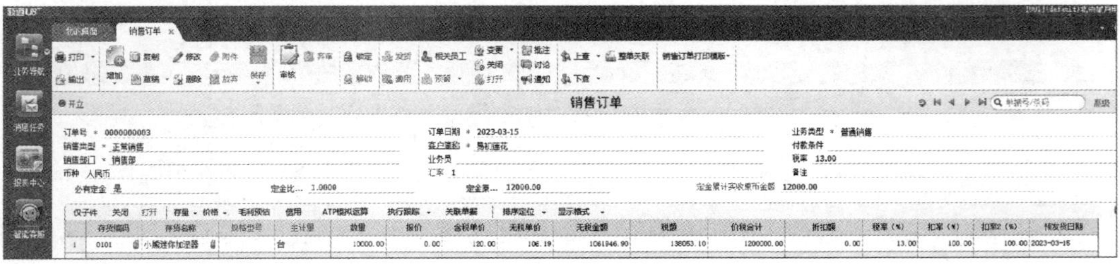

图 4-76 【销售订单】页面

（2）单击【审核】按钮，审核通过销售订单。

## 任务 16.3　委托代销业务处理

### 任务要求

北京星月电器销售有限公司本月发生的委托代销业务如下：

(1) 2023 年 3 月 16 日，销售专员张超与北京京东叁佰陆拾度电子商务有限公司签订委托代销合同，如图 4-77 所示，委托该公司代销暖风机 1 000 台，含税单价 350 元/台，增值税税率 13%。

**委托代销合同**

合同编号：　WT0316

委托方：北京星月电器销售有限公司

受托方：北京京东叁佰陆拾度电子商务有限公司

为保护委托方和受托方的合法权益，委托方与受托方根据《中华人民共和国民法典》的有关规定，经友好协商，一致同意签订本合同，共同遵守。

一、货物的名称、数量及金额　　　　金额单位：元

| 货物名称 | 规格型号 | 计量单位 | 数量 | 单价（不含税） | 金额（不含税） | 税率 | 税额 | 总额 |
|---|---|---|---|---|---|---|---|---|
| 暖风机 | | 台 | 1000 | 309.73 | 309734.51 | 13% | 40265.49 | 350000.00 |
| 合计（大写）人民币叁拾伍万元整 | | | | | 309734.51 | | 40265.49 | 350000.00 |

二、委托代销方式：采用收取手续费的方式由委托方委托受托方代销货物，即受托方将代销的货物销售后，委托方按合同双方约定的比例(售价的 5%)支付销售货物手续费，代销货物的实际售价仅由委托方制定，受托方不得自行改变价格。未售光货物可由受托方退回委托方。

三、合同总金额：人民币叁拾伍万元整(￥350000.00)。

四、付款时间及付款方式：根据代销货物销售情况，每月底结算一次；付款方式：网银转账。

五、交货时间：　2023 年 3 月 17 日。

六、发运方式：配送到委托方仓库。

委 托 方：北京星月电器销售有限公司（合同专用章）　　受 托 方：北京京东叁佰陆拾度电子商务有限公司（合同专用章）

授权代表：王强　　授权代表：刘小强

日　　期：2023 年 3 月 16 日　　日　　期：2023 年 3 月 16 日

图 4-77　委托代销合同

(2) 2023 年 3 月 16 日，销售专员张超确认委托代销的销售订单。

(3) 2023 年 3 月 17 日，依据合同约定，仓储经理王俊对北京京东叁佰陆拾度电子商务有限公司发货暖风机 1000 台，发货仓库“商品仓”。

(4) 2023 年 3 月 31 日，收到北京京东叁佰陆拾度电子商务有限公司开具的委托其代销暖风机 1 000 台的商品代销结算清单，如图 4-78 所示。

## 商品代销结算清单

日期：2023年3月31日

金额单位：元

| | | | | | | | | |
|---|---|---|---|---|---|---|---|---|
| 委托方 | 北京星月电器销售有限公司 | | | | 受托方 | 北京京东叁佰陆拾度电子商务有限公司 | | |
| 账　号 | 110022999988889666 | | | | 账　号 | 134332839312637 | | |
| 开户银行 | 中国工商银行北京朝阳支行 | | | | 开户银行 | 中国农业银行亦庄开发区支行 | | |
| 代销货物结算单 | 代销货物名称 | 规格型号 | 计量单位 | 数量 | 单价（不含税） | 金额 | 税率 | 税额 |
| | 暖风机 | | 台 | 1000 | 309.73 | 309734.51 | 13% | 40265.49 |
| | | | | | | | | |
| | | | | | | | | |
| | | | | | | | | 350000 |
| | 价税合计 | 人民币（大写）：叁拾伍万元整（小写）：¥350000.00 | | | | | | |
| 代销方式 | | 收取手续费 | | | | | | |
| 代销款结算时间 | | 根据代销货物销售情况于月底结算一次货款 | | | | | | |
| 代销款结算方式 | | 电汇 | | | | | | |

收款人：　　复核：　　开票人：　　销货单位：（章）

北京京东叁佰陆拾度电子商务有限公司

图 4-78　商品代销结算清单

(5) 2023 年 3 月 31 日，销售专员张超依据代销清单对北京京东叁佰陆拾度电子商务有限公司开具增值税专用发票。

要求：销售专员张超在业财一体信息化平台上完成委托代销业务处理，仓储经理王俊完成出库业务。

操作视频

### 操作步骤

**1. 委托代销订单录入**

(1) 销售专员张超进入【U8 企业应用平台】—【业务导航】—【供应链】—【销售管理】—【销售订货】—【销售订单】，打开【销售订单】页面。

(2) 单击【增加】按钮，按照案例资料输入订单信息，注意【销售类型】和【业务类型】都选择“委托代销”，依次单击【保存】【审核】按钮，如图 4-79 所示。

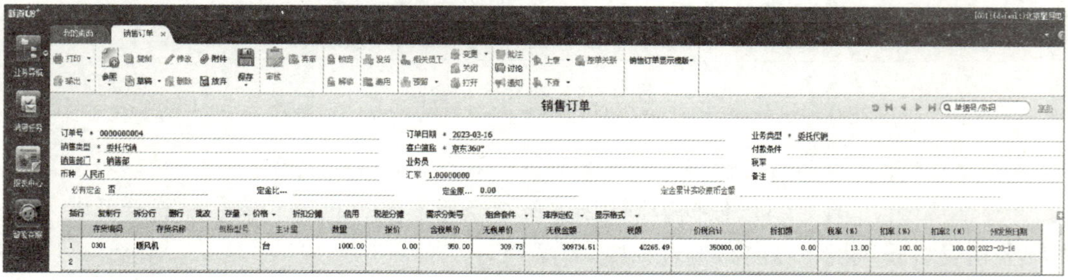


图 4-79　【销售订单】页面

**2. 委托代销商品发货**

（1）销售专员张超进入【U8 企业应用平台】—【业务导航】—【供应链】—【销售管理】—【委托代销】—【委托代销发货单】，打开【委托代销发货单】页面。

（2）执行【增加】—【订单】命令，参照上一步新增的委托代销订单信息发货，如图 4-80 所示。

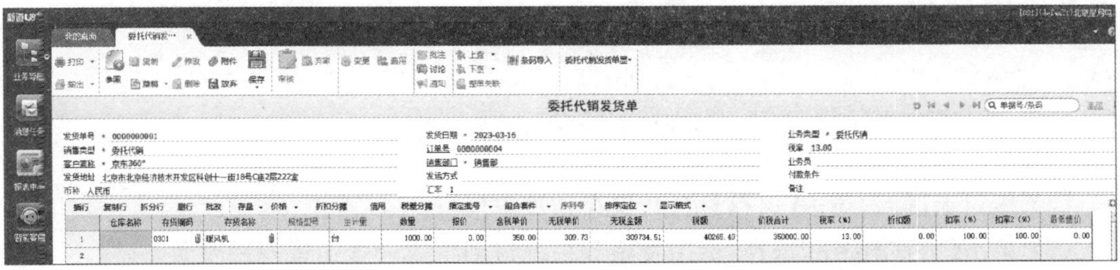


图 4-80　【委托代销发货单】页面

（3）录入仓库信息，依次单击【保存】【审核】按钮，确认委托代销发货信息。

**3. 委托代销商品出库**

（1）仓储经理王俊进入【U8 企业应用平台】—【业务导航】—【供应链】—【库存管理】—【销售出库】—【销售出库单】，打开【销售出库单】页面。

（2）执行【增加】—【销售发货单】命令，查询条件中输入【业务类型】为“委托代销”，参照上一步的委托代销发货单进行销售出库，【仓库】选择“商品仓”，如图 4-81 所示。

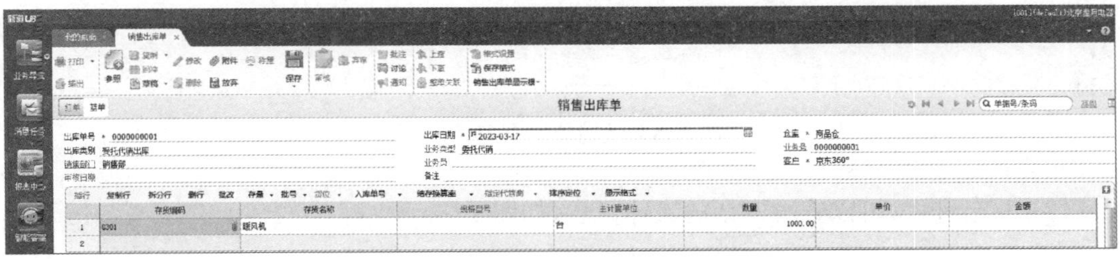


图 4-81　【销售出库单】页面

（3）依次单击【保存】【审核】按钮，确认委托代销商品出库。

**4. 委托代销结算**

（1）销售专员张超进入【U8 企业应用平台】—【业务导航】—【供应链】—【销售管理】—【委托代销】—【委托代销结算单】，打开【委托代销结算单】页面。

（2）单击【增加】按钮，系统自动弹出委托结算参照发货单的查询条件，再单击【确定】按钮，打开【委托代销发货单】列表，如图 4-82 所示。

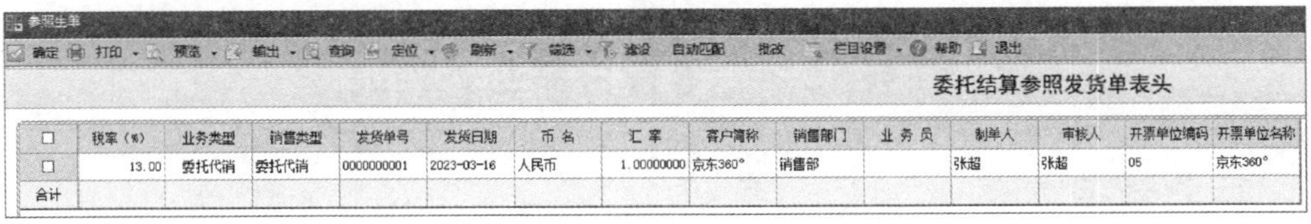


图 4-82　【委托代销发货单】页面

(3) 选择“委托代销发货单”,将其信息录入【委托代销结算单】页面,根据案例中代销客户提供的“商品代销结算清单”的信息,核对结算单各项数据,如图 4-83 所示。

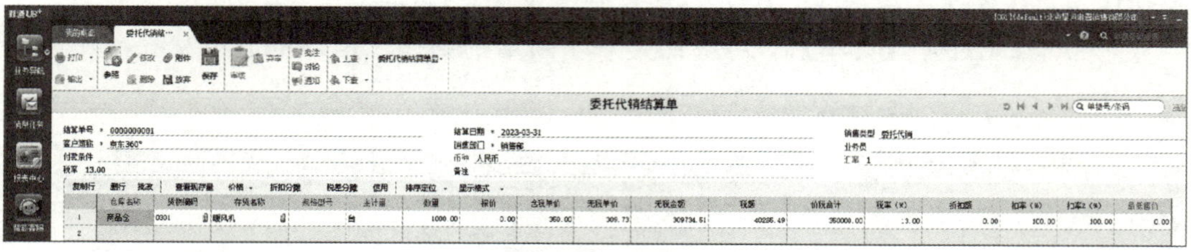


**图 4-83 【委托代销结算单】页面**

(4) 核对无误后,单击【保存】按钮,保存结算单信息。

(5) 单击【审核】按钮,选择“专用发票”,系统自动生成一张销售专用发票。

**5. 委托代销发票查看**

(1) 销售专员张超进入【U8 企业应用平台】—【业务导航】—【供应链】—【销售管理】—【销售开票】—【销售发票列表】,单击【查询】按钮,输入查询条件,查看上一步中系统自动生成的销售专用发票,如图 4-84 所示。

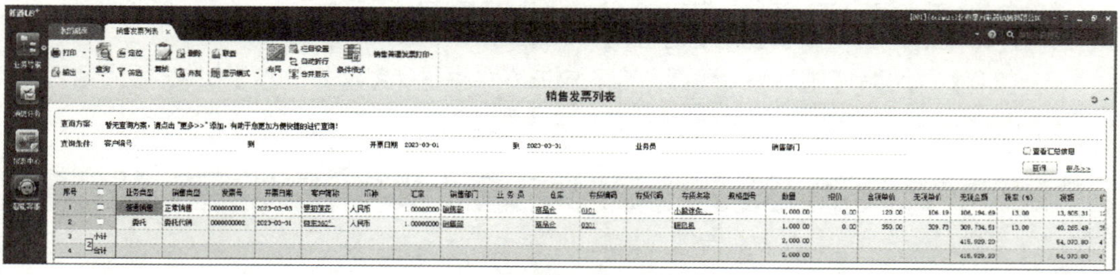


**图 4-84 【销售发票列表】页面**

(2) 双击进入,可以查看发票的具体信息,如图 4-85 所示。

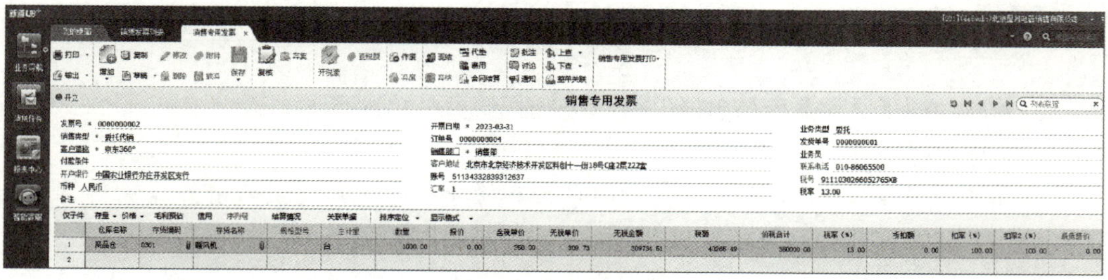


**图 4-85 【销售专用发票】页面**

## 任务 16.4 零售日报业务处理

### 任务要求

北京星月电器销售有限公司本月发生相关的零售业务如下:

(1) 2023 年 3 月 18 日，销售部下辖的专卖店上报销售收入，销售商品共计 14 750 元。专卖店销售日报如图 4-86 所示。

北京星月电器销售有限公司

专卖店销售日报表

金额单位：元

| 专卖店：通州直营店 | | | | | | | | | | | | 日期：2023年3月18日 |
|---|---|---|---|---|---|---|---|---|---|---|---|---|
| 产品品类 | 规格型号 | 当日销售 | | | | | 当日收款 | | | | | |
| | | 数量 | 单价 | 折扣与折让 | 折后金额 | 销售合计 | 收款合计 | 现金 | 银联卡 | 微信 | 支付宝 | 预收款 |
| 小熊迷你加湿器 | | 30 | 120.00 | | 3,600.00 | 14,750.00 | 14,750.00 | 3,600.00 | | | | |
| 智能恒湿加湿器 | | 10 | 180.00 | | 1,800.00 | | | 1,800.00 | | | | |
| 大容量上加水加湿器 | | 20 | 240.00 | | 4,800.00 | | | 4,800.00 | | | | |
| 无叶风扇 | | 10 | 280.00 | | 2,800.00 | | | 2,800.00 | | | | |
| 暖风机 | | 5 | 350.00 | | 1,750.00 | | | 1,750.00 | | | | |
| 当日收款确认：壹万肆仟柒佰伍拾元整 | | | | | | | 金额合计 | ¥14,750.00 | | | | |
| | | | | | | | 份数 | | | | | |
| 备注 | | | | | | | | | | | | |

专卖店经理：王光富　　　　核算员：

图 4-86　专卖店销售日报

(2) 2023 年 3 月 18 日，专卖店上交销售收入，全部是现结，款项共计 14 750 元。

要求：销售专员贺杰禹在业财一体信息化平台上完成零售日报业务处理，销售经理谭林复核零售日报；应收会计刘佳审核销售发票并进行财务处理生成凭证。

## 操作步骤

操作视频

### 1. 零售日报新增

(1) 销售专员贺杰禹进入【U8 企业应用平台】—【业务导航】—【供应链】—【销售管理】—【零售日报】—【零售日报】，打开【零售日报】新增页面。

**特别提示**

◇ 零售日报可以用来处理企业比较零散客户的销售，对于这部分客户，企业可以用一个公共客户代替，如零散客户，然后将零散客户的销售凭单先按日汇总，再录入零售日报进行管理。

◇ 零售日报手工增加。零售日报复核时生成销售发货单与销售出库单。

◇ 零售业务一般是现结。

◇ 在应收款管理处审核零售日报，生成确认销售收入的记账凭证。

(2) 单击【增加】按钮，选择【客户名称】为“零散客户”，【部门】为“销售部”，其他项目依据案例提供的信息录入。

(3) 单击【保存】按钮，零售日报保存成功。

(4) 单击【现结】按钮，系统弹出【现结】页面，输入【结算方式】为“现金”，【原币金额】为“14750.00”，如图 4-87 所示。

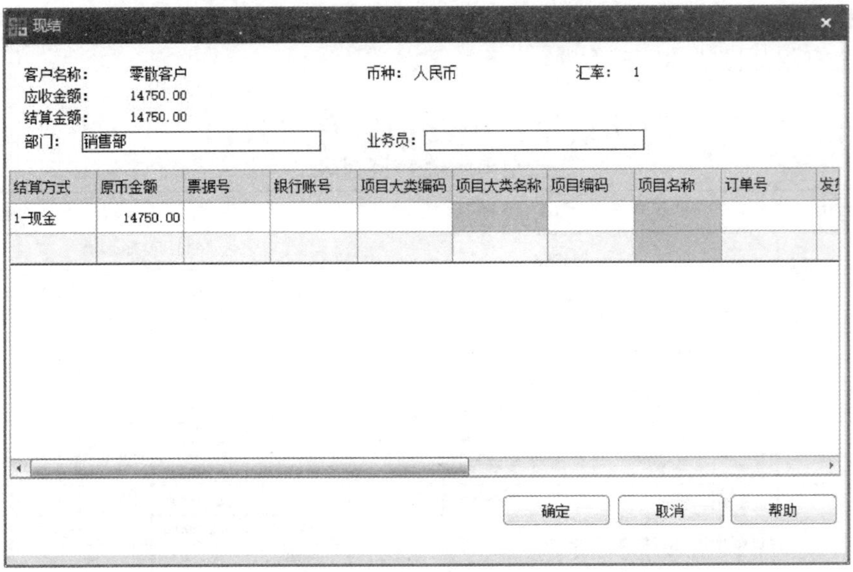


图 4-87 【现结】页面

（5）单击【确定】按钮，零售日报出现“现结”标志，如图 4-88 所示。

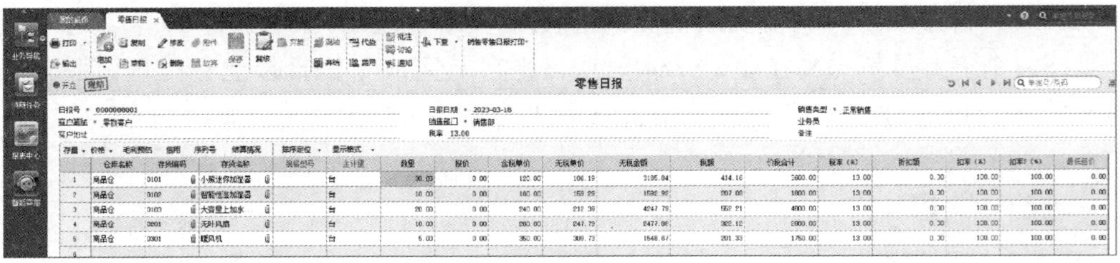

图 4-88 【零售日报】页面

（6）销售经理谭林进入【U8 企业应用平台】—【业务导航】—【供应链】—【销售管理】—【零售日报】—【零售日报】，点击右侧【翻页】按钮，找到待复核零售日报，单击【复核】按钮，系统直接生成一张销售发货单和一张销售出库单。

**2. 销售发货单查询**

销售专员贺杰禹进入【U8 企业应用平台】—【业务导航】—【供应链】—【销售管理】—【销售发货】—【发货单列表】，可以查询到零售日报生成的销售发货单，如图 4-89 所示。

图 4-89 【发货单列表】页面

### 3. 销售出库单查询

仓储经理王俊进入【U8 企业应用平台】—【业务导航】—【供应链】—【库存管理】—【销售出库】—【销售出库单列表】，可以查询到零售日报生成的销售出库单，如图 4-90 所示。

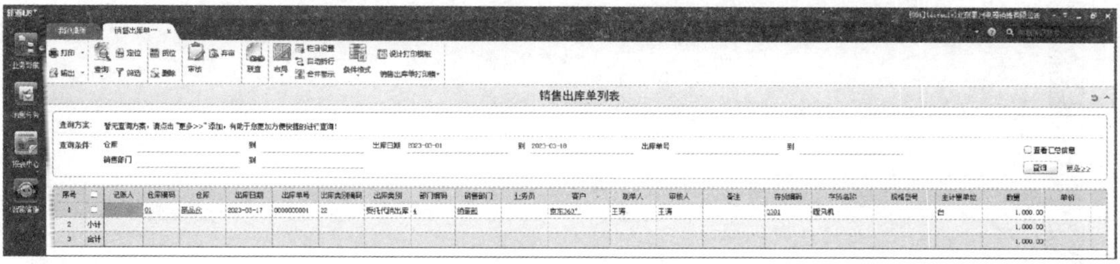


图 4-90　【销售出库单列表】页面

### 4. 零售日报审核制单

（1）应收会计刘佳进入【U8 企业应用平台】—【业务导航】—【财务会计】—【应收款管理】—【销售发票】—【销售发票审核】，单击【查询】按钮，默认条件确认，打开【销售发票列表】页面，如图 4-91 所示。

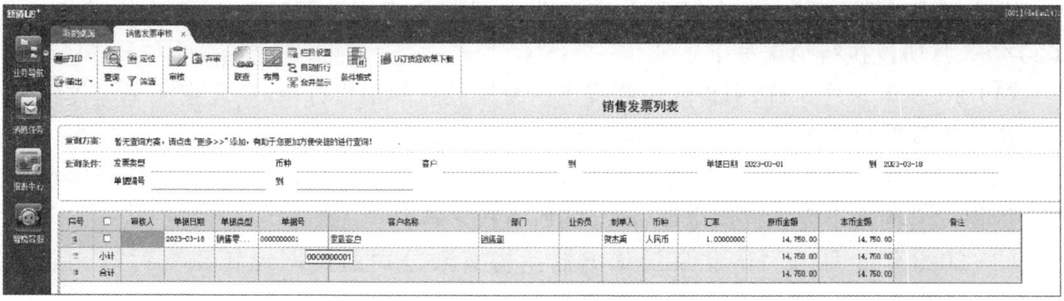


图 4-91　【销售发票列表】页面

（2）选择【单据类型】为“销售零售日报”，双击进入，单击【审核】按钮，系统提示“是否立即制单”，如图 4-92 所示。

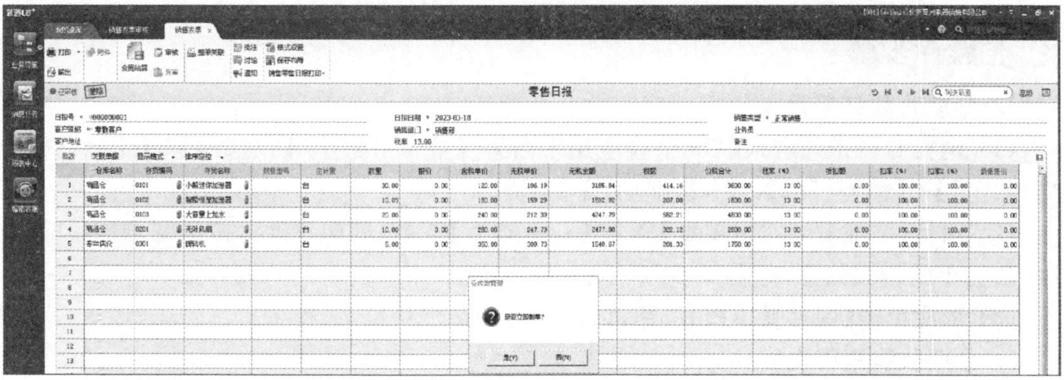


图 4-92　【零售日报】审核页面

(3) 单击【是】按钮，系统自动生成一张确认收入的记账凭证，如图 4-93 所示，单击【保存】按钮，凭证保存成功，传到总账系统中。

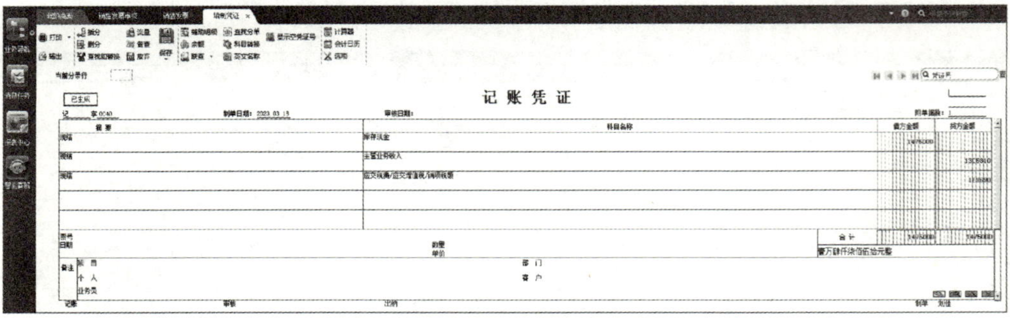


**图 4-93　零售日报凭证页面**

## 任务 16.5　分期收款业务处理

### 任务要求

北京星月电器销售有限公司与北京沃华电器销售有限公司达成分期收款销售协议，2023 年 3 月协议执行情况如下：

(1) 2023 年 3 月 5 日，销售专员张强下达分期收款的销售订单，向北京沃华电器销售有限公司销售智能恒湿加湿器 5 000 台，每台含税价 180 元。

(2) 2023 年 3 月 5 日，仓储物流部办理商品发货，从商品仓发货 5 000 台智能恒湿加湿器。货物发出相当于委托代销出库，商品的所有权未转移。

(3) 2023 年 3 月 25 日，北京沃华电器销售有限公司通过网银转账支付第一期货款 360 000元，为 2 000 台货物的价款。北京星月电器销售有限公司确认收款，开具销售发票(发票号 01556497)，确认第一笔收入，同时确认 2 000 台商品所有权转移，结转第一笔收入相应的销售成本

要求：销售专员张强、仓储经理王俊、应收会计刘佳、出纳谢芳在业财一体信息化平台上完成分期收款业务处理，并进行财务处理生成凭证。

操作视频

### 操作步骤

**1. 分期收款订单录入**

(1) 销售专员张强进入【U8 企业应用平台】—【业务导航】—【供应链】—【销售管理】—【销售订货】—【销售订单】，打开【销售订单】页面。

(2) 执行【增加】—【空白单据】命令，【业务类型】选择“分期收款”，按照案例资料输入分期收款订单的相关信息，如图 4-94 所示。

(3) 依次单击【保存】【审核】按钮，订单录入完成。

**2. 分期收款销售发货**

(1) 销售专员张强进入【U8 企业应用平台】—【业务导航】—【供应链】—【销售管理】—【销售发货】—【发货单】，打开销售【发货单】页面。

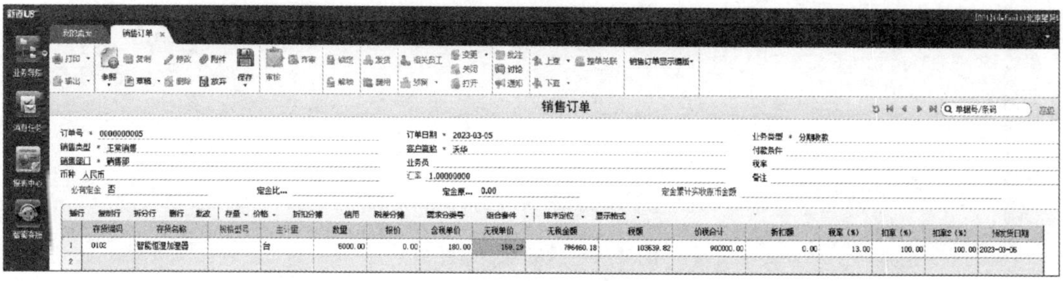


图 4-94　【销售订单】页面

(2) 执行【增加】—【订单】命令,【业务类型】选择“分期收款”,参照上一步新增的分期收款订单信息发货,如图 4-95 所示。

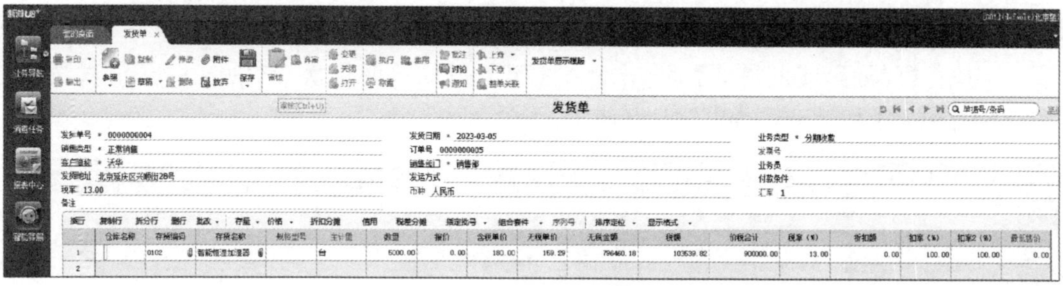


图 4-95　【发货单】页面

(3) 选择“商品仓”,依次单击【保存】【审核】按钮。

**3. 销售出库单生成**

(1) 仓储经理王俊进入【U8 企业应用平台】—【业务导航】—【供应链】—【库存管理】—【销售出库】—【销售出库单】,打开【销售出库单】页面。

(2) 执行【增加】—【销售发货单】命令,【业务类型】选择“分期收款”,参照上一步新增的分期收款发货信息出库,如图 4-96 所示。

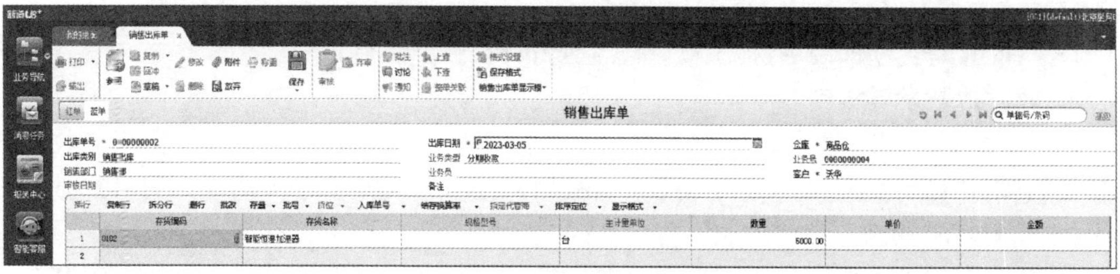


图 4-96　【销售出库单】页面

(3) 依次单击【保存】【审核】按钮。

**4. 分期收到货款**

(1) 出纳谢芳进入【U8 企业应用平台】—【业务导航】—【财务会计】—【应收款管理】—【收款处理】—【收款单据录入】,打开【收款单】页面。

(2) 单击【增加】按钮,按照案例资料输入相关信息,如图 4-97 所示。

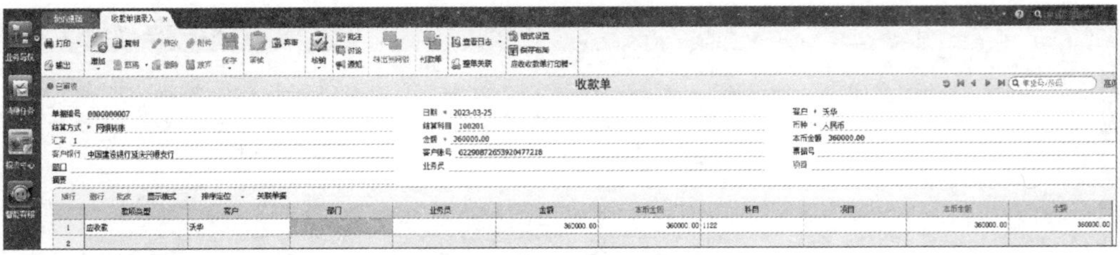

图 4-97 【收款单】页面

(3) 依次单击【保存】【审核】按钮，弹出【是否立即制单】对话框，单击【否】按钮，暂不制单。

**5. 分期收款销售发票新增**

(1) 销售专员张强进入【U8 企业应用平台】—【业务导航】—【供应链】—【销售管理】—【销售开票】—【销售专用发票】，打开【销售专用发票】页面。

(2) 执行【增加】—【发货单】命令，【业务类型】选择“分期收款”，参照上一步的发货信息制单，修改【数量】为“2000”，如图 4-98 所示。

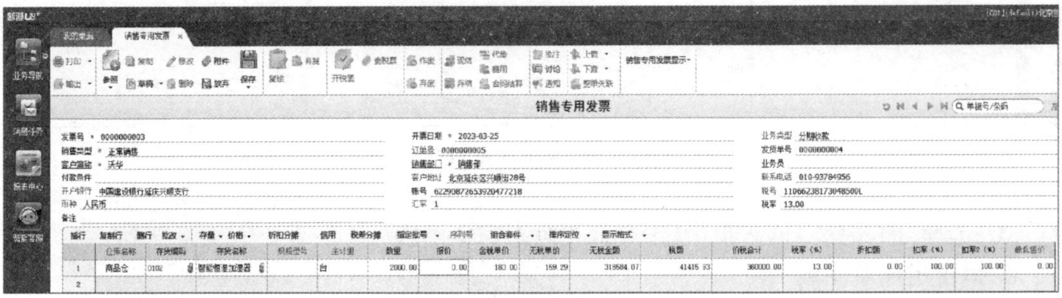

图 4-98 【销售专用发票】页面

(3) 依次单击【保存】【复核】按钮。

(4) 应收会计刘佳进入【U8 企业应用平台】—【业务导航】—【财务会计】—【应收款管理】—【销售发票】—【销售发票审核】，查询相应的发票，双击进入，审核发票信息。

(5) 弹出【是否立即制单】提示框，单击【否】按钮，暂不制单。

**6. 收款单与发票核销**

(1) 应收会计刘佳进入【U8 企业应用平台】—【业务导航】—【财务会计】—【应收款管理】—【核销处理】—【手工核销】，打开【手工核销】页面，输入核销条件，【客户编号】为“09”，单击【确定】按钮，如图 4-99 所示。

图 4-99 【手工核销】页面

（2）在下方单据表体【本次结算】列输入【结算金额】为“360000”，单击【确认】按钮，单据核销成功。

**7．分期收款合并制单**

（1）应收会计刘佳进入【U8 企业应用平台】—【业务导航】—【财务会计】—【应收款管理】—【凭证处理】—【生成凭证】，打开【制单查询】页面，勾选【发票】【收付款单】【核销】复选框。

（2）单击【确定】按钮，打开生成凭证页面，单击【合并】按钮，将三张单据合并制单，如图 4-100 所示。

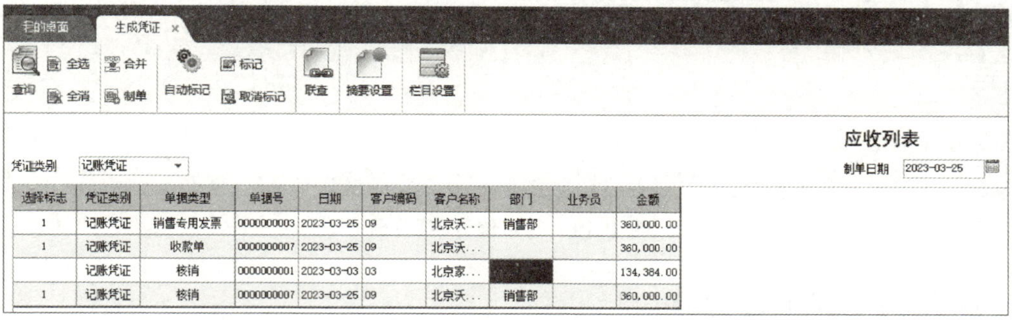


图 4-100　【生成凭证】页面

（3）单击【制单】按钮，系统弹出生成的记账凭证，如图 4-101 所示。

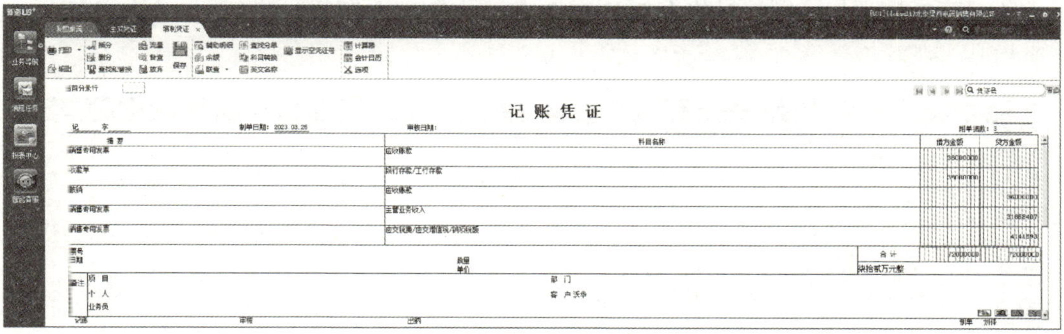


图 4-101　分期收款生成凭证页面

（4）单击【保存】按钮，将凭证保存传到总账系统中。

## 任务 16.6　直运销售业务处理

### 任务要求

北京星月电器销售有限公司 2023 年 3 月 28 日向北京星逸电器销售有限公司销售负离子空气净化器 1 000 台，该货物直接从供应商广东星月电器销售有限公司发货，发票号 01810502。

北京星月电器销售有限公司与北京星逸电器销售有限公司达成的售价为含税价 1 500 元/台；与广东星月电器销售有限公司达成的采购价为含税价 1 300 元/台，发票号 01559234。

要求：销售专员张强、采购专员黄鑫在业财一体信息化平台上完成直运销售业务处理，应收会计刘佳、应付会计李奇分别进行财务处理生成凭证。

操作视频

## 操作步骤

**1. 直运销售订单录入**

（1）销售专员张强进入【U8 企业应用平台】—【业务导航】—【供应链】—【销售管理】—【销售订货】—【销售订单】，执行【增加】—【空白单据】命令，打开【销售订单】页面。

（2）按照案例资料输入相关信息，【业务类型】选择“直运销售”，如图 4-102 所示。

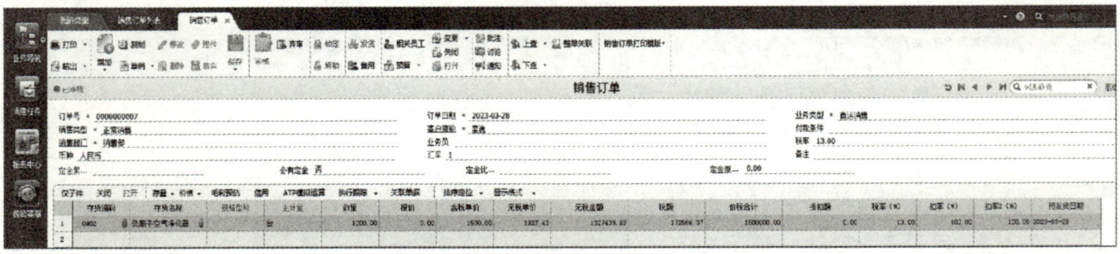


**图 4-102 【销售订单】页面**

（3）依次单击【保存】【审核】按钮。

**2. 直运采购订单生成**

（1）采购专员黄鑫进入【U8 企业应用平台】—【业务导航】—【供应链】—【采购管理】—【采购订货】—【采购订单】，打开【采购订单】页面。

（2）执行【增加】—【销售订单】命令，参照上一步新增的销售订单信息，补充其他信息，如图 4-103 所示。

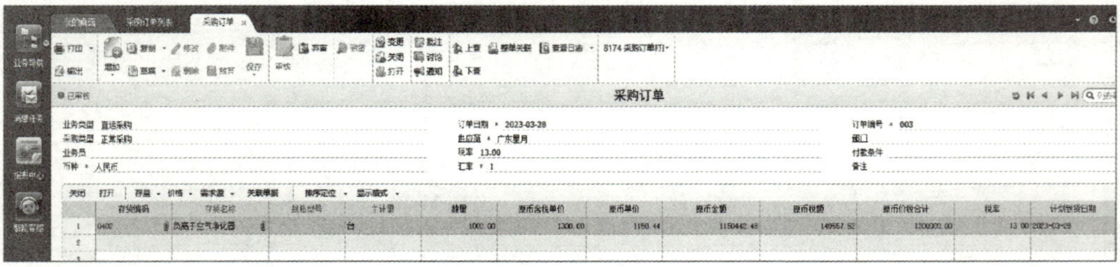


**图 4-103 【采购订单】页面**

**特别提示**

◇ 直运采购订单必须参照直运销售订单生成，每行销售订单记录只能被采购订单参照一次。

（3）依次单击【保存】【审核】按钮。

**3. 直运销售发票生成**

（1）销售专员张强进入【U8 企业应用平台】—【业务导航】—【供应链】—【销售管理】—【销售开票】—【销售专用发票】，打开【销售专用发票】页面，执行【增加】—【订单】命令，查询条件中【业务类型】选择“直运销售”，单击【确定】按钮。

（2）将直运订单的信息录入【销售专用发票】页面，输入【发票号】为“01810502”，如图 4-104 所示。

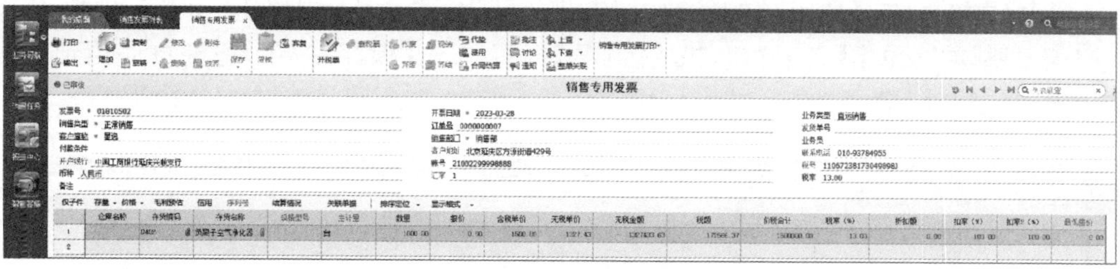

图 4-104　【销售专用发票】页面

（3）依次单击【保存】【复核】按钮。

**4. 直运采购发票新增**

（1）采购专员黄鑫进入【U8 企业应用平台】—【业务导航】—【供应链】—【采购管理】—【采购发票】—【专用发票】，打开【专用发票】新增页面。

（2）执行【增加】—【采购订单】命令，参照上一步新增的采购订单，输入【发票号】为“01559234”，如图 4-105 所示。

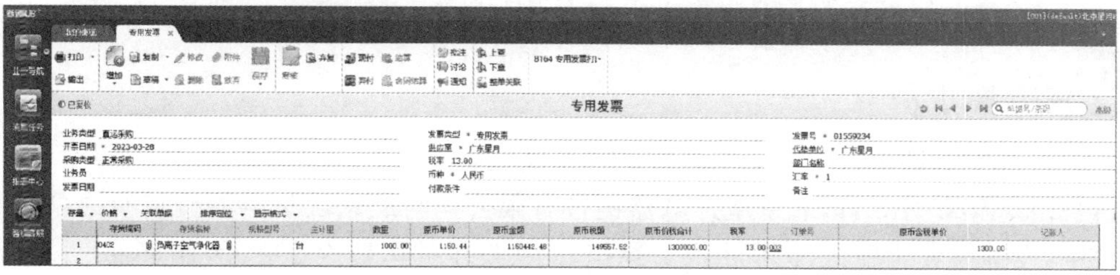

图 4-105　【专用发票】新增页面

（3）依次单击【保存】【复核】按钮。

**5. 发票审核制单**

（1）应收会计刘佳进入【U8 企业应用平台】—【财务会计】—【应收款管理】—【应收处理】—【销售发票】—【销售发票审核】，单击【查询】按钮，打开【销售发票列表】页面。选择要审核的发票，双击进入，审查发票信息，若信息无误，则单击【审核】按钮，系统提示“是否立即制单”，单击【是】按钮，进入【制单】页面，单击【保存】按钮，凭证自动传到总账系统中，如图 4-106 所示。

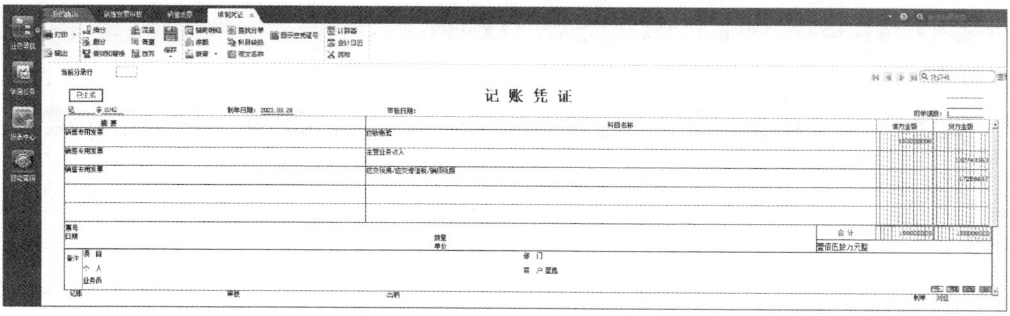

图 4-106　直运销售生成凭证页面

（2）应付会计李奇进入【U8 企业应用平台】—【财务会计】—【应付款管理】—【应付处理】—【采购发票】—【采购发票审核】，单击【查询】按钮，选择【结算状态】为“全部”，打开【采购发票列表】页面。选择要审核的发票，双击进入，若信息无误，则单击【审核】按钮，系统提示“是否立即制单”，单击【是】按钮，进入【制单】页面，单击【保存】按钮，凭证自动传到总账系统中，如图 4-107 所示。

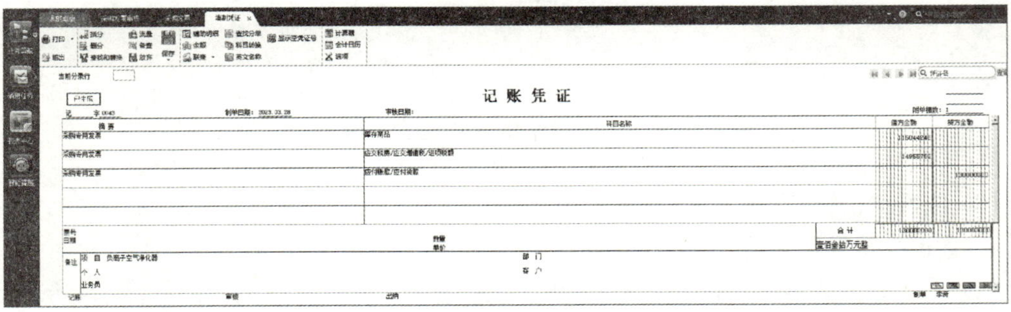


**图 4-107　直运采购生成凭证页面**

## 任务 16.7　代垫运费业务处理

### 任务要求

北京星月电器销售有限公司本月发生相关代垫业务如下：

（1）2023 年 3 月 5 日，北京星月电器销售有限公司与北京沃华电器销售有限公司达成的协议中，发运方式为配送，运费由买方承担，此次发生的运费为 500 元，北京星月以现金代为垫付。

（2）2023 年 3 月 10 日，公司收到北京沃华电器销售有限公司网银转账支付的运费 500 元。

要求：销售专员张强、销售经理谭林、应收会计刘佳、出纳谢芳在业财一体信息化平台上完成代垫运费业务处理，并进行财务处理生成凭证。

操作视频

### 操作步骤

**1. 代垫费用单新增**

（1）销售专员张强进入【U8 企业应用平台】—【业务导航】—【供应链】—【销售管理】—【代垫费用】—【代垫费用单】，打开【代垫费用单】页面。

（2）单击【增加】按钮，按照案例资料输入相关信息，如图 4-108 所示。

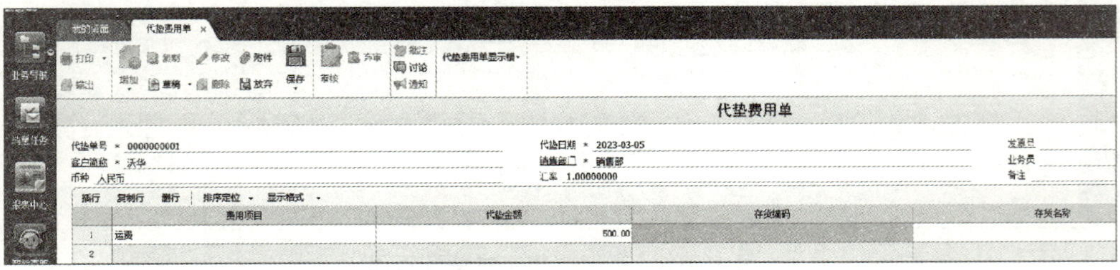


**图 4-108　【代垫费用单】页面**

（3）单击【保存】按钮，保存代垫费用单。

**特别提示**

◇ 代垫费用单可以在【代垫费用单】直接录入，分摊到具体的货物；也可以在销售发票、销售调拨单、零售日报中按【代垫】录入，与发票建立关联，分摊到具体的货物。

**2. 代垫费用单审核**

销售经理谭林进入【U8 企业应用平台】—【业务导航】—【供应链】—【销售管理】—【代垫费用】—【代垫费用单】，打开【代垫费用单】页面，找到新增的代垫运费单，单击【审核】按钮，代垫费用单审核成功。

**3. 应收单审核制单**

（1）应收会计刘佳进入【U8 企业应用平台】—【业务导航】—【财务会计】—【应收款管理】—【应收处理】—【应收单】—【应收单审核】，单击【查询】按钮，查询其他应收单，如图 4-109 所示。

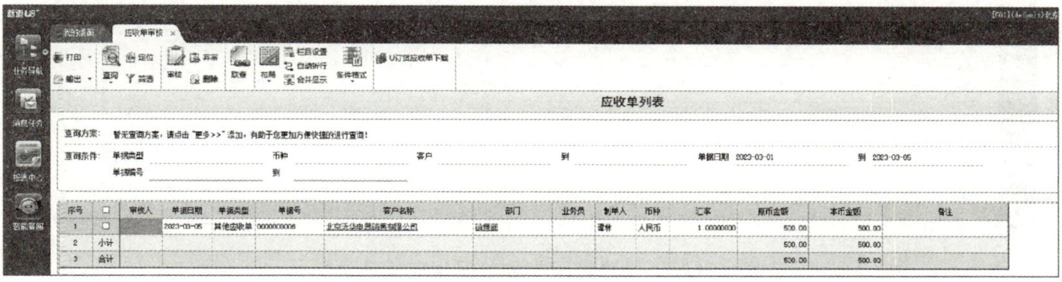


图 4-109　【应收单审核】页面

（2）双击进入其他应收单，单击【审核】按钮，弹出“是否立即制单”，单击【是】按钮，生成记账凭证，输入贷方科目“库存现金”，单击【保存】按钮，凭证自动上传到总账系统，如图 4-110 所示。

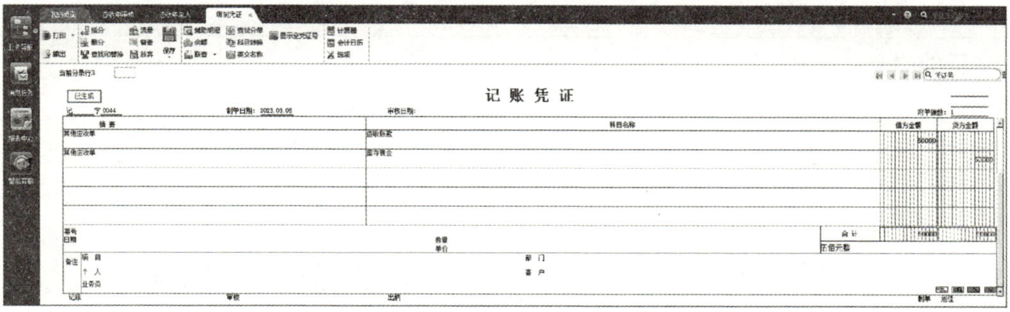


图 4-110　代垫费用应收单生成凭证页面

**4. 收款录入与核销**

（1）出纳谢芳进入【U8 企业应用平台】—【业务导航】—【财务会计】—【应收款管理】—【收款处理】—【收款单据录入】，打开【收款单】页面。

(2) 执行【增加】—【空白单据】命令，按照案例资料输入相关信息，单击【保存】按钮，如图 4-111 所示。

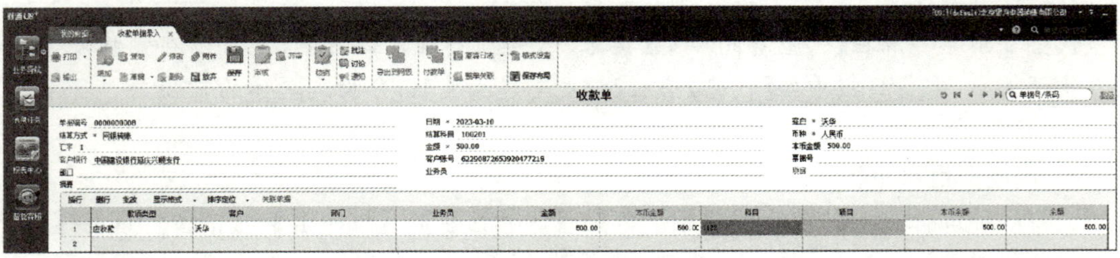

**图 4-111 【收款单】页面**

(3) 在【收款单】页面，执行【核销】—【同币种】命令，系统弹出提示“是否立即制单”，单击【是】按钮，完成收款单生成凭证，单击【保存】按钮，凭证自动传到总账系统中，如图 4-112 所示。

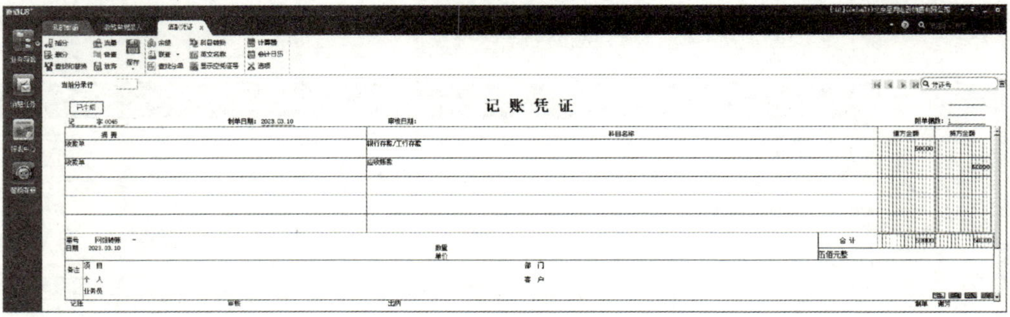

**图 4-112 代垫费用收款单据生成凭证页面**

## 工作反思

获得的经验：________________________________________

________________________________________

注意的事项：________________________________________

________________________________________

思政驿站

# 工作任务 17 库存及存货业务处理

## 任务情境

北京星月电器销售有限公司于 2023 年 3 月 1 日启用库存管理系统与存货管理系统，将公司的库存业务由系统进行统一管理。

北京星月电器销售有限公司的库存业务有：商品调拨、商品借出、商品形态转换等。

仓库主管在库存管理系统中处理调拨单、借出单、商品形态转换单及后续生成的相关单据。

财务会计在存货管理系统中对出入库业务进行成本核算并生成相应记账凭证，根据管理层判断的存货跌价风险，对存货计提跌价准备。

## 任务向导

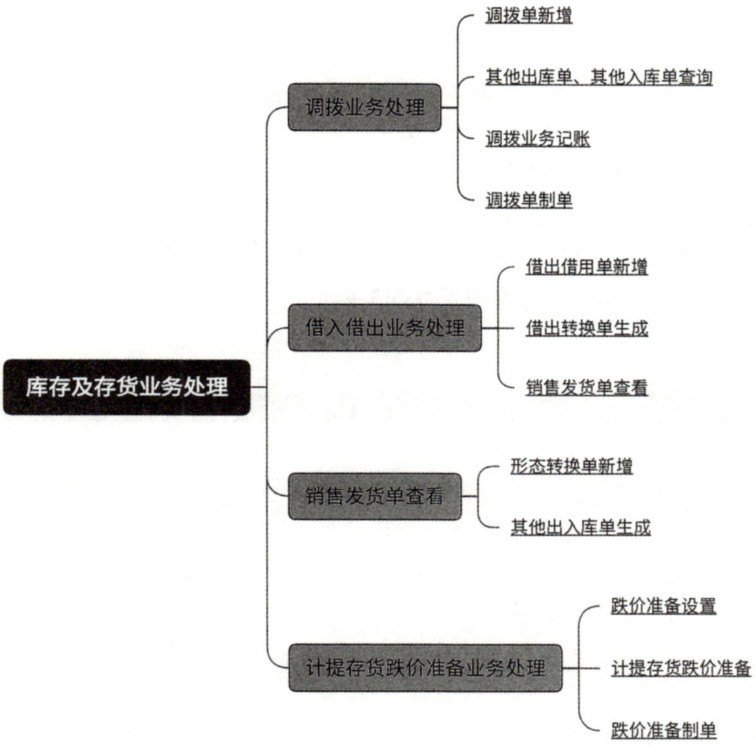


# 任务 17.1　调拨业务处理

## 任务要求

北京星月电器销售有限公司本月发生的调拨业务如下：

(1) 2023 年 3 月 15 日，仓储经理王俊将 1 000 件小熊迷你加湿器从商品仓调入专卖店仓。

(2) 2023 年 3 月 15 日，财务会计王芝芝依据调拨单核算出库成本并生成记账凭证。

要求：仓储经理王俊在业财一体信息化平台上完成商品调拨业务；财务会计王芝芝按照实际选择的计价方式进行财务处理，生成凭证。

操作视频

## 操作步骤

**1. 调拨单新增**

(1) 仓储经理王俊进入【U8 企业应用平台】—【业务导航】—【供应链】—【库存管理】—

【调拨业务】—【调拨单】，打开【调拨单】页面。调拨单可手工增加，也可以参照生产订单、委外订单、调拨申请单或补货建议单填制。

(2) 单击【增加】按钮，按照案例资料输入相关信息，如图 4-113 所示。

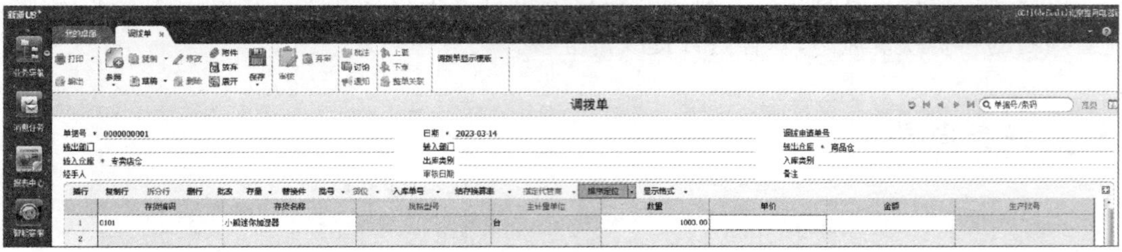


**图 4-113 【调拨单】页面**

(3) 依次单击【保存】【审核】按钮。

**2. 其他出库单、其他入库单查询**

(1) 仓储经理王俊进入【U8 企业应用平台】—【业务导航】—【供应链】—【库存管理】—【其他出库】—【其他出库单列表】，单击【查询】按钮，输入查询条件，查看生成的其他出库单，如图 4-114 所示。

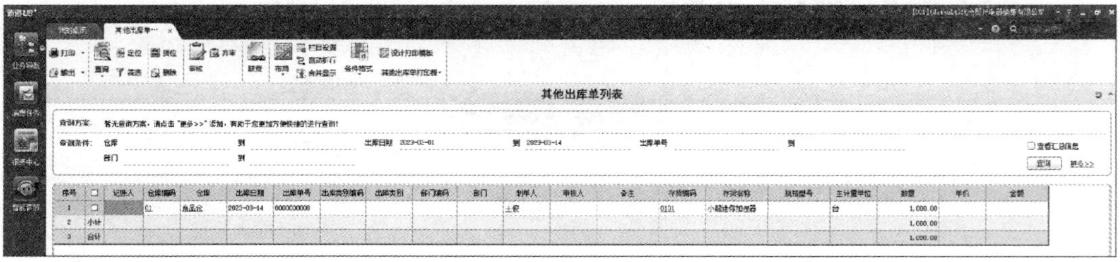


**图 4-114 【其他出库单列表】页面**

(2) 仓储经理王俊进入【U8 企业应用平台】—【业务导航】—【供应链】—【库存管理】—【其他入库】—【其他入库单列表】，单击【查询】按钮，输入查询条件，查看生成的其他入库单，如图 4-115 所示。

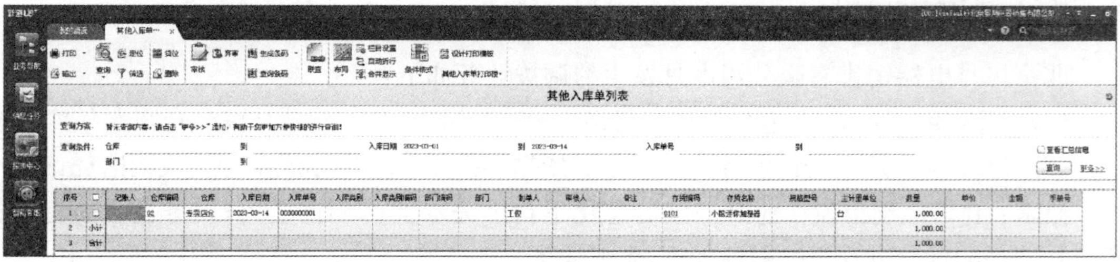


**图 4-115 【其他入库单列表】页面**

**3. 调拨业务记账**

(1) 财务会计王芝芝进入【U8 企业应用平台】—【业务导航】—【供应链】—【存货核算】—【记账】—【特殊单据记账】，单击【查询】按钮，按照默认条件，单击【确定】按钮，如

图 4-116 所示。

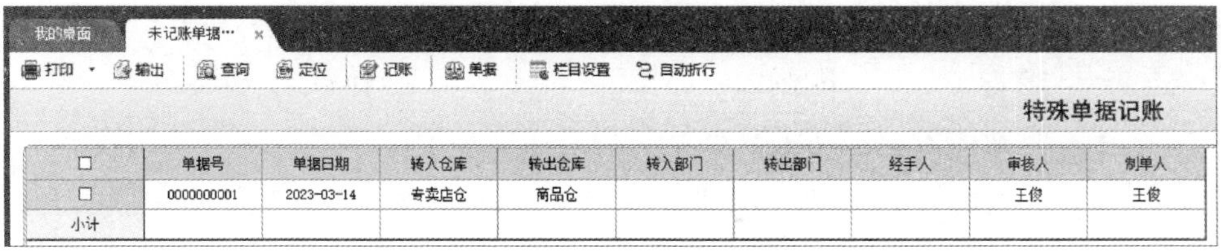


图 4-116 【特殊单据记账】页面

(2) 选择调拨单，单击【记账】按钮，系统提示“记账成功”，完成特殊单据记账。

**4. 调拨单制单**

(1) 财务会计王芝芝进入【U8 企业应用平台】—【业务导航】—【供应链】—【存货核算】—【凭证处理】—【生成凭证】，打开【选择单据】页面。

(2) 单击【选单】按钮，进入查询页面，按照默认条件，单击【确定】按钮，如图 4-117 所示。

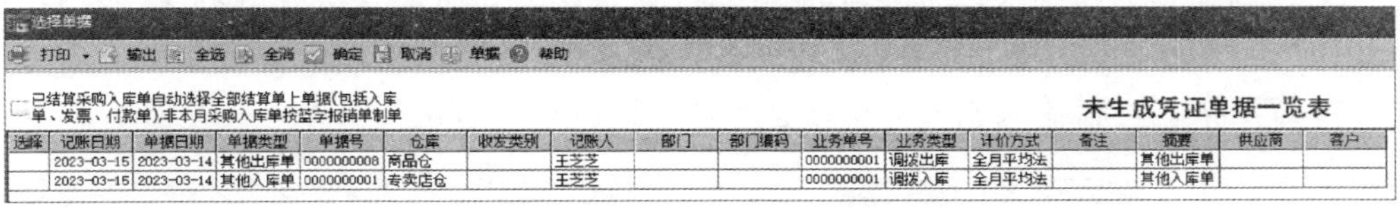


图 4-117 【选择单据】查询页面

(3) 选择“其他出库单”和“其他入库单”，单击【确定】按钮，如图 4-118 所示。

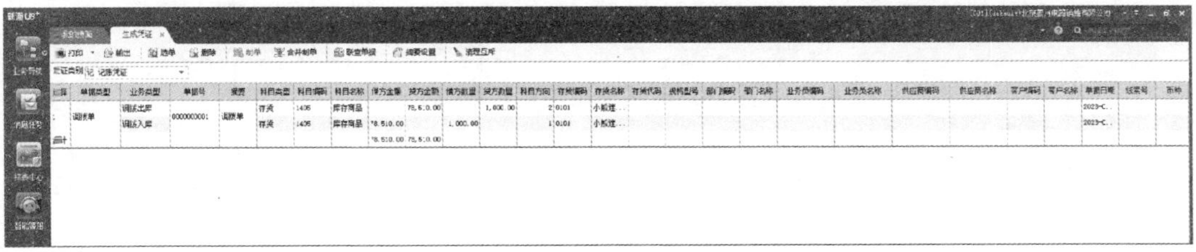


图 4-118 【其他入库单】页面

(4) 单击【合并制单】按钮，生成凭证，如图 4-119 所示。

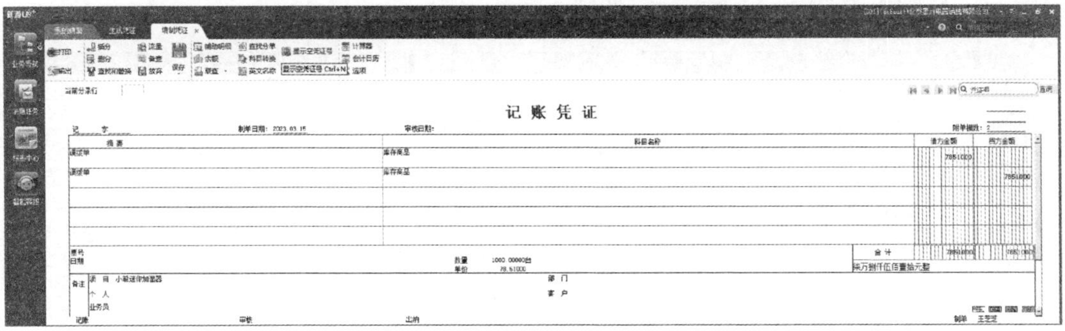


图 4-119 【调拨生成凭证】页面

## 任务 17.2　借入借出业务处理

### 任务要求

北京星月电器销售有限公司本月发生的借出业务如下：

(1) 2023 年 3 月 5 日，北京明瑞电器有限公司向公司借用智能空气净化器 1 台，作为样品展览，预计的归还日期为 2023 年 3 月 30 日。

(2) 2023 年 3 月 30 日，北京明瑞电器有限公司与公司协议确定，借出的智能空气净化器转销售处理。

要求：仓储经理王俊在业财一体信息化平台上完成商品借出业务处理。

操作视频

### 操作步骤

**1. 借出借用单新增**

(1) 仓储经理王俊进入【U8 企业应用平台】—【业务导航】—【供应链】—【库存管理】—【借出业务】—【借出借用单】，打开【借出借用单】页面。

(2) 按照案例资料输入相关信息，【仓库名称】选择“商品仓”，如图 4-120 所示。

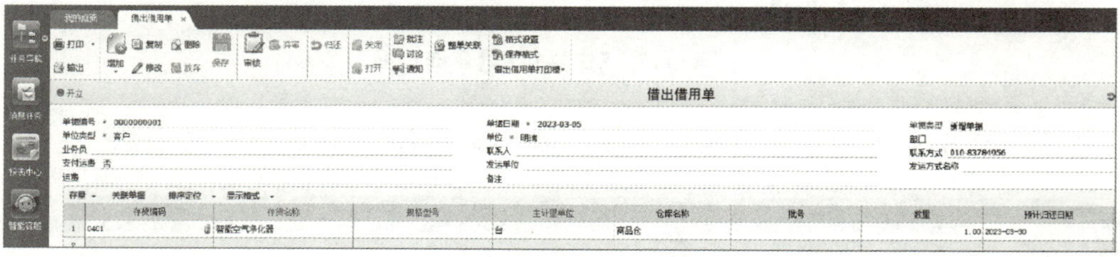


**图 4-120　【借出借用单】页面**

(3) 依次单击【保存】【审核】按钮。

**2. 借出转换单生成**

(1) 仓储经理王俊进入【U8 企业应用平台】—【业务导航】—【供应链】—【库存管理】—【借出业务】—【借出转换单】，打开【借出转换单】页面。

(2) 执行【增加】—【借出转销售】命令，参照借出借用单生成借出转换单，输入【部门】为“销售部”，【销售类型】为“正常销售”，如图 4-121 所示。

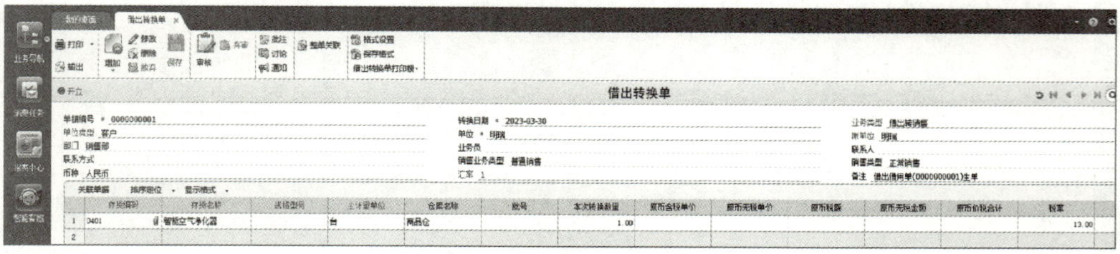


**图 4-121　【借出转换单】页面**

(3) 依次单击【保存】【审核】按钮，系统提示“成功生成”。

**3. 销售发货单查看**

(1) 仓储经理王俊进入【U8 企业应用平台】—【业务导航】—【供应链】—【销售管理】—【销售发货】—【发货单】，打开【发货单】页面。

(2) 单击【翻页】按钮可查看上述生成的发货单信息，如图 4-122 所示。

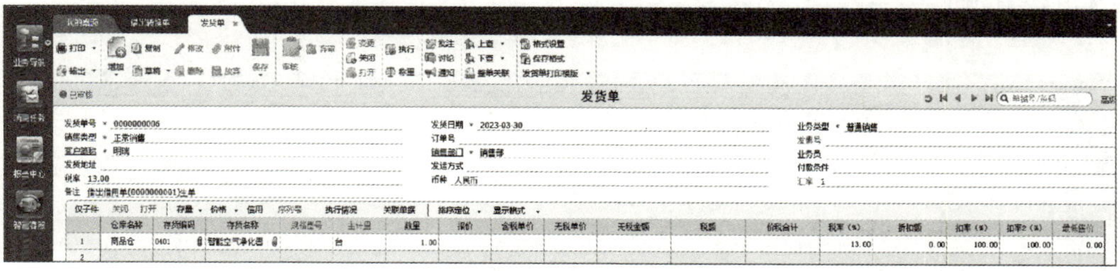

图 4-122　【发货单】页面

**头脑风暴：**在操作步骤 1 中仓储经理王俊自己录入借出借用单并审核，在操作步骤 2 中生成借出转换单并审核，在操作步骤 3 中查看生成的销售发货单，全部流程由一人完成，你认为这样的操作流程是否存在内部控制风险？为什么？

## 任务 17.3　商品形态转换业务处理

### 任务要求

北京星月电器销售有限公司的商品仓在 3 月 15 日遭受大风暴雨，仓库进水。

2023 年 3 月 16 日，仓储经理王俊在做存货盘点时，发现商品仓的“无叶风扇”有 10 台被水浸泡，无法开机使用。经上级审批后，2023 年 3 月 30 日，损坏的风扇作为残次品处理，转入残次品仓。

要求：仓储经理王俊在业财一体信息化平台上完成商品形态转换业务处理。

### 操作步骤

操作视频

**1. 形态转换单新增**

(1) 仓储经理王俊【U8 企业应用平台】—【业务导航】—【供应链】—【库存管理】—【形态转换】—【形态转换】，打开【形态转换单】页面。

(2) 单击【增加】按钮，按照案例信息输入表头表体项目，如图 4-123 所示。

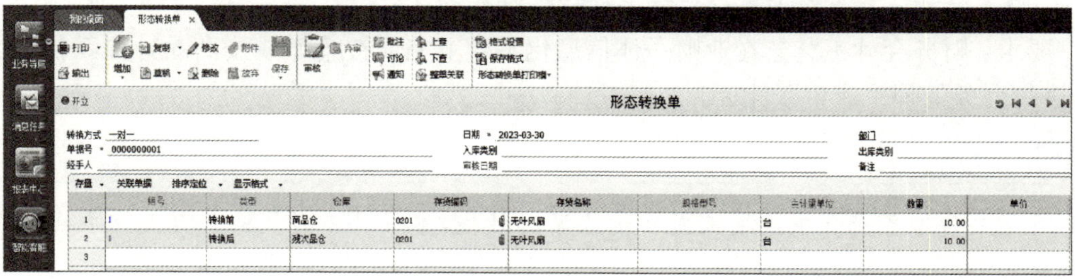

图 4-123　【形态转换单】页面

(3) 单击【保存】按钮,保存单据并审核。

**2. 其他出入库单生成**

(1) 仓储经理王俊进入【U8 企业应用平台】—【业务导航】—【供应链】—【库存管理】—【其他出库单】,单击【查询】按钮,输入查询条件,查看生成的其他出库单,如图 4-124 所示,单击【审核】按钮。

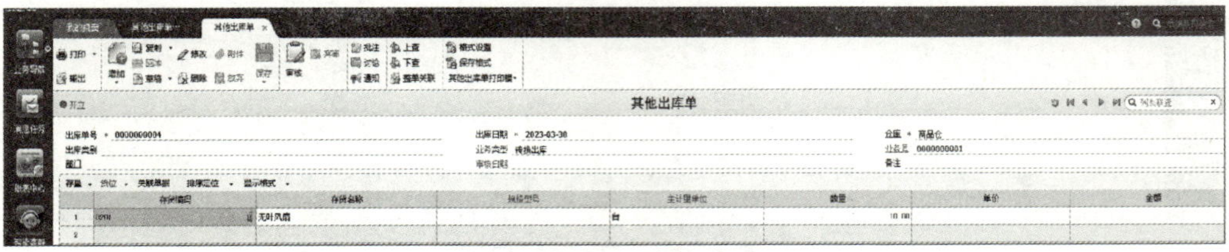


**图 4-124 【其他出库单】页面**

(2) 仓储经理王俊进入【U8 企业应用平台】—【业务导航】—【供应链】—【库存管理】—【其他入库单列表】,单击【查询】按钮,输入查询条件,查看生成的其他入库单,如图 4-125 所示,单击【审核】按钮。

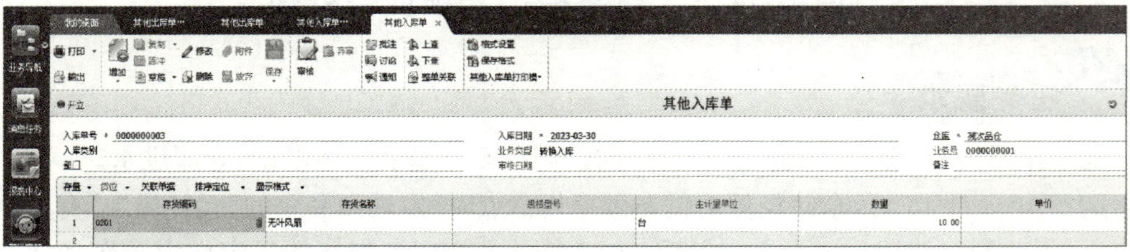


**图 4-125 【其他入库单】页面**

## 任务 17.4 计提存货跌价准备业务处理

### 任务要求

2023 年 3 月 20 日,北京星月电器销售有限公司的财务会计在进行存货清查时,发现仓库有大批暖风机,由于冬季已过,该批商品被判定为滞销商品。经公司高层审批后,该批暖风机将作为反季商品促销,以低于成本价的价格每台不含税单价 260 元销售。2023 年 3 月 30 日,财务会计王芝芝对该批存货计提存货跌价准备。

要求:财务会计王芝芝在业财一体信息化平台上完成按仓库或按商品计提跌价准备业务,进行财务处理生成记账凭证。

### 特别提示

◇ 存货跌价准备应在中期期末或年度终了时计提,本任务中时间点只是为掌握业务操作而假设。

操作视频

## 操作步骤

### 1. 跌价准备设置

(1) 财务会计王芝芝进入【U8 企业应用平台】—【业务导航】—【供应链】—【存货核算】—【跌价准备】—【跌价准备设置】,打开【跌价准备设置】界面。

(2) 单击【增加】按钮,按照案例资料输入相关信息后,单击【保存】按钮,如图 4-126 所示。

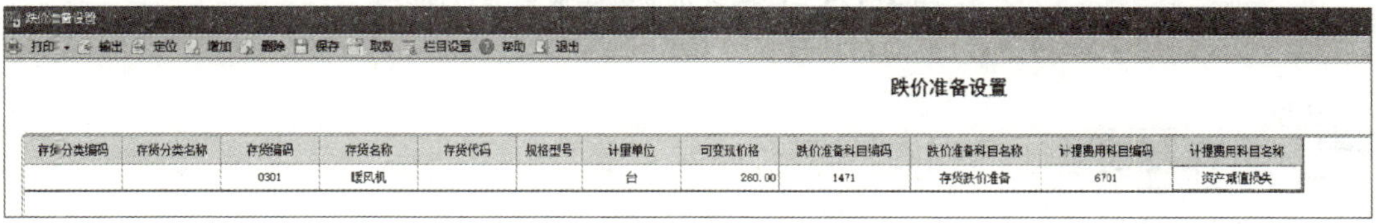


图 4-126　【跌价准备设置】页面

### 2. 计提存货跌价准备

(1) 财务会计王芝芝进入【U8 企业应用平台】—【业务导航】—【供应链】—【存货核算】—【跌价准备】—【计提跌价准备】,打开【计提跌价处理单】页面。

(2) 单击【增加】按钮,输入相关信息后,单击【保存】【审核】按钮,如图 4-127 所示。

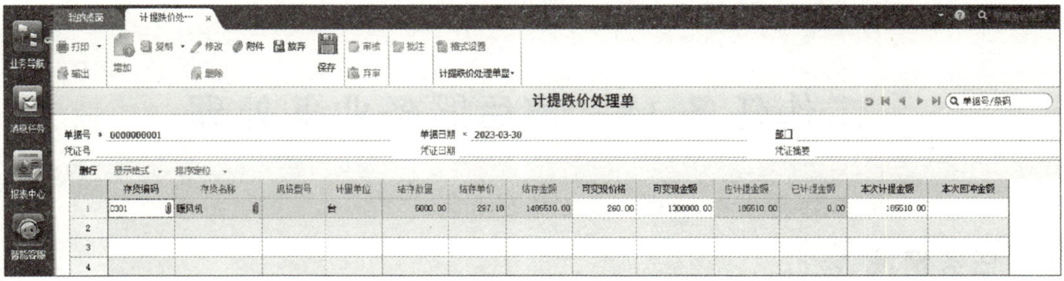


图 4-127　【计提跌价处理单】页面

### 3. 跌价准备制单

(1) 财务会计王芝芝进入【U8 企业应用平台】—【业务导航】—【供应链】—【存货核算】—【跌价准备】—【跌价准备制单】,打开【选择单据】页面。

(2) 单击【选单】按钮,按照默认条件,单击【确定】按钮,如图 4-128 所示。

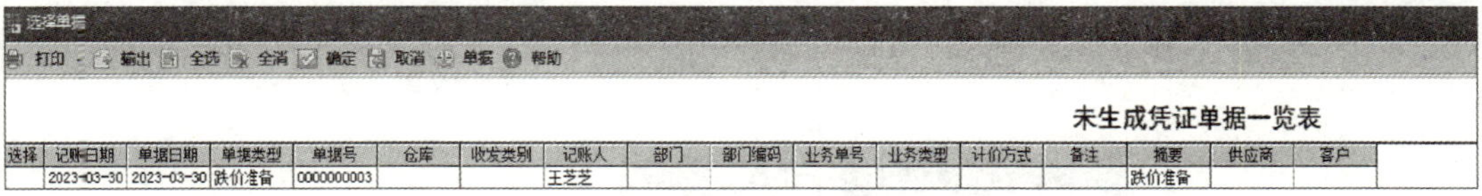


图 4-128　【选择单据】页面

(3)【单据类型】选择“跌价准备”,单击【制单】按钮,生成凭证,单击【保存】按钮,如图 4-129所示。

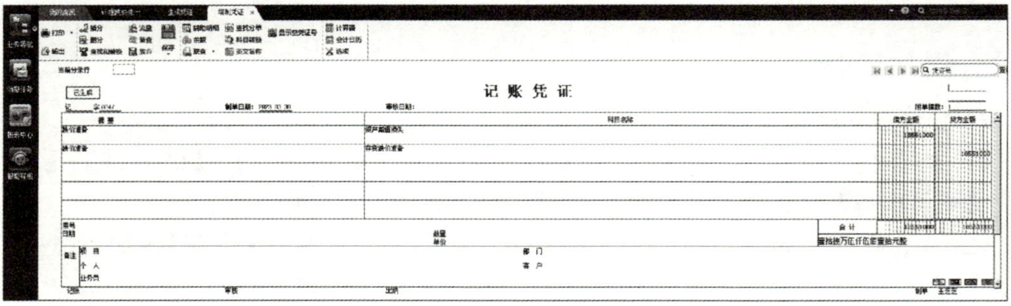


图 4-129 计提跌价准备生成凭证页面

## 工作反思

获得的经验：________________________________________

________________________________________

注意的事项：________________________________________

________________________________________

思政驿站

# 工作任务 18 售后服务业务处理

## 任务情境

北京星月电器销售有限公司于 2023 年 3 月 1 日启用售后服务系统，将公司的售后服务由系统进行统一管理。

售后服务人员在售后服务系统中处理个人和企业客户的服务请求，进行服务单派发及执行；监控维修人员的现场、返厂维修；处理服务收费结算。财务会计在应收管理系统中审核收费结算单，生成相应的记账凭证。

## 任务向导

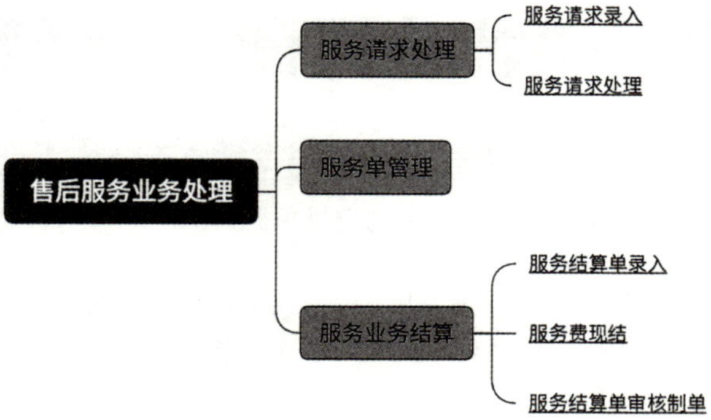

# 任务 18.1　服务请求处理

## 任务要求

2023 年 3 月 10 日，北京星月电器销售有限公司维修部收到个人客户（零散客户）张丽的服务请求，反映问题为其购买的商品“500 升大容量十字对开冰箱”不能正常制冷。

维修部客服专员唐丽受理该请求单，将该请求生成上门维修的服务单。

要求：客服专员唐丽在业财一体信息化平台上完成服务请求的录入及转服务单的业务处理。

## 操作步骤

操作视频

### 1. 服务请求录入

（1）客服专员唐丽进入【U8 企业应用平台】—【业务导航】—【供应链】—【售后服务】—【服务请求】—【服务请求】，打开【服务请求】页面。

（2）单击【增加】按钮，【请求类型】选择“问题”，【服务用户名称】选择“零散客户—个人”，【故障产品名称】输入或选择“500 升大容量十字对开冰箱”，【故障描述】输入“不能正常制冷”，单击【保存】按钮，如图 4-130 所示。

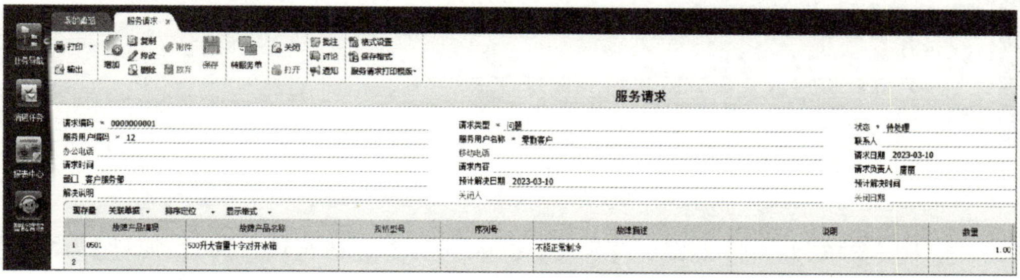


**图 4-130　【服务请求】页面**

### 2. 服务请求处理

（1）在【服务请求】页面，单击【转服务单】按钮，系统跳转到【服务单】页面，【服务类型】输入“上门维修”，如图 4-131 所示。

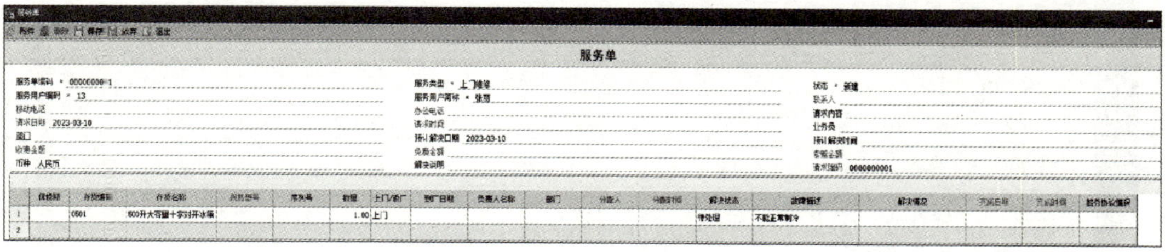


**图 4-131　【服务单】页面**

（2）单击【保存】按钮，保存服务单。

## 任务 18.2 服务单管理

### 任务要求

2023 年 3 月 10 日，北京星月电器销售有限公司的维修人员与客户沟通后，在服务单上增加维修项目：单次收取服务费 300 元。

要求：客服专员唐丽在业财一体信息化平台上对服务单进行维修项目设置，并提交审核。

操作视频

### 操作步骤

(1) 客服专员唐丽进入【U8 企业应用平台】—【业务导航】—【供应链】—【售后服务】—【服务执行】—【服务单管理】，单击【查询】按钮，查询条件默认，打开【服务单列表】页面，如图 4-132 所示。

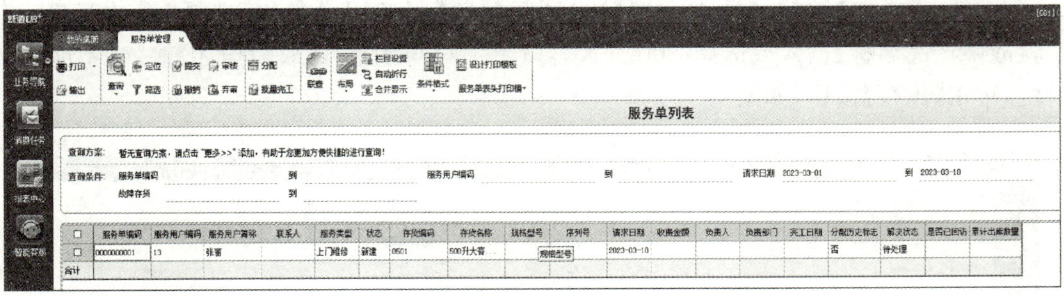


图 4-132 【服务单列表】页面

(2) 选中服务单，双击进入，单击【修改】按钮，在下方表体行输入【付款属性】为“收费”，【项目】为“服务费”，【报价】为“300.00”，如图 4-133 所示。

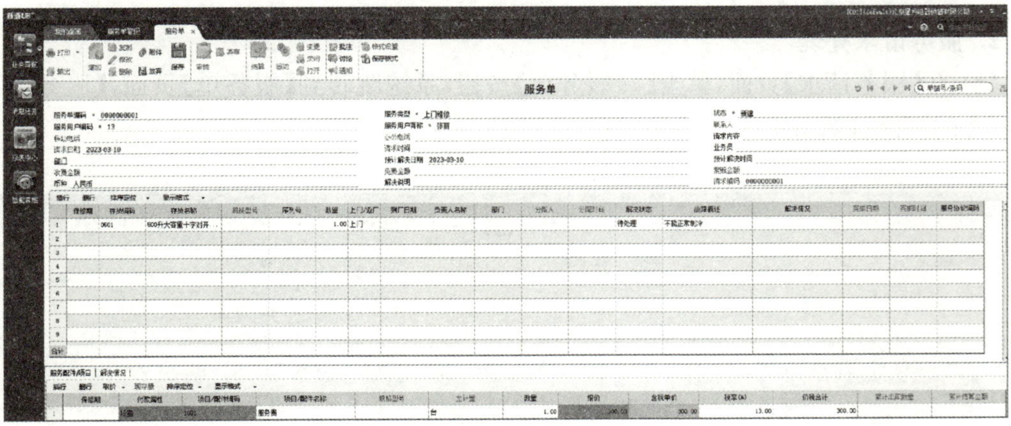


图 4-133 【服务单】页面

(3) 依次单击【保存】【审核】按钮。

## 任务 18.3　服务业务结算

### 任务要求

2023 年 3 月 10 日，北京星月电器销售有限公司的维修人员完成上门维修任务，并收到客户以现金支付的服务费 300 元。

要求：客服专员唐丽在业财一体信息化平台上进行服务业务结算；应收会计刘佳在业财一体信息化平台上对结算单进行审核，并生成相应的记账凭证。

### 操作步骤

操作视频

**1. 服务结算单录入**

(1) 客服专员唐丽进入【U8 企业应用平台】—【业务导航】—【供应链】—【售后服务】—【服务结算】—【服务结算单】，打开【服务结算单】界面。

(2) 执行【增加】—【服务单】命令，弹出【查询条件】窗口，默认条件确认，打开【服务单管理列表】页面，勾选【服务单】，下方表体出现可结算的信息，如图 4-134 所示。

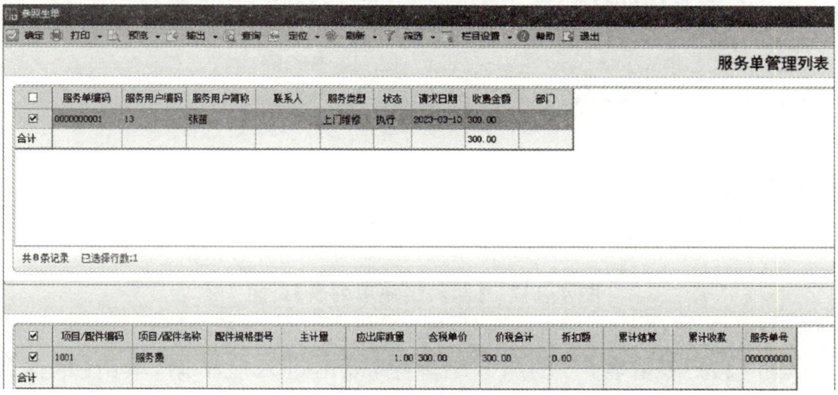


图 4-134　【服务管理列表】页面

(3) 单击【确定】按钮，将结算信息带入到【服务结算】单页面，如图 4-135 所示。

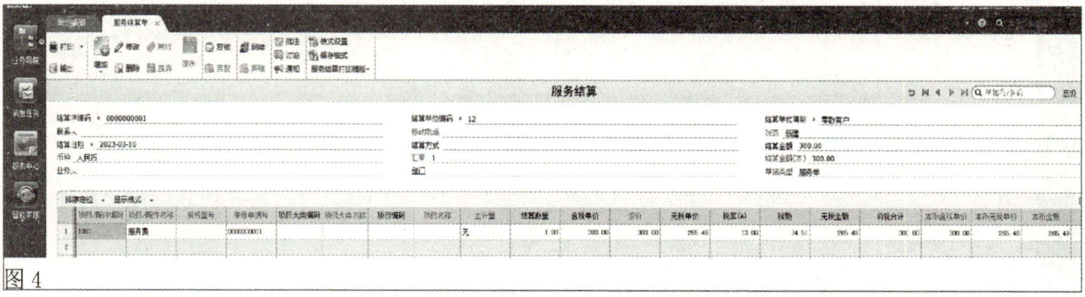


图 4-135　【服务结算单】页面

(4) 单击【保存】按钮。保存结算单信息。

### 2. 服务费现结

（1）在【服务结算单】页面，单击【现结】按钮，进入【现结】页面，输入结算方式和金额，如图 4-136 所示。

（2）单击【确定】按钮，系统自动生成一张现结的收款单。

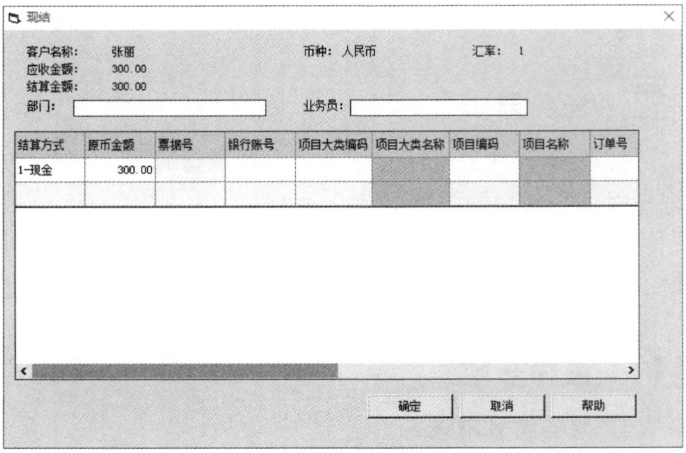


图 4-136 【现结】页面

### 3. 服务结算单审核制单

（1）应收会计刘佳进入【U8企业应用平台】—【业务导航】—【财务会计】—【应收款管理】—【应收处理】—【服务结算单】—【服务结算单审核】，单击【查询】按钮，默认查询条件，单击【确认】按钮，打开【服务结算单列表】页面，如图 4-137 所示。

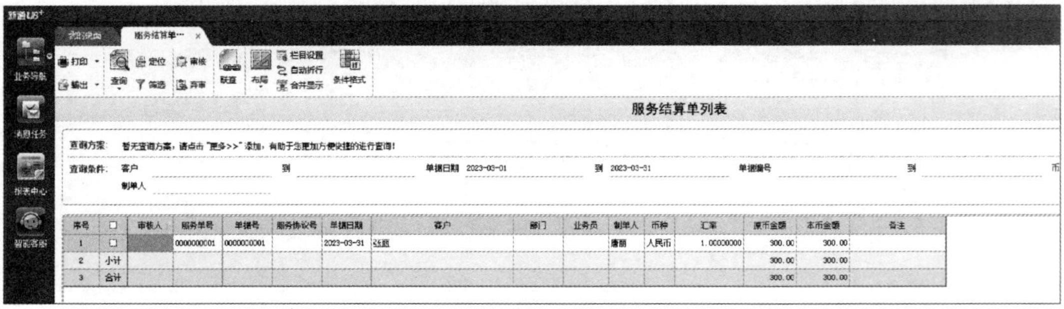

图 4-137 【服务结算单列表】页面

（2）选择【客户】为“零散客户”的服务结算单，双击进入该单据，单击【审核】按钮，提示“是否立即制单”，单击【是】按钮，进入凭证生成页面，将借贷方科目输入完整，如图 4-138 所示。

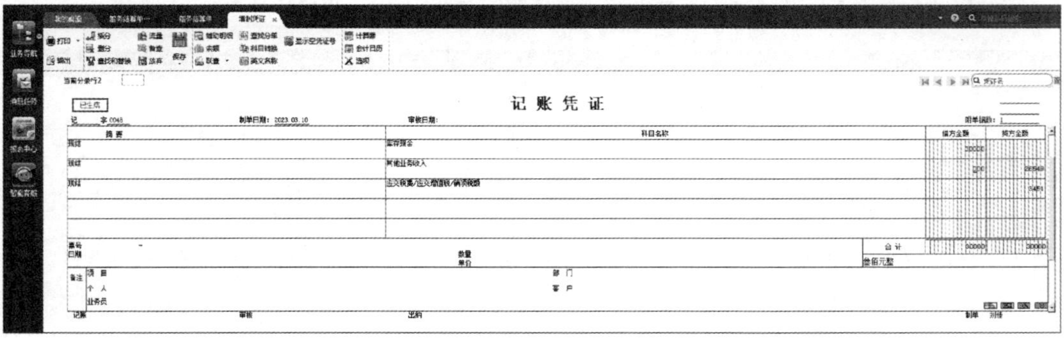

图 4-138 服务结算单生成凭证页面

（3）单击【保存】按钮，成功凭证保存。

## 工作反思

获得的经验：________________________________________

________________________________________

________________________________________

注意的事项：________________________________________

________________________________________

________________________________________

# 工作领域5

# 期末业财岗位操作

业财一体信息化平台期末业财账务处理是指在会计期末对业务系统与财务系统进行期末数据处理及结账操作，结束本期业务处理，将本月数据结转至下个会计期。

该领域的具体工作为：

(1) 期末业务处理，处理库存商品期末成本核算工作，以及完成供应链各模块、固定资产模块、应收应付模块、薪资管理模块的结账操作。

(2) 期末财务处理，总账系统的期末处理操作，包括期末损益结转、所得税的计提及结转、法定盈余公积金的计提及结转、总账期末对账、总账结账等操作。

(3) 财务报表编制与生成，根据系统模板生成资产负债表及利润表，同时依据企业内部管理的要求完成财务分析表的表样格式的设计、取数公式设计、自动取数等操作。

思政驿站

# 工作任务 19　期末业务模块操作

## 任务情境

北京星月电器销售有限公司 2023 年 3 月份的业务全部处理完成，月末在业财一体信息化平台上对本月出入库商品进行成本核算，将供应链中的销售、采购、库存和存货、财务会计中的应收款和应付款、固定资产、人力资源中的薪资管理模块进行结账处理，将数据结转下期。

## 任务向导

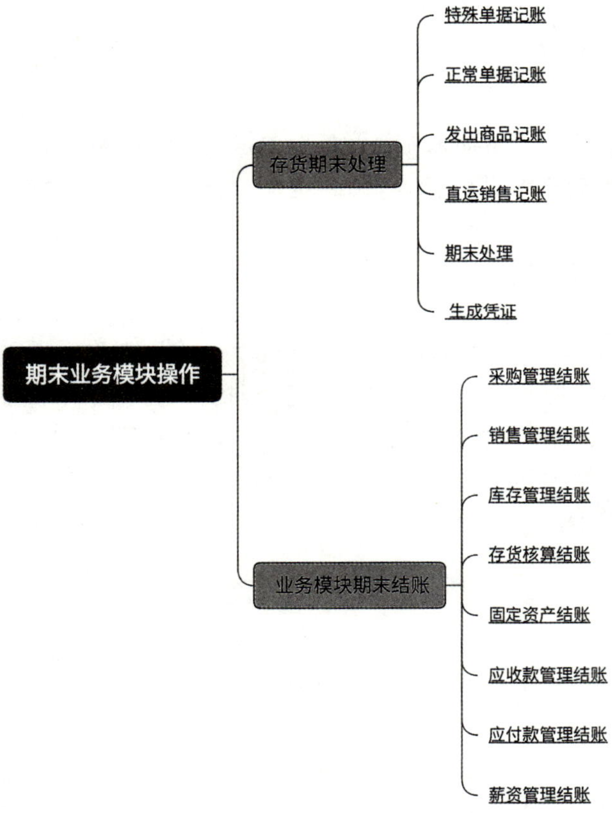


## 任务 19.1　存货期末处理

### 任务要求

北京星月电器销售有限公司的财务会计王芝芝于 2023 年 3 月 31 日在业财一体信息化平台中将全部出入库单进行记账，按全月一次加权平均法核算本月存货的平均单价及其出库成本，并生成结转成本的记账凭证。

要求：财务会计王芝芝在信息化平台上对库存商品进行期末处理。

## 操作步骤

### 1. 特殊单据记账

持殊单据记账主要功能是提供对组装单、调拨单进行成本计算，记入存货明细账的功能。

（1）财务会计王芝芝进入【U8 企业应用平台】—【业务导航】—【供应链】—【存货核算】—【记账】—【特殊单据记账】，打开【特殊单据记账条件】设置页面，【单据类型】选择“形态转换单”，如图 5-1 所示。

（2）单击【确定】按钮，进入【特殊单据记账】页面，系统列出形态转换单，选中该单据，如图 5-2 所示。

（3）单击【记账】按钮，系统提示“记账成功”。

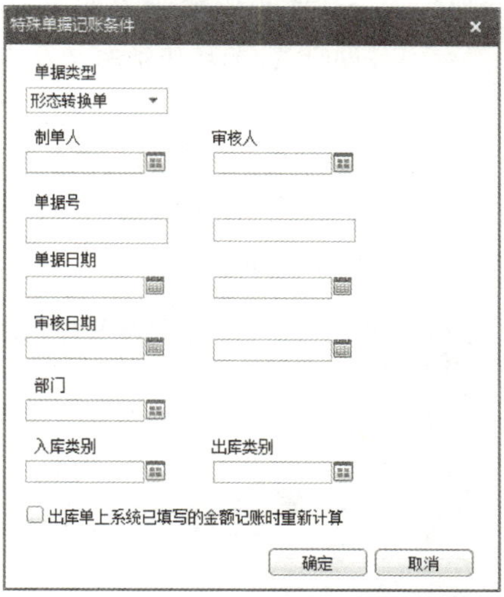


操作视频

图 5-1　【特殊单据记账条件】设置页面

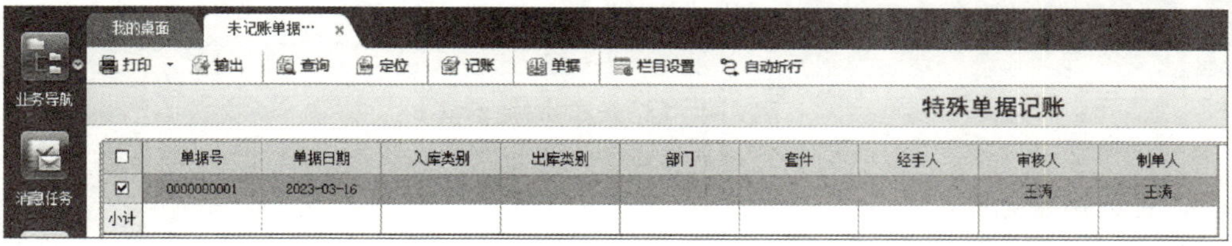


图 5-2　【特殊单据记账】页面

### 2. 正常单据记账

正常单据记账用于将所输入的单据登记存货明细账、差异明细账/差价明细账、受托代销商品明细账、受托代销商品差价账。

（1）财务会计王芝芝进入【U8 企业应用平台】—【业务导航】—【供应链】—【存货核算】—【记账】—【正常单据记账】，打开【正常单据记账】页面。

（2）单击【查询】按钮，查询条件默认，打开【正常单据记账列表】页面，如图 5-3 所示。

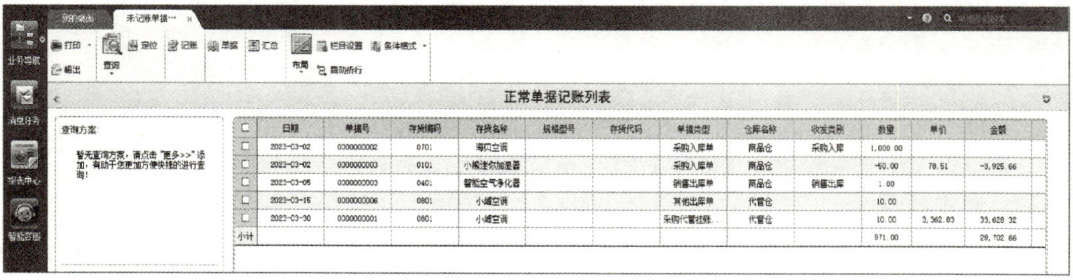


图 5-3　【正常单据记账列表】页面

（3）选中全部单据，单击【记账】按钮，系统提示“记账成功”。

### 3. 发出商品记账

在发出商品记账中，对分期收款发出商品业务、委托代销业务进行核算。

对分期收款/委托代销商品业务涉及的发货单或销售出库单进行记账处理，即减少库存商品，增加分期收款/委托代销商品。

对分期收款/委托代销商品发票记账，即减少分期收款/委托代销商品，并结转销售成本。

(1) 财务会计王芝芝进入【U8 企业应用平台】—【业务导航】—【供应链】—【存货核算】—【记账】—【发出商品记账】，单击【查询】按钮，查询条件默认，打开【发出商品记账】页面，系统列出委托代销的出库单和发票、分期收款的出库单和发票。

(2) 选中全部单据，单击【记账】按钮，系统提示“记账成功”，如图 5-4 所示。

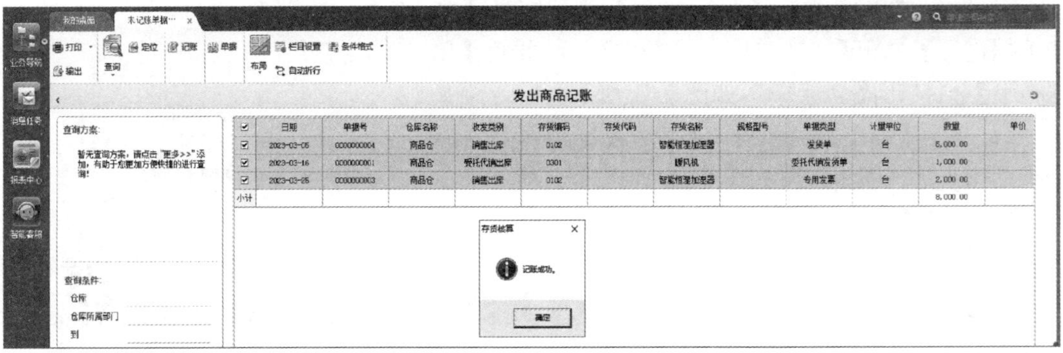


**图 5-4 【记账成功】提示框**

**4. 直运销售记账**

只有销售系统或出口管理启用时，存货才能对直运销售进行核算。对直运业务采购发票记账，增加直运的库存商品；对直运业务销售发票记账，即减少直运商品，结转销售成本。

(1) 财务会计王芝芝进入【U8 企业应用平台】—【业务导航】—【供应链】—【存货核算】—【记账】—【直运销售记账】，查询条件默认，打开【直运销售记账】页面，系统列出直运的销售发票与采购发票，如图 5-5 所示。

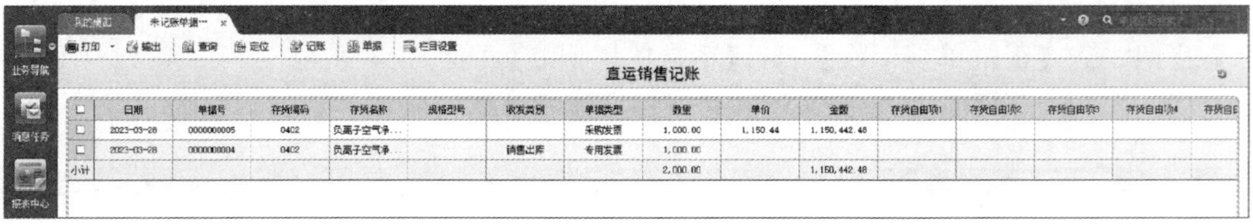


**图 5-5 【直运销售记账】页面**

(2) 选中全部单据，单击【记账】按钮，系统提示“记账成功”。

**5. 期末处理**

(1) 财务会计王芝芝进入【U8 企业应用平台】—【业务导航】—【供应链】—【存货核算】—【记账】—【期末处理】，打开【期末处理】页面，如图 5-6 所示。

(2) 单击【检查】按钮，系统自动判断所选仓库是否符合期末处理的条件。系统提示“检测成功”，单击【确定】按钮。

(3) 单击【处理】按钮，系统自动按全月一次加权平均法计算各仓库各商品的发出成本，如图 5-7 所示。

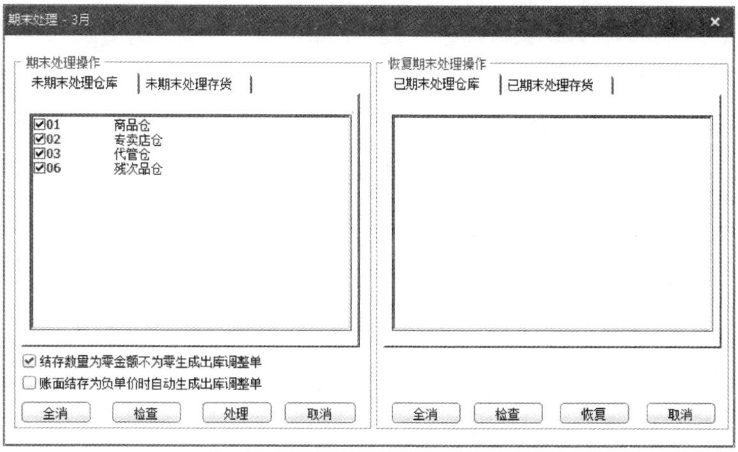


图 5-6　【期末处理】页面

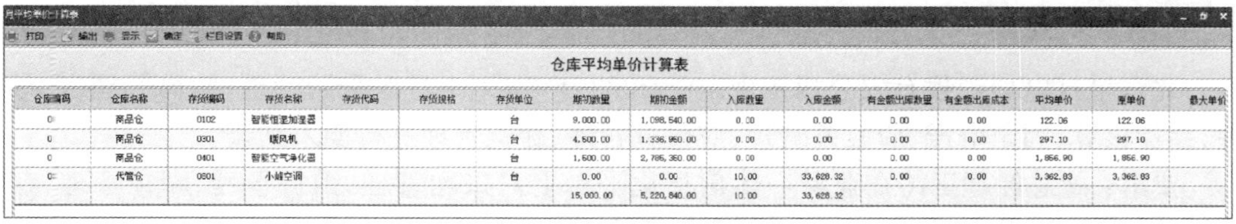


图 5-7　【仓库平均单价计算表】页面

（4）单击【确定】按钮，系统提示“期末处理完毕”。

**6．生成凭证**

（1）财务会计王芝芝进入【U8 企业应用平台】—【业务导航】—【供应链】—【存货核算】—【凭证处理】—【生成凭证】，打开生成凭证页面，单击【选单】按钮，弹出【查询条件】窗口。

（2）默认条件查询，单击【确定】按钮，打开【未生成凭证单据一览表】页面，如图 5-8 所示。

图 5-8　【未生成凭证单据一览表】页面

（3）依次单击【全选】【确定】按钮，系统进入【生成凭证】页面，将借贷方科目补充完整，如图 5-9 所示。

（4）单击【合并制单】按钮，系统生成记账凭证，补充业务的辅助项信息后，单击【保存】按钮。

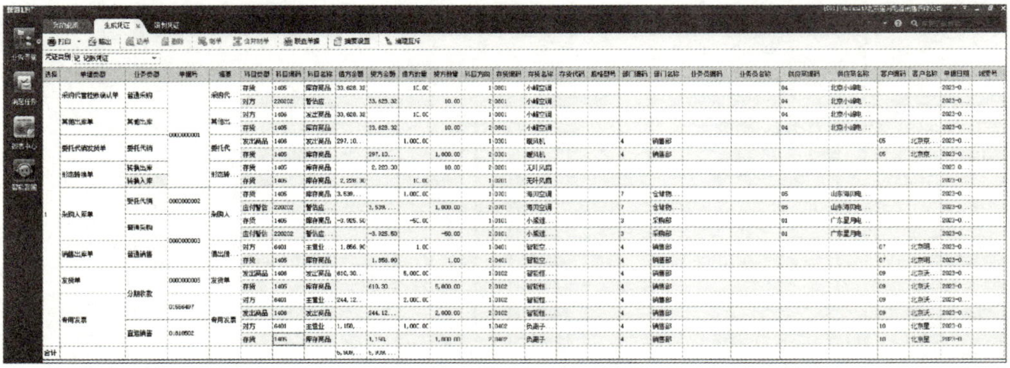

图 5-9 【生成凭证】页面

## 任务 19.2　业务模块期末结账

### 任务要求

北京星月电器销售有限公司按规定于 2023 年 3 月 31 日对采购管理、销售管理、库存管理、存货核算、固定资产、应收款管理、应付款管理、薪资管理进行期末结账。

要求：副总经理王涛在业财一体信息化平台上对采购管理、销售管理、库存管理、存货核算、固定资产、应收款管理、应付款管理、薪资管理进行期末结账处理。

### 操作步骤

**1. 采购管理结账**

（1）副总经理王涛进入【U8 企业应用平台】—【业务导航】—【供应链】—【采购管理】—【月末结账】—【月末结账】，打开【结账】页面。

（2）单击【结账】按钮，系统弹出提示信息“是否关闭订单”，点击【是】按钮关闭订单。弹出【采购订单列表】界面，单击左侧【订单关闭】按钮，单击右侧【查询】按钮，选中所有的采购订单，点击【关闭】按钮，提示“批量关闭成功”。

（3）执行【采购管理】—【月末结账】命令，单击【结账】按钮，系统弹出提示信息“是否关闭订单”，点击【否】按钮，结账界面中【3 月结账结果】显示为“是”，即结账成功。

**2. 销售管理结账**

（1）销售经理谭林进入【U8 企业应用平台】—【业务导航】—【供应链】—【销售管理】—【销售开票】—【销售发票列表】，打开【销售发票列表】界面，点击【查询】按钮，按系统默认条件查询，选中全部单据，单击【复核】按钮，系统提示“单据完成审核操作”，点击【是】按钮。

（2）副总经理王涛进入【U8 企业应用平台】—【业务导航】—【供应链】—【销售管理】—【月末结账】—【月末结账】，打开【结账】页面。

（3）单击【结账】按钮，系统弹出提示信息“是否关闭订单”，点击【是】按钮关闭订单。弹出【采购订单列表】界面，单击左侧【订单关闭】按钮，单击右侧【查询】按钮，选中所有的销售订单，点击【关闭】按钮，提示“批量关闭成功”。

（4）执行【销售管理】—【月末结账】命令，单击【结账】按钮，系统弹出提示信息“是否关闭订单”，点击【否】按钮，结账界面中【3 月结账结果】显示为“是”，即结账成功。

**3. 库存管理结账**

如果存在未审核的入库单和出库单，需先审核方可结账。根据前期业务操作，当前存在未审核的其他入库单和其他出库单。

（1）副总经理王涛进入【U8 企业应用平台】—【业务导航】—【供应链】—【库存管理】—【其他入库】—【其他入库单列表】，点击【查询】按钮，按照默认条件查询，选中所有未审核的其他入库单，单击【审核】按钮。

（2）执行【库存管理】—【其他出库】—【其他出库单列表】命令，按照默认条件查询，选中所有未审核的其他出库单，单击【审核】按钮。

（3）执行【库存管理】—【月末处理】—【月末结账】命令，打开【结账】页面。

（4）单击【结账】按钮，系统提示“结账后”不可修改期初数据，单击【是】按钮，结账界面中【3 月结账结果】显示为“是”，则结账成功，点击【退出】按钮。

**4. 存货核算结账**

（1）副总经理王涛进入【U8 企业应用平台】—【业务导航】—【供应链】—【存货核算】—【记账】—【月末结账】，打开【结账】页面。

（2）单击【结账】按钮，弹出提示框，单击【确定】按钮，结账完成。

**5. 固定资产结账**

（1）副总经理王涛进入【U8 企业应用平台】—【业务导航】—【财务会计】—【固定资产】—【期末处理】—【月末结账】，打开【结账】页面，如有未制单凭证，须先完成制单。

（2）回到【月末结账】页面，单击【开始结账】按钮，系统自动跳转到【对账】页面，弹出提示框，显示对账结果，单击【确定】按钮，结账完成。

**6. 应收款管理结账**

（1）副总经理王涛进入【U8 企业应用平台】—【业务导航】—【财务会计】—【应收款管理】—【期末处理】—【月末结账】，打开【结账】页面。

（2）在【三月】的【结账标志】处双击，输入“Y”的标识，如图 5-10 所示。

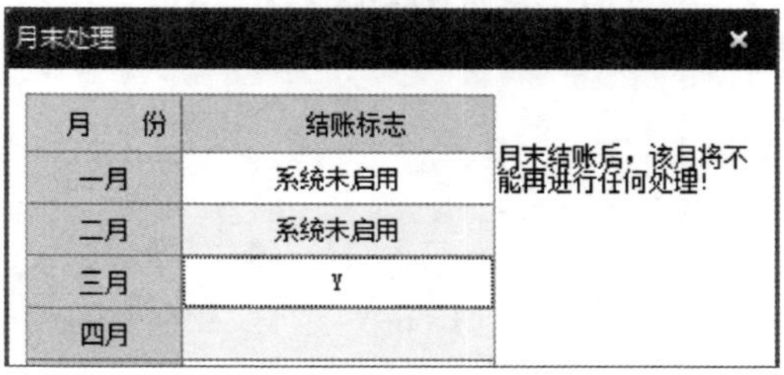


**图 5-10　【月末处理】页面**

（3）单击【下一步】按钮，系统弹出【月末处理】结账检查页面，如图 5-11 所示。

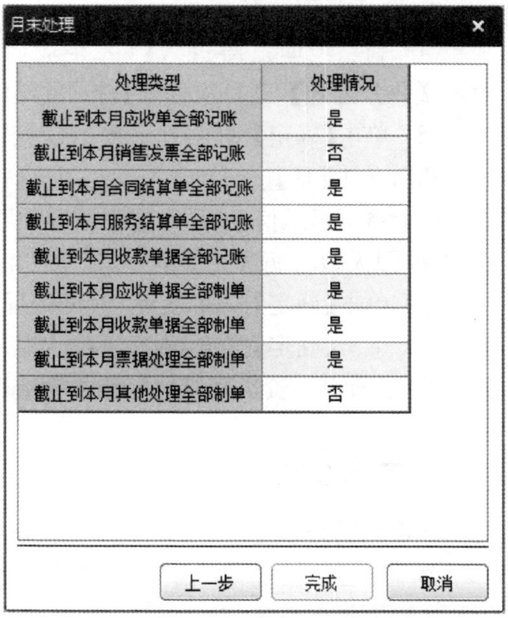


**图 5-11　【月末处理】结账检查页面**

（4）【处理情况】显示为“否”，则表示事项未完成，不能结账。双击“否”，可以显示不能结账的具体内容，按照具体内容提示，将未完成的事项进行记账或制单。处理完成后，再次结账，点击【完成】按钮，结账成功。

**7. 应付款管理结账**

(1) 副总经理王涛进入【U8 企业应用平台】—【业务导航】—【财务会计】—【应付款管理】—【期末处理】—【月末结账】,打开【结账】页面。

(2) 在【三月】的【结账标志】处双击,输入“Y”的标识,如图 5-12 所示。

(3) 单击【下一步】按钮,系统弹出【月末处理】结账检查页面,如图 5-13 所示。

(4)【处理情况】显示为“否”,则表示事项未完成,不能结账。按照提示,将未完成的事项进行记账或制单。处理完成后,再次结账,点击【完成】按钮,结账成功。

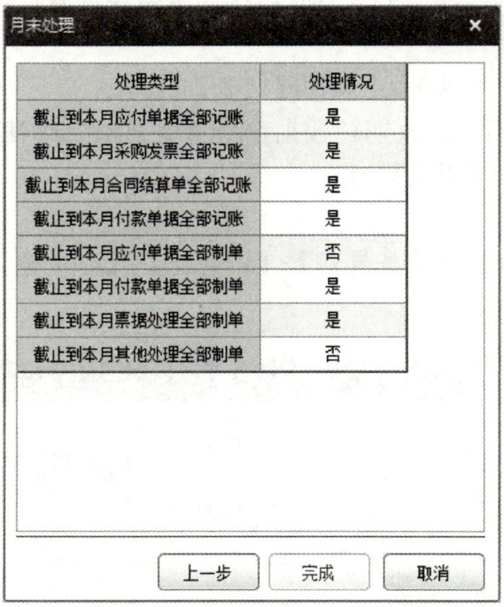


图 5-13 【月末处理】结账检查页面

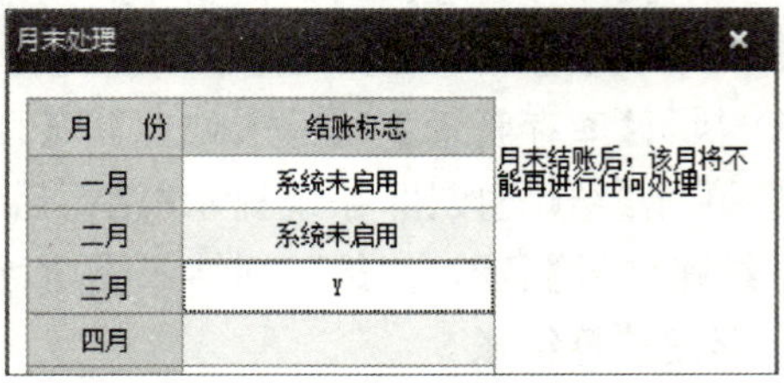


图 5-12 【月末处理】页面

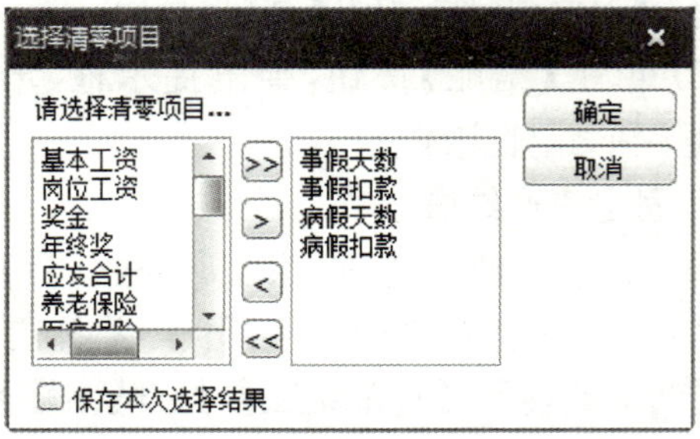


图 5-14 【选择清零项目】页面

**8. 薪资管理结账**

(1) 副总经理王涛进入【U8 企业应用平台】—【业务导航】—【人力资源】—【薪资管理】—【业务处理】—【月末处理】,打开【结账】页面。

(2) 单击【确定】按钮,弹出提示信息“月末处理之后,本月工资将不许变动! 继续月末处理吗”,单击【是】按钮。

(3) 弹出提示信息“是否选择清零项”,单击【是】按钮,选择清零项目,将事假天数、事假扣款、病假天数与病假扣款清零,将项目增加至右侧,如图 5-14 所示。

(5) 单击【确定】按钮,提示“月末处理完毕”。

(6) 单击【确定】按钮,薪资模块结账完毕。如果薪资是多工资类别,则每个工资类别应分别结账,所有工资类别结账完毕才完成薪资的结账处理。

## 工作反思

获得的经验:________________________________________

________________________________________

注意的事项:________________________________________

________________________________________

思政驿站

# 工作任务 20　期末财务岗位处理

## 任务情境

北京星月电器销售有限公司 2023 年 3 月除总账之外的各子系统都结账完毕，财务会计进行财务期末处理包括损益结转、所得税费用计提和结转、法定盈余公积计提和结转总账期末结账等工作。

## 任务向导

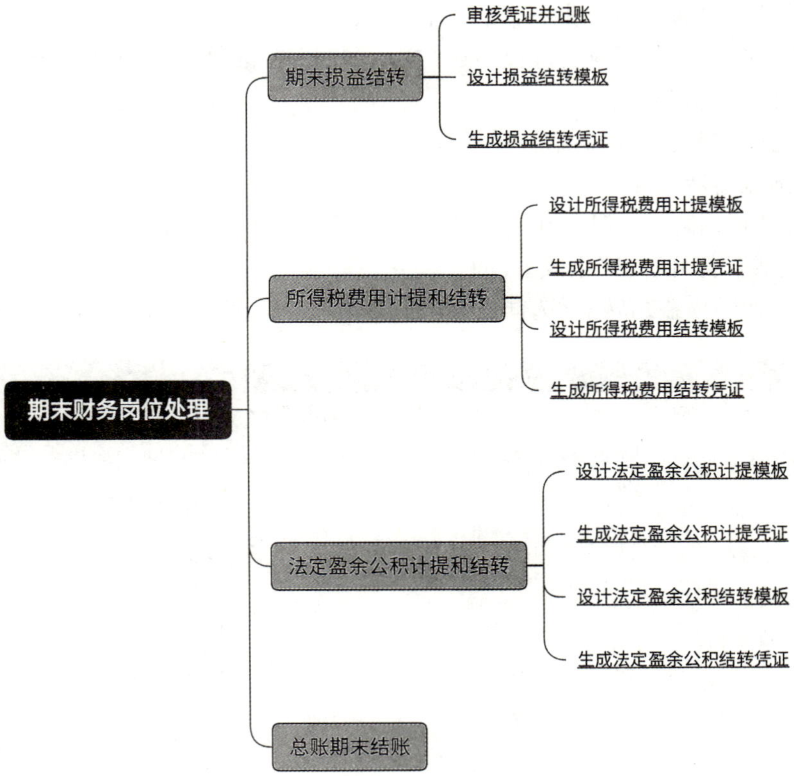


## 任务 20.1　期末损益结转

### 任务要求

北京星月电器销售有限公司的财务经理胡晓于 2023 年 3 月 31 日进行期末损益结转处理，生成结转损益的凭证：将所有收入类科目余额结转至“4103 本年利润”科目，所有费用类科目余额结转至“4103 本年利润”科目。

要求：财务经理胡晓在业财一体信息化平台总账模块中进行期末损益结转；副总经理

王涛审核胡晓所制凭证；财务经理胡晓对结转损益凭证进行记账。

操作视频

## 操作步骤

**1. 审核凭证并记账**

（1）将所有未审核凭证进行审核。财务经理胡晓进入【U8 企业应用平台】—【业务导航】—【财务会计】—【总账】—【凭证】—【审核凭证】，按默认条件查询，单击【确定】按钮，选中全部凭证，再依次单击【审核】【确定】按钮。

（2）将所有未记账凭证进行记账。财务经理胡晓进入【U8 企业应用平台】—【业务导航】—【财务会计】—【总账】—【凭证】—【记账】，依次单击【全选】【记账】【确定】按钮，将所有凭证进行记账。

**2. 设计损益结转模板**

（1）财务经理胡晓进入【U8 企业应用平台】—【业务导航】—【财务会计】—【总账】—【期末】—【转账定义】—【期间损益】，打开【期间损益结转】页面。

（2）右上角【本年利润】科目选择“4103 本年利润”，在表体空白处单击，这样每一项损益科目都对应“本年利润”科目。

（3）单击【确定】按钮，损益结转的模板配置完成。

**3. 生成损益结转凭证**

（1）财务经理胡晓进入【U8 企业应用平台】—【业务导航】—【财务会计】—【总账】—【期末】—【转账生成】，打开【转账生成】页面。

（2）勾选【期间损益结转】复选框，【类型】选择“收入”，如图 5-15 所示。

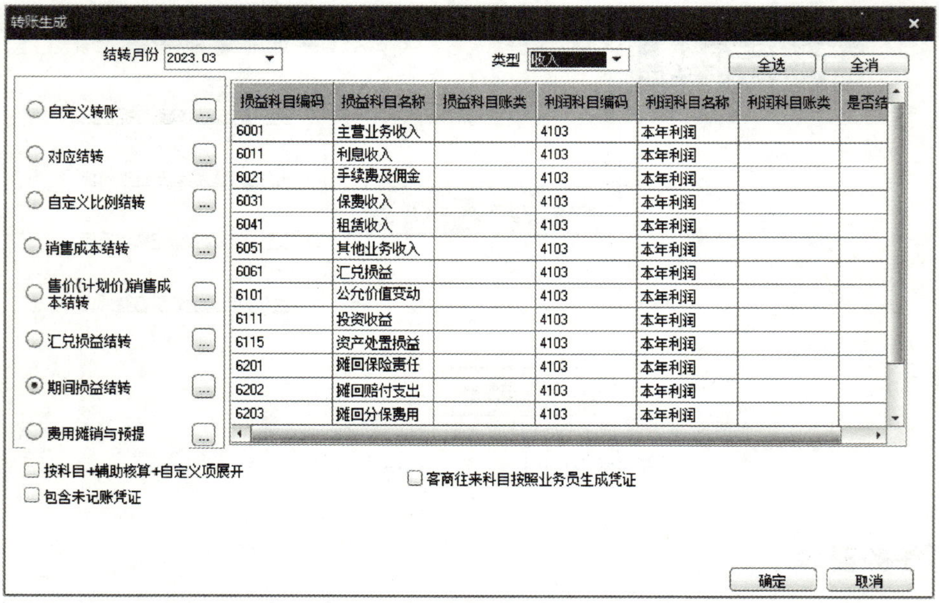


**图 5-15 【转账生成】—【收入】页面**

（3）依次单击【全选】【确定】按钮，生成收入类科目结转的凭证，再单击【保存】按钮，生成总账系统的凭证。

（4）回到【转账生成】页面，勾选【期间损益结转】复选框，【类型】选择“支出”，如图 5-16 所示。

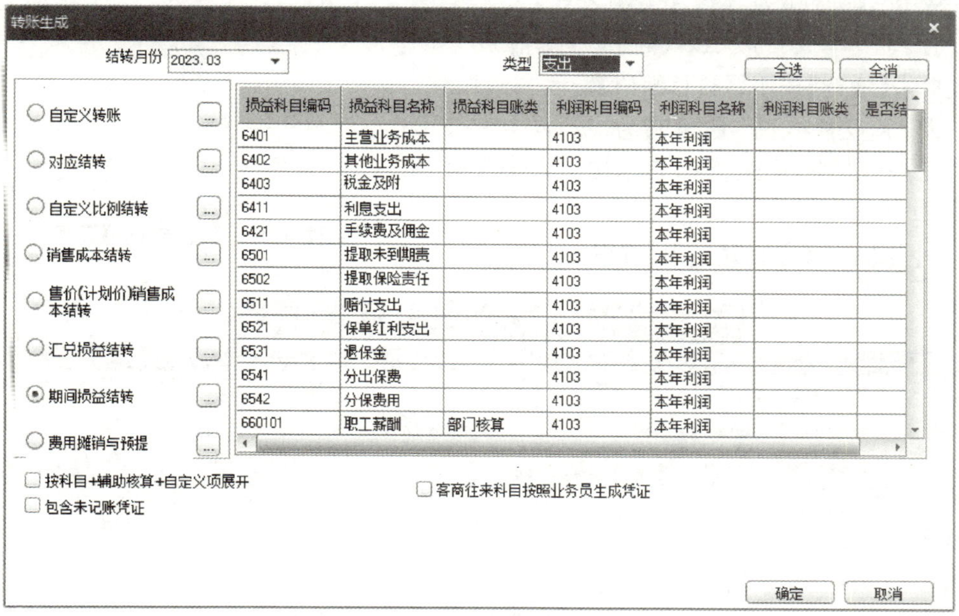


**图 5-16　【转账生成】—【支出】页面**

（5）依次单击【全选】【确定】按钮，系统提示“有未记账的凭证，是否结转”，单击【是】按钮。生成成本费用类科目的结转凭证，单击【保存】按钮，生成总账系统的凭证。

（6）副总经理王涛审核结转损益凭证。

（7）财务经理胡晓对结转损益凭证记账。

## 任务 20.2　所得税费用计提和结转

### 任务要求

企业所得税按年计征，分月或分季预缴，年终汇算清缴。该系统模块所得税按季计提，按季预缴，年末再按全年的利润额计提，调整按季预缴的数额。北京星月电器销售有限公司是 3 月份才启用账簿，本次计提按 3 月份的利润为基数计提计算（所得税计提的比例为 25%）。

要求：财务经理胡晓在业财一体信息化平台总账模块中完成所得税计提与结转工作；副总经理王涛审核凭证；财务经理胡晓对所得税费用结转凭证进行记账。

### 操作步骤

**1. 设计所得税费用计提模板**

（1）财务经理胡晓进入【U8 企业应用平台】—【业务导航】—【财务会计】—【总账】—【期末】—【转账定义】—【自定义转账】，单击【增加】按钮，输入【转账序号】为“001”，【转账说明】

为“计提所得税”，如图 5-17 所示。

(2) 单击【增行】按钮，【科目编码】输入“6801 所得税费用”，【方向】为“借”，【金额公式】为“(FS(4103, 月, 贷) * 0. 25 − FS(4103, 月, 借)) * 0. 25”，单击【增行】按钮，【科目编码】输入“222103 应交税费—应交所得税”，【方向】为“贷”，【金额公式】为“CE()”(借贷平衡差额，表示按借方金额取数)，如图 5-18 所示。

(3) 依次单击【保存】【退出】按钮。

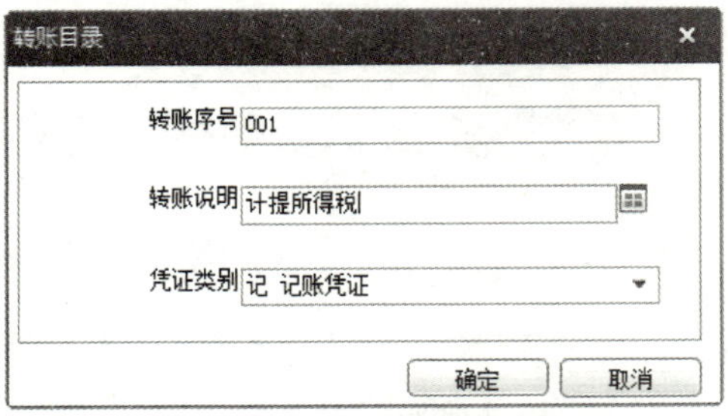


图 5-17 【转账目录】页面

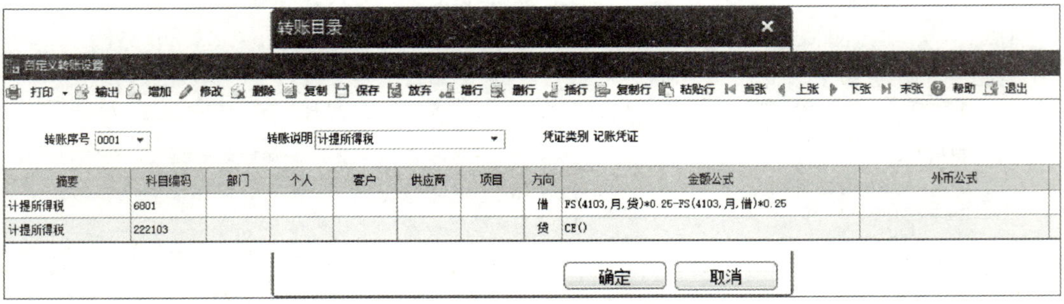


图 5-18 【自定义转账设置】—【计提所得税】页面

**特别提示**

◇ 上述计提所得税费用公式适用于本月利润大于零的情况。若月利润为负，则需要修改转账公式。

**2. 生成所得税费用计提凭证**

(1) 财务经理胡晓进入【U8 企业应用平台】—【业务导航】—【财务会计】—【总账】—【期末】—【转账生成】，选择“自定义转账”，如图 5-19 所示。

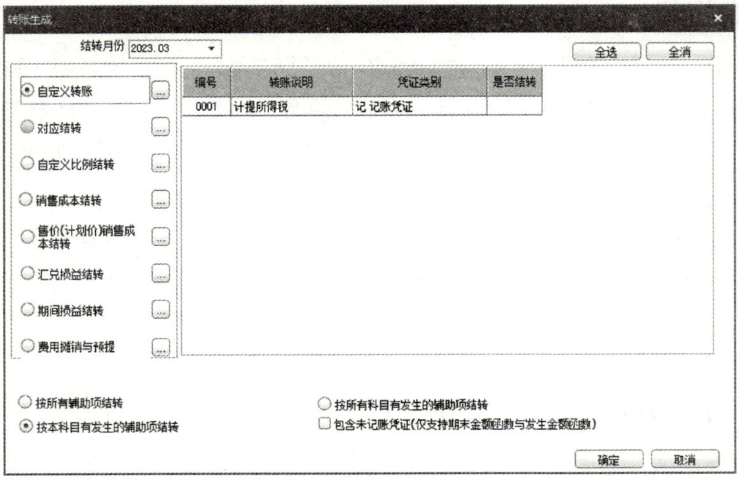


图 5-19 【转账生成】页面

（2）依次单击【全选】【确定】按钮，生成计提所得税的凭证，再单击【保存】按钮，如图 5-20 所示。

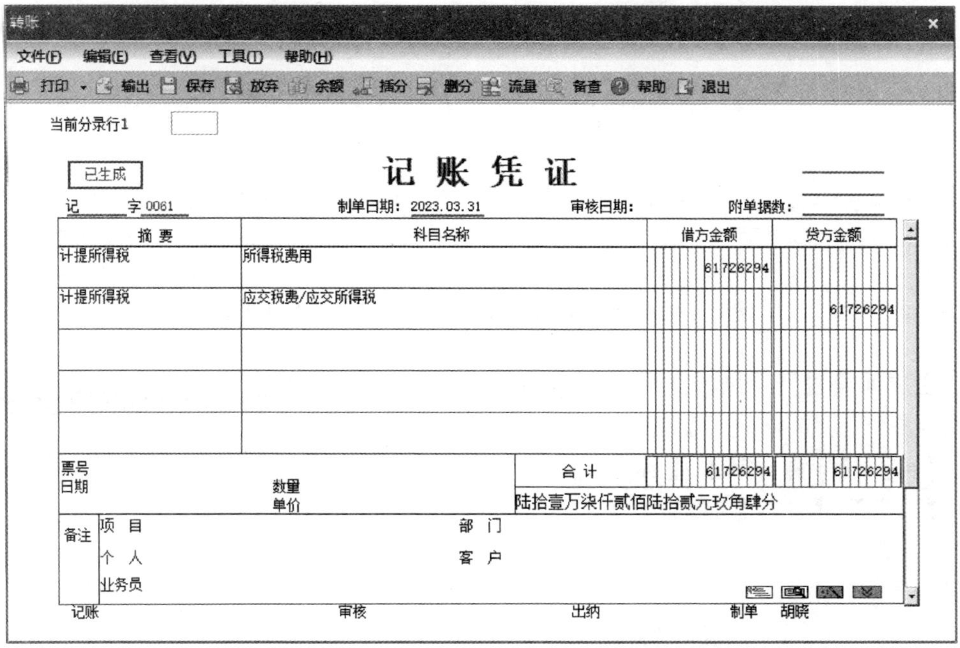


**图 5-20　计提所得税费用凭证生成页面**

（3）副总经理王涛审核计提所得税费用凭证。

（4）财务经理胡晓对计提所得税费用凭证记账。

**3. 设计所得税费用结转模板**

（1）财务经理胡晓进入【U8 企业应用平台】—【业务导航】—【财务会计】—【总账】—【期末】—【转账定义】—【对应结转】，输入【编号】为“0001”，【摘要】为“所得税费用结转”，【转出科目】选择“6801”，如图 5-21 所示。

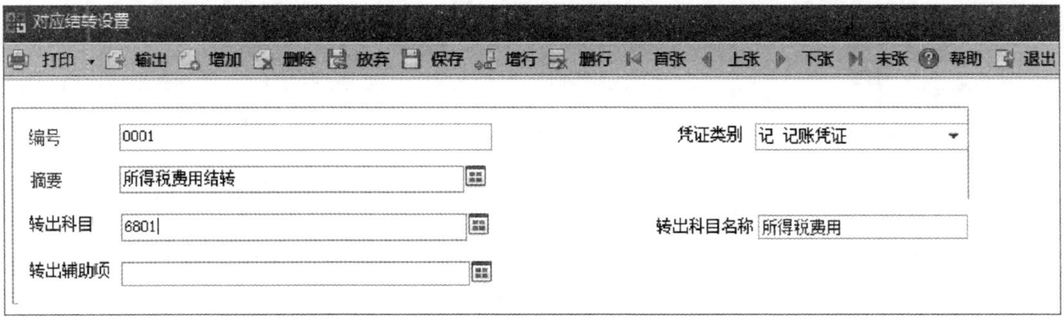


**图 5-21　【对应结转设置】页面**

（2）单击【增行】按钮，输入【转入科目编码】为“4103”，【转入科目名称】为“本年利润”，【结转系数】为“1”，如图 5-22 所示。

（3）单击【保存】按钮，保存所得税费用结转模板。

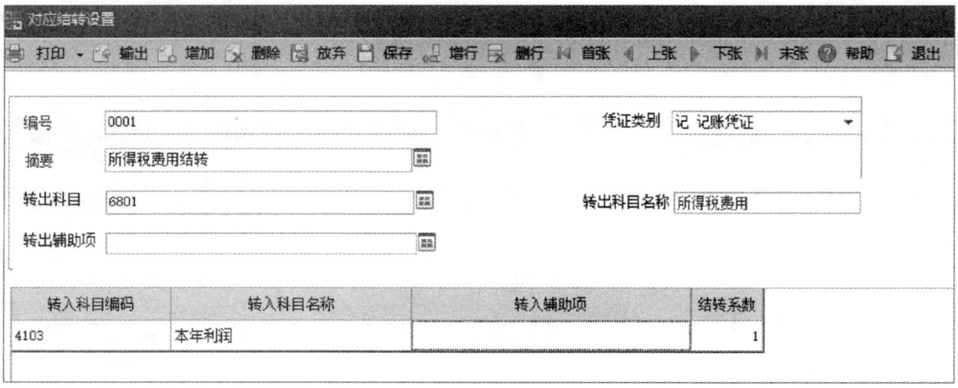

图 5-22 【对应结转设置】—【所得税费用结转】页面

**4. 生成所得税费用结转凭证**

(1) 财务经理胡晓进入【U8 企业应用平台】—【业务导航】—【财务会计】—【总账】—【期末】—【转账生成】，打开【转账生成】页面，选择“对应结转”，如图 5-23 所示。

(2) 依次单击【全选】【确定】按钮，生成总账系统的凭证，再单击【保存】按钮，如图 5-24 所示。

(3) 副总经理王涛审核所得税费用结转凭证。

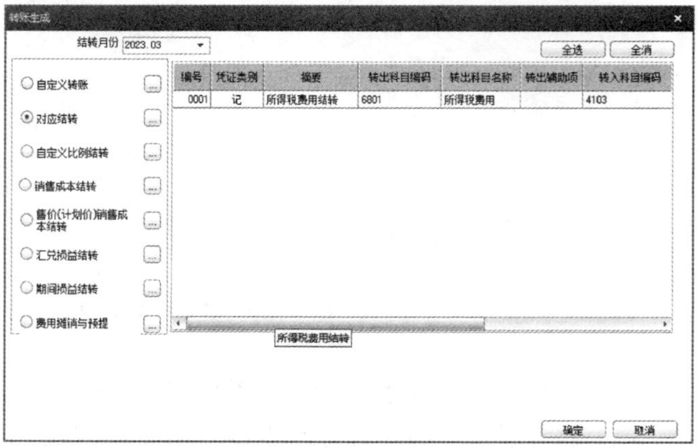

图 5-23 【转账生成】页面

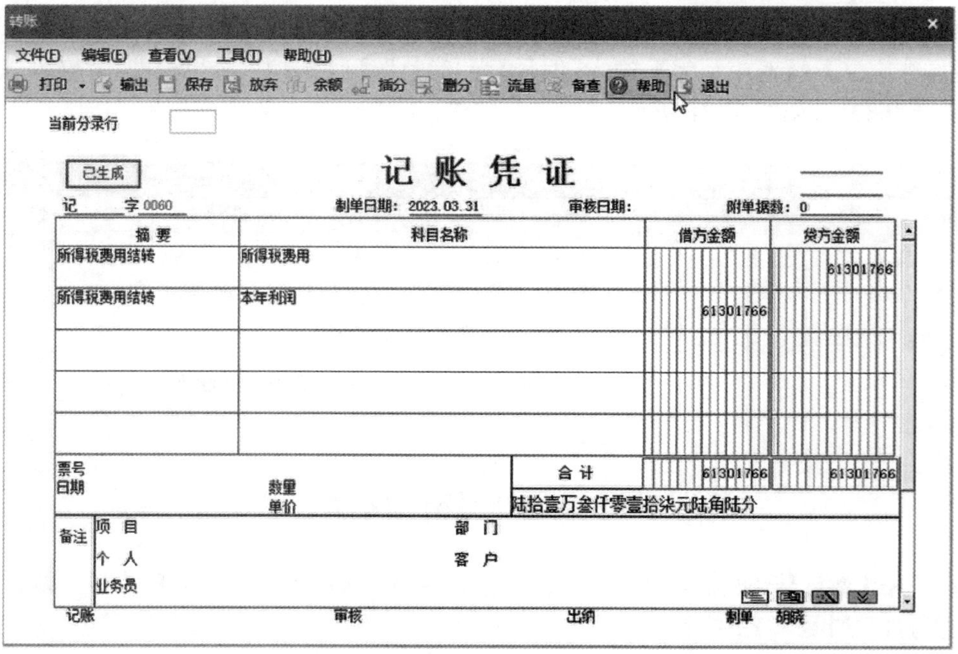

图 5-24 所得税费用结转凭证生成页面

（4）财务经理胡晓对所得税费用结转凭证记账。

## 任务 20.3　法定盈余公积计提和结转

### 任务要求

法定盈余公积的计提与结转一般是在年末进行，按照全年净利润为基数进行计算。北京星月电器销售有限公司按净利润的 10%提取法定盈余公积。

要求：财务经理胡晓根据财务制度规定在业财一体信息化平台总账模块中进行法定盈余公积计提、结转业务处理。由于该计提是在 2023 年 12 月 31 日进行，本月不做此项操作。

### 操作步骤

**1. 设计法定盈余公积计提模板**

（1）财务经理胡晓进入【U8 企业应用平台】—【业务导航】—【财务会计】—【总账】—【期末】—【转账定义】—【自定义转账】，单击【增加】按钮，输入【转账序号】为“002”，【转账说明】为“计提法定盈余公积”，如图 5-25 所示。

（2）单击【确定】按钮，进入【自定义转账设置】页面。

（3）单击【增行】按钮，第一行【科目编码】为“410402”，【方向】为“借”，【金额公式】为“QM(4103，月）＊0.1”

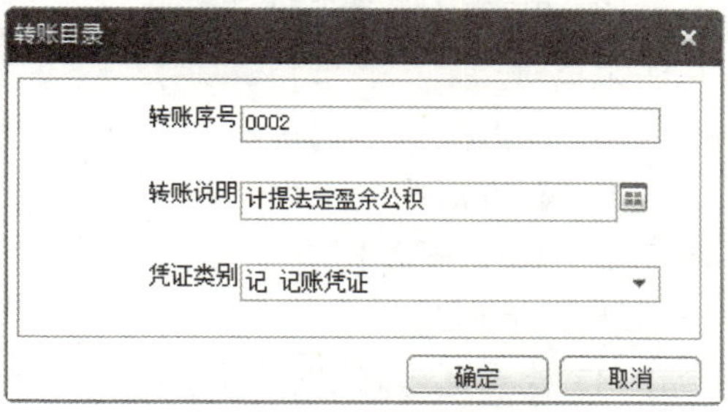


图 5-25　【转账目录】页面

（4）单击【增行】按钮，第二行【科目编码】为“410101”，【方向】为“贷”，【金额公式】为“CE()”，如图 5-26 所示。

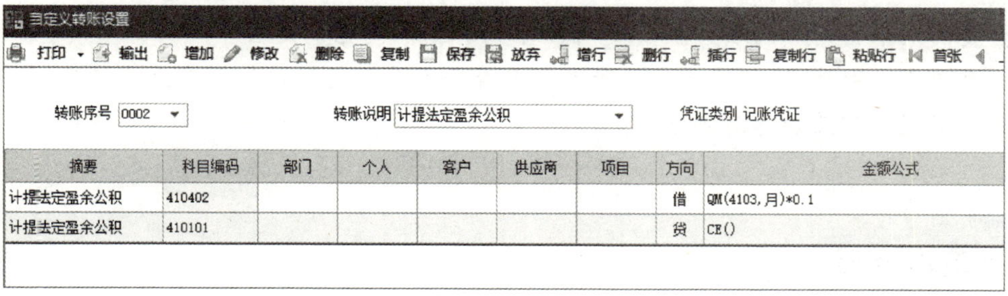


图 5-26　【自定义转账设置】页面

（5）单击【保存】按钮，模板保存成功。

**2. 生成法定盈余公积计提凭证**

年末参照“生成所得税费用计提凭证”的相关操作步骤生成计提法定盈余公积的凭证。

**3. 设计法定盈余公积结转模板**

年末参照“设计法定盈余公积计提模板”的相关操作步骤设计结转法定盈余公积的模板。

**4. 生成法定盈余公积结转凭证**

年末参照“生成所得税费用计提凭证”的相关操作步骤生成结转法定盈余公积的凭证。

## 任务 20.4 总账期末结账

### 任务要求

北京星月电器销售有限公司的总账结账主要包括计算和结转各账簿的本期发生额和期末余额，终止本期的账务处理工作，并将会计科目余额结转至下月作为月初余额。

要求：财务经理胡晓于 2023 年 3 月 31 日在业财一体信息化平台总账模块中进行期末对账、期末结账。

### 操作步骤

（1）财务经理胡晓进入【U8 企业应用平台】—【业务导航】—【财务会计】—【总账】—【期末】—【结账】，选择要结账的月份，单击【下一步】按钮。

（2）单击【对账】按钮，进行账账核对。

（3）单击【下一步】按钮，进入本月【结账】报告页面，如图 5-27 所示，逐项检查本月影响结账的项目。

（4）检查通过，依次单击【下一步】【结账】按钮，结账完毕。

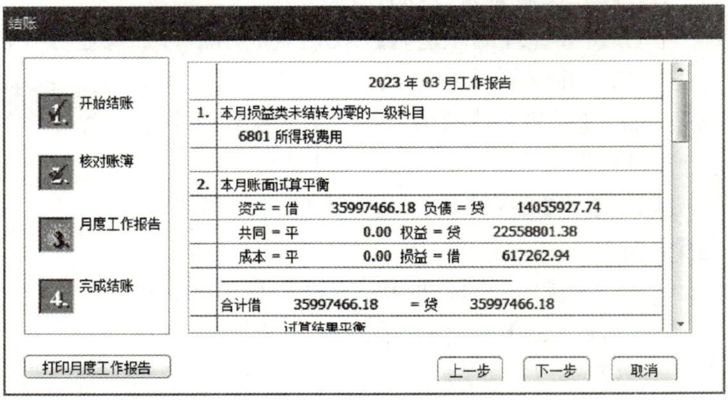


图 5-27　本月【结账】报告页面

**特别提示**

◇ 检查影响本月结账的项目主要是看以下内容：一是凭证是否全部记账，二是看损益类科目是否全部结转，三是看其他子系统是否全部结账完毕。如存在上述情况，须提醒相关人员完成相关操作后再结账。

### 工作反思

获得的经验：________________________________________

________________________________________

________________________________________

注意的事项：________________________________________

________________________________________

________________________________________

思政驿站

# 工作任务 21　报表编制与生成

## 任务情境

北京星月电器销售有限公司 2023 年 3 月份的所有业务与财务工作全部处理完毕，财务经理依据公司要求编制本月的利润表、资产负债表，对本月的盈利能力状况进行分析。

## 任务向导

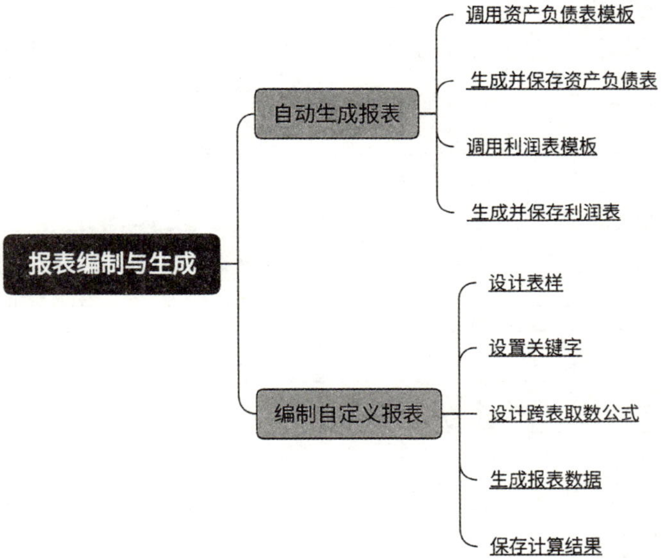


## 任务 21.1　自动生成报表

### 任务要求

北京星月电器销售有限公司的财务经理胡晓根据系统模板生成本公司 2023 年 3 月 31 日的资产负债表及 2023 年 3 月利润表。

### 操作步骤

操作视频

**1. 调用资产负债表模板**

(1) 财务经理胡晓进入【U8 企业应用平台】—【业务导航】—【财务会计】—【UFO 报表】，打开【报表管理】页面。

(2) 执行【文件】—【新建】命令，进入【报表】页面。

(3) 执行【格式】—【报表模板】命令，【您所在的行业】选择“2007 年新会计制度科目”，【财务报表】选择“资产负债表”，如图 5-28 所示。

（4）单击【确认】按钮，系统提示“模板格式持要盖本表格式！是否继续？”，单击【确定】按钮，弹出“资产负债表”模板，如图 5-29 所示。

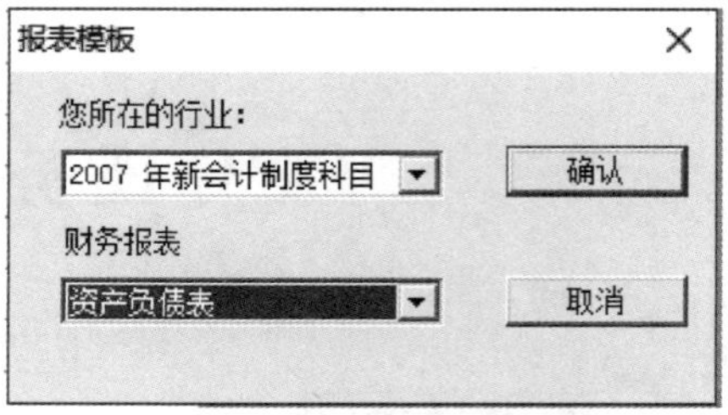


图 5-28 【报表模板】选择页面

**2. 生成并保存资产负债表**

（1）录入【编制单位】为“北京星月电器销售有限公司”。

（2）录入报表日期，单击左下角【格式】模板切换为“数据”，执行【数据】—【关键字】—【录入】命令，单击【确认】按钮，如图 5-30 所示。

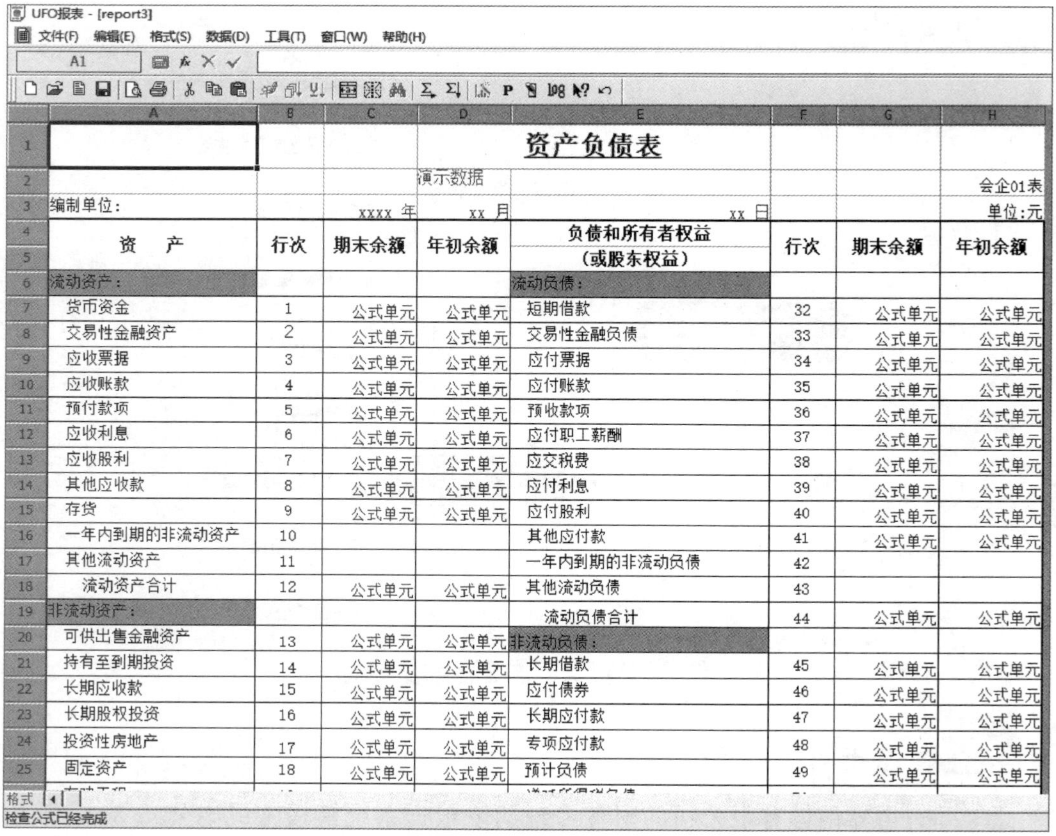


| 资　产 | 行次 | 期末余额 | 年初余额 | 负债和所有者权益（或股东权益） | 行次 | 期末余额 | 年初余额 |
|---|---|---|---|---|---|---|---|
| 流动资产： | | | | 流动负债： | | | |
| 货币资金 | 1 | 公式单元 | 公式单元 | 短期借款 | 32 | 公式单元 | 公式单元 |
| 交易性金融资产 | 2 | 公式单元 | 公式单元 | 交易性金融负债 | 33 | 公式单元 | 公式单元 |
| 应收票据 | 3 | 公式单元 | 公式单元 | 应付票据 | 34 | 公式单元 | 公式单元 |
| 应收账款 | 4 | 公式单元 | 公式单元 | 应付账款 | 35 | 公式单元 | 公式单元 |
| 预付款项 | 5 | 公式单元 | 公式单元 | 预收款项 | 36 | 公式单元 | 公式单元 |
| 应收利息 | 6 | 公式单元 | 公式单元 | 应付职工薪酬 | 37 | 公式单元 | 公式单元 |
| 应收股利 | 7 | 公式单元 | 公式单元 | 应交税费 | 38 | 公式单元 | 公式单元 |
| 其他应收款 | 8 | 公式单元 | 公式单元 | 应付利息 | 39 | 公式单元 | 公式单元 |
| 存货 | 9 | 公式单元 | 公式单元 | 应付股利 | 40 | 公式单元 | 公式单元 |
| 一年内到期的非流动资产 | 10 | | | 其他应付款 | 41 | 公式单元 | 公式单元 |
| 其他流动资产 | 11 | | | 一年内到期的非流动负债 | 42 | | |
| 流动资产合计 | 12 | 公式单元 | 公式单元 | 其他流动负债 | 43 | | |
| 非流动资产： | | | | 流动负债合计 | 44 | 公式单元 | 公式单元 |
| 可供出售金融资产 | 13 | 公式单元 | 公式单元 | 非流动负债： | | | |
| 持有至到期投资 | 14 | 公式单元 | 公式单元 | 长期借款 | 45 | 公式单元 | 公式单元 |
| 长期应收款 | 15 | 公式单元 | 公式单元 | 应付债券 | 46 | 公式单元 | 公式单元 |
| 长期股权投资 | 16 | 公式单元 | 公式单元 | 长期应付款 | 47 | 公式单元 | 公式单元 |
| 投资性房地产 | 17 | 公式单元 | 公式单元 | 专项应付款 | 48 | 公式单元 | 公式单元 |
| 固定资产 | 18 | 公式单元 | 公式单元 | 预计负债 | 49 | 公式单元 | 公式单元 |

图 5-29 【资产负债表模板】页面

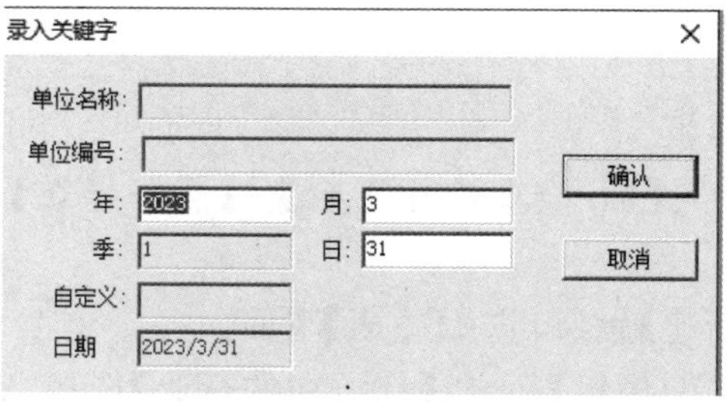


图 5-30 【录入关键字】页面

（3）单击左下角【数据】切换为“格式”，对“公式单元”逐一进行检查。

（4）双击【存货期末余额】公式单元，弹出【定义公式】窗口，检查可知未包含包装物账户期末余额，在公式编辑框内原有公式的基础上增加“＋QM("1410",月,,,年,,)”，即加上包装物账户期初余额。

（5）因报表模板中无“合同负债”项目，在此将其与“预收账款”共同列示。双击【预收款项】单元格，将其修改为“预收款项/合同负债”，双击其对应的【期末余额】公式单元，弹出【定义公式】窗口，在公式编辑框内原有公式的基础上增加“＋QM("2204",月,,,年,,)”。

（6）检查发现未分配利润项目年末余额公式有误，将“QC”（期初）修改为“QM”（期末）。

（7）执行【数据】—【整表重算】命令，得出计算结果，如图 5-31 所示。

**资产负债表**

编制单位：北京星月电器销售 　2023 年　3 月　31 日　会企01表 单位：元

| 资　产 | 行次 | 期末余额 | 年初余额 | 负债和所有者权益（或股东权益） | 行次 | 期末余额 | 年初余额 |
|---|---|---|---|---|---|---|---|
| 流动资产 | | | | 流动负债： | | | |
| 货币资金 | 1 | 6,639,755.19 | 6,640,600.00 | 短期借款 | 32 | | |
| 交易性金融资产 | 2 | | | 交易性金融负债 | 33 | | |
| 应收票据 | 3 | | | 应付票据 | 34 | | |
| 应收账款 | 4 | 5,412,075.82 | 863,044.00 | 应付账款 | 35 | 9,676,575.83 | 1,092,570.00 |
| 预付款项 | 5 | | | 预收款项/合同负债 | 36 | 12,000.00 | |
| 应收利息 | 6 | | | 应付职工薪酬 | 37 | 1,403,488.50 | 941,104.50 |
| 应收股利 | 7 | | | 应交税费 | 38 | 953,863.41 | 360,121.63 |
| 其他应收款 | 8 | 10,000.00 | 10,000.00 | 应付利息 | 39 | | |
| 存货 | 9 | 20,423,167.73 | 13,502,775.00 | 应付股利 | 40 | | |
| 一年内到期的非流动资产 | 10 | | | 其他应付款 | 41 | 10,000.00 | 10,000.00 |
| 其他流动资产 | 11 | | | 一年内到期的非流动负债 | 42 | | |
| 流动资产合计 | 12 | 32,484,998.74 | 21,016,419.00 | 其他流动负债 | 43 | | |
| 非流动资产： | | | | 流动负债合计 | 44 | 12,055,927.74 | 2,403,796.13 |
| 可供出售金融资产 | 13 | | | 非流动负债： | | | |
| 持有至到期投资 | 14 | | | 长期借款 | 45 | 2000000.00 | 2000000.00 |
| 长期应收款 | 15 | | | 应付债券 | 演示数据 | | |
| 长期股权投资 | 16 | | | 长期应付款 | 47 | | |
| 投资性房地产 | 17 | | | 专项应付款 | 48 | | |
| 固定资产 | 18 | 2,679,147.00 | 2,672,460.09 | 预计负债 | 49 | | |
| 在建工程 | 19 | | | 递延所得税负债 | 50 | | |
| 工程物资 | 20 | | | 其他非流动负债 | 51 | | |
| 固定资产清理 | 21 | 28,653.78 | | 非流动负债合计 | 52 | 2000000.00 | 2000000.00 |
| 生产性生物资产 | 22 | | | 负债合计 | 53 | 14055927.74 | 4403796.13 |
| 油气资产 | 23 | | | 所有者权益（或股东权益）： | | | |
| 无形资产 | 24 | 804,666.66 | 804,666.66 | 实收资本（或股本） | 54 | 10,000,000.00 | 10,000,000.00 |
| 开发支出 | 25 | | | 资本公积 | 55 | | |
| 商誉 | 26 | | | 减：库存股 | 56 | | |
| 长期待摊费用 | 27 | | | 盈余公积 | 57 | | |
| 递延所得税资产 | 28 | | | 未分配利润 | 58 | 11,941,538.44 | 10,089,749.62 |
| 其他非流动资产 | 29 | | | 所有者权益（或股东权益）合计 | 59 | 21,941,538.44 | 20,089,749.62 |
| 非流动资产合计 | 30 | 3512467.44 | 3477126.75 | | | | |
| 资产总计 | 31 | 35997466.18 | 24493545.75 | 负债和所有者权益（或股东权益）总计 | 60 | 35,997,466.18 | 24,493,545.75 |

图 5-31　【资产负债表】页面

**特别提示**

◇ 报表模板中的取数公式可以根据企业需要进行修改。在“格式”状态下，双击表体中的蓝色的“公式单元”字样，弹出【定义公式】界面，即可编辑对应单元的取数公式。

**3. 调用利润表模板**

参照“调用资产负债表模板”相关操作步骤调用利润表模板。

**4. 生成并保存利润表**

参照“生成并保存资产负债表”相关操作步骤生成利润表，结果如图 5-32 所示。

# 利润表

会企02表

编制单位:北京星月电器销售有限公司　　2023 年　　3 月　　单位:元

| 项　　目 | 行数 | 本期金额 | 上期金额 |
|---|---|---|---|
| 一、营业收入 | 1 | 4,882,522.13 | |
| 减：营业成本 | 2 | 1,396,419.38 | |
| 税金及附加 | 3 | | |
| 销售费用 | 4 | 459,014.26 | |
| 管理费用 | 5 | 357,207.92 | |
| 财务费用 | 6 | 3,911.03 | |
| 资产减值损失 | 7 | 185,510.00 | |
| 加：公允价值变动收益（损失以“-”号填列） | 8 | | |
| 投资收益（损失以“-”号填列） | 9 | | |
| 其中:对联营企业和合营企业的投资收益 | 10 | | |
| 二、营业利润（亏损以“-”号填列） | 11 | 2480459.54 | |
| 加：营业外收入 | 12 | | |
| 减：营业外支出 | 13 | | |
| 其中：非流动资产处置损失 | 14 | | |
| 三、利润总额（亏损总额以“-”号填列） | 15 | 2480459.54 | |
| 减：所得税费用 | 16 | 617,262.94 | |
| 四、净利润（净亏损以“-”号填列） | 演示数据 | 1863196.60 | |
| 五、每股收益： | 18 | | |
| （一）基本每股收益 | 19 | | |
| （二）稀释每股收益 | 20 | | |

图 5-32 【利润表】页面

## 任务 21.2 编制自定义报表

### 任务要求

北京星月电器销售有限公司的财务经理胡晓进行本月盈利能力分析，设计盈利能力分析表，如表 5-1 所示。

**表 5-1 盈利能力分析表模板**

编制单位：北京星月电器销售有限公司　　2023 年 3 月 31 日　　单位：元

| 指标 | 数据 | 指标 | 数据 |
|---|---|---|---|
| 营业净利率 | | 成本费用利润率 | |
| 营业毛利率 | | 总资产净利率 | |
| 净资产收益率 | | | |

设置盈利能力分析表各项指标的计算公式，如表 5-2 所示。

**表 5-2 盈利能力分析表计算公式**

| 指标 | 计算公式 |
|---|---|
| 营业净利率 | 净利润/营业收入 |
| 营业毛利率 | (营业收入－营业成本)/营业收入 |
| 净资产收益率 | 净利润/((期初所有者权益＋期末所有者权益)/2) |

（续表）

| 指标 | 计算公式 |
|---|---|
| 成本费用利润率 | (营业成本＋税金及附加＋管理费用＋销售费用＋财务费用)/营业收入 |
| 总资产净利率 | 净利润/((期初资产总额＋期末资产总额)/2) |

要求：财务经理胡晓在业财一体化信息化平台中设计出盈利能力分析表的样表格式及各指标的取数公式，进行 2023 年 3 月份盈利能力分析的指标计算，依据设置的盈利能力分析表模板，进行取数计算，生成盈利能力分析报表。

## 操作步骤

### 1. 设计表样

(1) 财务经理胡晓进入【U8 企业应用平台】—【业务导航】—【财务会计】—【UFO 报表】，打开报表管理页面。

(2) 设置表尺寸，执行【文件】—【新建】命令，进入【报表】页面。

(3) 执行【格式】—【表尺寸】命令，选择 8 行 2 列，如图 5-33 所示。

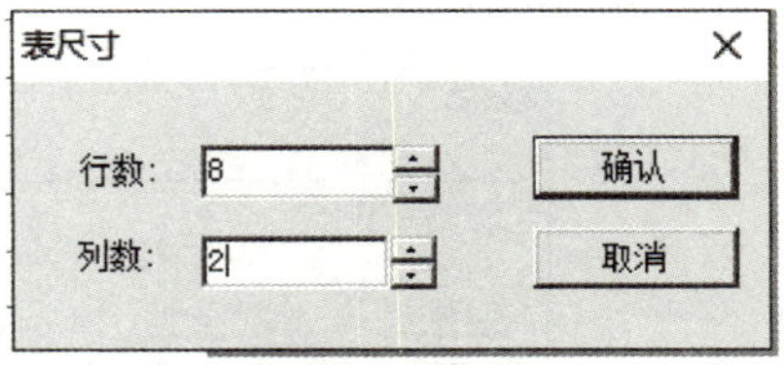


**图 5-33　【表尺寸】页面**

(3) 单击【确认】按钮，组合 A1、B1 单元格，依据案例资料输入表体信息，如图 5-34 所示。

(4) 画表格线。选中报表表体区域 A3:B8，执行【格式】—【区域画线】命令，弹出【区域画线】对话框，单击【确认】按钮，表格线设置完成，如图 5-35 所示。

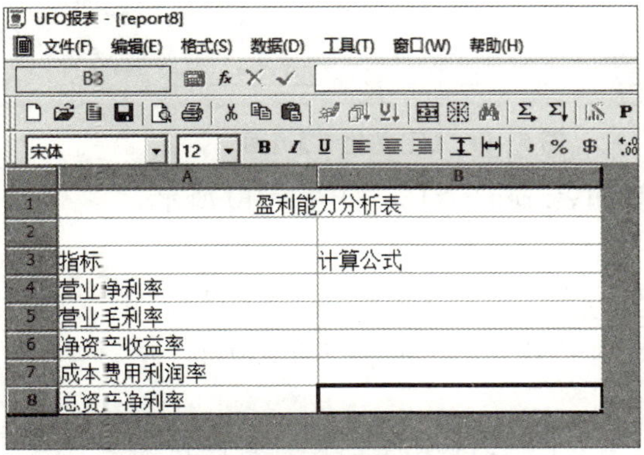


**图 5-34　【UFO 报表】信息输入页面**

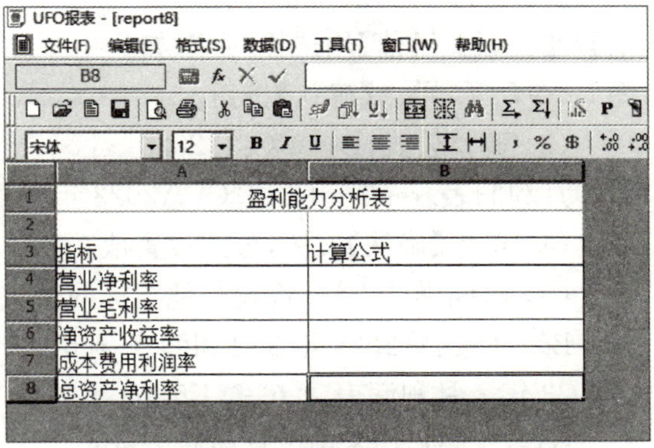


**图 5-35　【UFO 报表】表格线绘制页面**

### 2. 设置关键字

(1) 选中 A2 单元格，执行【数据】—【关键字】—【设置】命令，弹出【设置关键字】页面，如图 5-36 所示。

(2) 选择“单位名称”，单击【确定】按钮。

(3) 选中 B2 单元格，执行【数据】—【关键字】—【设置】命令，分别将年、月设为关键字，单击【确定】按钮。

(4) 执行【数据】—【关键字】—【偏移】命令，设置【年】为“－30”，【月】为“0”，如图 5-37

所示。

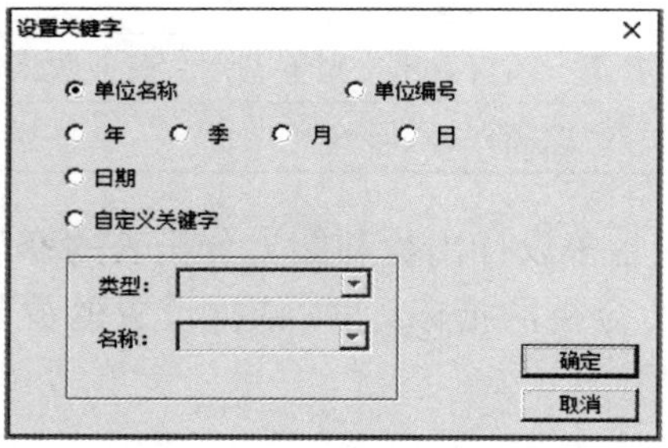


图 5-36 【设置关键字】页面

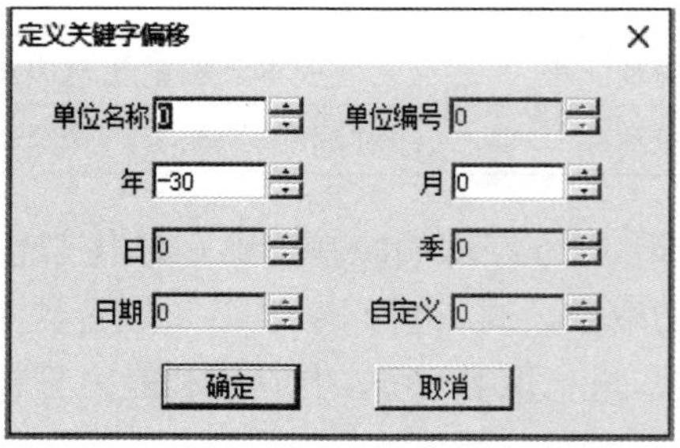


图 5-37 【定义关键字偏移】页面

**3. 设计跨表取数公式**

(1) 设置取数公式,选中 B4 单元格,单击【插入函数】按钮,打开【定义公式】对话框,如图 5-38 所示。

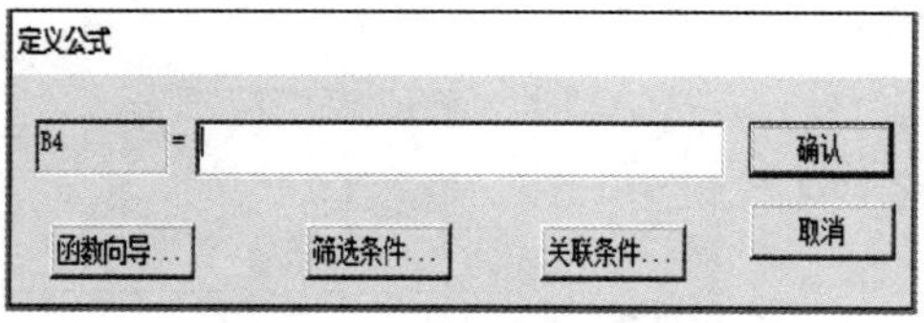


图 5-38 【定义公式】页面

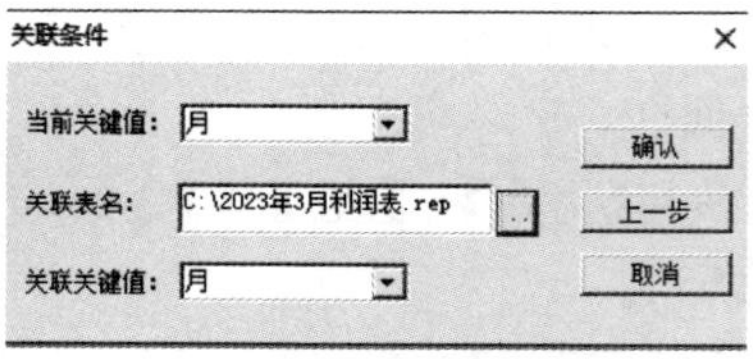


图 5-39 【关联条件】页面

(2) 单击【关联条件】按钮,关联表名选择保存在磁盘上的"2023 年 3 月利润表",【当前关键值】和【关联关键值】均选择"月",如图 5-39 所示,单击【确认】按钮。

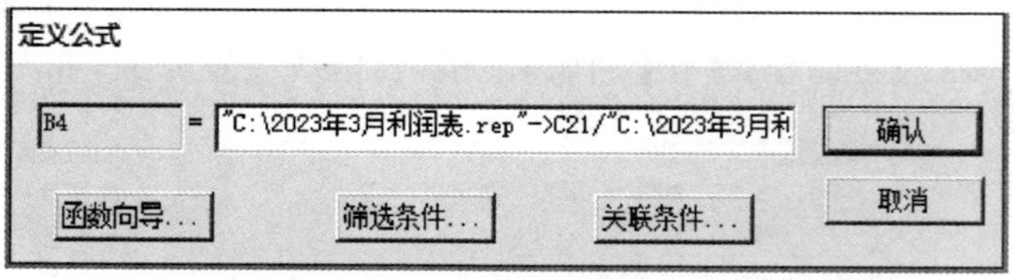


图 5-40 【定义公式】页面

(3) 调整公式,B4="C:\\2023 年 3 月利润表. rep"->C21/"C:\\2023 年 3 月利润表. rep"->C5,如图 5-40 所示。

(4) 单击【确认】按钮,公式设置成功。

(5) 以同样的方法,设置其他指标的公式:

B5=("C:\\2023 年 3 月利润表. rep"->C5-"C:\\2023 年 3 月利润表. rep"->C6)/"C:\\2023 年 3 月利润表. rep"->C5

B6="C:\\2023 年 3 月利润表. rep"->C21 * 2/("C:\\2023 年 3 月资产负债表. rep"->G36+"C:\\2023 年 3 月资产负债表. rep"->H36)

B7=("C:\\2023 年 3 月利润表. rep"->C6+"C:\\2023 年 3 月利润表. rep"->C8+"C:\\2023 年 3 月利润表. rep"->C9+"C:\\2023 年 3 月利润表. rep"->C10)/"C:\\2023 年 3 月利润表. rep"->C5

B8="C:\\2023 年 3 月利润表. rep"->C21 * 2/("C:\\2023 年 3 月资产负债表. rep"->C38+"C:\\2023 年 3 月资产负债表. rep"->D38)

(6) 设置成功后,单击【保存】按钮,修改文件名为"盈利能力分析表",保存公式设置,如图 5-41 所示。

**4. 生成报表数据**

(1) 单击左下角【格式】切换为“数据”,单击【数据】【关键字】【录入】按钮,录入单位名称、年、月、日信息,如图 5-42 所示。

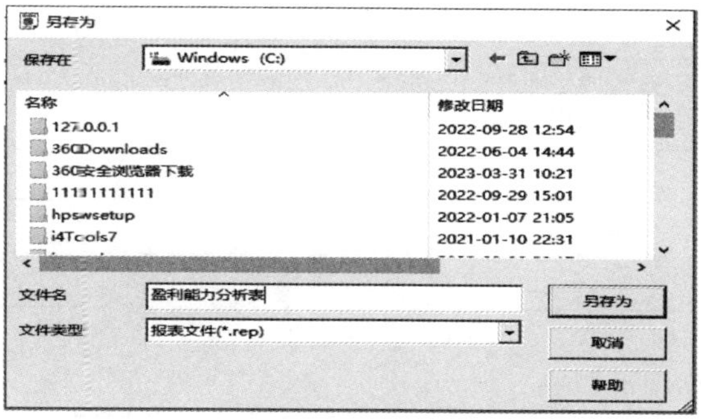


图 5-41　【另存为】盈利能力分析表页面

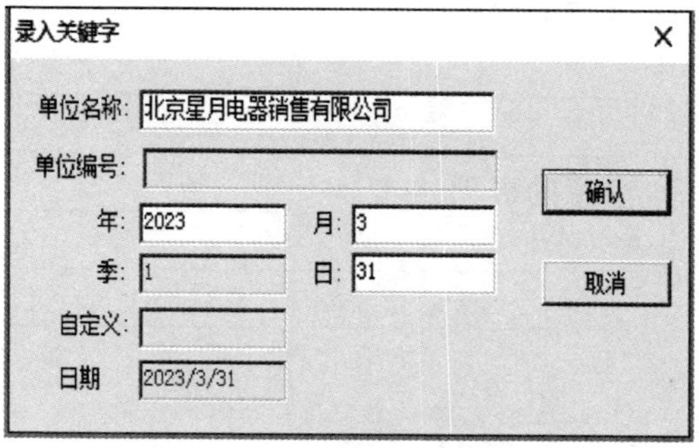


图 5-42　【录入关键字】页面

(2) 单击【确认】按钮,生成 2023 年 3 月份的盈利能力分析表,如图 5-43 所示。

| | A | B |
|---|---|---|
| 1 | 盈利能力分析表 | |
| 2 | 单位名称: 北京星月电器销售有限公司 | 2023 年 3 月 |
| 3 | 指标 | 计算公式 |
| 4 | 营业净利润率 | 0.38 |
| 5 | 营业毛利率 | 0.71 |
| 6 | 净资产收益率 | 0.09 |
| 7 | 成本费用利润率 | 0.46 |
| 8 | 总资产净利率 | 0.06 |

图 5-43　生成盈利能力分析表页面

**5. 保存计算结果**

(1) 将生成 2023 年 3 月份的盈利能力分析表保存到本地磁盘。单击【另存为】按钮,保存在本地磁盘,【文件类型】选择“MS Excel 文件( *. xls)”,如图 5-44 所示。

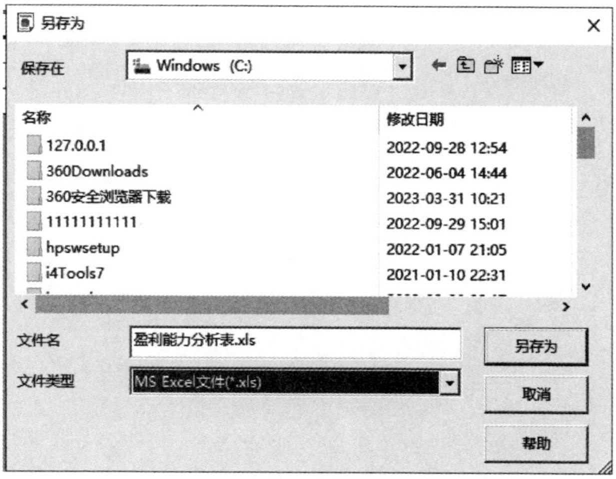


图 5-44　【另存为】页面

（2）单击【另存为】按钮，将生成的盈利能力分析表以 Excel 的格式保存。

## 工作反思

获得的经验：________________________________________________

________________________________________________

________________________________________________

注意的事项：________________________________________________

________________________________________________

________________________________________________